改正日本民法問答正解
親族編相續編
附民法施行法問答正解

柿嵜欽吾
山田正賢 著

明治三十一年發行

改正 日本民法問答正解 親族編 相續編

附民法施行法問答正解

日本立法資料全集 別巻 1221

信山社

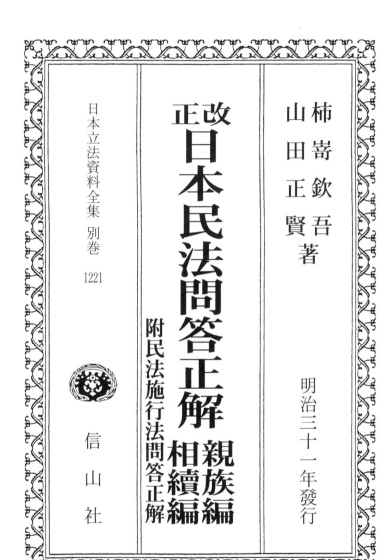

法學士梅謙次郎
山田正賢　兩先生著

改正日本民法問答正解

親族編
相續編

附民法施行法問答正解

中村鍾美堂

朕帝國議會ノ協賛ヲ經タル民法中修正ノ件ヲ裁可シ茲ニ之ヲ公布セシム

御名御璽

明治三十一年六月十五日

内閣總理大臣 侯爵 伊藤博文
海軍大臣 侯爵 西鄕從道
大藏大臣 伯爵 井上馨
内務大臣 子爵 芳川顯正
外務大臣 男爵 西德二郎
陸軍大臣 子爵 桂太郎
司法大臣 曾禰荒助
遞信大臣 文學博士男爵 末松謙澄
農商務大臣 金子堅太郎
文部大臣 文學博士 外山正一

法律第九號

民法第四編第五編別冊ノ通之ヲ定ム
此法律施行ノ期日ハ勅令ヲ以テ之ヲ定ム
明治二十三年法律第九十八號民法財産取得編人事編ハ此法律發布ノ日ヨリ之ヲ廢止ス

凡例

一本書ハ曩ニ公ニシタル民法問答正解ノ續編ニシテ民法中親族、相續ノ二編ヲ逐條問答体ニ解釋シタルモノナリ

一本書ハ實用ヲ主トシタルカ故ニ法理論ハ可成之ヲ避ケタリ

一本書中必要アル毎ニ前編ノ條文ヲ摘載シ以テ讀者ノ便ニ供シタリ

一本書末尾ニ民法施行法ヲ附シ以テ讀者ノ便ニ供シタリ

一本書親族相續ノ二編ニ密接ノ關係アル人事訴訟手續法及ヒ戸籍法ノ解釋ハ目下起稿中故不日公ニス ヘシ

明治三十一年六月

著者　謹識

民法問答正解續編目次

附録

民法施行法

◎中村鍾美堂發行書籍廣告

日本大玉編

後藤光憲編纂

字書ノ種類多シト雖𪜈或ハ繁ニシテ遠キ文字ヲモ多ク收メタレバ捜索ニ却テ不便ナリ或ハ簡ニ過ギ載スベキ文字ヲモ載セザレバ索ムルニ當テ多クハ無シ此ノ書ハ其ノ中ヲ執リ索ムル文字盡ク載セテ漏スヿナシ又他ノ字書ノ如キ洋紙製ノ嵩斗リ厚キモノニアラズ薄葉紙石版摺ニテ其ノ版ノ鮮明ナルヿ購求有リテ知ラルベシ

薄用袂入
書數殆八万字余
石版印刷頗美本
實價金壹圓廿錢

新撰活版 廣益いろは字典

加藤伴之編纂

紙數二百五十葉即チ五百頁 活版鮮明印刷頗美本

本書ノ特色ハ弊堂ガ事々シク誇言セザルモ大方諸君ガ其用テ廣益ノ書名ニ背カザルハ已ニ了知セラルヽ所ナレバ乞フ未ダ閲讀セザルノ諸君ハ必ズ座右ニ備ヘ弊堂ノ誇言ニアラザルヲ知リ玉ハンヿヲ

袂入
實價六十五錢

		正價	郵稅
二書字典 薄用袂入	全一冊	七十五錢	十錢
袖珍字典 薄用袂入	全一冊	四十錢	六錢
日本新玉編	全一冊	三十錢	十錢
活用いろは字典	全一冊	三十錢	十錢
普通いろは玉編	全一冊	十五錢	六錢
普通玉編	全一冊	十三錢	六錢
明治早引大全	全一冊	二十錢	十錢
袖珍いろは引	全一冊	八錢	二錢
袖珍明治玉編 薄用	全一冊	十七錢	二錢
袖珍いろは字典	全一冊	十七錢	二錢

訓蒙 日本外史

大槻東陽先生

本書ハ博學ナル大槻東洋先生ガ訓解シ讀者ヲシテ讀易カラシメタル書ナリ故ニ此書ヲ一讀スル時ハ意義ヲ取ルヿ原漢文ヲ讀ミシニ異ラズ且今回讀者諸君ノ御購求ノ便ヲ計リ全部ヲ七冊ニ分チ何巻ナリ共便宜發賣ス

袂入全部七冊完備
正價金七十錢
小包料十里迄七錢百里迄十二錢百里外廿四錢

訓蒙 文章軌範

全部四冊完備
正價金四十錢
郵稅金十四錢

訓蒙 十八史略

全部四冊完備
正價金四十錢
郵稅金十四錢

訓蒙 四書

全部三冊完備
正價金三十錢
郵稅金十錢

右記三書ハ漢文學ヲ獨學者ノ便ヲ圖リ原漢文ヲ一字一句増減セズシテ傍ニ正確ナル直譯ヲ掲ケ圖点ヲ附シ鼇頭ニハ文法ノ解剖ハ素ヨリ一段落毎ニ其意味ヲ解釋シ殊ニ難解文字ニ至テハ訓点ヲ施シ專ラ獨習者ノ至便ニ供セリ

軍隊文範

全一冊 洋裝美本
正價金二十錢
郵稅金六錢

本書ハ中欄ニ類語類句ヲ掲ケ上欄ニ軍隊ノ用語ヲ以呂波トシテ捜索ニ便シ軍人諸士ノ耳ニセラルヽ者ハ綱維シテ遺サズ言語ヲ聞テ文字ヲ識ルモ其意ヲ解セザル時ハ言語ノ辭數ニ由リ數ヲ算エテ其文字ト意義トヲ知ニ易カラシム

民法問答正解續編

法學士　柿崎欽吾
山田正賢　同著

第四編　親族

○本編は親族《しんぞく》に關《くわん》する法則《はふそく》と定《さだ》めたるものにして分《わかつ》て八章となす第一章に於ては総則《そうそく》と定《さだ》め第二章に於ては戸主《こしゆ》及《およ》び家族《かぞく》に關《くわん》する法則《はふそく》と定《さだ》め第三章に於ては婚姻《こんいん》に關《くわん》する規則《きそく》第四章に於ては親《しん》子《し》に關《くわん》する規則《きそく》第五章に於ては親權《しんけん》に關《くわん》する規則《きそく》第六章に於ては後見《こうけん》に關《くわん》する規則《きそく》第七章に於てと親族會《しぞくわい》に關《くわん》する規則《きそく》第八章に於ては扶養《ふやう》の義務《ぎむ》と定《さだ》めたり

第一章　總則

○本章《ほんしやう》凡《すべ》て七條《でう》本編《ほんぺん》全体《ぜんたい》に通《つう》する法則《はふそく》を定《さだ》めたるものなり

第七百二十五條　左ニ掲ケタル者ハ之ヲ親族トス

一　六親等內ノ血族

二　配偶者

三　三親等內ノ姻族

問　親族《しんく》とは何《なん》ぞや

答　親族《しんぞく》とは俗《ぞく》に所謂《いはゆる》親類《しんるい》若《もし》くは親戚《しんせき》の意《い》なるも民法《みんぱふ》に於《おい》ては六親等内《しんとうない》の血族《けつぞく》、配偶者《はいぐうしや》及《およ》び三親等の姻族《いんぞく》に限《かぎ》るが故《ゆへ》に六親等外《しんとうぐわい》の血族及《けつぞくおよ》び三親等外《しんとうぐわい》の姻族《いんぞく》は法律上《はふりつじやう》の効力《かうりよく》を生《しやう》せざるものとす蓋《けだ》し親《しん》族《ぞく》の關係《くわんけい》は其始《そのはじ》まるや次第《しだい》に繁茂《はんも》し漸《やうや》く遠《とほ》くして漸《やうや》く薄《うす》く其末葉《そのばつえふ》に至《いた》りては殆《ほと》んと何等《なんら》の關係《くわんけい》なき他人《たにん》と異《こと》ならざるが故《ゆへ》に法律上此關係《はふりつじやうこのくわんけい》を規定《きてい》するに付《つい》ても普通《ふつう》の人情《にんじやう》に從《したが》ひ社會《しやくわい》の實況《じつきやう》に鑑《かんが》み以《もつ》て其限界《そのげんかい》と定めざるべからず而《しか》して新民法《しんみんぱふ》は舊民法《きうみんぱふ》の規定《きてい》に從《したが》ひ大寶令及《たいはふれいおよ》び服忌令《ふくきれい》を參酌《さんしやく》し親族《しんぞく》の關係《くわんけい》を血族《けつぞく》に付《つい》ては六親等《しんとう》までに止《とゞ》め姻族《いんぞく》に付《つい》ては三親等《しんとう》までに止《とゞ》め其以外《そのいぐわい》は縦《たと》ひ親族《しんぞく》の關係《くわんけい》あるも民法上其效力《みんぱふじやうそのかうりよく》を生《しやう》ぜざるものとしたり

問　血族《けつぞく》とは何《なん》ぞや

答　血族《けつぞく》とは血統《けつとう》の相聯結《あひれんけつ》せる者《もの》の間《あひだ》に屬《ぞく》する關係《くわんけい》を謂《い》ふ例《たと》へは祖《そ》父《ふ》母《ぼ》父《ふ》母《ぼ》兄弟姉妹《けいていしまい》の如《ごと》きは血族《けつぞく》なり何《なん》となれば是等《これら》は皆血統《みなけつとう》の相聯結《あひれんけつ》ずる者《もの》なるが故《ゆへ》なり

問　配偶者《はいぐうしや》とは何ぞや

答　配偶者《はいぐうしや》とは夫婦《ふうふ》の一方《はう》と謂《い》ふ故《ゆへ》に夫《ふ》より云《い》へば婦《ふ》は其配偶者《そのはいぐうしや》にして婦《ふ》より云《い》へば夫《ふ》は其配偶者《そのはいぐうしや》なり而《しか》して夫婦《ふうふ》の關係《くわんけい》は血族《けつぞく》にもあらず又姻族《またいんぞく》にもあらざるが故《ゆへ》に本條別《ほんでうべつ》に一項《かう》を設《まう》けて之《これ》を親族中《しんぞくちう》に列《れつ》したるものなり

問　姻族《いんぞく》とは何《なん》ぞや

答　姻族《いんぞく》とは婚姻《こんいん》に因《よ》りて夫婦《ふうふ》の一方《はう》と其配偶者《そのはいぐうしや》の親族《しんぞく》との間《あひだ》に生《しやう》ずる關係《くわんけい》を謂《い》ふ故《ゆへ》に例《たと》へは甲男《かふだん》が

乙女《おつちよ》と娶《めと》りたる時《とき》は甲男《かふだん》と乙女《おつちよ》の父母《ふぼ》兄弟姉妹《けいていしまい》とは姻族《いんぞく》にして乙女《おつちよ》は甲男《かふだん》の父母《ふぼ》兄弟姉妹《けいていしまい》とは姻族《いんぞく》なり

第七百二十六條　親等ハ親族間ノ世數ヲ算シテ之ヲ定ム

傍系親ノ親等ヲ定ムルニハ其一人又ハ其配偶者ヨリ同始祖ニ遡リ其始祖ヨリ他ノ一人ニ下ルマテノ世數ニ依ル

問　親等《しんとう》を定《さだ》むるには親系《しんけい》と區別《くべつ》することを要《えう》するや否《いな》

答　親等《しんとう》と定《さだ》むるには親系《しんけい》と直系《ちよくけい》と傍系《ばうけい》との二に區別《くべつ》せざるべからず而《しか》して親系《しんけい》とは親等《しんとう》の連續《れんぞく》するを謂《い》ふものにして直系《ちよくけい》とは彼《かれ》より此《これ》に直下《ちよくか》する者《もの》の親系《しんけい》を謂《い》ひ其直下《そのちよくか》せずして同始祖《どうしそ》に出《い》つる者《もの》の親系《しんけい》と傍系《ばうけい》と謂《い》ふ又直系《またちよくけい》に於《おい》て自己《じこ》の出《い》つる所《ところ》の親族《しんぞく》と尊屬親《そんぞくしん》と謂《い》ひ自己《じこ》より出《い》つる所《ところ》の親族《しんぞく》を卑《ひ》屬親《ぞくしん》と謂《い》ふ

問　直系親《ちよくけいしん》の親等《しんとう》と定《さだ》むる方法如何《はうはふいかん》

答　前條《ぜんでう》に六親等及《しんとうおよ》ひ三親等《しんとう》の語《ご》あるも其所謂親等《そのいはゆるしんとう》は如何《いか》にして之《これ》と定《さだ》むべきやと明示《めいし》せず之《こ》れ本條《ほんでう》の規定《きてい》ある所以《ゆえん》にして而《しか》して本條《ほんでう》によれば直系親《ちよくけいしん》の親等《しとう》を定《さだ》むるには親族間《しんぞくかん》の世數《せすう》を算《さん》して之《これ》と定《さだ》むべきものとす今圖《いまづ》と掲《かゝ》けて例示《れいし》すれば左《さ》の如《ごと》し

祖父母 — 父母 — 自己 — 子 — 孫 — 曾孫 — 玄孫

圖中垂線《づちうすいせん》に依《よ》り世代《せだい》の連絡《れんらく》するは即《すなは》ち親等《しんとう》の連續《れんぞく》を示《しめ》すものにして之《これ》を親系《しんけい》と謂《い》ひ又其親系《またそのしんけい》は彼《かれ》より此《これ》に直下《ちよくか》するが故に傍系《ばうけい》にあらずして直系《ちよくけい》なり又圖中《またづちう》父《ち》母《ふぼ》以上《いじやう》のものは自己《こ》の出《い》つる所《ところ》の親族《しんぞく》なるが故《ゆへ》に之《これ》を尊屬親《そんぞくしん》と謂《い》ひ子以下《こいか》のものは自己《じこ》より出《い》つる所《ところ》の親族《しんぞく》なるが故に之《これ》を卑屬親《ひぞくしん》と謂《い》ふ而《しか》して其親等《そのしんとう》は親族間《しんぞくかん》の世數《せすう》を算《さん》して定《さだ》むべきものなるが故《ゆへ》に直系《ちよくけ》に於《おい》て親等《しんとう》の遠近《ゑんきん》を知《し》るには只《たゞ》二人《にん》を隔《へだ》つる世代《せだい》の數《す》を計算《けいさん》そるを以《もつ》て足《た》る例《たと》へは自己《じこ》と父母《ふぼ》とは其間《このあひだ》一世《せい》なるを以《もつ》て一親等《しんとう》とし祖《そ》父母《ふぼ》とは其間《そのかん》二世《せ》なるを以《もつ》て二親等《しんと》とし曾孫《そうそん》とは其間《そのあひだ》三世《せい》なるを以《もつ》て三親等《しんとう》とすべきが如《ごと》し

問　傍系親《ばうけいしん》の親等《しんとう》を定《さだ》むる方法如何《はうはふいかん》

答　傍系親《ばういしん》の親等《しんとう》と定《さだ》むるには其《その》一人又《にんまた》は其配偶者《そのはいぐうしや》より同始祖《どうしそ》に遡《さかのほ》り其始祖《そのしそ》より他《た》の一人《にん》に下《くだ》るまでの世數《せいすう》に依《よ》るものとす今圖《いまづ》を掲《かゝ》げて例示《れいし》それば左《さ》の如《ごと》し

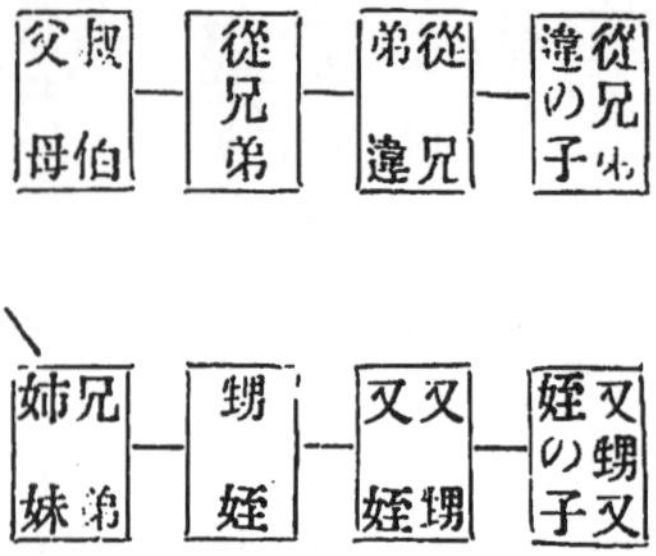

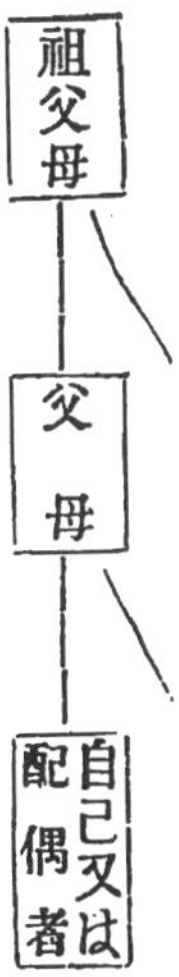

自己《じこ》と祖父母《そふぼ》父母《ふぼ》とは直系《ちよくけい》なるも自己《じこ》と自己《じこ》の叔伯父母《しゆくはくふぼ》又《また》は兄弟姉妹《けいていしまい》とは親系《しんけい》が同始祖《どうしそ》に出《い》つるも彼《かれ》より此《これ》に直下《ちよくか》せざるが故《ゆへ》に直系親《ちよくけいしん》にあらずして傍系親《ばうけいしん》なり而《しか》して傍系親《ばうけいしん》の親等《しんとう》は自己《じこ》より共同始《きやうどうし》祖《そ》に上《のぼ》り其始祖《そのしそ》より他《た》の一人《にん》に下《くだ》るまでの世數《せいすう》を算《さん》して之《これ》を定《さだ》むべきが故《ゆへ》に自己《じこ》と兄弟姉妹《けいていしまい》との親《しん》等《とう》は自己《じこ》より同始祖《どうしそ》たる父母《ふぼ》に遡《さかのぼ》り父母《ふぼ》より兄弟姉妹《けいていしまい》に下《くだ》れは上下共《しやうかとも》に一世《せい》なるを以《もつ》て二親等《しんとう》にして又自己《またじこ》と叔伯父母《しゆくはくふぼ》との親等《しんとう》は自己《じこ》より同始祖《どうしそ》たる祖父母《そふぼ》に遡《さかのぼ》れは二世《せ》にして祖父母《そふぼ》より叔伯父母《しゆくはくふぼ》に下《くだ》れは一世《せ》なるを以《もつ》て三親等《しんとう》なり他《た》は類推《るいする》そべし又《また》自己《じこ》の配偶者《はいぐうしや》の父母《ふぼ》、兄弟姉妹《けいていしまい》、叔伯父母等《しゆくはくふぼとう》は三親等内《しんとうない》なるを以《もつ》て自己《じこ》の親族《しんぞく》なるも配偶者《はいぐうしや》の従兄弟《じうけいてい》、又甥又姪等《またをいまためいとう》は三親等外《しんとうぐわい》の姻族《いんぞく》なるを以《もつ》て前《ぜん》條《でう》の規定《きてい》により自己《じこ》と親族《しんぞく》の關係《くわんけい》を生《しやう》せず

第七百二十七條　養子ト養親及ヒ其血族トノ間ニ於テハ養子縁組ノ日ヨリ血族間ニ於ケルト同一ノ親族關係ヲ生ス

問　養子《やうし》と養親及《やうしんおよ》び其親族《そのしんぞく》との間《あひだ》に於《おい》ては親族《しんぞく》の關係《くわんけい》を生《しやう》そるや否《いな》

答　養子《やうし》と養親及《やうしんおよ》び其養親《そのやうしん》の血族《けつぞく》との間《あひだ》に於《おい》ては血族間《けつぞくかん》に於《お》けると同《どう》一の親族關係《しんぞくくわんけい》を生《しやう》するものとそ故《ゆへ》に養子《やうし》と養父母《やうふぼ》の實子《じつし》とは兄弟《けいてい》と為《な》り養父母《やうふぼ》の父母《ふぼ》とは祖父母《そふぼ》と為《な》り養父母《やうふぼ》の兄弟姉妹《けいていしまい》とは叔伯《はくしゆく》父姑《ふこ》と為《な》るべし蓋《けだ》し養子《やうし》は其實家《そのじつか》と去《さ》りて養父母《やうふぼ》の家《いへ》に入《い》り養父母《やうふぼ》の實子《じつし》と全《まつた》く同《どう》一の地位《ちる》に立《た》つ

ものなるが故《ゆへ》なり然《しか》れとも養子《やうし》と養父母《やうふぼ》の姻族《いんぞく》との間及《あいだおよ》ひ養父母《やうふぼ》と養子《やうし》の實家《じつか》の親族《しんぞく》との間《あひだ》には親《しん》族《ぞく》の關係《くわんけい》を生《しやう》するものにあらそ

問　右親族《みぎしんぞく》の關係《くわんけい》は何《いつ》れの時《とき》より發生《はつせい》そるこの

答　其關係《そのくわんけい》は養子《やうし》緣組《えんぐみ》の日《ひ》より發生《はつせい》そるものなり

第七百二十八條　繼父母ト繼子ト又嫡母ト庶子トノ間ニ於テハ親子間ニ於ケルト同一ノ親族關係ヲ生ス

問　繼父母《けいふぼ》と繼子《けいし》及《およ》ひ嫡母《てきぼ》と庶子《しよし》との間《あひだ》の關係如何《くわんけいいかん》

答　繼父《けいふ》又《また》は繼母《けいぼ》と繼子《けいし》との間及《あひだおよ》ひ嫡母《てきぼ》と庶子卽《しよしすなは》ち父《ちゝ》の認知《にんち》したる私生子《しせいし》との間《あひだ》に於《おい》ては親子間《しんしかん》に於《お》けると同一《どう》の親族關係《しんぞくくわんけい》を生《しやう》するものとす故《ゆへ》に繼父母《けいふぼ》と其配偶者《そのはいぐうしや》の嫡出子《てきしゆつし》との間又《あひだまた》は嫡母《てきぼ》と其夫《そのふ》の庶《しよ》子《し》との間《あひだ》に於《おい》ては親子《しんし》の關係《くわんけい》を有《いう》するも夫《ふ》と其婦《そのふ》の私生子《しせいし》との間《あひだ》には親族關係《しんぞくくわんけい》を生《しやう》せさるものとそ

第七百二十九條　姻族關係及ヒ前條ノ親族關係ハ離婚ニ因リテ止ム

夫婦ノ一方カ死亡シタル場合ニ於テ生存配偶者カ其家ヲ去リタルトキ亦同シ

問　姻族關係《いんぞくくわんけい》及《およ》ひ前條親族關係《ぜんでうしんぞくくわんけい》の止《や》む場合如何《ばあひいかん》

答　姻族關係《いんぞくくわんけい》及《およ》ひ繼父母《けいふぼ》と繼子《けいし》又《また》は嫡母《てきぼ》と庶子《しよし》との親族關係《しんぞくくわんけい》は左《さ》の二箇《か》の場合《ばあひ》に於《おい》て止《や》むものとす

一　離婚《りこん》

二　夫婦《ふうふ》の一方《はう》が死亡《しばう》したる場合《ばあひ》に於《おい》て生存配偶者《せいぞんはいぐうしや》が其家《そのいへ》を去《さ》りたるとき

姻族《いんぞく》の關係《くわんけい》は婚姻《こんいん》によりて生《しやう》し之《これ》と始終《ししう》を同《おなじ》ふすべきものなるが故《ゆへ》に離婚《りこん》と爲《な》したる時《とき》は其原因《そのげんゐん》の如何《いかん》を問《と》はす又夫婦《またふうふ》間《かん》に子女《しぢよ》を設《まう》けたると否《いな》とを問《と》はす姻族《いんぞく》の關係《くわんけい》は消滅《せうめつ》すべく又夫婦《またふうふ》の一方死亡《はうしばう》したるが爲《た》め婚姻《こんいん》の解消《かいせう》する場合《ばあひ》に於《おい》ては姻族《いんぞく》の關係依然《くわんけいいぜん》として存在《そんざい》すべきも婚姻解消後《こんいんかいせうご》生存配偶《せいぞんはいぐう》者《しや》が其家《そのいへ》を去《さ》りたるときは親族關係止息《しんぞくくわんけいしそく》せるものとす又繼父母《またけいふぼ》と繼子《けいし》又《また》は嫡母《てきぼ》と庶子《しよし》との親族關係《しんぞくくわんけい》は嫡母《てきぼ》、繼父《けいふ》又《また》は繼母《けいぼ》が離婚《りこん》により實家《じつか》に復歸《ふくき》したる時又《ときまた》は配偶者《はいぐうしや》の死亡《しばう》後其家《そのいへ》を去《さ》りたる時《とき》は親《しん》子《し》の關係《くわんけい》は之《これ》と共《とも》に止《や》むものとす

第七百三十條　養子ト養親及ヒ其血族トノ關係ハ離緣ニ因リテ止ム

養親カ養家ヲ去リタルトキハ其者及ヒ其實方ノ血族ト養子トノ親族關係ハ之ニ因リテ止ム

養子ノ配偶者、直系卑屬又ハ其配偶者カ養子ノ離緣ニ因リテ之ト共ニ養家ヲ去リタルトキハ其者ト養親及ヒ其血族トノ親族關係ハ之ニ因リテ止ム

問　養子《やうし》と養親《やうしん》の親族關係《しんぞくくわんけいや》止む場合《ばあひ》如何《いかん》

答　養子《やうし》と養親及《やうしんおよ》ひ其血族《そのけつぞく》との親族關係《しんぞくくわんけいや》止む場合《ばあひ》二あり左《さ》の如《ごと》し

一　養子《やうし》が離緣《りゑん》したる時《とき》

養子《やうし》と養親《やうしん》とは緣組《ゑんぐみ》に因《よ》りて始《はじ》めて親子《しんし》の關係《くわんけい》を生《しやう》するものなるが故《ゆへ》に養子《やうし》が離緣《りゑん》したる時《とき》は其原因《そのげんいん》の如何《いかん》を問《と》はそ養親及《やうしんおよ》ひ養親《やうしん》の血族《けつぞく》との親族關係《しんぞくくわんけいや》は止むべきこと當然《たうぜん》なりと云《い》ふべし

二　養親《やうしん》が養家《やうか》と去《さ》りたる時《とき》

養親《やうしん》が養家《やうか》を去《さ》りたる時例《ときたと》へは甲《かふ》が乙《おつ》を養子《やうし》とゐしたる後《の》ち離婚《りこん》に因《よ》りて其家《うのいへ》を去りたるときは養《やう》親《しん》甲及《およ》ひ甲の實方《さとかた》の血族《けつぞく》と養子乙との親族關係《しんぞくくわんけい》は之に因りて止《や》むものとす

問　養子の配偶者《はいぐうしや》が養子と共《とも》に養家を去りたる時は如何《いかん》

答　養子《やうし》の配偶者即《すなは》ち夫《ふ》又は婦《ふ》が養子の離縁《りえん》に因《よ》りて之と共に養家《やうか》を去りたる時又は養子の直系卑属《ちよくけいひぞく》例《たと》へは子《し》、孫又《そんまた》は其子、孫の配偶者が養子の離縁に因りて之と共に養家《やうか》を去りたるときは其者即《そのものすなは》ち養子の配偶者《はいぐうしや》、養子《やうし》の直系卑属《ちよくいひぞく》養子の直系卑属の配偶者と養親及《やうしんおよ》ひ養家の血族《けつぞく》との親族《しんぞく》關係《くわんけい》は之に因《よ》りて止《や》むものとす

第七百三十一條　第七百二十九條第二項及ヒ前條第二項ノ規定ハ本家相續、分家及ヒ廢絶家再興ノ場合ニハ之ヲ適用セス

○第七百二十九條第二項及ひ前條第二項の規定は本家相續、分家及ひ廢絶家再興の場合には之を適用《てきよう》せるゝものとす故《ゆへ》に夫婦の一方《はう》か死亡《しばう》したる場合《ばあひ》に於て生存配偶者《せいぞんはいぐうしや》が其家《そのいへ》と去《さ》るも又養親が養家《やうか》と去るも其去りたる原因《げんいん》が本家相續《ほんけさうぞく》の爲なるとき又は分家《ぶんけ》と興《おこ》す爲なるとき又《また》は廢家絶家《はいかぜつか》と再興《さいこう》するが爲なるときは親族關係《しんぞくくわんけい》は止《や》まざるものとす

第二章　戸主及ヒ家族

○本章《ほんしやう》分て三節《せつ》となし第一節に於ては本章全体《ぜんたい》に通する法則を定め第二節に於ては戸主《こしゆ》及ひ家族《かぞく》の權《けん》

利義務《りぎむ》と定め第三節に於ては戸主權の喪失《さうしつ》に關する法則を定めたり

第一節　總則

○本節凡て十四條本章全体に通《つう》する法則を定めたるものなり

問　第一章の總則と本節の總則との區別如何《くべついかん》

答　第一章の總則は第四編に通する法則と定《さだ》めたるものにして本節の總則は本章にのみ通する法則《はふそく》と定めたるものなり故に二者共《とも》に總則なるも其間廣狹《くわうけふ》の差あるものとす

第七百三十二條　戸主ノ親族ニシテ其家ニ在ル者及ヒ其配偶者ハ之ヲ家族トス

戸主ノ變更アリタル場合ニ於テハ舊戸主及ヒ其家族ハ新戸主ノ家族トス

問　戸主とは何ぞや

答　法律上獨立《どくりつ》して一家を成すもの之を戸主と云ひ其家に長たる者之を戸主と云ふ蓋《けだ》し國《くに》あれば必す帝王《ていわう》若くは大統領《だいとうりやう》あるが如く茲に家あれは必す其長あるべく而して家長《かちやう》即ち戸主は内に在りては其家に從屬《じうぞく》する者を監督《かんとく》し外に對しては其家を代表《だいひやう》し以て其主權を握《にぎ》り家族の離散《りさん》を制《せい》し之れの平和《へいわ》を保《たも》つの責《せめ》に任《にん》するものなり

問　家族とは何ぞや

答　戸主は一家の長にして長は二あるべからざるが故に戸主以外《いぐわい》の者にして其家に屬《ぞく》する者は皆家族たるべし戸主の親族《しんぞく》にして其家に在る者及ひ其配偶者は即ち然り而して條文戸主の親族とあるが故

に第七百二十五條に掲《かゝ》けたる以外の者例《たと》へは六親等外の血族《けつぞく》三親等外の姻族《いんぞく》若くは妾、雇人《やとひにん》の如きは縦ひ其家に同居《どうきよ》するも家族にあらず又條文其配偶者とは家に在る親族の配偶者を指《さ》すものにして戸主の配偶者を指すものにあらず蓋《けだ》し戸主の配偶者は戸主の親族なるが故に條文親族の語中《ごちう》に包含《はうがん》すへきや當然なり又條文家に在る者とは其家の籍《せき》に在る者を指《さ》したるものにして現《げん》に戸主と同居《どうきよ》する者を指したるにあらす從て一時家を出て丶他所《たしよ》に寄留《きりう》する者の如き尚《なほ》は家族たる身分《みぶん》を失《うしな》ふことゝなし

問　戸主に變更ありたる時は如何

答　戸主の變更《へんかう》ありたる時例へは舊戸主《きうこしゆ》甲隱居《いんきよ》して甲の長男乙戸主となりたる時の如きは舊戸主甲及ひ其家族《そのかぞく》は新戸主乙の家族となるものとす

第七百三十三條　子ハ父ノ家ニ入ル
父ノ知レサル子ハ母ノ家ニ入ル
父母共ニ知レサル子ハ一家ヲ創立ス

問　子は父母何れの家《いへ》に入るべきや

答　子は男子たると女子たるとを問はす其父の家に入るものとす故に甲家の男と乙家の女との間に子《し》女出産《じよしゆつさん》したる時は其子女は母の家に入らずして父の家に入り其家族たるべし

問　父の知れざる子は如何

答　母は分明《ぶんめい》なるも其父の知れざる子即ち私生子《しせいし》は其母の家に入るものとそ

問　父母《ふぼ》共《とも》に知れざる子は如何《いかん》

答　父母共に知れざる子即ち棄兒《きじ》又は迷兒《めいじ》の類は引受人《ひきうけにん》あると否《いな》とを問《と》はそ別に一家と創立《さうりつ》するものとそ但引受人《ひきうけにん》の養子《やうし》となりたる時又は後日《ごじつ》父母の知れたるが爲め其父母の家に入らんとそる時は強《しひ》て一家と創立し維持《いじ》せしむるの理《り》なきは固《もと》よりなり

第七百三十四條　父カ子ノ出生前ニ離婚又ハ離婚ニ因リテ其家ヲ去リタルトキハ前條第一項ノ規定ハ懐胎ノ始ニ遡リテ之ヲ適用ス
前項ノ規定ハ父母カ共ニ其家ヲ去リタル場合ニハ之ヲ適用セス但母カ子ノ出生前ニ復籍ヲ爲シタルトキハ此限ニ在ラス

問　父ゟ子の出生前其家を去りたる時は如何

答　父ゟ子の出生前《しゆつせいぜん》に離婚又は離緣に因りて其家と去りたるときは前條第一項の規定《きてい》は懐胎《くわいたい》の始《はじめ》に遡《さかのぼ》りて之と適用そるものとす故に例へは甲家の女甲に乙家の男乙を婿養子《むこやうし》となし又は乙が甲家の養子となりたる後丙女と迎《むか》へて結婚《けつこん》したる場合《ばあひ》に於て懐胎して未た分娩《ふんべん》せざる前養子若くは婿養子たる父乙が離緣又は離婚に因りて甲家と去り乙家に復籍《ふくせき》したる時は其後に出生したる子女は現《げん》に父の在る乙家に入らずして依然《いぜん》甲家の家族《かぞく》たるものとそ然れとも父母共に甲家と去りたるときは母並子の出生前に復籍して甲家に入りたる場合の外其子は父の在る乙家に入るへきこと當然《たうぜん》なり

第七百三十五條　家族ノ庶子及ヒ私生子ハ戸主ノ同意アルニ非サレハ其家ニ入ルコトヲ得ス

庶子カ父ノ家ニ入ルコトヲ得サルトキハ母ノ家ニ入ル

私生子カ母ノ家ニ入ルコトヲ得サルトキハ一家ヲ創立ス

問　家族《かぞく》の庶子及び私生子は其家に入ることを得るや

答　戸主の庶子及び私生子は其家に入るべきこと當然なるも家族の庶子及び私生子は戸主の同意《どうい》あるに非されは其家に入ることを得さるものとす而して庶子《しよし》とは父の認知《にんち》したる私生子を謂《い》ひ私生子とは未《いま》た父の認知せざる野合《やがう》の子を謂《い》ふ

問　庶子の父の家に入ることを得さる時は如何にすべきや

答　庶子が父の家に入ることと得ざる時例《たと》へば甲家《かふか》の男甲と乙家《おつか》の女乙との間に私生子出生《しゆつせい》したるも甲家の戸主丙《へい》が其家に入ることと許《ゆる》さゞる時は其子女は母の家即ち乙家に入るものとす

同　私生子《しせいし》が母の家に入ることと得さるときは如何にすべきや

答　私生子即ち父の認知せさる子は母の家に入るべきものなれども其戸主之を承諾《しやうだく》せざるが爲め母の一家に入ること能はざるときは別に一家を創立すべきものとす

第七百三十六條　女戸主カ入夫婚姻ヲ爲シタルトキハ入夫ハ其家ノ戸主ト爲ル

但當事者カ婚姻ノ當時反對ノ意思ヲ表示シタルトキハ此限ニ在ラス

問　入夫婚姻とは何ぞや

答　入夫《にふ》婚姻《こんいん》とは一家の戸主にあらざる者が他家《たけ》の戸主たる女子と婚姻し其家に入りて夫と爲ると謂ふ

問　女戸主が入夫婚姻を爲したる時は何人が其家の戸主たるべきや

答　女戸主が入夫婚姻を爲したるときは入夫は其家の戸主と爲るものとす蓋《けだ》し婦は夫に聽從すへき事夫婦の大倫なるが故に夫に聽從《ちやうじう》すへき婦が夫をして己れに聽從せしむるは冠履《くわんり》を顛倒《てんとう》するものにして頗《すこぶ》る人倫《じんりん》に戻《もと》る所あるが故なり然れとも財産《ざいさん》其他の關係《くわんけい》上《じやう》入夫として戸主となすこと能はさる事情ある場合《ばあひ》に於ては婚姻の當時入夫となすも依然《いぜん》婦が戸主たるべきことを特約《とくやく》することを得べし要するに特約ある時は婦は依然戸主たることを得るも婚姻の當時何等の特約なき時は入夫は當然其家の戸主たるものとす

第七百三十七條　戸主ノ親族ニシテ他家ニ在ル者ハ戸主ノ同意ヲ得テ其家族ト爲ルコトヲ得

但其者カ他家ノ家族タルトキハ其家ノ戸主ノ同意ヲ得ルコトヲ要ス

前項ニ掲ケタル者カ未成年者ナルトキハ親權ヲ行フ父若クハ母又ハ後見人ノ同意ヲ得ルコトヲ要ス

問　戸主《こしゆ》の親族《しんぞく》にして他家《たけ》に在る者は其戸主の家族《かぞく》となることを得ざるや

答　戸主の親族にして他家に在る者は其血族《けつぞく》なると姻族《いんぞく》なるとを問《と》はず戸主の同意《どうい》を得て其家族と爲ることを得るものとす但其者が他家の家族なるときは其家の戸主の同意を得るにあらざれば又未成《みせい》年者《ねんしや》なるときは親權《しんけん》を行ふ父若くは母又は後見人の同意を得るにあらざれば他の家族となること能はざるは當然《たうぜん》なり

第七百三十八條　婚姻又ハ養子縁組ニ因リテ他家ニ入リタル者カ其配偶者又ハ養親ノ親族ニ非サル自己ノ親族ヲ婚家又ハ養家ノ家族ト爲サント欲スルトキハ前條ノ規定ニ依ル外其配偶者又ハ養親ノ同意ヲ得ルコトヲ要ス
婚家又ハ養家ヲ去リタル者カ其家ニ在ル自己ノ直系卑屬ヲ自家ノ家族ト爲サント欲スルトキ亦同シ

問　婚姻《こんいん》又は養子《やうし》縁組《えんぐみ》に因りて他家に入りたる者は自己の親族を其家の家族と爲すことを得るや

答　婚姻又は養子縁組に因りて他家に入りたる者例《たと》へは婿養子《むこやうし》、入夫、養子等が其配偶者又は養親の親族と家族となさんとする時は前條の規定により戸主の同意を得るのみを以て足るも其配偶者《はいぐうしや》又は養親の親族に非さる自己の親族を婚家又は養家の家族と爲さんとするには左の條件《でうけん》を具備《ぐび》せさるべからす

一　戸主の同意を得る事

二　其者の他家《たけ》の家族《かぞく》なるときは其家の戸主の同意を得る事

三　自己の配偶者又は養親の同意を得る事

婚家《こんか》又は養家を去りたる者か其家に在る自己の直系卑属《ちよくけいひぞく》例《たと》へは子《こ》、孫《まご》等を自家の家族と爲さんと欲する時亦同し

第七百三十九條　婚姻又ハ養子縁組ニ因リテ他家ニ入リタル者ハ離婚又ハ離縁ノ場合ニ於テ實家ニ復籍ス

問　婚姻又は養子縁組にに因りて他家に入りたる者離婚又は離縁《りえん》したる時は何れの家に入るべきや

答　婚姻又は養子縁組に因りて他家に入りたる者例へは甲家の家族《かぞく》が乙家に入りて夫《ふう》、婦《ふ》又は養子《やうし》と爲りたる者は即ち乙家の家族《かぞく》にして復た甲家の家族にあらずと雖も離婚《りこん》又は離縁《りえん》したる時は其乙家との關係《くわんけい》全く滅絶《めつせつ》するを以て最早《もはや》乙家の家族中に列《れつ》することを得す故に此場合《このばあひ》に於ては甲家即ち實《じつ》家《か》に復籍《ふくせき》するものとす而して此復籍は法律《はふりつ》の規定《きてい》による當然の復歸《ふくき》なるを以て其實家《じつか》の戸主は之を拒《こば》むことを得さるは當然なるも然れとも其婚姻又は縁組が戸主の同意を得たるにあらざるときは戸主は第七百五十條第二項の規定《きてい》に從ひ其復籍を拒むことを得べし此場合に於ては第七百四十二條の規定に從ひ別に一家を創立すへきものとす

第七百四十條　前條ノ規定ニ依リテ實家ニ復籍スヘキ者カ實家ノ廢絶ニ因リテ復籍ヲ爲スコト能ハサルトキハ一家ヲ創立ス但實家ヲ再興スルコトヲ妨ケス

問　前條《ぜんでう》の場合《ばあひ》に於て實家の廢絶の爲め復籍を爲すこと能はざるときは如何にすべきや

答　前條の規定に依りて實家に復籍すべき者が實家の廢絶に因りて復籍と爲すこと能《あた》はざるときは左の二中其一と撰《えら》むへきものとそ

一　別に一家を創立《さうりつ》する事

二　廢絶《はいぜつ》したる實家を再興《さいこう》する事

第七百四十一條　婚姻又ハ養子緣組ニ因リテ他家ニ入リタル者カ更ニ婚姻又ハ養子緣組ニ因リテ他家ニ入ラント欲スルトキハ婚家若クハ養家及ヒ實家ノ戸主ノ同意ヲ得ルコトヲ要ス

前項ノ場合ニ於テ同意ヲ爲サヽリシ戸主ハ婚姻又ハ養子緣組ノ日ヨリ一年内ニ復籍ヲ拒ムコトヲ得

問　婚姻又は養子緣組に因りて他家に入りたる者の更に婚姻又は養子緣組に因《よ》りて他家に入らんと欲するときは如何にすへきや

答　婚姻又は養子緣組に因りて他家に入りたる者が更に婚姻又は養子緣組に因りて他家に入らんと欲するとき例へば甲家の家族《かぞく》甲女が乙家の家族乙男に嫁《か》したる後《のち》乙《おつ》死亡《しさう》したるが爲め更《さら》に丙家《へいか》の丙男に嫁せんとする時又は甲家の家族甲男が乙家《おつか》の家族乙女の婿《むこ》養子と爲りたる後乙女死亡したるが爲め更に丙家の女戸主丙に入夫となり若くは其丙家の養子と爲らんとする時は婚家若く養家及ひ實家《じつか》の戸主即ち甲乙両家の戸主の同意を得べきものとそ

右の場合《ばあひ》に於て同意を爲さゞりし戸主は婚姻又は養子縁組の日より一年内に復籍を拒むことを得べし故に前例《せんれい》の場合に於て乙家の戸主が同意を爲さゞりし際《さい》豫《あらかじ》め一年内に復籍を拒みたる時に甲女若くは甲男が離《り》婚《こん》又は離《り》縁《えん》に因りて丙家を去るも再《ふた》ひ乙家に入ることを得す又甲乙両家の戸主共に同意を爲さゞりし時は甲女若くは甲男は兩家の何れにも復籍することを得さるものとす但し條文婚姻又は養子縁組の日より一年内とあるが故に更に婚姻又は養子縁組を爲したる日より一年を經過《けいくわ》したる後なるときは其復籍を拒むことを得さるは當然なり

第七百四十二條　離籍セラレタル家族ハ一家ヲ創立ス他家ニ入リタル後復籍ヲ拒マレタル者カ離婚又ハ離縁ニ因リテ其家ヲ去リタルトキ亦同シ

問　離籍せられたる家族又は復籍を拒まれたる者は如何にすへきや

答　離籍せられたる家族例《たと》へは戸主は指定《してい》したる場所《ばしよ》に居所《きよしよ》を轉《てん》せさるが爲め第七百四十九條第二項の規定《きてい》により離籍《りせき》せられたる者又は戸主の同意を得すして婚姻又は養子縁組を爲したるが爲め第七百五十條第二項の規定《きてい》により離籍せられたる者は一家を創立すべく又他家に入りたる後復籍を拒まれたる者が離婚又は離縁に因りて其家を去りたるときは一家を創立すへきものとす

第七百四十三條　家族ハ戸主ノ同意アルトキハ他家ヲ相續シ分家ヲ爲シ又ハ廢絶シタル本家分家、同家其他親族ノ家ヲ再興スルコトヲ得但未成年者ハ親權ヲ行フ父若クハ母又ハ後見人ノ同意ヲ得ルコトヲ要ス

問　家族《かぞく》は他家を相續《さうぞく》し、分家《ぶんけ》と爲し又は廢絶《はいぜつ》したる本家《ほんけ》、分家《ぶんけ》、同家《どうけ》其他親族の家を再興《さいこう》することを得るや

答　戸主の同意あるときは之を爲すことを得べし但し他家相續、分家又は廢絶家を再興せんとする者が未成年者卽ち二十歳《さい》未《み》滿《まん》なる時は戸主の同意《どうい》の外親權《しんけん》を行ふ父若くは母又は後見人の同意を得へきものとす

第七百四十四條　法定ノ推定家督相續人ハ他家ニ入リ又ハ一家ヲ創立スルコトヲ得ス但本家相續ノ必要アルトキハ此限ニ在ラス
前項ノ規定ハ第七百五十條第二項ノ適用ヲ妨ケス

問　推定家督相續人《すいていかとくさうぞくにん》は他家に入ることを得るや

答　法定《はふてい》の推定家督相續人は必す其家を承繼《しようけい》せへきものにして正當の原因《げんいん》あるにあらざれは廢除《はいじよ》することを得さるものなるが故に本家相續の必要《ひつよう》ある場合の外は他家に入り又は一家を創立することを得さるものとそ
但本條第一項の規定は戸主の同意を得そして婚姻又は養子緣組を爲したる場合に關して規定したる第七百五十條第二項の適用《てきよう》を妨《さまた》けさるものとす故に推定家督相續人が戸主の同意を得ずして婚姻又は養子緣組を爲したるときは戸主は其婚姻又は養子緣組の日より一年内に離籍《りせき》を爲し又は復籍《ふくせき》を拒《こば》むことを得べし

第七百四十五條　夫カ他家ニ入リ又ハ一家ヲ創立シタルトキハ妻ハ之ニ隨ヒテ其家ニ入ル

問　夫か他家に入り又は一家を創立したるときは妻《さい》は如何《いか》にすへきや

答　夫か他家《たけ》に入り又は一家と創立したるとき例へば甲家の男が乙家に入りて養子となりたる時又は離縁《りえん》の後實家《じつか》に復籍することと能はざるが爲一家と創立《さうりつ》したるときの如きは妻は之に隨《したが》ひて其家に入るものとす蓋《けだ》し妻は夫に從ひ其家を同ふすへきものとなるが故なり

第二節　戸主及ヒ家族ノ權利義務

○本節《はんせつ》凡《すべ》て七條戸主及ひ其家族の權利義務《けんりぎむ》と規定したるものなり

第七百四十六條　戸主及ヒ其家族ハ其家ノ氏ヲ稱ス

問　其家の氏と稱《しよう》するものは何人なりや

答　戸主《こしゆ》は固《もと》より家族《かぞく》も亦其家の氏と稱《しよう》するものとす而して氏とは上世《じやうせい》の臣連等《おみむらじとう》と指《さ》すにあらす又中世の源平藤橘《げんぺいとうきつ》等と指そにあらすして今俗《こんぞく》の所謂苗字《いはゆるめうじ》と指《さ》そ者なり從て氏は唯甲家と乙家とを區別《くべつ》するの稱號《しようがう》たるに過《す》ぎさるが故に戸主及ひ其家に生れたる血族《けつぞく》は固《もと》より他より來りて其家族となりたる者例《たと》へは戸主の配偶者《はいぐうしや》又は戸主の家族の配偶者の如きも實家《じつか》の氏と稱せずして婚家の氏を稱そるものとす

第七百四十七條　戸主ハ其家族ニ對シテ扶養ノ義務ヲ負フ

問　家族は何人之を扶養《ふよう》すへきや

答　戸主は其家族に對して扶養の義務《ぎむ》を負ふものとす故に戸主は其血族なると姻族《いんぞく》なるとを問はす苟も其家に生れ若くは他より入りて家族となるものには其身《そのみ》分資力等《ぶんしりよくとう》に應《おう》して衣食住《いしよくじう》を與《あた》へ以て其生命《せいめい》を支持《しじ》するは固《もと》より普通教育《ふつうきやういく》の費用《ひよう》をも負擔《ふたん》して未成年《みせいねん》者の知識《ちしき》を發達《はつたつ》せしめさるへからす蓋《けだ》し戸主は一切《いつさい》の財産《ざいさん》を相續《さうぞく》して其家の主長《しゆちやう》たるものなるか故なり

第七百四十八條　家族カ自己ノ名ニ於テ得タル財産ハ其特有財産トス
戸主又ハ家族ノ孰レニ屬スルカ分明ナラサル財産ハ戸主ノ財産ト推定ス

問　家族《かぞく》は財産を所有《しよいう》することを得るや

答　家族が自己《じこ》の名に於て得たる財産は家族の特別に職業《しよくげう》を營《いとな》むに因《よ》りて取得《しゆとく》したると其生家《そのせいか》より齎《せい》滯《たい》したると又遺産相續《いさんさうぞく》、贈與《さうよ》、遺贈《いぞう》等に因りて取得《しゆとく》したるとを問《と》はす之を特有財産《とくいうざいさん》とし戸主の財産と區別《くべつ》すへきものとす

問　戸主又は家族の孰《いづ》れに屬《ぞく》するか分明ならさる財産は如何にすへきや

答　戸主に屬する財産なるか將《は》た家族《かぞく》に屬《ぞく》する財産なるか判然《はんぜん》せさるものは之を戸主の財産と推定《すいてい》するものとす但し條文看《み》做《な》すと云はすして推定すとあるか故に反對《はんたい》の證據《しようこ》を擧《あ》けて之を破《やぶ》ることを得べし

第七百四十九條　家族ハ戸主ノ意ニ反シテ其居所ヲ定ムルコトヲ得ス

家族カ前項ノ規定ニ違反シテ戸主ノ指定シタル居所ニ在ラサル間ハ戸主ハ之ニ對シテ扶養ノ義務ヲ免ル

前項ノ場合ニ於テ戸主ハ相當ノ期限ヲ定メ其指定シタル場所ニ居所ヲ轉スヘキ旨ヲ催告スルコトヲ得若シ家族カ其催告ニ應セサルトキハ戸主ハ之ヲ離籍スルコトヲ得但其家族カ未成年者ナルトキハ此限ニ在ラス

問　家族は隨意《ずいい》に其居所《そのきよしよ》を定むることを得るや

答　家族は戸主の意に反して其居所を定むることを得さるものとす蓋《けだ》し家族《かぞく》は常に戸主の董督《くんとく》を受け其下に立つへきものなるが故に其意《そのい》に反《はん》して自由《じゆう》に居所を定むること能《あた》はざるは當然なりと云ふべし

問　家族が戸主の意に反して居所を定めたる場合に於ても戸主は扶養《ふやう》の義務《ぎむ》を盡《つく》さゞるべからざるや

答　家族《かぞく》が戸主《こしゆ》の意《い》に反《はん》し戸主の指定《してい》したる居所《きよしよ》に在らざる間は戸主は之に對《たい》して扶養《ふやう》の義務《ぎむ》を免《まぬか》るゝものとす蓋《けだ》し戸主の同意《どうい》を得ずして他所に居住《きよぢう》するが如きは放縦專恣《はうじゆうせんし》の所行《しよぎやう》にして自ら扶養《ふやう》を受る權利《けんり》を抛棄《はうき》したるものなるが故に戸主に對して扶養を求《もと》むることを得さるは當然なりと云ふべし但し條文居所に在らさる間はとあるが故に他所に在る間は扶養を受《うく》ること能はざるも家に歸《かへ》りたる時又は戸主の指定《してい》する場所《ばしよ》に移轉《いてん》したる時は再ひ其扶養を受ることを得へきは當然なり

問　家族が隨意《ずいゐ》に其居所を定めたる場合《ばあひ》に於て戸主は之を離籍《りせき》することを得さるや

答 家族《かぞく》が戸主の意に反し戸主の指定《してい》したる居所に在らざる場合に於て左の條件《でうけん》を具備《ぐび》するときは戸主は其家族を離籍《りせき》することを得べし

一 其家族が未成年者《みせいねん》にあらざること

二 戸主が其家族に對《たい》し相當の期間《きげん》を定め其指定《してい》したる場所に居所を轉すへき旨《むね》を催告《さいこく》すること

三 家族の其催告《さいこく》に應《おう》せさること

第七百五十條 家族カ婚姻又ハ養子緣組ヲ爲スニハ戸主ノ同意ヲ得ルコトヲ要ス

家族カ前項ノ規定ニ違反シテ婚姻又ハ養子緣組ヲ爲シタルトキハ戸主ハ其婚姻又ハ養子緣組ノ日ヨリ一年内ニ離籍ヲ爲シ又ハ復籍ヲ拒ムコトヲ得

家族カ養子ヲ爲シタル場合ニ於テ前項ノ規定ニ從ヒ離籍セラレタルトキハ其養子ハ養親ニ隨ヒテ其家ニ入ル

問 家族《かぞく》か婚姻《こんいん》又は養子緣組《やうしえんぐみ》を爲すには戸主の同意を得ることを要するや否

答 家族の婚姻又は養子緣組を爲すには戸主の同意を得ることを要するものとす今第七百七十二條によれは婚姻を爲すには父母又は後見人及ひ親族會《しんぞくくわい》の同意を得さるへからす又第八百四十三條以下によれは養子となるには父母又は後見人等《こうけんにんとう》の同意を得さるへからす是れ親子の關係《くわんけい》未成年者と後見人との關係等に付て規定したるものなり本條は之と反して戸主たり家族たるの關係上より家族《かぞく》か婚姻

又は養子縁組を爲すには戸主の同意を受けさるへからさるものと爲せり故に戸主の弟妹《ていまい》にして婚姻を爲さんとするとき又は養子縁組を爲さんとするときは其父母の同意を得るの外尚《な》は戸主たる兄《あに》の同意をも受けさるへからす又弟妹が第七百七十一條に規定《きてい》したる年令《ねんれい》に達《たつ》したる時は父母の同意を得そして婚姻を爲すことを得るも本條によれば其年令の如何《いかん》を問《と》はす戸主の同意を得さるへからす蓋《けだ》し戸主は一家の長にして家族を董督《くんとう》するの權《けん》あるが故なり

問　家族の戸主の同意を得すして婚姻又は養子縁組を爲したる時の制裁如何《せいさいいかん》

答　家族《かぞく》が戸主《こしゆ》の同意《どうい》を得ずして婚姻《こんいん》又は養子縁組を爲したる時は戸主は其無効《むかう》を請求《せいきう》するの權《けん》なきも其婚姻又は養子縁組の日より一年内に離籍《りせき》を爲し又は復籍《ふくせき》を拒《こば》むことを得るものとす故に例へは家族甲が戸主乙の同意を得ずして他家に嫁したる後《のち》離婚《りこん》せられたるとき戸主は其離婚が婚姻の日より一年内なるときは甲の復籍《ふくせき》を拒《こば》むことを得べく又家族甲が戸主の同意を得ずして丙女を娶りたる時又は丁男を養子と爲したるときは戸主は一年内に離籍《りせき》即ち甲の籍を分離《ぶんり》して自己《じこ》の家族《かぞく》たることを拒むことを得べし

問　家族の養子を爲したる場《ば》合に於て離籍《りせき》せられたるときは其養子は何人の家に入るべきや

答　家族《かぞく》の戸主の同意《どうい》を得すして養子《やうし》を爲したるが爲め離籍《りせき》せられたるにより第七百四十二條の規定《きてい》に從ひ一家を創立《さうりつ》したるときは其養子は養親《やうしん》に隨《したが》ひて其家に入るものとす蓋《けだ》し其親が離籍《りせき》せらるゝも養子は爲めに離縁《りゑん》するの理《り》なく又養親にあらざる人の家に止《とゞ》まるの理《り》なければなり

第七百五十一條　戸主カ其權利ヲ行フコト能ハサルトキハ親族會之ヲ行フ但戸主ニ對シテ親權ヲ行フ者又ハ其後見人アルトキハ此限ニ在ラス

問　戸主《こしゆ》の其權利を行ふこと能はさるときは如何《いか》にすへきや

答　戸主の其權利《そのけんり》を行ふこと能はさる場合《ばあひ》に於て戸主に對《たい》して親權を行ふ者又は其後見人あるときは其者戸主の權利を行ふへきは當然《たうぜん》なるも親權を行ふ者又は其後見人なき場合に於ては親族會《しんぞくくわい》之を行ふものとす

第三節　戸主權ノ喪失

○本節凡て十三个條戸主權を失ふ場合《ばあひ》を規定《きてい》したるものなり

第七百五十二條　戸主ハ左ニ掲ケタル條件ノ具備スルニ非サレハ隱居ヲ爲スコトヲ得ス

一　滿六十年以上ナルコト

二　完全ノ能力ヲ有スル家督相續人カ相續ノ單純承認ヲ爲スコト

問　隱居を爲すに必要《ひつえう》なる條件如何

答　隱居は戸主たる地位《ちい》を退《しりぞ》き家族《かぞく》となるものにして而して左の二箇の條件を具備《ぐび》するにあらされは隱居を爲すことを得さるものとす

一　滿六十年以上なること

身心老衰《しんしんらうすい》して一家の整理《せいり》殊《こと》に其家相傳《いへさうでん》の財産《ざいさん》を管理《くわんり》するに堪《た》へさる戸主ハ自ら戸主たるの地位《ちい》を退《しりぞ》き之を相續人《さうぞくにん》に讓《ゆづ》らんとする場合《ばあひ》に於て法律は之を禁《きん》するの要なく且つ隱居は我國古來《わがくにこらい》の風習《ふうしう》なるが故に之を許《ゆる》したるものなれば其年齡は滿六十年以上となすを適當《てきたう》とそ但し法律に於て滿六十年以上と定めたる上は身心强壯《しんしんきやうさう》にして家族の薰督《くんとく》財産の整理《せいり》等に堪《た》ゆるものと雖も隱居となさんと欲すれは之を爲そことを得へし

二　完全《くわんせん》の能力《のうりよく》を有する家督相續人が相續の單純承認《たんじゆんしようにん》を爲すこと

完全の能力を有する家督相續人あることを要そる所以は戸主が隱居を爲すは其相續人《さうぞくにん》をして己れの地位《ちい》に代り一家の整理《せいり》即ち戸主權を行はしめんが爲なるが故なり故に家督相續人は成年者《せいねんしや》にして且つ實際家政《じつさいかせい》を執《と》るの能力あることを要そ然らされは戸主は縱令《たとひ》滿六十年以上に達そるも隱居を爲すことを得ず又其相續人は相續の單純承認即ち相續財産を限度《げんど》として債務《さいむ》を辨濟《べんさい》そるの責《せめ》に任ずるにあらずして足《た》らざるときは自己《じこ》の財産《ざいさん》を以ても之を辨濟すへき責に任するの受諾《じゆだく》を爲したる場合ならざるへからず故に相續人が限定承認《げんていしようにん》を爲したるときは戸主は隱居《いんきよ》を爲すことを得さるものとす蓋し相續人が限定承認をなし相續財産を限度として債務を辨濟するの責に任する場合《ばあひ》に於ても隱居を爲すことを得へしと爲さば債權者は爲めに大なる損害《そんがい》を蒙《かう》むることあるが故なり

第七百五十三條　戸主カ疾病、本家ノ相續又ハ再興其他已ムコトヲ得サル事由ニ因リテ爾後家政ヲ執ルコト能ハサルニ至リタルトキハ前條ノ規定ニ拘ハラス

裁判所ノ許可ヲ得テ隱居ヲ爲スコトヲ得但法定ノ推定家督相續人アラサルトキハ豫メ家督相續人ヲ定メ其承認ヲ得ルコトヲ要ス

問答註釋

問　前條の要件を具備《ぐび》せさるときは戸主は如何なる場合と雖も隱居を爲すことを得さるや

答　左の條件《でうけん》を具備《ぐび》するときは年齡の如何に關《かゝは》らす又隱居を爲すことを得るものとす

一　戸主が疾病《しつびやう》本家の相續又は再興《さいこう》其他《そのた》已むことを得さる事由《じゆう》に因りて爾後《じご》家政《かせい》を執《と》ること能はさるに至りたること

二　裁判所《さいばんしよ》の許可《きよか》を得たること

三　法定《はふてい》の推定《すいてい》家督相續人あらさるときは豫め家督相續人たるへき者を定め其承認《しようにん》を得たること

第七百五十四條　戸主カ婚姻ニ因リテ他家ニ入ラント欲スルトキハ前條ノ規定ニ從ヒ隱居ヲ爲スコトヲ得

戸主カ隱居ヲ爲サスシテ婚姻ニ因リ他家ニ入ラントスル場合ニ於テ戸籍吏カ其屆出ヲ受理シタルトキハ其戸主ハ婚姻ノ日ニ於テ隱居ヲ爲シタルモノト看做ス

問　戸主は婚姻に因《よ》りて他家《たけ》に入らんとするときは隱居《いんきよ》を爲すことを得るや

答　戸主の婚姻《こんいん》に因りて他家に入らんと欲するときは前條の規定に從ひ法定の推定《すいてい》家督相續人あらさるときは豫め家督相續人《かとくさうぞくにん》たるへき者を定め其承認を得たる上裁判所の許可《きよか》を得て隱居を爲すことを

得るものとす
若し戸主の隱居を爲さずして婚姻に因り他家に入らんと欲する場合に於て戸籍吏《こせきり》が其屆出《とゞけいで》を受理《じゆり》したるときは裁判所の許可を得さるも其戸主は婚姻の日に於て適法に隱居を爲したるものと看做すへきものとす

第七百五十五條　女戸主ハ年齢ニ拘ハラス隱居ヲ爲スコトヲ得
有夫ノ女戸主カ隱居ヲ爲スニハ其夫ノ同意ヲ得ルコトヲ要ス但夫ハ正當ノ理由アルニ非サレハ其同意ヲ拒ムコトヲ得ス

問　女戸主は第七百五十三條に規定《きてい》したる事由《じゆう》なき限りは滿六十年以上に達せざれは隱居をなすことを得さるや

答　女戸主は年齢に拘はらす隱居を爲すことを得るものとす蓋し婦女《ふじよ》が戸主の地位にあるは多くは已むを得ざる爲なるが故に入夫、養子其他完全《くわんせん》の能力《のうりよく》を有する家督相續人あるに至りたるときは何時にても隱居を爲すことを許すは當然《たうぜん》なりと云ふべし
然れとも有夫の女戸主が隱居を爲すには其夫の同意を得ることを要す但夫は正當の理由あるにあらされは其同意《そのどうい》を拒むことを得さるものとす

第七百五十六條　無能力者カ隱居ヲ爲スニハ其法定代理人ノ同意ヲ得ルコトヲ要セス

問　無能力者の隱居を爲すには其法定代理人の同意を得ることを要するや

答　未成年者、禁治産者の如き無能力者の隱居を爲すには第七百五十二條及ひ第七百五十三條の規定による外法定代理人の同意を要せさるものとす

第七百五十七條　隱居ハ隱居者及ヒ其家督相續人ヨリ之ヲ戸籍吏ニ屆出ツルニ因リテ其効力ヲ生ス

問　隱居の效力を生する時如何

答　隱居は隱居者及ひ其家督相續人より隱居をへき旨を戸籍吏《こせきり》に屆出《とゞけ》つるに因りて其效力を生するものとす故に戸籍吏に屆出さる隱居は法律之を認《みと》めす

第七百五十八條　隱居者ノ親族及ヒ檢事ハ隱居屆出ノ日ヨリ三ケ月以内ニ第七百五十二條又ハ第七百五十三條ノ規定ニ違反シタル隱居ノ取消ヲ裁判所ニ請求スルコトヲ得

女戸主カ第七百五十五條第二項ノ規定ニ違反シテ隱居ヲ爲シタルトキハ夫ハ前項ノ期間内ニ其取消ヲ裁判所ニ請求スルコトヲ得

問　隱居者《いんきよしや》の親族《しんぞく》又は檢事《けんじ》は隱居の取消を請求《せいきう》することを得るや

答　隱居者の親族及ひ檢事は左の條件《でうけん》を具備《ぐび》するときは隱居の取消を裁判所に請求することを得へし

一　第七百五十二條又は第七百五十三條の規定に違背《ゐはい》して隱居を爲したるとき

二　隱居を爲す旨《むね》を戸《こ》籍吏《せきり》に屆出たる日より三个月内なること
親族より其取消を請求せることを得るは利害の關係あるが故にして檢事より之を請求《せいきう》することを得るは隱居は一家の組織上《そしきじやう》に變更《へんかう》を來し延て公の秩序《ちつじよ》に關《くわん》するものあるが故なり

問　夫は女戸主隱居《いんきよ》の取消《とりけし》を請求《せいきう》することを得るや

答　女戸主が夫の同意《どうい》を得ずして隱居を爲したるときは夫は隱居屆出の日より三个月内に其取消《そのとりけし》を裁判所に請求《せいきう》することを得《う》へし

第七百五十九條　隱居者又ハ家督相續人カ詐欺又ハ強迫ニ因リテ隱居ノ屆出ヲ爲シタルトキハ隱居者又ハ家督相續人ハ其詐欺ヲ發見シ又ハ強迫ヲ免レタル時ヨリ一年内ニ隱居ノ取消ヲ裁判所ニ請求スルコトヲ得但追認ヲ爲シタルトキハ此限ニ在ラス

隱居者又ハ家督相續人カ詐欺ヲ發見セス又ハ強迫ヲ免レサル間ハ其親族又ハ檢事ヨリ隱居ノ取消ヲ請求スルコトヲ得但其請求ノ後隱居者又ハ家督相續人カ追認ヲ爲シタルトキハ取消權ハ之ニ因リテ消滅ス

前二項ノ取消權ハ隱居屆出ノ日ヨリ十年ヲ經過シタルトキハ時效ニ因リテ消滅ス

問　隱居者又は家督相續人より隱居の取消を請求することを得る場合如何

答　隱居者又は家督相續人か詐欺又は强迫に因りて隱居の屆出を爲したるとき例《たと》へば甲が戶主乙に對《たい》して丙と相續人と爲さば隱居料《いんきよりよう》金壹萬圓と與ふべしと欺《あざむ》き以て隱居せしめたるとき又は隱居して丙と相續人と爲さゞれば殺傷《さつしやう》すべしと强迫し若くは監禁《かんきん》して隱居せしめたるときの如きは隱居者又は家督相續人は其詐欺《そのさぎ》と發見し又は强迫を免《まぬか》れたる時より一年內に隱居の取消と裁判所に請求することと得るものとす但し追認《ついにん》と爲したるとき卽ち詐欺を發見し又は强迫と免れたる後之と追認して隱居及ひ相續と承諾《しようだく》したる時は縱令《たとひ》一年と經過《けいくわ》せざるも其追認にして任意に出たる以上は隱居の取消と請求《せいきう》することと得さるは當然《たうぜん》なり

隱居者又は家督相續人が詐欺と發見せす又は强迫と免れさる間は其親族又は檢事《けんじ》より隱居の取消と請求することとを得へし但其請求の後隱居者又は家督相續人か詐欺なることと知り又は强迫と免れたる上追認を爲したるときは取消權は之に因りて消滅《せうめつ》するものとそ

然れとも前二項の取消權は隱居屆出の日より十年を經過したるときは時效《じかう》に因りて消滅そるか故に縱令詐欺若くは强迫によりて隱居と爲し且つ其詐欺と發見せす又は强迫と免れさる時と雖も詐欺若くは强迫に出てたるにあらざるものと看做《みな》さるへきものとすなは時效のことは本書前編《ぜんぺん》に明《あきら》かなり就《つい》て看《み》るべし

第七百六十條　隱居ノ取消前ニ家督相續人ノ債權者ト爲リタル者ハ其取消ニ因リテ戶主タル者ニ對シテ辨濟ノ請求ヲ爲スコトヲ得但家督相續人ニ對スル請求

ヲ妨ケス
債權者カ債權取得の當時隱居取消ノ原因ノ存スルコトヲ知リタルトキハ家督相續人ニ對シテノミ辨濟ノ請求ヲ爲スコトヲ得家督相續人カ家督相續前ヨリ負擔セル債務及ヒ其一身ニ專屬スル債務ニ付キ亦同シ

問　隱居の取消前に家督相續人の債權者と爲りたる者は後の戸主に對して其辨濟を請求することを得るや

答　債權取得の當時隱居取消の原因《げんいん》の存することを知らさる場合と之を知りたる場合とに區別《くべつ》せざるべからず

一　隱居取消の原因あることを知らずして債權を取得したるとき

隱居の取消前に隱居取消の原因あることを知らずして家督相續人の債權者と爲りたる者は其取消に因りて戸主たる者に對して辨濟の請求を爲すことを得べく又家督相續人に對しても之を請求することを得べし今例《いまれい》を擧《あ》けて之を説明《せつめい》すれば左の如し

戸主甲が第七百五十二條又は第七百五十三條の規定《きてい》に背《そむ》きて隱居を爲し若くは詐欺、強迫よりて隱居の屆出を爲したり

甲隱居したるが爲め乙家督相續を爲して戸主となれり

丙が甲の隱居に取消原因《とりけしげんいん》あることを知らずして家督相續を爲したる乙に金五千圓を貸與《かしあた》へたり

親族又は檢事《けんじ》の請求により若くは隱居者又は家督相續人の請求により隱居を取消したる爲め甲再び戸主となれり

右の場合《ばあひ》に於て丙は乙に對して辨濟の請求を爲すことを得べきは勿論《もちろん》再び戸主となりたる甲に對《たい》しても其辨濟《そのべんさい》を請求することを得べし蓋《けだ》し債權者丙は乙は戸主なるが故に其家の財産を以て辨濟せしむることを得べしと信して貸渡《かしわた》したるものなればなり

二　隱居取消の原因あることを知りて債權《さいけん》を取得《しゆとく》したるとき

債權者が債權取得の當時隱居取消の原因の存することを知りたるときは家督相續人に對してのみ辨濟の請求を爲すことを得へく其取消に因りて戸主たるものに對しては辨濟の請求を爲すことを得す蓋し此場合に於ては債權者は早晩《さうばん》隱居取消により前戸主が再び戸主たるべく債務者たる家督相續人が永く其地位《ちい》に在らさることを豫知《よち》したるものなるが故なり

家督相續人が家督相續前より負擔《ふたん》したる債務及び家督相續人の一身に專屬《せんぞく》する債務《さいむ》に付ては債權者が隱居取消の原因の存することを知りたると否とを問はす家督相續人に對してのみ辨濟を請求することを得るものとす而して一身に專屬《せんぞく》する債務《さいむ》とは例へば家督相續人甲が乙の爲めに「見る人の心の花もうゝれとて神や櫻の種を蒔《まき》けむ」といへる和歌を短冊《たんざく》に認《したゝ》むべきことを約したる時又は「逢坂の峯の山風吹おろし菅の小笠に散る櫻哉」といへる和歌の意を彫刻《てうこく》すべしと約《やく》したる時の如きを謂ふ

第七百六十一條　隱居又ハ入夫婚姻ニ因ル戸主權ノ喪失ハ前戸主又ハ家督相續人ヨリ前戸主ノ債務者及ヒ債務者ニ其通知ヲ爲スニ非サレハ之ヲ以テ其債權者及ヒ債權者ニ對抗スルコトヲ得ス

問　隱居又は入夫《にうふ》婚姻《こんいん》に因る戸主權の喪失は之を以て其債權者及ひ債務者に對抗することを得るや

答　隱居したる時は戸主權を喪失すへく又女戸主が入夫婚姻を爲したるときは第七百三十六條の規定により或る場合の外其戸主權を喪失すべし而して此場合に於ての戸主權の喪失は前戸主又は家督相續人より前戸主の債權者及ひ債務者に其通知を爲すに非されは之を以て其債權者及ひ債務者に對抗することを得さるものとす故に其通知なき間は債權者は前戸主に對して辨濟《べんさい》を請求《せいきう》することを得へく又債務者は前戸主に對して有效《いうかう》に辨濟を爲すことを得べし

第七百六十二條　新ニ家ヲ立テタル者ハ其家ヲ廢シテ他家ニ入ルコトヲ得
家督相續ニ因リテ戸主ト爲リタルモノハ其家ヲ廢スルコトヲ得ス但本家ノ相續又ハ再興其他正當ノ事由ニ因リ裁判所ノ許可ヲ得タルトキハ此限ニ在ラス

問　新《あらた》に家を立てたる者は其家を廢《はい》することを得るや又家督相續に因りて戸主となりたる者は其家を廢することを得るや

答　新に家を立てたる者は其家を廢して他家に入ることを得す又家督相續に因りて戸主と爲りたる者は本家の相續又は本家の再興《さいかう》其他正當の事由に因り裁判所の許可《きよか》を得たるときの外其家を廢するこ

とを得さるものとそ

第七百六十三條　戸主カ適法ニ廢家シテ他家ニ入リタルトキハ其家族モ亦其家ニ入ル

問　戸主の廢家して他家に入りたるときは家族は如何にすへきや

答　戸主の適法《てきはふ》に廢家《はいか》して他家に入りたるときは其家族も亦其家に入るものとす

第七百六十四條　戸主ヲ失ヒタル家ニ家督相續人ナキトキハ絶家シタルモノトシ其家族ハ各一家ヲ創立ス但子ハ父ニ隨ヒ又父ノ知レサルトキハ他家ニ在ルトキ若クハ死亡シタルトキハ母ニ隨ヒテ其家ニ入ル

前項ノ規定ハ第七百四十五條ノ適用ヲ妨ケス

問　絶家したる時は其家族は如何にすへきや

答　戸主を失ひたる家に家督相續人なきときは其家は絶家したるものとし其家族は各一家を創立するものとす而して子は父に隨ひて父の家に入るべく若し父の知れさるとき又は他家に在るとき若くは死亡したるときは母に隨ひて母の家に入るべし又夫か他家に入り又は一家を創立したるときは妻は之に隨ひて其家に入るべし

第三章　婚姻

○本章は婚姻に關する法則を定めたるものにして分て四節となす第一節に於ては婚姻《こんいん》の成立《せいりつ》に關《くわん》する

事項《じかう》と規定《きてい》し第二節に於ては婚姻の效力《かうりよく》と定め第三節に於ては夫婦財産制と定め第四節に於ては離婚に關する法則を規定したり

問　婚姻とは何ぞや

答　或は曰く婚姻とは男女の其共同《きやうどう》の天性《てんせい》を遂《とぐ》るか爲めに聚合《しゆうがふ》したる會社《くわいしや》なりと然れとも法律上よりすれば男女が共同の天性を遂るが爲めに聚合したるのみにては之を婚姻と認《みと》むること能はず必ず法律の規定に從ひて配合《はいがふ》したるものならさるへからず是れ婚姻《こんいん》と私通《しつう》との相分《あひわ》るゝ所にして法律の規定に從ひて爲したる配合は婚姻なるも法律の規定に從はさるものは私通に過きす故に民法上より婚姻の定義《ていぎ》を下さば余は左の如く云ふの正當なると信す

婚姻とは共同の天性を遂るか爲め法律に從ひ夫婦となることを諾約《だくやく》したる男女の配合と云ふ

第一節　婚姻ノ成立

○本節は婚姻の成立に關《くわん》する規則を定めたるものにして分て二款《かん》となす第一款に於ては婚姻の要件を定め第二款に於ては婚姻の無效及ひ取消に關する規則を定めたり

第一款　婚姻ノ要件

○本款凡て十三條婚姻を爲すに必要なる條件を定めたるものなり

第七百六十五條　男ハ滿十七年女ハ滿十五年ニ至ラサレハ婚姻ヲ爲スコトヲ得ス

問　男女婚姻の適齡《てきれい》如何《いかん》

答　男は滿十七年女は滿十五年に至らされは婚姻を爲すことを得さるものとす蓋し身体《しんたい》の發育《はついく》は人によりて多少の遲速《ちそく》あるべしと雖も或る年齢に達せされは十分に發達せさるや明かなるが故に普通《ふつう》一般《ぱん》の情况《じやうきやう》に從ひ法律上結婚年齢の最低度《さいていど》を定め其年齢に達せさるものは婚姻を爲すことを得さらしむるは至當《したう》なりと云ふべし而して幾年《いくねん》を以て其適齢と爲すへきかに付ては大寳令に於ては男は十五歳女は十三歳と定めたるも此令の廢《はいせ》れてより以來法律上一定の適齢なきを以て或は男は十三歳女は十歳にして婚姻を爲すことあり或は之よりも尙《な》ほ幼者の間《あひだ》に行はるゝことありて社會に其弊害《そのへいがい》を與《あた》ふること尠少ならざりし蓋し男は十七年未滿女は十五年未滿なるときは身心の發育充分ならざるが故に家《いへ》を治《おさ》め子女を敎育《きやういく》することを能はざるは勿論《もちろん》母子の健康《けんかう》を害《がい》し人種の衰弱《すいじやく》を來《きた》すの患《うれひ》あるを以て本法に於ては男は十七年女は十五年と定め男は十八年に入り女は十六年に入るにあらされは婚姻を爲すこと能はさるものとしたり但し單《たん》に身心の發育よりすれば男は二十年以上女は十九年以上を適當とすべきも從來の習慣《しつくわん》之を許《ゆる》さゞるのみならず子の婚姻を終へて早く安心せんとするは老父母の情なるべく又孤女《こじよ》の如きは早く他に嫁《か》せしむるの必要あるべくして實際已《じつさいやむ》を得ざるが爲め男は十七年女は十五年と規定《きてい》したるものなるべし

條文男は滿十七年女は滿十五年に至らされは云々とあるが故に十七年未滿の男子及ひ十五年未滿の女子は婚姻を爲すことを得さるも其以上なるときは縱令百歲の男女と雖も婚姻を爲すことを得べし

第七百六十六條　配偶者アル者ハ重ネテ婚姻ヲ爲スコトヲ得ス

問　配偶者ある者は婚姻を爲すことを得るか

答　配偶者ある者は重ねて婚姻を爲すことを得さるものとす故に現に夫ある婦は重ねて婚姻を爲すことを得す又現《げん》に婦ある夫は重ねて婚姻を爲すことを得す蓋《けだ》し一夫一婦は人の大倫《たいりん》なるが故なり原始社會《げんししやくわい》に於《おい》ては一夫にして數婦《すうふ》を有し一婦にして數夫を有したりしに今は之と反して一夫一婦は人の大倫なりと云ふ其故何そや或は曰く世界《せかい》男女の數殆んと平均《へいきん》せるが故なりと或は曰く聖人君子《せいじんくんし》の之を唱《とな》ふるか故なりと或は曰く生殖機《せいしよくき》上一夫又は一婦の數女數男に接《せつ》するの害《がい》あるが故なりと余《よ》思ふに然らす苟も事正義《せいぎ》の許《ゆる》す所ならんには聖人君子の敎を遵奉《じゆんぽう》せざるも世界男女の數をして其平均《きん》を失《うしな》はしむるも正義に於て何かあらん生殖機上數男數女に接するの害あるが故なりとせば妊娠中《にんしんちう》若くは疾病中《しつびやう》に一方の者他の男女に接《せつ》せるも可《か》なりと云はさるへからす要するに是等の說《せつ》は正理上《せいりじやう》一夫一婦ならさるへからさるを確《たし》かめたるものにあらさるなり然《しか》らは何故に一夫一婦は人の大倫なりと云ふか

一夫一婦の人の大倫なる所以《ゆゑん》は人生の目的《もくてき》を增進《ぞうしん》するの行爲《かうい》なるか故なり數夫數婦の人倫に戾《もど》る所以は人生の目的を妨るの行爲なるが故なり今夫れ一夫一婦ならんには相互に全身《ぜんしん》の愛情《あいじやう》を呈《てい》するが故に所謂琴瑟和調《いはゆるきんしつわちよう》の樂《たの》しみあるべきも之と反《はん》して數男數女と相接するも可なりとせば血統《けつとう》の混亂《こんらん》を來《きた》すのみならず數女若くは數男を得んが爲に相競《あひきそ》ひ相爭ひ其極《そのきよく》之を暴力《ばうりよく》に訴《うつた》へ吾人一日も社會《しやくわい》に安んすることを能はさるに至るべし一夫數婦又は一婦數夫の人生の目的を妨るの行爲なるや明かなり然れ

とも我國從來《わがくにじゆうらい》の慣習《くわんしう》一夫一婦の制《せい》未た十分確定《かくてい》するに至らすして正妻の外妾を畜《たくわ》ふることを默認せり故に今日と雖も法律上僅かに妾の名義を廢し且配偶者ある者は重ねて婚姻を爲すことを得すと規定《きてい》したるまてにして其實猶《な》は隱然《いんぜん》妾を畜《たくわ》へ吾人として一夫數婦を有するを可なるやの感あらしむるは實に悲《かなし》むへきの至りならずや

問　配偶者《はいぐうしや》ある者重ねて婚姻したる時は其制裁如何《そのせいさいいかん》

答　配偶者ある者重ねて婚姻したる時は其婚姻の無效《むかう》なるのみならず一の犯罪《はんざい》を構成《こうせい》するものなり刑法第三百五十四條に曰く配偶者ある者重ねて婚姻を爲したる時は六ケ月以上二年以下の重禁錮に處し五圓以上五十圓以下の罰金《ばつきん》を附加《ふか》すと

第七百六十七條　女ハ前婚ノ解消又ハ取消ノ日ヨリ六ケ月ヲ經過シタル後ニ非サレハ再婚ヲ爲スコトヲ得ス

女カ前婚ノ解消又ハ取消ノ前ヨリ懷胎セシ場合ニ於テハ其分娩ノ日ヨリ前項ノ規定ヲ適用セズ

問　再婚《さいこん》に關《くわん》する期間《きかん》の制限《せいげん》如何

答　男の再婚に付ては其期間に制限なきが故に今日乙婦と離別《りべつ》して明日丙女を娶《めと》ることを得へしと雖も女は前婚《ぜんこん》の解消《かいせう》又は取消の日より六个月を經過《けいくわ》したる後に非されは再婚を爲すことを得さるものとす蓋《けだ》し直ちに再婚を爲すことを得へしとなさば再婚後に分娩《ぶんべん》したる子は前夫の子なるや將た後夫

の子なるやを知ることを能はすして爲に血統《けつとう》の混亂《こんらん》を來《きた》その患《うれい》あるが故なり
女の前婚の解消又は取消《とりけし》の前より懷胎《くわいたい》せし塲合に於ては其分娩の日より前項の規定を適用《てきよう》せさるものとす蓋し既に分娩したる以上は再婚を爲すも血統の混同を來《きた》すの恐《おそれ》なければなり

第七百六十八條　姦通ニ因リテ離婚又ハ刑ノ宣告ヲ受ケタル者ハ相姦者ト婚姻ヲ爲スコトヲ得ス

問　相姦者《さうかんじや》は婚姻を爲すことを得るや

答　姦通《かつう》に因りて離婚《りこん》又は刑の宣告を受けたる者は相姦者と婚姻を爲すことを得さるものとす蓋し之を許すときは姦通を以て婚姻解消の方法となし惡縁《あくえん》を遂《と》けんとする者なきを保せさるのみならす此《か》の如きは其惡事醜行《あくじしうぎやう》を遂けて聖神《しんせい》なる婚姻の体面《たいめん》を汚《けが》すものなるが故なり

第七百六十九條　直系ノ血族間ニ於テハ婚姻ヲ爲スコトヲ得ス
傍系ノ三親等内亦同シ但養子ト養親ノ親族トノ間ハ此限ニ在ラス

問　血族《けつぞく》間に於て婚姻を爲すことを得るや

答　直系《ちよくけい》の血族間に於ては親等の遠近《ゑんきん》を問《と》はす婚姻を爲すことを得す又傍系《ばうけい》の三親等内即ち兄弟《けいてい》と姉《し》妹《まい》との間及ひ伯叔父姑《はくしゆくふこ》と甥姪《せいてつ》との間に於ては婚姻を爲すことを得さるものとす蓋し此の如き亂倫《らんりん》の婚姻は禽獸《きんじう》の所爲にして倫理《りんり》を滅《めつ》し人心に戻《もと》り延ひて人種の衰弱《すいじやく》を來《きた》すが故なり
然れとも養子と養親の親族との間に於ては傍系《ばうけい》の三親等内のものと雖も婚姻を爲すことを得べし

第七百七十條　直系ノ姻族間ニ於テハ婚姻ヲ爲スコトヲ得ズ第七百二十九條ノ規定ニ依リ姻族關係ガ止ミタル後亦同シ

問　姻族間《いんぞくかん》に於ては婚姻を爲すことを得るや

答　直系《ちよくけい》の姻族間に於ては離婚《りこん》に因り若くは夫婦《ふうふ》の一方が死亡《しばう》したる場合に於て生存配偶者《せいぞんはいぐうしや》の其家を去りたるに因り親族關係の止みたる後と雖も婚姻を爲すことを得ざるものとす故に例へは甲男が乙女を娶《めと》りたる時は乙女死亡したる後若くは乙女と離縁《りえん》して姻族關係の全く消滅《せうめつ》したる後と雖も甲は乙女の母又は乙女が甲に嫁《か》する前他の男子と通じて生みたる女と婚姻を爲すことを得す但し條文直系の姻族間とあるが故に傍系の姻族間に於ては婚姻を爲すことを得べし夫婦の一方と其亡配偶《はいぐう》者《しや》の兄弟姉妹又は伯叔父姑甥姪との間の如き然り

第七百七十一條　養子、其配偶者、直系卑屬又ハ其配偶者ト養親又ハ其直系尊屬トノ間ニ於テハ第七百三十條ノ規定ニ依リ親族關係ガ止ミタル後ト雖モ婚姻ヲ爲スコトヲ得ス

問　養子と養親の直系尊屬《そんぞく》との間に於ては婚姻を爲すことを得るや

答　養子、養子の配偶者、養子の直系卑屬《ひぞく》又は養子の直系卑屬の配偶者と養親又は養親の直系尊屬との間に於ては第七百三十條の規定《きてい》に依り離縁《りえん》又は其他の原因の爲め親族關係の止みたる後と雖も婚姻を爲すことを得ざるものとす但し養子と養親及び其直系尊屬を除《のぞ》き他の親族との間例へば養實男が

又は養男女との間又は養親又は其親族と養子の實家親族との間に於ては婚姻を爲すことを得べきは當然なり

第七百七十二條　子カ婚姻ヲ爲スニハ其家ニ在ル父母ノ同意ヲ得ルコトヲ要ス
但男カ滿三十年女ハ滿二十五年ニ達シタル後ハ此限ニアラズ
父母ノ一方カ知レザルトキ、死亡シタルトキ、家ヲ去リタルトキ又ハ其意思ヲ表示スルコト能ハザルトキハ他ノ一方ノ同意ノミヲ以テ足ル
父母共ニ知レザルトキ、死亡シタルトキ、家ヲ去リタルトキ又ハ其意思ヲ表示スルコト能ハサルトキハ未成年者ハ其後見人及ヒ親族會ノ同意ヲ得ルコトヲ要ス

問　子が婚姻を爲すには父母の同意《どうい》を要《よう》するや否

答　子が婚姻を爲すには其家に在る父母の同意を得ることを要するものとす蓋《けだ》し子は父母の親權《しんけん》に服《ふく》し之を尊敬《そんけい》すべき義務《ぎむ》あるが故に婚姻《こんいん》を爲すに當り父母の同意を得せしむるの必要あること親子同《どう》居《きよ》するは我國の家制《かせい》なるが故に婚姻を爲すに付き父母の同意を得さるときは一家の和睦《わぼく》を損《そん》するの恐《おそ》れあることと青年の者は血氣盛《けつきさかん》にして一時の情欲より一生を誤《あやま》るか如き患《うれ》ひあるが故に父母は之を監督《かんとく》するの必要あること等の理由《りゆう》に出つるものなり然れども男は滿三十年女は滿二十五年に達したる後は父母の同意なき場合と雖も婚姻を爲すことを得るものとす
條文其家に在る父母とあるが故に其家に在らさる父母例へば養子の場合に於ては實父母《じつふぼ》の同意《どうい》を得

るを要せさるものとす

問　父母の一方の同意を得ること能はさる場合は如何にすべきや

答　左の場合に於ては父母の一方の同意を得るのみを以て婚姻を為すことを得るものとす

一　父母《ふぼ》の一方の知れさるとき例へは父又は母が失踪《しつそう》したるとき又は私生子《しせいし》の婚姻の場合に於何人が父なるや法律上明ならさるときの如き然り

二　父母の一方が死亡《しぼう》したるとき

三　父母の一方が家を去りたるとき例へは離縁に因りて父が養家を去り又は離婚に因りて母の夫家を去りたるときの如き然り

四　父母の一方が其意志《いし》を表示《ひやうじ》すること能はさるとき例へは白痴《はくち》、瘋癲《ふうてん》、老耄《ろうもう》等により有効《いうかう》に同意《どうい》を與《あた》ふること能はさるときの如き然り

父母共に其家に在りて意思《いし》を表示することを得るにも拘らず同意を與へさる時は如何にすへきや曰く其父母が継父母《けいふぼ》又は嫡母《ちやくぼ》なる時は次條の規定《きてい》によりて婚姻を為すことを得るも養親又は實父なるときは其同意なき以上は婚姻を為すことを得さるものとす

問　父母双方の同意を得ること能はさる未成年者《みせいねんしや》は婚姻を為すことを得ざるや

答　左の場合に於ては未成年者は其後見人《そのこうけんにん》及び親族會《しんぞくくわい》の同意を得て婚姻を為すことを得るものとす

一　父母《ふぼ》　に知れさるとき

二 父母共に死亡《しばう》したるとき

三 父母共に家を去りたるとき

四 父母共に其意思《いし》を表示すること能はさるとき

條文未成年者とあるが故に成年に達《たつ》したるときは第一項但書の年齢に達せざるも右四箇の場合に於ては親族《しんぞく》會の同意を得ずして婚姻を爲すことを得へし

第七百七十三條 繼父母又ハ嫡母カ子ノ婚姻ニ同意セサルトキハ子ハ親族會ノ同意ヲ得テ婚姻ヲ爲スコトヲ得

問 繼《けい》父母又は嫡《てき》母か子の婚姻に同意せさるときは如何にすへきや

答 繼父母又は嫡母か子の婚姻に同意せさるときは子は親族會の同意を得て婚姻を爲すことを得るものとす但し前條第一項但書の年齢に達したるときは本條の規定によるの限にあらざること勿論なり

第七百七十四條 禁治産者カ婚姻ヲ爲スニハ其後見人ノ同意ヲ得ルコトヲ要セス

問 禁治《きんじ》産《さん》者は後見人の同意を得るにあらされは婚姻を爲すことを得さるや

答 禁治産者は婚姻を爲すには前二條の規定による外其後見人の同意を得ることを要せさるものとす蓋《けだ》し婚姻も一の法律行爲なりと雖も前二條の規定により父母又は其他の同意を得る以上は重ねて後見人の同意を得せしむる必要なきか故なり

第七百七十五條　婚姻ハ之ヲ戸籍吏ニ届出ツルニ因リテ其效力ヲ生ス
前項ノ届出ハ當事者雙方及ヒ成年ノ證人二人以上ヨリ口頭ニテ又ハ署名シタル書面ヲ以テ之ヲ爲スコトヲ要ス

問　婚姻は何《いつ》れの時より其效力《かうりよく》を生するや

答　婚姻は之を戸籍吏《こせきり》に届出《とゞけ》つるに因りて其效力を生するものとす故に其届出前に在ては縦《したが》ひ習慣《しうくわん》により三々九度の式を行ふも婚姻の效力を生せさるか故に法律上未た夫婦たる身分を有せす

問　其届出は如何にして爲すへきや

答　婚姻の届出は當事者双方及ひ成年の證人《しようにん》二人以上より口頭にて又は署名《しよめい》したる書面を以て之を爲すへきものとす故に夫婦たるべき男女一方の届出又は二人以上の証人なき届出は無效《むかう》なり但し條文單に成年の証人とあるが故に滿二十年に達したるものなる時は其男子たると女子たるとを問はさるものとす

第七百七十六條　戸籍吏ハ婚姻カ第七百四十一條第一項、第七百四十四條第一項、第七百五十條第一項、第七百五十四條第一項、第七百六十五條乃至第七百七十三條及ヒ前條第二項ノ規定其他ノ法令ニ違反セサルコトヲ認メタル後ニ非サレハ其届出ヲ受理スルコトヲ得ス但婚姻カ第七百四十一條第一項又ハ第七百五十條第一項ノ規定ニ違反スル場合ニ於テ戸籍吏カ注意ヲ爲シタルニ拘ハラス當事

者ガ其屆出ヲ爲サント欲スルトキハ此限ニアラズ

問　婚姻の屆出あるときは戸籍吏《こせきり》は如何《いか》なる場合に於ても之を受理《じゆり》すへきや

答　戸籍は婚姻の第七百四十一條第一項、第七百四十四條第一項、第七百五十條第一項、第七百五十四條第一項、第七百六十五條乃至第七百七十三條及ひ前條第二項の規定其他の法令に違反《ゐはい》せざることを認《みと》めたる後に非されは其屆出を受理することを得さるものとす然れとも婚姻の第七百四十一條第一項又は第七百五十條第一項の規定に違反する場合即ち婚家《こんか》若くは養家《やうか》及ひ實家《じつか》の戸主の同意を得すして更に婚姻又は養子縁組《えんぐみ》に因りて他家に入らんとするとき又は家族の戸主の同意を得すして婚姻又は養子縁組を爲さんとするときは戸籍吏は一年内に復籍《ふくせき》を拒《こば》まれ又は離籍せらるゝことある旨の注意《ちうい》を爲すべく之を爲したるに拘はらず當事者の其屆出を爲さんと欲するときは強て其屆出の受理を拒むことを得す蓋し戸主の同意は婚姻成立《せいりつ》の一條件にあらざればなり

第七百七十七條　外國ニアル日本人間ニ於テ婚姻ヲ爲サント欲スルトキハ其國ニ駐在スル日本ノ公使又ハ領事ニ其屆出ヲ爲スコトヲ得此場合ニ於テハ前二條ノ規定ヲ準用ス

問　外國《ぐわいこく》に在る日本人婚姻を爲さんとする時は何人に屆出つへきや

答　外國に在る日本人と日本人との間に於て婚姻を爲さんと欲するときは第七百七十四條第二項の規定に從ひ當事《たうじ》者雙方《さうはう》及ひ成年の証人二人以上より口頭又は書面を以て其國に駐在《ちうざい》する日本の公使《こうし》又

は領事《りやうじ》に其屆出を爲すことを得るものとす但し日本人と外國人との間の婚姻なるときは法例第十三條の規定によるべし

第二款　婚姻ノ無效及ヒ取消

○本款凡て十條婚姻の無效なる場合及ひ取消すことを得る場合を定めたるものなり

第七百七十八條　婚姻ハ左ノ場合ニ限リ無效トス

一　人違其他ノ事由ニ因リ當事者間ニ婚姻ヲ爲ス意思ナキトキ

二　當事者カ婚姻ノ屆出ヲ爲ササルトキ但其屆出カ第七百七十五條第二項ニ揭ケタル條件ヲ缺クニ止マルトキハ婚姻ハ之カ爲メニ其效力ヲ妨ケラルルコトナシ

問　婚姻の無效《むかう》なる場合《ばあひ》如何

答　婚姻の無效なる場合二あり左の如し

一　人違《じんゐ》其他《そのた》の事由に因り當事《たうじ》者間《しやかん》に婚姻と爲す意思《いし》なきとき

故に例へは甲男が乙女なりと信《しん》して婚姻を爲したるに其實乙女にあらずして丙女なるときの如きは無效なり何となれば甲男は丙女と婚姻と爲す意思と有せされはなり又心神喪失《しんしんさうし》の常況《じやうきやう》に在る者の其本心に復《ふく》したる際にあらずして喪心中に爲したる婚姻又は當事者の一方と拐帶《かいたい》し強《しい》て其手と取りて儀式《ぎしき》と行はしめ代理人として婚姻の屆出をなさしめたるときの如き亦然り

二　當事者の婚姻の屆出を爲さゞるとき

故に普通の慣習に從ひ婚姻の儀式を行ふも之を戸籍吏に屆出さる時は其婚姻は無效《むかう》なり但其屆出が第七百七十五條第二項に掲《かゝ》けたる條件《でうけん》を缺くに止まるとき例へは當事者の一方より屆出たるとき證人が未成年者なるとき又は成年者《せいねんしや》なるも二人にあらずして一人なるときの如きは婚姻は之の爲めに其效力《かうりよく》を妨《さまた》けらるゝことなきものとす

條文左の場合に限りとあるが故に以上二个の場合の外は婚姻の無效《むかう》たることなきものとす

第七百七十九條　婚姻ハ後七條ノ規定ニ依ルニ非サレハ之ヲ取消スコトヲ得ス

問　婚姻は之を取消《とりけ》すことを得るの

答　婚姻は後七條の規定《きてい》即ち第七百七十九條より第七百八十五條までの規定に依るに非されは之を取消すことを得さるものとす

第七百八十條　第七百六十五條乃至第七百七十一條ノ規定ニ違反シタル婚姻ハ各當事者、其戸主、親族又ハ檢事ヨリ其取消ヲ裁判所ニ請求スルコトヲ得但檢事ハ當事者ノ一方カ死亡シタル後ハ之ヲ請求スルコトヲ得ス

第七百七十六條乃至第七百六十八條ノ規定ニ違反シタル婚姻ニ付テハ當事者ノ配偶者モ亦其取消ヲ請求スルコトヲ得

問　第七百六十五條乃至第七百七十一條の規定に違反《ゐはん》したる婚姻は之を取消すことを得るや

答　第七百六十五條乃至第七百七十一條の規定に違反したる婚姻即ち左に揭《か》くる婚姻は之を取消すことを得べし

一　十七年未滿《みまん》の男子又は十五年未滿の女子の婚姻
二　配偶者《はいぐうしや》ある者の婚姻
三　前婚の解消《かいせう》又は取消の日より六ヶ月間內に爲したる女子の婚姻
四　姦通《かんつう》に因《よ》りて離婚又は刑の宣告《せんこく》を受《う》けたる者が相姦者《さかんしや》と婚姻を爲したるとき
五　直系《ちよくけい》血族間《けつぞくかん》の婚姻
六　傍系《ばうけい》の三親等內の婚姻
七　直系の姻族間《いんぞくかん》の婚姻
八　養子、其配偶者《そのはいぐうしや》、直系卑屬《ひぞく》又は其配偶者と養親又は其直系尊屬との間の婚姻

以上の婚姻は法律の禁《きん》する所なるか故に若《も》し之を爲したる時は各當事者即ち婚姻を爲したる男又は女、其家の戶主、親族《しんぞく》又は檢事《けんじ》より其取消を裁判所に請求《せいきう》することを得へし但檢事は當事者の一方が死亡《しばう》したる後は之を請求することを得さるものとす

第七百六十六條乃至第七百六十八條の規定に違反《ゐはん》したる婚姻即ち前揭二三四の婚姻に付ては當事者の配偶者又は前配偶者も亦其取消を請求することを得べし

第七百八十一條　第七百六十五條ノ規定ニ違反シタル婚姻ハ不適齡者カ適齡ニ

達シタルトキハ其取消ヲ請求スルコトヲ得ス
不適齢者ハ適齢ニ達シタル後尚ホ三个月間其婚姻ノ取消ヲ請求スルコトヲ得但適齢ニ達シタル後追認ヲ爲シタルトキハ此限ニアラズ

問 第七百六十五條の規定に違反したる婚姻は何時にても前條第一項に記載《きさい》したる者より其取消を請求することを得るや

答 十七年未滿の男子又は十五年未滿の女子の婚姻は其不適齢者《そのふてきれいしゃ》が適齢《てきれい》に達したるときは其取消を請求することを得さるものとす故に例へば十七年に達したる甲男が十四年女子乙を娶《めと》りたりとせんに甲男乙女は固《もと》より其家の戸主、親族又は檢事より其取消を裁判所に請求することを得るも乙女が婚姻後滿一年を經過《けいくわ》して其適齢即ち十五年に達したる後は甲男、戸主、親族、檢事等より取消を請求することを得す然れとも次項に不適齢者は適齢《てきれい》に達《たつ》したる後尚ほ三个月間其婚姻の取消しを請求することを得とあるが故に此場合に於て獨り乙女は十五年に達したる時より三个月間は其取消を請求することを得べし但し縱《たと》ひ三个月內と雖も乙女が之を追認《ついにん》したるとき卽ち新《あら》たに其承諾《しようだく》を與へたるときは之を取消すことを能はさるや當然なり

第七百八十二條 第七百六十七條ノ規定ニ違反シタル婚姻ハ前婚ノ解消若クハ取消ノ日ヨリ六个月ヲ經過シ亦ハ女カ再婚後懷胎シタルトキハ其取消ヲ請求スルコトヲ得ス

問　第七百六十七條の規定《きてい》に違反《ゐはん》したる婚姻は何時にても之を取消すことを得るや

答　第七百六十七條の規定に違反して女子の前項の解消又は取消の日より六个月を經過《けいくわ》せさる前に再《さい》婚《こん》したる時は第七百八十條の規定により之を取消すことを得るも然れとも再婚後既《すで》に前婚の解消又は取消の日より六个月を經過したる時又は女か六个月を經過せさるも再婚後に懷胎したるときは其取消を請求することを得ざるものとす

第七百八十條　第七百七十三條ノ規定ニ違反シタル婚姻ハ同意ヲ爲ス權利ヲ有セシ者ヨリ其取消ヲ裁判所ニ請求スルコトヲ得同意カ詐欺又ハ强迫ニ因リタルトキ亦同シ

問　第七百七十二條の規定に違反して爲したる婚姻は之を取消すことを得るや

答　第七百七十二條の規定に違反したる婚姻は同意《さうい》を爲す權利《けんり》を有せし者例へは父母共に家に在る場《ば》合《あひ》に於て父母の同意を得さるときは父母より又後見人及ひ親族會《しんぞくくわい》の同意を得へき場合に於て其同意を得さるときは後見人及ひ親族會より其取消を裁判所に請求《せいきう》することを得べし同意を與へたるも其同意が詐欺《さぎ》又は强迫《きやうはく》に因りたるとき亦同じ

第七百八十四條　前條ノ取消權ハ左ノ場合ニ於テ消滅ス

一　同意ヲ爲ス權利ヲ有セシ者カ婚姻アリタルコトヲ知リタル後又ハ詐欺ヲ發見シ若クハ强迫ヲ免レタル後六个月ヲ經過シタルトキ

問答

二　同意ヲ爲ス權利ヲ有セシ者カ追認ヲ爲シタルトキ

三　婚姻届出ノ日ヨリ二年ヲ經過シタルトキ

前條取消權《とりけしけん》の消滅《せうめつ》する場合如何《ばあひいかん》

前條の取消權は左の場合に於て消滅《せうめつ》するものとす

一　同意を爲す權利《けんり》を有せし者が婚姻ありたることを知りたる後又は詐欺を發見《はつけん》し若くは強迫を免《まぬか》れたる後六个月を經過《けいくわ》したるとき詐欺《さぎ》を發見したるとは例へば甲男が乙女は普通《ふつう》の教育《きやういく》を受たる良家《りやうか》の女にして之を娶るも家名を損するが如きことなしと欺《あざむ》き以て父母の同意を得たるも其實乙は良家の女にあらずして娼妓なりし時の如きは詐欺に因りて父母の同意を得たるものにして父母が其娼妓なりしことを知りたる時は即ち詐欺を發見したるものなり又強迫を免れたる時とは同意を與へざれは危害を加ふべしと強迫せられたるに因り已むを得ずして其同意を與へ以て其危害を免《まぬか》れたる時の如きを謂ふ斯の如き場合に於ては前條により同意を與へたる者より其婚姻の取消を請求することを得るも其請求は詐欺を發見し若くは強迫を免れたる時より六个月内に之を爲すべく然らされは其取消權は消滅《せうめつ》するものとす

二　同意を爲す權利を有せし者の追認《ついにん》を爲したるとき故に同意を與へす又は詐欺、強迫に因りて之を與へたる場合と雖も其以後に追認したる時は婚姻の際有效《さいいうかう》の同意を與へたると同一の結果《けつくわ》を生するが故に其以後に取消すを請求《せいきう》することは能はさるものとす

三　婚姻届出の日より二年を經過《けいくわ》したるときは婚姻あることを知りたるときと詐欺を發見《はつけん》したると否と又強迫を免れたると否とを問はす其婚姻を取消さしむること能はさるものとす

第七百八十五條　詐欺又ハ強迫ニ因リテ婚姻ヲ爲シタル者ハ其婚姻ノ取消ヲ裁判所ニ請求スルコトヲ得

前項ノ取消權ハ當事者カ詐欺ヲ發見シ若クハ強迫ヲ免レタル後三个月ヲ經過シ又ハ追認ヲ爲シタルトキハ消滅ス

問　詐欺又強迫に因りて婚姻を爲したる者は其婚姻を取消《とりけ》すことを得るや

答　詐欺又は強迫に因りて婚姻を爲したる者は其婚姻の取消を裁判所に請求することを得るものとす

但し其強迫の度《ど》甚《はなはだ》しくして殆んと強暴《きやうぼう》に陷《おちい》り爲めに婚姻の意思《いし》なきに婚姻を爲さしめられたるときの如きは第七百七十八條により其婚姻を無效《むかう》とすへきは當然なり

問　右取消權の消滅する場合如何

答　前項の取消權は當事者か詐欺《さぎ》を發見し若くは強迫を免《まぬか》れたる後三个月間内に之を行はさるとき又は詐欺、強迫に因りて婚姻を爲したるも其以後に之を追認したるときは消滅するものとす

第七百八十六條　壻養子緣組ノ場合ニ於テハ各當事者ハ緣組ノ無效又ハ取消ヲ理由トシテ婚姻ノ取消ヲ裁判所ニ請求スルコトヲ得但緣組ノ無效又ハ取消ノ請

求ニ附帶シテ婚姻ノ取消ヲ請求スルコトヲ妨ケス

前項ノ取消權ハ當事者カ緣組ノ無效ナルコト又ハ其取消アリタルコトヲ知リタル後三个月ヲ經過シ又ハ其取消權ヲ拋棄シタルトキハ消滅ス

問 婿養子《むこやうし》緣組《えんぐみ》の場合に於て緣組《ゑんぐみ》の無效《むかう》又は取消《とりけし》の原由《げんゆう》あるときは婚姻《こんいん》の取消《とりけし》を請求《せいきう》することを得《う》るや

答 壻養子《むこやうし》緣組《ゑんぐみ》の場合《ばあひ》例《たと》へは甲家《かふか》の男甲《だんかふ》と乙家《おつか》の養子《やうし》となし乙家《おつか》の女乙《ぢよおつ》と婚姻《こんいん》せしめたる場合《ばあひ》に於《おい》て第八百五十一條以下《いか》に規定《きてい》したる緣組《ゑんぐみ》の無效《むかう》又《また》は取消《とりけし》の原由《げんゆう》あるが爲《た》め裁判所《さいばんしよ》に請求《せいきう》して之《これ》を無效《むかう》とし若《もし》くは取消《とりけし》たるときは縱《たと》ひ前數條《ぜんすうでう》に規定《きてい》したる婚姻《こんいん》の無效又《むかうまた》は取消《とりけし》の原由《げんゆう》なきも各當事者《かくたうじしや》は緣《ゑん》組《くみ》の無效又《むかうまた》は取消《とりけし》を理由《りゆう》として婚姻《こんいん》の取消《とりけし》を裁判所《さいばんしよ》に請求《せいきう》することを得《う》べく又緣組《またゑんぐみ》の無效又《むかうまた》は取消《とりけし》の請求《せいきう》に附帶《ふたい》して婚姻《こんいん》の取消《とりけし》を請求《せいきう》することを得《う》べし之《これ》に反《はん》して婚姻《こんいん》の無效又《むかうまた》は取消《とりけし》の原由《げんいう》あるが爲《た》め裁判所《さいばんしよ》に請求《せいきう》して之《これ》を無效《むかう》とし若《もし》くは取消《とりけさ》れるときは緣組《ゑんぐみ》の無效又《むかうまた》は取消《とりけし》の原由《げんゆう》なきも各當事《かくたうじ》者《しや》は婚姻《こんいん》の無效又《むかうまた》は取消《とりけし》を理由《りゆう》として緣組《ゑんぐみ》の取消《とけし》を裁判所《さいばんしよ》に請求《せいきう》することを得《う》へく又婚姻《またこんいん》の無效又《むかうまた》は取消《とりけし》の請求《せいきう》に附帶《ふたい》して緣組《えんぐみ》の取消《とりけし》を請求《せいきう》することを得《う》べきは第八百五十八條の規定《きてい》する所《ところ》なり蓋《けだ》し壻養子《むこやうし》緣組《ゑんぐみ》の場合《ばあひ》に於《おい》ては養子《やうし》緣組《ゑんぐみ》と婚姻《こんいん》とは離《はな》るへからさる密接《みつせつ》の關係《くわんけい》を有《いう》するか故《ゆへ》なり

問 右取消權《みぎとりけしけん》の消滅《せうめつ》する場合如何《ばあひいかん》

答 前項《ぜんかう》の取消權《とりけしけん》は當事者《たうじしや》の緣組《ゑんぐみ》の無效《むかう》なること又《また》は取消《とりけし》ありたることを知《し》りたる後《のち》三个月《かげつ》を經過《けいくわ》し

たるとき又《また》は其取消權《そのとりけしけん》を拋棄《はうき》したるときは消滅《せうめつ》するものとす

第七百八十七條　婚姻ノ取消ハ其效力ヲ既往ニ及ホサス

婚姻ノ當時其取消ノ原因ノ存スルコトヲ知ラサリシ當事者カ婚姻ニ因リテ財產ヲ得タルトキハ現ニ利益ヲ受クル限度ニ於テ其返還ヲ爲スコトヲ要ス

婚姻ノ當時其取消ノ原因ノ存スルコトヲ知リタル當事者ハ婚姻ニ因リテ得タル利益ノ全部ヲ返還スルコトヲ要ス尙ホ相手方カ善意ナリシトキハ之ニ對シテ損害賠償ノ責ニ任ス

問　婚姻取消《こんいんとりけし》の效力《かうりよく》は既往《きわう》に及《およ》ふや否《いな》

答　婚姻《こんいん》の取消《とりけし》は其效力《そのかうりよく》を既往《きわう》に及《およ》はさゞるものとす故《ゆへ》に第七百七十五條の規定《きてい》により戶籍吏《こせきり》に屆出《とゞけいで》たる以上《いじやう》は縱《たと》ひ取消《とりけし》の原由《げんゆう》あるも取消《とりけ》さるゝまては有效《いうかう》なり從《したが》て夫《ふ》たり妻《さい》たるの身分《みぶん》、夫婦間《ふうふかん》に生《うま》れたる子《こ》の嫡出子《てきしゆつし》たる身分《みぶん》等《とう》は取消以前《とりけしいせん》に遡《さかのぼ》つて變更《へんかう》せらるゝものにあらず

問　當事者《たうじしや》が婚姻《こんいん》によりて財產《ざいさん》を得《え》たるときは其取消《そのとりけし》と共《とも》に之《これ》が全部《ぜんぶ》を返還《へんくわん》せさるへからざるや

答　夫《ふ》又《また》は婦《ふ》が婚姻《こんいん》によりて財產《ざいさん》を得《え》たるときは其取消《そのとりけし》あると同時《どうじ》に之《これ》を返還《へんくわん》せざるへからざるも其《その》限度《げんど》は婚姻《こんいん》の當時《たうじ》其取消《そのとりけし》の原因《げんいん》の存《そん》することを知《し》りたると否《いな》とに因《よ》て區別《くべつ》あり左《さ》の如《ごと》し

一　婚姻《こんいん》の當時《たうじ》其取消《そのとりけし》の原因《げんいん》の存《そん》することを知《し》らさりし當事者《たうじしや》の婚姻《こんいん》に因《よ》りて財產《ざいさん》を得《え》たるときは現《げん》に利益《りえき》を受《う》くる限度《げんど》に於《おい》て其返還《そのへんくわん》を爲《な》すを以《もつ》て足《た》る敢《あへ》て其全部《そのぜんぶ》を返還《へんくわん》するを要《えう》せす今例《いまれい》を

設《まう》けて説明《せつめい》すれば左《さ》の如《ごと》し

乙女甲男《おつぢよかふだん》に嫁《か》するに當《あた》り甲男《かふだん》より五百圓《ゑん》の仕度金《したくきん》を受けたり

甲男《かふだ》は其父母《そのふぼ》の同意《どうい》を得《え》ずして乙女《おつぢよ》を娶《めと》りたり

乙女《おつぢよ》は甲男《かふだん》が其父母《そのふぼ》の同意《どうい》を得《え》ざることを知《し》らざりし

甲男《かだん》の父母《ふぼ》は裁判所《さいばんしよ》に請求《せいきう》して其婚姻《そのこんいん》を取消《とりけ》したり

乙女《おつぢよ》は婚姻取消《こんいんとりけし》の當時《たじ》甲男《かふ》より仕度金《したくきん》として受《うけ》たる五百圓《ゑん》の内《うち》百圓《ゑん》及《およ》び三百圓《ゑん》を投《とう》じて調製《てうせい》したる衣服《いふく》を所持《しよぢ》せるも其衣服《そのいふく》は數回着用《すくわいちやくよう》したるが爲《た》め二百圓《ゑん》の價格《かかく》より有《いう》せざりし而《しか》して殘《のこり》百圓《ゑん》は之《これ》を費消《ひせう》したり

右《みぎ》の場合《ばあひ》に於《おい》て乙女《おつぢよ》は三百圓《ゑん》を返還《へんくわん》して其義務《そのぎむ》を免《まぬが》るゝことを得《う》べし何《なん》となれば三百圓《ゑん》は現《げん》に受《う》くる利益《りえき》の限度《げんど》なるが故《ゆへ》なり

二　婚姻《こんいん》の當時《たうじ》其取消《そのとりけし》の原因《げんいん》の存《そん》することを知《し》りたる當事者《たうじしや》は婚姻《こんいん》に因《よ》りて得《え》たる利益《りえき》の全部《ぜんぶ》を返還《へんくわん》し尚《な》ほ相手方《あいてかた》が善意《ぜんい》なりしときは之《これ》に對《たい》して損害賠償《そんがいばいしやう》の責《せめ》に任《にん》すへきものとす故《ゆへ》に前例《ぜんれい》の場合《ばあひ》に於《おい》て乙女《おつぢよ》より甲男《かふだん》に三百圓《ゑん》の價格《かかく》ある時計《とけい》を贈《おく》りたるに甲男之《かふだんこれ》を紛失《ふんしつ》したる時《とき》は現《げん》に受《うく》る利益《りえき》なしと雖《いへど》も三百圓《ゑん》を返還《へんくわん》せざるべからず又乙女《またおつぢよ》は善意《ぜんい》なるが故《ゆへ》に其請求《そのせいきう》あるときは婦女《ふぢよ》の終身《しうしん》を誤《あやま》らしめたる損害《そんがい》として相當《さうたう》の賠償《ばいしやう》を爲《な》さゞるへからす

婚姻《こんいん》の當時《たうじ》取消原因《とりけしげんいん》の存《そん》することを知《し》ると否《いな》とに因《よ》りて右《みぎ》の如《ごと》き區別《くべつ》ある所以《ゆゑん》は之《これ》を知《し》らざる者《もの》は

其《その》取消《とりけし》を豫想《よさう》せざるも之《これ》を知《し》りたる者《もの》は其婚姻《そのこんいん》の取消《とりけ》さるゝことあるを豫想《よさう》せざるへからざるが故《ゆへ》なり

第二節　婚姻ノ效力

○本節《ほんせつ》凡《すべ》て五條《でう》婚姻《こんいん》より生《しやう》ずる效力《かうりよく》を定《さだ》めたるものなり

第七百八十八條　妻ハ婚姻ニ因リテ夫ノ家ニ入ル

入夫及ヒ壻養子ハ妻ノ家ニ入ル

問　婚姻《こんいん》の結果《けつくわ》妻《さい》は必《かなら》ず夫《ふ》の家《いへ》に入《い》るべきや

答　男女《なによ》の間《かん》に婚姻《こんいん》あれは男《だん》は夫《ふ》たる身分《みぶん》を有《いう》し女《によ》は婦《ふ》たる身分《みぶん》を有《いう》するに至《いた》るべく而《しか》して普通《ふつう》の場合《ばあひ》に於《おい》ては婦即《ふすなは》ち妻《さい》は夫《ふ》の家《いへ》に入《い》りて其家族《そのかぞく》となるものなれども入夫《にふふ》及《およ》び壻養子《むこやうし》の場合《ばあひ》に於《おい》ては夫《ふ》は妻《さい》の家《いへ》に入《い》りて其家《そのいへ》の戸主《こしゆ》又は家族《かぞく》たるべきものとす

第七百八十九條　妻ハ夫ト同居スル義務ヲ負フ

夫ハ妻ヲシテ同居ヲ爲サシムルコトヲ要ス

問　夫妻《ふさい》は同居《どうきよ》するを要《えう》するや

答　妻は夫と同居する義務即ち同じ一家に住居する義務を負ひ夫は妻をして同居を爲さしむへきものとす故に妻は夫と同居することを拒むことを得ず夫は妻をして別居せしむることを得ず

第七百九十條　夫婦ハ互ニ扶養ヲ爲ス義務ヲ負フ

問　婦は夫を扶養《ふやう》する義務《ぎむ》あるや

答　夫が婦を扶養する義務あるのみならず婦も亦夫を扶養する義務あるものとす蓋《けだ》し夫婦は共同の天性を遂《とぐ》るの爲めに配合《はいがう》したるものなるが故に同心一體幸福《こうふく》を增進《ぞうしん》することを圖《はか》るべく疾病《しつぺい》其他の危《き》難《なん》ある場合に於ては互に之を養ひ之を扶くべきこと當然なりと云ふべし

第七百九十一條　妻カ未成年者ナルトキハ成年ノ夫ハ其後見人ノ職務ヲ行フ

問　妻の未成年者なるときは何人其後見人の職務《しよくむ》を行ふべきや

答　妻が未成年者にして夫が成年者なるときは夫は其後見人の職務を行ふものとす

第七百九十二條　夫婦間ニ於テ契約ヲ爲シタルトキハ其契約ハ婚姻中何時ニテモ夫婦ノ一方ヨリ之ヲ取消スコトヲ得但第三者ノ權利ヲ害スルコトヲ得ス

問　夫婦間に於ける契約《けいやく》の效力如何《かうりよくいかん》

答　夫婦間に於て契約を爲したるときは其契約は有效なるも然れとも婚姻中は何時にても夫婦の一方より之を取消すことを得るものとす但し爲に第三者の取得《しゆとく》したる權利《けんり》を害することを得さるは當然なり例へは夫が婦に假粧料《けしやう》として十年間毎月或る家屋の貸家賃《やちん》を與ふべきことを約したる場合の如き夫は都合《つがふ》により何時にても之を取消すことを得るも若《も》し婦が丙に三年間其家賃の半額《はんがく》を學資《がくし》として與ふることを約したる時は夫は其契約を取消して第三者たる丙の權利を害することを得ず

第三節　夫婦財產制

○本節は夫婦の財產關係《ざいさんくわんけい》を定めたるものにして分て二款とす第一款に於ては總則を定め第二款に於ては法定財產制《はふていざいさんせい》を定めたり

第一款　總則

○本款凡《すべ》て五條契約により財產關係《ざいさんくわんけい》を定めたる場合と法律に於て之を定めたる場合とに通する規則と定めたるものなり

第七百九十三條　夫婦カ婚姻ノ屆出前ニ其財產ニ付キ別段ノ契約ヲ為ササリシトキハ其財產關係ハ次款ニ定ムル所ニ依ル

問　夫婦か財產に付き別段《べつだん》の契約《けいやく》と為さゞりしときは如何にすへきや

答　夫婦は婚姻の際豫《あらかじ》め其將來《しやうらい》に於ける財產の關係《くわんけい》を熟議《じゆくぎ》して適宜《てきぎ》の契約を為すことを得べく而して公の秩序《ちつじよ》に背《そむ》かす善良《ぜんりやう》の風俗《ふうぞく》に反せざる限りは次款《じかん》の規定と異《こと》なりたる契約を為すも其契約は有效なり然れとも夫婦が婚姻の屆出前に其財產《ざいさん》に付き別段《べつだん》の契約を為さゞりしときは其財產關係は第七百九十八條以下の定むる所に依らさるへからす何《なん》となれば別段《べつだん》の契約《けいやく》を為さゞるものは法定《はふてい》の制に從ひ婚姻を為したるものと看做《みな》さゞるへからざればなり

第七百九十四條　夫婦カ法定財產制ニ異ナリタル契約ヲ為シタルトキハ婚姻ノ屆出マデニ其登記ヲ為スニ非サレハ之ヲ以テ夫婦ノ承繼人及ヒ第三者ニ對抗スルコトヲ得ス

問　夫婦の法定財産制に異《こと》なりたる契約《けいやく》を為したるときは其効力《かうりよく》如何

答　夫婦の次款《じかん》に規定《きてい》したる法定財産制に異《こと》なりたる契約を為したるときは公の秩序《ちつじよ》又は善良《ぜんりやう》の風俗《ふうぞく》に反《はん》せざる限《かぎ》りは夫婦間に於ては完全《くわんぜん》の效力を有するも然れとも婚姻の届出までに其登記《そのとうき》を為すにあらざれは之を以て夫婦の承繼人《しようけいにん》及ひ第三者に對抗《たいこう》せることを得さるものとす條文《でうぶん》夫婦の承繼人とは其權利を承繼《しようけい》したる者と云ふ遺産相續人《いさんさうぞく》の如き然《しか》り

第七百九十五條　外國人カ夫ノ本國ノ法定財産制ニ異ナリタル契約ヲ為シタル場合ニ於テ婚姻ノ後日本ノ國籍ヲ取得シ又ハ日本ニ住所ヲ定メタルトキハ一年内ニ其契約ヲ登記スルニ非サレハ日本ニ於テハ之ヲ以テ夫婦ノ承繼人及ヒ第三者ニ對抗スルコトヲ得ス

問　外國人が夫の本國《ほんこく》の法定財産制に異《こと》なりたる契約《けいやく》を為したる場合に於て婚姻の後日本に國籍《こくせき》を取《しゆ》得《とく》して日本人となり又は日本に住所《ぢうしよ》を定めたるときは其契約《けいやく》の效力如何《かうりよくいかん》

答　此場合に於ては國籍《こくせき》を取得《しゆとく》したる日より又は日本に住所《ぢうしよ》を定《さだ》めたる日より一年内に其契約《けいやく》を登記《とうき》せるにあらされは日本に於《おい》ては之を以て夫婦《ふうふ》の承繼人及ひ第三者に對抗《たいかう》することを得さるものとす

第七百九十六條　夫婦ノ財産關係ハ婚姻届出後ハ之ヲ變更スルコトヲ得ス
夫婦ノ一方カ他ノ一方ノ財産ヲ管理スル場合ニ於テ管理ノ失當ニ因リ其財産ヲ危クシタルトキハ他ノ一方ハ自ラ其管理ヲ為サンコトヲ裁判所ニ請求スルコト

ヲ得

共有財産ニ付テハ前項ノ請求ト共ニ其分割ヲ請求スルコトヲ得

問　夫婦の財産關係《さいさんくわんけい》は婚姻届出後に之を變更《へんかう》することを得るや

答　夫婦が法定財産制に異《こと》なりたる契約《けいやく》を爲したるときは婚姻届出後に之を變更《へんかう》することを得す又別段の契約《けいやく》を爲さゞる時は婚姻届出後に法定財産制《はふていざいさんせい》に異《こと》なる契約を爲すことを得さるものとす蓋し然らざれば夫婦の一方は他《た》の一方の意思《いし》を壓抑《あつよく》して自己《じこ》に不利益《ふりゑき》なる約款《やくかん》を廢《はい》し新《あら》たに自己に利益《りゑき》なる約款を設《まう》くることを承諾《しょうだく》せしむるに至るべきが故なり

問　夫婦の一方が他の一方の財産を管理《くわんり》するに當り其財産を危《あやう》くしたるときは如何にすべきや

答　特別《とくべつ》の契約に基《もと》くと法定財産制に依《よ》るとを問はす夫婦の一方が他《た》の一方の財産を管理《くわんり》する場合《ばあひ》に於て管理の方法其宜《よろし》きを得さるが爲め其財産を危《あやう》くしたるときは他の一方は自ら其管理《くわんり》を爲さんことを裁判所《さいばんしよ》に請求《せいきう》することを得《う》るものとす

共有財産《きやういう》即ち夫婦両人にて或《あ》る物を所有《しよいう》する場合に於ては前項《ぜんかう》の請求《せいきう》と共に其分割《ぶんかつ》を請求することを得るものとす

第七百九十七條　前條ノ規定又ハ契約ノ結果ニ依リ管理者ヲ變更シ又ハ共有財産ノ分割ヲ爲シタルトキハ其登記ヲ爲スニ非サレハ之ヲ以テ夫婦ノ承繼人及ヒ第三者ニ對抗スルコトヲ得ス

問　管理者を變更《へんかう》し又は共有財産の分割《ぶんくわつ》を爲したるときは夫婦の承繼人《しようけいにん》及ひ第三者に對《たい》する效力如何

答　前條《ぜんでう》の規定《きてい》又は契約の結果《けつくわ》に依り管理者を變更《へんかう》し又は共有財産の分割《ぶんくわつ》を爲したるときは其登記《とうき》を爲すに非されは之を以て夫婦《ふうふ》の承繼人及ひ第三者に對抗《たいかう》することを得さるものとす

第二款　法定財産制

○本款凡て十條夫婦の財産《ざいさん》に付き別段《べつだん》の契約なき場合に適用《てきよう》すへき規則を定めたるものなり

第七百九十八條　夫ハ婚姻ヨリ生スル一切ノ費用ヲ負擔ス但妻カ戸主タルトキハ妻之ヲ負擔ス

前項ノ規定ハ第七百九十條及ヒ第八章ノ規定ノ適用ヲ妨ケス

問　婚姻より生する費用《ひよう》は何人之を負擔《ふたん》すべきや

答　婚姻より生する一切の費用例《たと》へは衣食住《いしよくぢゆう》、子の養育《やういく》教育《けういく》の費用《ひよう》其他夫婦の地位《ちい》に相應《さうおう》すべき費用は普通《ふつう》の場合に於ては夫妻が戸主たる場合に於ては妻之を負擔《ふたん》すべきものとす但之が爲に扶養《ふやう》の義務《む》消滅《せうめつ》するにあらざるが故に本條の規定《きてい》あるが爲め第七百九十條及ひ第八章の規定の適用を妨くることなきは當然《たうぜん》なり

第七百九十九條　夫又ハ女戸主ハ用法ニ從ヒ其配偶者ノ財産ノ使用及ヒ收益ヲ爲ス權利ヲ有ス

夫又ハ女戸主ハ其配偶者ノ財産ノ果實中ヨリ其債務ノ利息ヲ拂フコトヲ要ス

問　夫又は女戸主は其配偶者《はいぐうしや》の財産《ざいさん》に付き如何なる権利《けんり》を有するや

答　夫又は女戸主は用法《ようはう》に從ひ其配偶者《はいぐうしや》の財産《さいさん》の使用《しよう》及ひ収益《しうえき》を爲す権利を有するものとす而して使《し》用《よう》とは物を毀損《きそん》せすして之を自己《じこ》の用に供すると云ひ収益《しうえき》とは物より生する果實《くわじつ》を取得《しゆとく》することを云ふ例へは簞笥《たんす》に衣服《いふく》を入るゝが如きは使用《しよう》にして田畑より米穀《べいこく》を収穫《しうかく》するが如き家屋《かおく》を他人に賃《ちん》貸《たい》して貸賃を取るが如きは収益《しうえき》なり

夫又は女戸主は右の如く其配偶者《はいぐうしや》の財産の収益《しうえき》を爲す権利あるが故に其財産の果實中《くわじつちう》より配偶者の負擔《ふたん》したる債務《さいむ》の利息《りそく》を支拂《しはら》ふべきものとす蓋《けだ》し債務《さいむ》の利息《りそく》は通常財産の果實中より支拂《しはら》ふべきものなるが故に夫又は婦が婦又は夫の財産の果實《くわじつ》を取得《しゆとく》する以上は其婦又は夫の債務《さいむ》の利息を負擔《ふたん》すべきこと當然《たうぜん》なりと云ふべし

第八百條　第五百九十五條及ヒ第五百九十八條ノ規定ハ前條ノ場合ニ之ヲ準用ス

○第五百九十五條及ひ第五百九十八條の規定《きてい》は前條の場合《ばあひ》に之を準用《じゆんよう》するものとす而して第五百九十五條及ひ第五百九十八條の規定《きてい》は左の如し

第五百九十五條　借主は借用物《しやくようぶつ》の通常の必要費《ひつようひ》を負擔《ふたん》す

此他の費用《ひよう》に付ては第五百八十三條第二項の規定《きてい》を準用《じゆんよう》す

第五百八十三條第二項　買主《かひぬし》又は轉得者《てんとくしや》の不動産《ふどうさん》に付き費用《ひよう》を出したるときは賣主は第百九十

六條の規定に從ひ之を償還《しやうくわん》することを要す但有益費《いうえきひ》に付ては裁判所は賣主の請求《せいきう》に因り之に相當の期限《きげん》を許與《きよよ》することを得

第百九十六條　占有者《せんいうしや》か占有物を返還《へんくわん》する場合《ばあひ》に於ては其物の保存《はぞん》の爲めに費したる金額《きんがく》其他の必要費《ひつえうひ》を回復者《くわいふくしや》より償還《しやうくわん》せしむることを得但占有者《せんいうしや》の果實《くわじつ》を取得《しゆとく》したる場合に於ては通常《つうじやう》の必要費は其負擔《ふたん》に歸《き》す

占有者が占有物の改良《かいりやう》の爲めに費したる金額其他の有益費《いうえきひ》に付ては其價格《かかく》の增加《ぞうか》か現存《げんそん》する場合に限《かぎ》り回復者の選擇《せんたく》に從ひ其費したる金額又は增價額《ぞうかがく》を償還《しやうくわん》せしむることを得但惡意《あくい》の占有者に對《たい》しては裁判所は回復者の請求《せいきう》に因《よ》り之に相當《さうたう》の期限《きげん》を許與することを得

第五百九十八條　借主は借用物を原狀《げんじやう》に復《ふく》して之に附屬《ふぞく》せしめたる物を收去《しうきよ》することを得

第八百一條　夫ハ妻ノ財産ヲ管理ス

夫カ妻ノ財産ヲ管理スルコト能ハサルトキハ妻自ラ之ヲ管理ス

問　妻の財産は何人之を管理《くわんり》すべきや

答　夫は妻の財産を管理すべきものとす蓋《けだ》し妻は戸主たると否《いな》とを問はす一種の無能力者《むのうりよくしや》なるが故に其特有財産《とくいうざいさん》ある場合に於て夫をして之を管理せしむること實際《じつさい》其宜《そのよろし》きを得たるものと云ふべし但夫の妻の財産を管理すること能はざるとき例へば禁治產《きんじさん》の宣告《せんこく》を受たるときの如きは妻自ら之を管理すへきこと當然なり

第八百二條　夫カ妻ノ爲メニ借財ヲ爲シ、妻ノ財產ヲ讓渡シ、之ヲ擔保ニ供シ又ハ第六百二條ノ期間ヲ超エテ其賃貸ヲ爲スニハ妻ノ承諾ヲ得ルコトヲ要ス但管理ノ目的ヲ以テ果實ヲ處分スルハ此限ニ在ラス

問　夫は隨意《ずいゐ》に妻の爲に管理以外の行爲を爲すことを得るや

答　夫は妻の爲めに借財《しやくざい》を爲し妻の財產を讓渡《じやうと》し之を擔保《たんぽ》に供し又は第六百二條の期間を超えて其賃貸を爲すには妻の承諾《しやうだく》を得ることを要するものとす蓋《けだ》し是等《これら》の行爲は管理以外に涉《わた》る行爲なるが故なり然れども管理の目的《もくてき》を以て果實《くわじつ》を處分《しよぶん》するには妻の承諾を得ることを要せず

第六百二條に定めたる賃貸借の期間《きかん》は左の如し

一　樹木の栽植《さいしよく》又は伐採《ばつさい》を目的《もくてき》とする山林の賃貸借は十年
二　其他《このた》の土地《とち》の賃貸借《ちんたいしやく》は五年
三　建物《たてもの》の賃貸借は三年
四　動產《どうさん》の賃貸借は六ヶ月

第八百三條　夫カ妻ノ財產ヲ管理スル場合ニ於テ必要アリト認ムルトキハ裁判所ハ妻ノ請求ニ因リ夫ヲシテ其財產ノ管理及ヒ返還ニ付キ相當ノ擔保ヲ供セシムルコトヲ得

問　妻は夫をして其財產の管理《くわんり》及び返還《へんくわん》に付き相當《さうたう》の擔保《たんぽ》を供《きやう》せしむることを得るや

答 夫の妻の財産を管理する場合に於て例へは修繕《しゆうぜん》を施《ほど》こすへき財産に修繕を加へす又は賦課《ふくわ》せられたる租税《そぜい》、公課《こうくわ》を納《おさ》めさるが爲め公賣《こうばい》せらるゝに至るの恐れある等の爲め必要《ひつえう》と認むるときは裁判所は妻の請求に因り夫をして其財産の管理《くわんり》及ひ返還に付き相當の擔保《たんぽ》を供せしむることを得るものとす

第八百四條 日常ノ家事ニ付テハ妻ハ夫ノ代理人ト看做ス
夫ハ前項ノ代理權ノ全部又ハ一部ヲ否認スルコトヲ得但之ヲ以テ善意ノ第三者ニ對抗スルコトヲ得ス

問 妻は日常《にちじやう》の家事《かじ》を行《おこな》ふことを得るや

答 日常の家事例《たと》へは食物を購《あがな》ひ薪炭《しんたん》を求《もと》むる等の事に付ては妻は夫の代理《だいり》人と看做《みな》さるゝものとす然れとも夫は其代理權の全部又は一部を否《ひ》認《にん》することを得べし但之を以て善意《ぜんい》の第三者即ち妻の代理權に制限《せいげん》あることを知らさる第三者に對抗《たいこう》することを得さるは當然なり

第八百五條 夫カ妻ノ財産ヲ管理シ又ハ妻カ夫ノ代理ヲ爲ス場合ニ於テハ自己ノ爲メニスルト同一ノ注意ヲ爲スコトヲ要ス

問 管理《くわんり》又は代理の場合に於て其注意の程度《ていど》如何

答 夫の妻の財産を管理《くわんり》し又は妻の夫の代理《だいり》を爲す場合に於ては自己《じこ》の爲めにすると同一の注意《ちうい》を爲すへきものとす

第八百六條　第六百五十四條及ヒ第六百五十五條ノ規定ハ夫カ妻ノ財産ヲ管理シ又ハ妻カ夫ノ代理ヲ爲ス場合ニ之ヲ準用ス

○第六百五十四條及ひ第六百五十五條の規定《きてい》は夫の妻の財産を管理《くわんり》せる場合又は妻か夫の代理《だいり》と爲す場合に之と準用《じゆんよう》するものとせ其第六百五十四條及ひ第六百五十五條の規定は左の如し

第六百五十四條　委任終了《いにんしうりやう》の場合に於て急迫《きふはく》の事情《じじやう》あるときは受任者《じゆにんしや》、其相續人《そのさうぞく》又は法定代理人は委任者、其相續人又は法定代理人の委任事務《じむ》を處理《しより》することを得るに至るまで必要《ひつえう》なる處分《しよぶん》を爲すことを要《えう》そ

第六百五十五條　委任終了《しうりやう》の事由は其委任者に出てたると受任者に出てたるとを問《と》はす之を相手方《あひてかた》に通知《つうち》し又は相手方の之と知りたるときに非《あら》されは之と以て其相手方に對抗《たいかう》せるヿとを得す

第八百七條　妻又ハ入夫カ婚姻前ヨリ有セル財産及ヒ婚姻中自已ノ名ニ於テ得タル財産ハ其特有財産トス

夫婦ノ孰レニ屬スルカ分明ナラサル財産ハ夫又ハ女戸主ノ財産ト推定ス

問　如何《いか》なる財産は妻又は入夫の特有財産《とくいうざいさん》なるや

答　妻又は入夫か婚姻前より所有《しよいう》せる財産及ひ婚姻中自已《じこ》の名に於て得たる財産例へは贈與《ぞうよ》又は遺贈《いぞう》に因りて取得《しゆとく》したる財産の如きは其特有財産にして夫又は婦の財産と區別《くべつ》すへきものとす然れとも夫婦の孰《いづ》れに屬《ぞく》するの判然《はんぜん》せさる財産は夫又は女戸主の財産と推定《すいてい》せへきことと當然なり

第四節　離婚

○本篇は離婚《りこん》に關する法則《はふそく》を定《さだ》めたるものにして分て二款とし第一款に於ては協議上《けふぎじやう》の離婚《りこん》を定《さだ》め二款に於ては裁判上《さいばんじやう》の離婚《りこん》を定めたり

第一款　協議上ノ離婚

○本款凡《すべ》て五條協議上《けふぎじやう》の離婚《りこん》を定めたるものなり

第八百八條　夫婦ハ其協議ヲ以テ離婚ヲ爲スコトヲ得

問　夫又は婦は隨意《ずいい》に離婚《りこん》を爲すことを得るか

答　夫婦は其協議《けふぎ》を以て離婚を爲すことを得るものとす故に裁判上の離婚の場合の外は夫又は婦一の意思《いし》を以て自由に離婚を爲すことを得す但夫婦双方《さうはう》の合意《がふい》ある以上は其離婚の原因《げんいん》の不和《ふわ》にあると不設生にあると將《は》た姦通《かんつう》、虐待等《ぎやくたいとう》に在ると問はざるものとす

第八百九條　滿二十五年ニ達セサル者カ協議上ノ離婚ヲ爲スニハ第七百七十二條及ヒ第七百七十三條ノ規定ニ依リ其婚姻ニ付キ同意ヲ爲ス權利ヲ有スル者ノ同意ヲ得ルコトヲ要ス

問　滿二十五年以下の者と雖も其協議《けふぎ》を以て自由に離婚《りこん》を爲すことを得るか

答　滿二十五年に達《たつ》せざる夫又は婦が協議上の離婚《りこん》を爲すには第七百七十二條及び第七百七十三條の規定に依り其婚姻に付き同意《どうい》を爲す權利《けんり》を有する者即ち父母又は父母の一方又は後見人親族會《こうけんにんしんぞくくわい》等の

同意《どうい》を得るにあらざれば之を為すこと能はざるものとす蓋《けだ》し一時の感情《かんじやう》の為に軽忽《けいこつ》に離婚《りこん》を為すを防止《ばうし》せしが為なり

第八百十条　第七百七十四条及ヒ第七百七十五条ノ規定ハ協議上ノ離婚ニ之ヲ準用ス

○第七百七十四条及び第七百七十五条の規定《きてい》は協議上《けふぎじやう》の離婚に之を準用《じゆんよう》するものとす故に禁治産者《きんじさんしや》が離婚《りこん》を為すには其後見人《こうけんにん》の同意を得ることを要《えう》せず又離婚は之を戸籍《こせき》吏に届出つるに因りて其効力《かうりよく》を生ずべく之を届出つるには当事者双方《さうはう》及び成年《せいねん》の証人二人以上より口頭《こうとう》にて又は署名《しよめい》したる書面《しよめん》を以て為すべきものとす

第八百十一条　戸籍吏ハ離婚カ第七百七十五条第二項及ヒ第八百九条ノ規定其他ノ法令ニ違反セサルコトヲ認メタル後ニ非サレハ其届出ヲ受理スルコトヲ得ス

戸籍吏カ前項ノ規定ニ違反シテ届出ヲ受理シタルトキト雖モ離婚ハ之カ為メニ其効力ヲ妨ケラルルコトナシ

問　戸籍吏が離婚の届出を受理《じゆり》するに必要《ひつえう》なる条件《でうけん》如何

答　戸籍吏は離婚《りこん》の第七百七十五条第二項及び第八百九条の規定《きてい》其他の法令《はふれい》に違反《ゐはん》せざることを認《みと》めたる後に非《あら》されば其届出を受理《じゆり》することを得ざるものとす但戸籍吏が前項《ぜんかう》の規定に違反《ゐはん》して届出を

受理《じゆり》したるときと雖も之が爲めに其效力を妨《さまた》げらるゝことなし

第八百十二條　協議上ノ離婚ヲ爲シタル者カ其協議ヲ以テ子ノ監護ヲ爲スヘキ者ヲ定メサリシトキハ其監護ハ父ニ屬ス

父カ離婚ニ因リテ婚家ヲ去リタル場合ニ於テハ子ノ監護ハ母ニ屬ス

前二項ノ規定ハ監護ノ範圍外ニ於テ父母ノ權利義務ニ變更ヲ生スルコトナシ

問　協議《けふぎ》上《じやう》の離婚《りこん》の場合《ばあひ》に於て子の監護《かんご》は何人之を爲すべきや

答　協議上の離婚を爲したる者が其協議《けふぎ》を以て子の監護《かんご》を爲すへき者を定めさりしときは父之を監護すへく入夫又は婿養子《むこやうし》等の場合に於て父の離婚に因り婚家を去りたる時は子の監護は母に屬《ぞく》するものとす

右の規定《きてい》は監護の範圍《はんゐ》外に於て父母の權利義務《けんりぎむ》に變更《へんかう》を生ずることなきものとす

第二款　裁判上ノ離婚

○本款凡て七條裁判上の離婚《りこん》に關《くわん》する規則《きそく》を定めたるものなり

第八百十三條　夫婦ノ一方ハ左ノ場合ニ限リ離婚ノ訴ヲ提起スルコトヲ得

一　配偶者カ重婚ヲ爲シタルトキ

二　妻カ姦通ヲ爲シタルトキ

三　夫カ姦淫罪ニ因リテ刑ニ處セラレタルトキ

四　配偶者カ僞造、賄賂、猥褻、竊盜、强盜、詐欺取財、受寄財物費消、贓物ニ關スル罪若クハ刑法第百七十五條第二百六十條ニ揭ケタル罪ニ因テ輕罪以上ノ刑ニ處セラレ又ハ其ノ他ノ罪ニ因リテ重禁錮三年以上ノ刑ニ處セラレタルトキ

五　配偶者ヨリ同居ニ堪ヘサル虐待又ハ重大ナル侮辱ヲ受ケタルトキ

六　配偶者ヨリ惡意ヲ以テ遺棄セラレタルトキ

七　配偶者ノ直系尊屬ヨリ虐待又ハ重大ナル侮辱ヲ受ケタルトキ

八　配偶者カ自已ノ直系尊屬ニ對シテ虐待ヲ爲シ又ハ之ニ重大ナル侮辱ヲ加ヘタルトキ

九　配偶者ノ生死カ三年以上分明ナラサルトキ

十　壻養子緣組ノ塲合ニ於テ離緣アリタルトキ又ハ養子カ家女ト婚姻ヲ爲シタル塲合ニ於テ離緣若クハ緣組ノ取消アリタルトキ

問　如何なる塲合に離婚の訴《うつたへ》を起《おこ》すことを得るや

答　夫婦の一方は左の塲合に限《かぎ》り離婚の訴を提起《ていき》することを得るものとす

一　配偶者《はいぐうしや》が重婚《こん》を爲したるとき

夫又は婦が重《かさ》ねて婚姻を爲したるときは刑《けい》に處《しよ》せられたると否《いな》とを問はす重婚《ぢうこん》の一事を以て婦又は夫は離婚の訴を起すことを得るものとす

二　妻の姦通《かんつう》を爲したるとき

此場合に於ても姦通罪《かんつうざい》により刑《けい》に處せられたると否とを問はず他男と通《つう》したるの一事を以て夫より離婚《りこん》の訴を起すことを得るものとす蓋《けだ》し「君をおきてあだし心をわがもたば末《すゑ》の松山《まつやま》波《なみ》もこえなむ」と云へる古歌《こか》の如く婦は夫に對《たい》して貞操《ていさう》を守り信實《しんじつ》を完《まつた》ふすへきものなるにも拘らす他男と情《じやう》を結《むす》ぶが如きは夫婦たる關係《くわんけい》の本質《ほんしつ》を破《やぶ》りたるものなるを以て法律が離婚の一原因《げんいん》となしたることと實に當然なりと云ふべし

三　夫か姦淫罪《かんいんざい》に因りて刑に處せられたるとき

夫の姦淫罪《かんいんざい》に因りて刑《けい》に處《しよ》せらるべき塲合は左の如し

一　十二歳以上の婦女《ふじよ》を強姦《きやうかん》したるとき

二　藥酒《やくしゆ》等を用ひ人を昏睡《こんすい》せしめ又は精神《せいしん》を錯亂《さくらん》せしめて姦淫《かんいん》したるとき

三　十二歳に滿《みた》さる幼者《ようしや》を姦淫《かんいん》したるとき

四　十六歳に滿さる男女の淫行《いんかう》を勸誘《くわんゆう》して媒合《ばいかふ》したるとき

五　有夫《いうふ》の婦と姦通《かんつう》したるとき

條文姦淫罪《かんいんざい》に因りて刑に處《しよ》せられたるときとあるが故に夫が以上の犯罪《はんざい》たるべき所爲《しよゐ》を爲すも被害者《ひがいしや》又は其親屬《そのしんぞく》、本夫等の告訴《こくそ》なきが爲め又は公訴の時效《じかう》の爲め實際刑《じつさいけい》に處せられざるときは妻は離婚《りこん》の訴《うつたへ》を起《おこ》すことを得さるものとそ妻は有婦《いうふ》の夫たると否《いな》とを問はす他の男子と通《つう》ずるときは姦通罪成立《かんつうざいせいりつ》すべく又姦通罪に因り刑に處せられざるも姦通《かんつう》したるの一事を以て離婚《りこん》の訴を提起《ていき》せらるべし之と反《はん》して夫は有夫の婦と通ずるにあらざれは姦通罪成立《せいりつ》せざるが故に有夫の婦にあらざる婦女と通ずるも犯罪《はんざい》たらず又縦《たと》ひ有夫の婦と通ずるも其本夫の告訴《こくそ》により姦通罪の刑に處せられたるときにあらざれば妻は離婚の訴を提起《ていき》することを得す二者の間此の如き區別《くべつ》ある所以如何學者此の如く區別《くべつ》せざるべからざる所以を喋々《てふ/\》するも余も一も首肯《しゆこう》するに足るべき正理上《せいりじやう》の理由《りゆう》なきを信《しん》ず只我國今日の風俗《ふうぞく》に於ては表面上《へうめんじやう》一夫一婦の制《せい》行はるゝも妾《せふ》として他の婦人と通ずる事實《じじつ》は猶ほ盛に行はるゝのみならす公然《こうぜん》娼妓の營業《えいぎやう》を許《ゆる》して有婦の夫樓《ろう》に登《のぼ》るも世人は之を尤《とが》めさるが如き習慣なるが故に萬止むを得ざる事情《じじやう》あるものとして蓄妾《ちくせふ》其他の事實《じじつ》あるも妻として離婚《りこん》を請求することを得せしめざるものなるべし

四 配偶者《はいぐうしや》の僞造《ぎぞう》、賄賂《わいろう》、猥褻《わいせつ》、竊盗《せつとう》、强盗《がうとう》、欺詐《さぎ》取財《しゆざい》、受寄《じゆき》財物費消《ざいぶつひせう》、贓物《ざうぶつ》に關する罪若くは刑法第百七十五條第二百六十條に掲けたる罪に因りて輕罪以上の刑に處せられ又は其の他の罪に因りて重禁錮《ぢうきんこ》三年以上の刑に處せられたるとき

故に夫又は婦が犯罪の種類《しゆるい》如何を問はす重禁錮三年以上の刑に處せられたるとき又は僞造《ぎぞう》（貨幣の僞造なると官印官書又は私印私書の僞造なるとを問はす）賄賂、猥褻、强竊盗、詐欺取財、受寄物費消、贓物に關する罪若くは刑法第百七十五條（官の封印を破棄して其物件を盗取し又は毀壞したる罪）第二百六十條（賭場を開張して利を圖り又は博徒を招結したる罪）に掲《かゝ》

けたる罪に因りて輕罪以上《けいざいいじやう》の刑《けい》に處《しよ》せられたるときは其配偶者《はいぐうしや》は離《り》婚《こん》の訴を起《おこ》すことを得べし

五　配偶者より同居《どうきよ》に堪《た》へざる虐待《ぎやくたい》又は重大なる侮辱《ぶじよく》を受《う》けたるとき

夫婦は互に相和《あひわ》し相愛《あい》して始めて其目的《もくてき》を達することを得るものなるに今ま夫又は婦が配偶者より腕力《わんりよく》を以て極めて粗暴《そぼう》なる取扱を受け又は言語《げんご》、動作《どうさ》、書面等《しよめんとう》を以て甚しく其名譽《めいよ》を毀《き》損《そん》せらるゝときは到底《たうてい》一家の安全《あんせん》を保《たも》ち共同生活《きやうどう》を為すこと能はざるへし故に同居するに堪へざる虐待《ぎやくたい》又は重大なる侮辱《ぶじよく》を受けたるときは離婚の訴を起《おこ》すことを得るものとしたり但如何なる暴《ばう》虐《ぎやく》が同居に堪へざるへきや又如何なる侮辱が重大《ちうだい》なる侮辱なるべきやは事實の問題《もんだい》なるが故に夫婦の位置《いち》年齡教育其他の事情を斟酌《しんしやく》して裁判官の判斷《はんだん》すへき所とす

六　配偶者より惡意《あくい》を以て遺棄《いき》せられたるとき

蓋《けだ》し夫婦は相互に扶養《ふやう》の義務《ぎむ》を負擔《ふたん》し其疾病苦樂《しつぺいくらく》は偕《とも》に相援《たす》け相分《わか》つべきものなるにも拘らず配偶者の一方が惡意《あくい》を以て他の一方を遺棄《ゐき》したるとき例《たと》へは夫が婦の同居を拒《こば》み又は病《や》める婦を置去《おきさ》りにして顧《かへり》みざる時の如きは離婚の訴を起《おこ》すを得せしむへきこと當然《たうぜん》なりと云ふべし

七　配偶者の直系尊屬《ちよくけいそんぞく》より虐待《ぎやくたい》又は重大なる侮辱を受けたるとき

八　配偶者か自己《じこ》の直系尊屬に對《たい》して虐待を為し又之に重大なる侮辱を加《くわ》へたるとき

故に例《たと》へは妻が夫の父母祖父母等より虐待《ぎやくたい》又は重大なる侮辱を受けたるとき又は妻が夫の父母祖《そ》父《ふ》母《ぼ》等に對し虐待を為し又之に重大なる侮辱を加へたるときは妻又は夫は離婚の訴を起すこ

と得べし蓋《けだ》し然らざれば我家族制度の下《もと》に於て一家の親和《しんわ》を保《たも》ち社會の秩序《ちつじよ》を維持《いぢ》することと能はざるか故なり

九　配偶者の生死《せいし》の三年以上分明《ぶんめい》ならざるとき

夫又は婦が家を去《さ》りて三年以上音信《いんしん》なく爲めに其生死《せいし》分明《ぶんめい》ならざるときは原因《げんいん》の如何を問はす配偶者は離婚の訴を起すことを得るものとす

十　婿養子《むこやうし》縁組《えんぐみ》の場合に於て離縁《りえん》ありたるとき又は養子の家女と婚姻を爲したる場合に於て離縁《りえん》若くは縁組の取消《とりけし》ありたるとき

蓋し此場合に於ては養子縁組と婚姻と密接《みつせつ》の關係《くわんけい》を有そるものにして離縁ありたるが爲め養子關係消滅《せうめつ》したるときは強《しひ》て其婚姻を存續《そんぞく》せしむること能はさる事情あるの故なり但條文家女と婚姻を爲したる場合《ばあひ》とあるが故に養子となりたる後ち他家《たけ》より妻を迎《むか》へたるときの如きは離縁あるも配偶者と共に養家《やうか》を去ることを得べきか故に離婚の訴を起《おこ》すことを得ず

本條第一項に左の場合に限《かぎ》り云々とあるが故に以上十箇の場合の外は子なきこと口舌多言《こうぜつたげん》なることと癩病《らいびやう》の如き惡疾《あくしつ》あること等を理由《りいう》として離婚の訴を起《おこ》すことを得そ

第八百十四條　前條第一號乃至第四號ノ場合ニ於テ夫婦ノ一方カ他ノ一方ノ行爲ニ同意シタルトキハ離婚ノ訴ヲ提起スルコトヲ得ス

前條第一號乃至第七號ノ場合ニ於テ夫婦ノ一方カ他ノ一方又ハ其直系尊屬ノ行

爲ヲ宥恕シタルトキ亦同シ

問　前條第一號乃至第七號の原因《げんいん》あるときは夫婦の一方は如何なる場合《ばあひ》に於ても離婚《りこん》の訴を起《おこ》すことを得るや

答　前條第一號乃至第四號の場合に於て夫婦の一方か他の一方の行爲《かうゐ》に同意《どうい》したるとき又は第一號乃至第七號の場合に於て夫婦の一方か他の一方又は其直系尊屬《ちよくけいそんぞく》の行爲《かうゐ》を宥恕《いうじよ》したるときは離婚の訴を提起《ていき》することを得さるものとす故に例《たと》へは夫か重婚を爲さんとするとき又は有夫《いうふ》の婦某と通《つう》せんとするとき妻之に同意《どうい》し若くは重婚を爲したる後ち又は有夫《いうふ》の婦某と姦通《かんつう》したる後ち妻其行爲《かうゐ》を宥恕《いうじよ》したるときは重婚又は姦通を理由《りゆう》として離婚を請求《せいきう》することを得す

第八百十五條　第八百十三條第四號ニ掲ケタル處刑ノ宣告ヲ受ケタル者ハ其配偶者ニ同一ノ事由アルコトヲ理由トシテ離婚ノ訴ヲ提起スルコトヲ得ス

問　處刑の宣告《せんこく》を受けたる者は其配偶者の處刑《しよけい》を理由《りゆう》として離婚の訴を提起《ていき》することを得るか

答　第八百十三條第四號に掲《かゝ》けたる處刑《しよけい》の宣告《せんこく》を受《う》けたる者は其配偶者の處刑即ち配偶者も亦重禁錮《ぢうきんこ》三年以上の刑に處せられたることを理由《りゆう》として離婚を請求《せいきう》すること能《あた》はさるものとす蓋《けだ》し配偶者の一方か重禁錮三年以上の刑に處《しよ》せられたるときは他の一方の名譽《めいよ》に眞の損害《そんがい》を及ほし爲めに夫婦の關係《くわんけい》を維持《いぢ》するに堪《た》へさるに至らしむるを以て離婚の請求《せいきう》を許《ゆる》したるものなれとも配偶者の双方《さうはう》共に重禁錮三年以上の刑に處せられたるとき例《たと》へば共に窃盜罪《せつとうざい》を犯《をか》したる爲め共に重禁錮四年の刑に

處《しよ》せられたるときの如き其一方の處刑が他の一方の名譽《めいよ》に損害《そんがい》を及ぼすへき理なきを以て双方《さうはう》孰《いづ》れよりも離婚の訴を提起《ていき》せることを得せしめざるは當然《たうぜん》なりと云ふべし

第八百十六條　第八百十三條第一號乃至第八號ノ事由ニ因ル離婚ノ訴ハ之ヲ提起スル權利ヲ有スル者カ離婚ノ原因タル事實ヲ知リタル時ヨリ一年ヲ經過シタル後ハ之ヲ提起スルコトヲ得ス其事實發生ノ時ヨリ十年ヲ經過シタル後亦同シ

問　第八百十三條第一號乃至第八號の事由《じゆう》に因る離婚の訴は何時《なんどき》にても之を提起することを得るや

答　第八百十三條第一號乃至第八號の原因《げんゐん》あることを理由《りゆう》として提起《ていき》せる離婚の訴は之を提起せる權利を有する者の離婚の原因《げんいん》たる事實《じじつ》あることを知りたる時より一年を經過《けいくわ》したる後又は其事實發生《はつせい》の時より十年を經過《けいくわ》したる時は之を提起《ていき》することを得さるものとせり故に例《たと》へは妻が姦通《かんつう》を爲したるときは夫は之を知りたる日より一年内にあらざれば離婚を求むることを得ず又之を知らずして十年を經過したるときは其以後に於て之を知るも離婚の訴を起すことを得ず

第八百十七條　第八百十三條第九號ノ事由ニ因ル離婚ノ訴ハ配偶者ノ生死カ分明ト爲リタル後ハ之ヲ提起スルコトヲ得ス

問　第八百十三條第九號の事由《じゆう》に因る離婚の訴は何時《なんどき》にても之を提起《ていき》することを得るや

答　配偶者の生死《せいし》が三年以上分明《ぶんめい》ならさるの爲めに起《おこ》せる離婚の訴は生死の分明となりたる後は之を起すことを得さるものとす

第八百十八條　第八百十三條第十號ノ場合ニ於テ離縁又ハ縁組取消ノ請求アリタルトキハ之ニ附帶シテ離婚ノ請求ヲ爲スコトヲ得
第八百十三條第十號ノ事由ニ因ル離婚ノ訴ハ當事者カ離縁又ハ縁組ノ取消アリタルコトヲ知リタル後三个月ヲ經過シ又ハ離婚請求ノ權利ヲ抛棄シタルトキハ之ヲ提起スルコトヲ得ス

問　離縁《りゑん》又は縁組取消の請求に附帶《ふたい》して離婚の訴を起すことを得るの

答　第八百十三條第十號の場合に於て離縁又は縁組取消の請求ありたるときは其請求に附帶して離婚の請求と爲《な》すことを得るものとせり蓋《けだ》し離縁若くは縁組の取消《とりけし》ありたるときは離婚の訴を起すことを得るが故に此便法《べんぽふ》を設《まう》けたるものなり

問　第八百十三條第十號の事由《じゆう》に因る離婚の訴は何時にても之を提起《ていき》することを得るや

答　當事者か離縁又は縁組の取消ありたることを知りたる後三个月を經過し又は離婚請求の權利を抛棄したるときは之を提起することを得さるものとす

第八百十九條　第八百十二條ノ規定ハ裁判上ノ離婚ニ之ヲ準用ス但裁判所ハ子ノ利益ノ爲メ其監護ニ付キ之ニ異ナリタル處分ヲ命スルコトヲ得

問　裁判上の離婚の場合《ばあひ》に於て子の監護《かんご》は何人に屬《ぞく》すへきや

答　第八百十二條の規定《きてい》は裁判上の離婚に準用《じゆんよう》するが故に子の監護《かんご》は父に屬《ぞく》し父が離婚に因りて婚家

と去りたる場合に於ては母に屬《ぞく》するものとす然れとも裁判所は子の利益《りえき》の爲め之に異《こと》なりたる處分例へば父が無期徒刑《むきとけい》に處せられたるが爲め離婚《りこん》せられたるときは母に其監護《かんご》を命そることを得べし

第四章　親子

○本章は親子《しんし》の關係《くわんけい》を規定《きてい》したるものにして分て二節となす第一節に於ては實子《じつし》に關する規則《きそく》を定め第二節に於ては養子《やうし》に關する規則を定めたり

第一節　實子

○本節は實子に關する規則《きそく》を定めたるものにして分て二款《かん》となそ第一款に於ては嫡出子《てきしゆつし》に關する規則を定め第二款に於ては庶子《しよし》及ひ私生子《しせいし》に關する規則を定めたり

第一款　嫡出子

○本款凡《すべ》て七條嫡出子に關する規則を定めたるものなり

問　嫡出子とは何ぞや

答　嫡出子とは婚姻《こんいん》によりて夫婦《ふうふ》となりたる男女《だんじよ》の間に生《うま》れたる子を謂ふ

第八百二十條　妻カ婚姻中ニ懷胎シタル子ハ夫ノ子ト推定ス

婚姻成立ノ日ヨリ二百日後又ハ婚姻ノ解消若クハ取消ノ日ヨリ三百日以内ニ生レタル子ハ婚姻中ニ懷胎シタルモノト推定ス

問　婚姻中に懷胎《くわいたい》したる子は夫の子と看做《みな》すへきや

答　妻か婚姻中に懐胎《くわいたい》したる子は夫の子と推定《すいてい》するものとす蓋《けだ》し或る男子と女子との間に婚姻のありたること其女子が子女を出産《しゆつさん》したること等は事實《じじつ》によりて證明《しやうめい》することを得るも其子は果《はた》して夫の子なるや否《いな》やの一事に至《いた》りては造化《ぞうか》の天秘《てんひ》に屬《ぞく》するものにして生理上醫學上《せいりじやう》十分に之を證明《しやうめい》することを能《あた》はず故に法律は婦は夫に貞實《ていじつ》にして決《けつ》して他の男子に接《せつ》せさるものと想像《さうぞう》せさるへからすして而して此想像《さうぞう》は世間普通《ふつう》の事實《じじつ》に適合《てきがふ》するを以て婚姻中に懐胎《くわいたい》したる子は其婚姻中の懐胎なる一實により之を夫の子と推定《すいてい》すへきものとしたり

問　右の推定《すいてい》は之を破《やぶ》ることを得さるや

答　婦は夫に貞實《ていじつ》にして決《けつ》して其操《みさは》を破《やぶ》らさるものと想像《さうぞう》せさるべからさるも錯誤《さくご》、姦通《かんつう》、強姦《きやうかん》其他の原因により他の男子に接《せつ》することも亦た絶無《ぜつむ》の事例《じれい》にあらざるを以て如何なる場合に於ても婚姻中に懐胎《くわいたい》したる子は夫の子なりと斷定《だんてい》することと能はす故に夫は反證《はんしやう》を擧けて此推定《すいてい》を破《やぶ》ることを得べし條文看做《みな》すと云はずして推定《すいてい》すと云へるは之が爲なり

問　如何なる場合に於て婚姻中に懐胎《くわいたい》したるものと推定《すいてい》すへきや

答　妻が婚姻中に懐胎したる子は夫の子と推定《すいてい》すること前項《ぜんかう》の定むる所なれども然れとも此推定は其懐胎が婚姻中に在りしことの既《すで》に明かなる場合《ばあひ》にあらざれは下すことと能はざるが故に其懐胎が果《はた》して婚姻中に在りしと爲すは如何なる場合《ばあひ》なるべきやと規定《きてい》せざるべからす之れ本條第二項の定めある所以《ゆえん》にして而して第二項によれば婚姻成立《こんいんせいりつ》の日より二百日後又は婚姻の解消《かいせう》若くは取消の日より

三百日內に生《うま》れたる子は婚姻中に懷胎《くわいたい》したるものと推定《すいてい》するものとす蓋し最後《さいご》の月經《げつけい》より二十五週乃至二十七週を經《へ》て分娩《ぶんべん》したる子の生育《せいいく》したる例《れい》なきにあらざるも是れ極《きは》めて稀有《きいう》のことにして醫《い》家《か》の一般に認《みと》むる所の產兒《さんじ》生育《せいいく》の最短期《さいたんき》は二十八週乃至三十週に在るが故に民法上に於ても其最短期は醫家の通說《つうせつ》に基《もとづ》き端數《たんすう》を除《のぞ》きて二百日となすを可とし又姙娠《にんしん》は遲延《ちえん》して三百二十日に至ることあるは近時《きんじ》產科《さんか》專門家《せんもんか》の稀《まれ》に實驗《じつけん》する所なるも實際に於て受胎後《じゆたいご》眞《しん》に三百日以上を經《へ》たる產子の分娩は甚だ稀《まれ》なるを以て其最長期《さいちやうき》を三百日に止《とゞ》むるを可とすと云へる醫科大學の意見《いけん》に從ひたるものなり故に婚姻の日より二百日後に生《うま》れたる子又は夫の死亡《しばう》若くは離婚により婚姻解消《かいせう》したる日又は婚姻を取消《とりけ》したる日より三百日內に生れたる子は反對《はんたい》の證據《しやうこ》なき限りは婚姻中に懷胎《くわいたい》したるものと看做《みな》すへきものとす但し醫家の說《せつ》によれば最短期《さいたんき》百八十日に下り最長期三百二十日に上たことなきにあらざるが故に婚姻の成立《せいりつ》したる日より百八十日後百九十九日內又は婚姻の解消《かいせう》若くは取消より三百十一日後三百二十日內に生《うま》れたる子は醫士の鑑定《かんてい》により其發育程度《はついくていど》が經過日數に適合《てきがう》せることの證明《しやうめい》せられたる時は婚姻中に懷胎《くわいたい》したるものと推定《すいてい》すへきこと當然《たうぜん》なり

第八百二十一條　第七百六十七條第一項ノ規定ニ違反シテ再婚ヲ爲シタル女カ分娩シタル場合ニ於テ前條ノ規定ニ依リ其子ノ父ヲ定ムルコト能ハサルトキハ裁判所之ヲ定ム

問　第七百六十七條第一項の規定に違反《ゐはん》して再婚《さいこん》を爲したる女の分娩《ぶんべん》したるときは如何にして其父を

定むへきや

答　第七百六十七條第一項の規定《きてい》に違反《ゐはん》し前婚の解消《かいせう》又は取消の日より六ヶ月を經過《けいくわ》せざる前に再婚を爲したる女の分娩《ぶんべん》したる場合に於て前條の規定《きてい》に依り其子の父を定《さだ》むることを能はさるとき例《たと》へは甲の妻乙が離婚《りこん》後百五十日を經《へ》て丙男に嫁《か》し百三十日にして分娩したるときは丙の子にあらずして甲の子なること明なるも離婚《りこん》後百日を經て丙男に嫁《か》し二百日にして分娩したるときの如きは甲丙孰《いづ》れの子なるやを知ることを能《あた》はざるが故に此場合《ばあひ》に於ては裁判所之を定《さだ》むるものとす

第八百二十二條　第八百二十條ノ場合ニ於テ夫ハ子ノ嫡出ナルコトヲ否認スルコトヲ得

問　第八百二十條の場合に於て夫は子の嫡出《ちやくしゆつ》なることを否認《ひにん》することを得るや

答　妻の婚姻中に懷胎《くわたい》したる子は夫の子と推定《すいてい》すべきものなれども然《しか》れども事實上《じじつじやう》有夫の婦と雖も他の男子と相通《あひつう》することなきにあらず從て婚姻中に懷胎《くわいたい》したる子は必す夫の子なりと斷定《だんてい》することを能はず故に夫は反對《はんたい》の證據《しやうこ》を擧《あ》けて子の嫡出《てきしゆつ》なることを否認《ひにん》すること卽ち自己《じこ》の子にあらずと主張《しゆちやう》することを得るものとす

第八百二十三條　前條ノ否認權ハ子又ハ其法定代理人ニ對スル訴ニ依リテ之ヲ行フ但夫カ子ノ法定代理人ナルトキハ裁判所ハ特別代理人ヲ選任スルコトヲ要ス

問　前條の否認權《ひにんけん》は如何にして之を行ふべきや

答　前條の否認權は子又は子の法定代理《はふていだいり》人《にん》に對《たい》するに依りて之を行ふべく若し夫の子の法定代理人なるときは裁判所は特別《とくべつ》代理人を選任《せんにん》すへきものとす

第八百二十四條　夫カ子ノ出生後ニ於テ其嫡出ナルコトヲ承認シタルトキハ其否認權ヲ失フ

問　夫の否認權を失《うしな》ふ場合如何

答　夫の子の出生《しゆつせう》後に於て其嫡出《てきしゆつ》なることを承認《しやうにん》したるときは其否認權《ひにんけん》を失ふものとす

第八百二十五條　否認ノ訴ハ夫カ子ノ出生ヲ知リタル時ヨリ一年内ニ之ヲ提起スルコトヲ要ス

問　否認《ひにん》の訴を提起《ていき》すへき時期《じき》如何

答　否認の訴は夫の子の出生を知《し》りたる時より一年内に之を提起《ていき》すへく若し出生を知りたるときより一年を經過《けいくわ》するも否認權《ひにんけん》を行はさる時は其嫡出《てきしゆつ》なることを承認《しやうにん》したるものと看做《みな》し其以後に否認訴權を行ふことを許さす

第八百二十六條　夫カ未成年者ナルトキハ前條ノ期間ハ其成年ニ達シタル時ヨリ之ヲ起算ス但夫カ成年ニ達シタル後ニ子ノ出生ヲ知リタルトキハ此限ニ在ラス

夫カ禁治產者ナルトキハ前條ノ期間ハ禁治產ノ取消アリタル後夫カ子ノ出生ヲ知リタル時ヨリ之ヲ起算ス

問　否認訴權を行《おこな》ふことを得る期間《きかん》の起算點《きさんてん》如何

答　夫の未成年者《みせいねんしや》なるとき即ち滿二十年に達《たつ》せさるときは前條の期間《きかん》は其成年《せいねん》に達したる時より之を起算《きさん》すへく又夫の成年に達《たつ》したる後に子の出生を知りたるときは其知りたる時より之を起算すへきものとす

又夫の禁治產者《きんぢさんしや》なるときは前條の期間《きかん》は禁治產の取消《とりけし》ありたる後夫の子の出生を知《し》りたる時より之を起算《きさん》するものとす而して條文禁治產者とは心神喪失《しんしんさうしつ》の常況《じやうきやう》にあるが爲め禁治產の宣告《せんこく》を受け法律行爲を爲すの能力《のうりよく》なきものを謂ふ詳細《しやうさい》の事は本書前編に明なり就《つい》て看《み》るべし

第二款　庶子及ヒ私生子

○本款凡《すべ》て十條嫡出子に非《あら》さる親子の關係《くわんけい》即ち庶子《しよし》及ひ私生子《しせいし》に關する規則《きそく》を定めたるものなり

第八百二十七條　私生子ハ其父又ハ母ニ於テ之ヲ認知スルコトヲ得

父カ認知シタル私生子ハ之ヲ庶子トス

問　私生子《しせいし》とは何ろや

答　私生子とは夫婦と云へる法律的《はふりつてき》關係の在らざる男女の間《あひだ》に生《うま》れたる子にして法律上其父の何人たるやを知ること能はざる者を謂ふ蓋《けだ》し人の生るゝや必す父母あるも然れとも彼の賤業婦《せんげふ》の如く朝《てう》

夕別人《せきべつじん》に接《せつ》するが爲め母自身に於ても實際《じつさい》其父の何人たるやを知ること能はさる場合あるべく又母は其父を認《みと》むるも父たる者數男《すうなん》に接《せつ》せしを理由《りゆう》として之が認知《にんち》を爲すことを肯《がへん》せさる場合あるべし又人の妻たる身分《みぶん》ある者と雖も他の男子に通《つう》じたるが爲め婚姻中に生《うま》れたる子を否認《ひにん》することあるべし是等父の知《し》れざる子を法律上に於《おい》て私生子と名《なづ》け以て嫡出子及ひ庶子《しよし》と區別《くべつ》したり

問　私生子は其父母之を認知《にんち》することを得るや

答　私生子は其父又は母に於て之を認知《にんち》することを得るものとす故に婚姻を爲すことを禁《きん》せられたる直系《りよくけい》の血族間《けつぞくかん》の男女の間に生れたる子も姦通《かんつう》、重婚《ちうこん》等の罪《つみ》を犯《おか》したる場合に於て生《うま》れたる子も亦自己の醜行《しうかう》を隱匿《いんとく》せんが爲め分娩《ぶんべん》後直ちに之を第三者に托《たく》したる場合に於ても父又は母に於て自己の子なる旨《むね》を認知《にんち》することを得るものとす

問　庶子《しよし》とは何ぞや

答　庶子とは父が認知《にんち》したる私生子を謂ふ蓋《けだ》し二者共に夫婦《ふうふ》間《かん》に生《う》まれたる嫡出子にあらずと雖も法律上其父の知れたると否《いな》との點《てん》に於て差異《さい》あるものとす故に父が私通《しつう》又は姦通《かんつう》等の背徳《はいとく》の行爲《かうゐ》を發《はつ》露《ろ》せると恥《は》ちて公に之を認知《にんち》せさる時は縱令《たとへ》實際《じつさい》に於て其父たること明かなるも其子は尙は私生子たるべし然れとも後日父子の愛情《あいじやう》其他の事由よりして自己《じこ》の子なることを認知《にんち》したるときは其子は父の認知《にんち》と同時に庶子《しよし》たるの分限《ぶんげん》を取得《しゆとく》するものとす

第八百二十八條　私生子ノ認知ヲ爲スニハ父又ハ母カ無能力者ナルトキト雖モ

其法定代理人ノ同意ヲ得ルコトヲ要セス

問　私生子の認知《にんち》を爲すに當り父又は母無能力《むのうりよく》なるときは法定代理人の同意《どうい》を要《よう》するや否

答　私生子の認知を爲すには父又は母の未成年《みせいねん》其他の事由《じゆう》により無能力者なるときと雖も其法定代理人の同意《どうい》を得ることを要《よう》せさるものとす蓋《けだ》し私生子の認知は他の法律行爲《はふりつかうゐ》と異《こと》にして父又は母自身《じしん》にあらざれは自己《じこ》の子なるや否《いな》やを知ることを能《あた》はざるのみならず姦通《かんつう》又は私通《しつう》を爲したることを自白して法定代理人の同意を求《もと》むべしと命《めい》するに忍《しの》ひさるものあればなり

第八百二十九條　私生子ノ認知ハ戸籍吏ニ届出ツルニ依リテ之ヲ爲ス
認知ハ遺言ニ依リテモ亦之ヲ爲スコトヲ得

問　認知は如何《いか》にして之を爲すへきや

答　私生子の認知は戸籍吏《こせきり》に届出《とゞけいで》つるに依《よ》りて之を爲すものとす故に父の認知する場合《ばあひ》と母の認知する場合とを問はす單《たん》に其母又は子に對《たい》して自己《じこ》の子なりと云ふのみにては之を認知したるものとすることを能《あた》はず但し本條第二項によれは認知は遺言《ゐげん》に依りても亦之を爲すことを得るものとす

第八百三十條　成年ノ私生子ハ其承諾アルニ非サレハ之ヲ認知スルコトヲ得ス

問　私生子成年《せいねん》に達《たつ》したる場合に於ても父母は之を認知することを得るや

答　成年の私生子は其承諾《しやうだく》あるに非《あら》されは之を認知することを得さるものとす故に縦《たと》ひ自己《じこ》の子と雖も滿二十年以上《いじやう》に達《たつ》したるときは父又は母は其私生子の承諾《しやうだく》ある場合の外之を認知することを得す蓋

し未成年《みせいねん》の間は監護《かんご》及ひ教育を爲す義務《ぎむ》あるが故に之を認知せずして成年に達し相當《さうたう》の職《しよく》を營《いとな》むこ
とを得る場合に於てのみ隨意《ずゐい》に之を認知すると云ふが如きは人情《にんじやう》の許《ゆる》さゞる所なればなり

第八百三十一條　父ハ胎内ニ在ル子ト雖モ之ヲ認知スルコトヲ得此場合ニ於テハ母ノ承諾ヲ得ルコトヲ要ス

父又ハ母ハ死亡シタル子ト雖モ其直系卑屬アルトキニ限リ之ヲ認知スルコトヲ得但其直系卑屬カ成年者ナルトキハ其承諾ヲ得ルコトヲ要ス

問　父は胎内《たいない》にある子をも認知することを得るや

答　妻の婚姻中に懷胎《くわいたい》したる子は出産《しゆつさん》の後にあらざれは夫は之を否認《ひにん》することを得さるも私生子の認知の場合に於ては父は胎内《たいない》に在る子と雖も母の承諾《しやうだく》を得て之を認知することを得るものとす蓋《けだ》し父の明かならさる子の出産《しゆつさん》は法律の好む所にあらされはなり而《しか》して此場合に於て母の承諾を必要《ひつえう》とする所以は未た胎内《たいない》を出てさる子の認知は同時に其母との關係《くわんけい》を認知するものなるによる

問　父又は母は死亡《しばう》したる子をも認知することを得るや

答　父又は母は既に死亡《しばう》したる私生子を認知するも法律上何等《なんら》の效用《かうよう》なしと雖も其子に直系卑屬《ちよくけいひぞく》ある時は死亡したる子を認知《にんち》するの結果《けつくわ》私生子の子は其父母の孫たる身分《みぶん》を取得《しゆとく》し從て相續其他の權利《けんり》關係《くわんけい》を生するが故に此場合に於ては父又は母は死亡《しばう》したる子を認知《にんち》することを得るものとす但其私生子の直系卑屬卽ち子、孫等の成年に達《たつ》したる後《のち》なるときは其承諾を得るにあらざれは之を認知す

ること能《あた》はそ

第八百三十二條　認知ハ出生ノ時ニ遡リテ其効力ヲ生ス但第三者カ既ニ取得シタル權利ヲ害スルコトヲ得ス

問　認知の效力《かうりよく》如何

答　認知は出生の時に遡《さかのぼ》りて其效力《かうりよく》を生するものとす故に例《たと》へは私生子十歳の時父之と認知《にんち》したるときは其子は出産《しゆつさん》の時より庶子《しよし》の身分《みぶん》を得たるものと看做《みな》さるへし然《しか》れとも爲めに第三者の既《すで》に取得したる權利《けんり》と害《がい》することと得す從て甲が隱居《いんきよ》としたるが爲め甲の孫乙が家督相續《かとくさうぞく》と爲したる塲合に於て其以後に甲が私生子丙と認知《にんち》するも丙は乙より親等《しんとう》の近《きか》きと理由《りゆう》として自己に家督相續の權利あることを主張《しゆちやう》することを得す

第八百三十三條　認知ヲ爲シタル父又ハ母ハ其認知ヲ取消スコトヲ得ス

問　認知《にんち》は之を取消《とりけ》そことと得るや

答　父又は母が私生子と認知して一度《ひとた》ひ戸籍吏《こせきり》に届出たる以上は之を取消《とりけ》すこと能《あた》はざるものとす蓋し私生子の認知は親子《しんし》の分限《ぶんげん》に關する重大の事項《じかう》なるが故に一たひ之を認知したる以上は隨意《ずゐゐ》に廢《はい》滅《めつ》せしむべきものにあらず然らされば父母の愛憎《あいぞう》に因りて子の分限に變動《へんどう》を來たすか如き奇異《きい》の結《けつ》果《くわ》と生するに至るべし

第八百三十四條　子其他ノ利害關係人ハ認知ニ對シテ反對ノ事實ヲ主張スルコ

トヲ得

問　子は認知に對して反對《はんたい》の事實《じじつ》を主張《しゆちやう》することを得るや

答　子其他の利害關係人《りがいくわんけいにん》は認知に對《たい》して反對《はんたい》の事實を主張《しゆちやう》することを得るものとす故に例へは甲男か乙を自己《じこ》の子なりと認知するも私生子乙は甲の子にあらずして丙の子なりと信ずる時は其事實を主張することを得べく又乙の母も甲の子にあらずと認《みと》むる時は反對《はんたい》の證據《しやうこ》を擧《あ》けて甲の認知を退《しりぞ》くることを得べし

第八百三十五條　子、其直系卑屬又ハ此等ノ者ノ法定代理人ハ父又ハ母ニ對シテ認知ヲ求ムルコトヲ得

問　子は其認知を父母に求むることを得るや

答　子及ひ子の直系卑屬《ちよくけいひぞく》又は此等の者の法定代理人《はふていだいりにん》は父又は母に對《たい》して認知を求《もと》むることを得べし

第八百三十六條　庶子ハ其父母ノ婚姻ニ因リテ嫡出子タル身分ヲ取得ス

婚姻中父母カ認知シタル私生子ハ其認知ノ時ヨリ嫡出子タル身分ヲ取得ス

前二項ノ規定ハ子カ既ニ死亡シタル場合ニ之ヲ準用ス

問　庶子《しよし》は嫡出子《てきしゆつし》たる身分を取得《しゆとく》することを得るや

答　庶子は其父母の婚姻《こんいん》に因りて嫡出子たる身分《みぶん》を取得するものとす蓋《けだ》し嫡出子と庶子及ひ私生子との差違《さゐ》は其父母たる男女の間に正當《せいたう》の婚姻ありたると否《いな》とに在るの故に嫡出子にあらさる庶子《しよし》と雖

も之を認知したる以後《いご》に於て其父母たる男女の間に婚姻《こんいん》ありたるときは其出生と婚姻との順序《じゆんじよ》の顛《てん》倒《とう》せるのみなると以て婚姻と同時《どうじ》に嫡出子たる身分《みぶん》と與《あた》ふるも不可《ふか》なる所なきが故なり

問　私生子は嫡出子たる身分を取得《しゆとく》することと得るや

答　婚姻中父母が認知《にんち》したる私生子は其認知の時《とき》より嫡出子たる身分《みぶん》を取得《しゆとく》するものとす故に例へば夫婦にあらさる甲男乙女の間に丙出産《しゆつさん》し甲乙共に自已《じこ》の子なることを認知したる時は丙は庶子《しよし》の身分を取得《しゆとく》したるものにして其以後《いご》に父母たる甲乙の間に婚姻《こんいん》ありたる時は丙は其父母の婚姻と同時に更《さ》らに嫡出子たる身分を取得《しゆとく》するに至るべく又丙を認知せさる前即ち庶子《しよし》の身分と與《あた》へさる前に父母が正當《せいたう》の婚姻を爲し然る後之と認知したる時は丙は其認知の時より嫡出子たる身分を取得すべし而して本條第三項によれば第一項及び第二項の規定《きてい》は子か既に死亡《しぼう》したる塲合に之と準用《じゆんよう》するものとす蓋《けだ》し既に死亡したる時と雖も嫡出子《てきしゆつし》たる身分《みぶん》を得たるものとすれば其効力《かうりよく》は子の生《う》みたる子と利するが故なり

第二節　養子

○本節は養子《やうし》に關する規則《きそく》を定めたるものにして分て四款となる第一款に於《おい》ては縁組《えんぐみ》の要件《えうけん》を定め第二款に於ては縁組の無效《むかう》及び取消《とりけし》に關する規則《きそく》と定め第三款に於ては縁組の效力《かうりよく》と定め第四款に於ては離縁《りえん》のことを定《さだ》めたり

第一款　縁組ノ要件

○本款凡《すべ》て十四條養子緣組となすに必要《ひつえう》なる條件《でうけん》を規定《きてい》したるものなり

第八百三十七條　成年ニ達シタル者ハ養子ヲ爲スコトヲ得

問　未成年者《みせいねんしや》と雖も養子と爲すことを得るか

答　成年即ち滿二十年に達《たつ》したる者にあらざれば養子《やうし》と爲すことを得ざるものとす蓋《けだ》し養子の事たる人生《じんせい》の一大事にして他人を收養《しうやう》して自己《じこ》の嫡出子と倣《な》し以て之に關《くわん》する百般《はん》の權利義務を創設《さうせつ》するものなれば知識經驗《ちしきけいけん》に富《と》まざる未成年者《みせいねんしや》の能く得て辨《べん》する所にあらざればなり但成年に達《たつ》したる以上は婦女子と雖も養子と爲すことを得べく又戸主《こしゆ》にあらざる者も養子と爲すことを得べし又條文養子とは其男女と問《と》はざるものとす故に世俗《せぞく》の所謂《いはゆる》養女も養子の語中《ごちう》に包含《はうがん》するものなり

第八百三十八條　尊屬又ハ年長者ハ之ヲ養子ト爲スコトヲ得ス

問　尊屬《そんぞく》又は年長者《ねんちやうしや》を養子と爲すことを得るの

答　直系《ちよくけい》なると否《いな》とを問はず自己《じこ》の尊屬親又は自己より年長《ねんちやう》なる者を養子と爲すことを得ざるものとす蓋《けだ》し尊屬又は年長者を養子と爲し親と喚《よ》ばれ子と稱《しやう》すること倫序《りんじよ》に背《そむ》くの甚しきものなればなり而して條文尊屬《そんぞく》とあるが故に自己より年少《ねんしやう》なる者と雖も尊屬なるとき例《たと》へば叔父《をぢ》の如きは之を養子となすことを得ず

第八百三十九條　法定ノ推定家督相續人タル男子アル者ハ男子ヲ養子ト爲スコトヲ得ス但女婿ト爲ス爲メニスル場合ハ此限ニ在ラス

問　家督相續人《かとくさうぞくにん》たるべき男子ある場合に於ても養子をなすことと得るや

答　養子《やうし》制度《せいど》の基礎《きそ》は家督相續《かとくさうぞく》と爲す可き男子を得せしむるに在るか故に既《すで》に法定の推定家督相續人たる男子ある者は男子を養子と爲すことと能はさるものとす然れとも女子なる時は相續人たる男子あるも養女と爲すことと得へく又法定の推定家督相續人が女子なるときは男子と養子と爲すことを得へく又法定の推定家督相續人たる男子あるも第九百七十五條列記《れつき》したる事由《じゆう》あるが爲めに廢除《はいちよう》せられ他に男子なきときは男子と養子と爲すことと得べく又《また》相續人たる男子あるも女壻《じよせい》と爲すが爲め卽ち其家女《かじよ》に配《はい》せしめんが爲めなるときは男子と養子となすことと得べし

第八百四十條　後見人ハ被後見人ヲ養子ト爲スコトヲ得ス其任務カ終了シタル後未タ管理ノ計算ヲ終ハラサル間亦同シ

前項ノ規定ハ第八百四十八條ノ場合ニハ之ヲ適用セス

問　後見人《こうけん》は被《ひ》後見人と養子と爲すことを得るの

答　後見人は縱《たと》ひ任務《にんむ》終了《しうれう》するも未た管理《くわんり》の計算《けいさん》と終《おは》らさる間は第八百四十八條の規定《きてい》により遺言《ゐげん》と以てする場合の外被後見人卽ち自已《じこ》が後見を爲す未成年者、禁治産者と養子と爲すこと能はさるものとす蓋《けだ》し然らすして管理《くわんり》の計算前《けいさんぜん》と雖も養子と爲すことを得べしとせば後見關係《くわんけい》は一變《へん》して親子の關係《くわんけい》となるが故に勢と親權《しんけん》に籍《か》りて後見管理の計算《けいさん》と曖昧《あいまい》に付し去るの恐《おそ》れなきと保せされはなり

第八百四十一條　配偶者アル者ハ其配偶者ト共ニスルニ非サレハ縁組ヲ為スコトヲ得ス

夫婦ノ一方カ他ノ一方ノ子ヲ養子ト為スニハ他ノ一方ノ同意ヲ得ルヲ以テ足ル

問　配偶者《はいぐうしや》ある者は自己《じこ》一人縁組《ゑんぐみ》を為すことを得ざるや

答　配偶者ある者は其配偶者と共《とも》にするに非されは他人を養子《やうし》と為すことを得す又他人の養子となることを得さるものとす然れとも夫婦の一方が他の一方の子を養子と為す場合例へば他家に在る夫の庶子《しよし》を養子となし又は實家《じつか》に在る婦の私生子を養子と為すときの如きは他の一方の同意を得るのみを以て足《た》るものとす

第八百四十二條　前條第一項ノ場合ニ於テ夫婦ノ一方カ其意思ヲ表示スルコト能ハサルトキハ他ノ一方ハ雙方ノ名義ヲ以テ縁組ヲ為スコトヲ得

問　前條第一項の場合に於て夫婦《ふうふ》の一方か其意思《そのいし》を表示《ひやうし》することを能はさるときは縁組《ゑんぐみ》を為すことを得さるや

答　配偶者《はいぐうしや》ある者は其配偶者と共《とも》にするに非されは即ち双方一致《さうはういつち》して承諾《しようだく》するにあらされは縁組を為すこと能はさるも若《も》し其一方が疾病《しつぺい》其他の原由により可否《かひ》の意思《いし》を表示することを能はさるときは他の一方は双方《さうはう》の名義《めいぎ》を以て養子となり又は養子を為すことを得るものとす

第八百四十三條　養子ト為ルヘキ者カ十五年未滿ナルトキハ其家ニ在ル父母之

ニ代ハリテ縁組ノ承諾ヲ爲スコトヲ得
繼父母又ハ嫡母カ前項ノ承諾ヲ爲スニハ親族會ノ同意ヲ得ルコトヲ要ス

問　養子と爲るへき者が十五年未滿《みまん》なるときは如何にすへきや

答　成年《せい》に達《たつ》したる者にあらざれば養子を爲すことを得ざるも養子と爲るには敢て二十年以上の男女たることを要《えう》せず故に十歳の幼者《ようしや》と雖も他家に入りて其養子《やうし》となることを得べし然れども養子と爲るべき者が十五年未滿《みまん》なるときは其家に在る父母之に代《か》はりて縁組《えんぐみ》の承諾を爲すことを得べく若し其父母が繼父《けいふ》母なるとき又は嫡母《てきぼ》のみなるときは親屬會《しんぞくくわい》の同意《どうい》を得て其承諾《しやうだく》をなすべきものとそ

第八百四十四條　成年ノ子カ養子ヲ爲シ又ハ滿十五年以上ノ子カ養子ト爲ルニハ其家ニ在ル父母ノ同意ヲ得ルコトヲ要ス

問　養子《やうし》と爲し又は十五年以上の子の養子となるには父母の同意を要せざるや

答　成年《せいねん》の子が養子と爲し又は滿《まん》十五年以上の子の養子と爲るには其家に在る父母の同意を得べきものとす

第八百四十五條　縁組又ハ婚姻ニ因リテ他家ニ入リタル者カ更ニ養子トシテ他家ニ入ラント欲スルトキハ實家ニ在ル父母ノ同意ヲ得ルコトヲ要ス但妻カ夫ニ隨ヒテ他家ニ入ルハ此限ニ在ラス

問　縁組又は婚姻《こんいん》に因りて他家に入りたる者が更《さら》に養子として他家《たけ》に入らんとするときは實家《じつか》に在る

父母の同意《どうい》を得ることを要《よう》するや

答　縁組又は婚姻に因《よ》りて他家に入りたる者か更《さら》に養子として他家に入らんと欲《ほつ》するとき例《たと》へは甲家の女が乙家の養女《やうじよ》となりたる後ち更に養子として丙家に入らんとするとき又は甲家の男が第八百三十七條但書の規定《きてい》により乙家の女婿《じよせい》と爲らんが爲めに養子《やうし》となりたる後ち更《さら》に丙家の養子とならんとするときは乙家に在る養父母の同意《どうい》を得べきは勿論《もちろん》實家《じつか》即ち甲家に在る父母の同意《どうい》をも得べきものとす但妻か夫に隨《したが》ひて他家に入るとき例《たと》へは甲家の女が乙家の男に嫁《か》したる後ち其夫が丙家の養子となるが爲に之に隨《したが》ひ夫婦養子《ふうふやうし》として共に丙家に入らんとする場合《ばあひ》には實家の父母の同意《どうい》を要《よう》せざるものとす

第八百四十六條　第七百七十二條第二項及ヒ第三項ノ規定ハ前三條ノ場合ニ之ヲ準用ス

第七百七十三條ノ規定ハ前二項ノ場合ニ之ヲ準用ス

○第七百七十二條第二項及ひ第三項の規定《きてい》は前三條の場合に準用《じゆんよう》し第七百七十三條の規定は前二條の場合に準用《じゆんよう》せるものとす

第七百七十二條第二項第三項及ひ第七百七十三條の規定は左の如し

第七百七十二條第二項　父母の一方か知《し》れさるとき、死亡《しばう》したるとき、家を去りたるとき又は其意《い》思《し》を表示《ひやうし》すること能はさるときは他の一方の同意《どうい》のみを以て足る

同條第三項　父母共《とも》に知れさるとき、死亡したるとき、家を去りたるとき又は其意思を表示すること能はさるときは未成年者《みせいねんしや》は其後見人《こうけんにん》及ひ親族會《しんぞくくわい》の同意《どうい》を得ることを要す

第七百七十三條　繼父母《けいふぼ》又は嫡母《てきぼ》が子の婚姻に同意《どうい》せさるときは子は親族會の同意を得て婚姻を爲すことを得

故に例《たと》へは滿十七年の子の養子《やうし》とならんとする時は第八百四十四條の規定《きてい》に從ひ其家に在る父母の同意《どうい》を求《もと》むべく若し父母の一方の知れさるとき其他第七百七十二條第二項に記載《きさい》したる事由《じゆう》あるときは他の一方の同意を求《もと》むべく若し其一方が嫡母《てきぼ》若くは繼母《けい》にして而して同意を與《あた》へざるときは親族會の同意を得て又父母共に知れさるとき其他該條第三項の事由あるときは其後見人及ひ親族會の同意《どうい》を得て養子となることを得べし

第八百四十七條　第七百七十四條及ヒ第七百七十五條ノ規定ハ緣組ニ之ヲ準用ス

○第七百七十四條及ひ第七百七十五條の規定《きてい》は緣組《えんぐみ》に準用《じゆんよう》するものとす故に禁治産者《きんぢさんしや》が緣組を爲すには其父母等の同意《どうい》を得る外後見人の同意を得ることを要《よう》せす又緣組は之を戸籍吏《こせき》に届出つるに因りて其效力《かうりよく》を生すへく而して其届出は當事者《たうじしやさう》双方及ひ成年の証人二人以上より口頭《こうとう》にて又は署名《しよめい》したる書面を以て之を爲すべきものとす

第八百四十八條　養子ヲ爲サント欲スル者ハ遺言ヲ以テ其意思ヲ表示スルコトヲ得此場合ニ於テハ遺言執行者養子ト爲ルヘキ者又ハ第八百四十三條ノ規定ニ

依リ之ニ代リテ承諾ヲ為シタル者及ヒ成年ノ證人二人以上ヨリ遺言カ効力ヲ生シタル後遅滞ナク縁組ノ届出ヲ為スコトヲ要ス

前項ノ届出ハ養親ノ死亡ノ時ニ遡リテ其効力ヲ生ス

問　某の遺言《ゐごん》によりて養子となりたる者は如何《いか》なる手續《てつゞき》を為すへきや

答　養子と為さんと欲する者は遺言《ゐげん》を以て其意思《いし》を表示《へうじ》することを得へく此場合に於ては遺言執行者《ゐげんしつかうしや》養子と為るへき者又は第八百四十三條の規定《きてい》に依り之に代《か》はりて承諾《しやうだく》を為したる者は成年《せいねん》の証人二人以上と設けて遺言か効力《かうりよく》を生したる後遅滞《ちたい》なく縁組《えんぐみ》の届出を為すへく然るときは其届出は養親の死亡の時に遡《さかのぼ》りて其效力《かうりよく》を生するものとす

第八百四十九條　戸籍吏ハ縁組カ第七百四十一條第一項第七百四十四條第一項第七百五十條第一項及ヒ前十二條ノ規定其他ノ法令ニ違反セサルコトヲ認メタル後ニ非サレハ其届出ヲ受理スルコトヲ得ス

第七百七十六條但書ノ規定ハ前項ノ場合ニ之ヲ準用ス

問　戸籍吏《こせきり》が縁組届出《えんぐみとゞけいで》の受理《じゆり》を拒《こば》むことを得る場合《ばあひ》如何

答　戸籍吏は縁組が第七百四十一條第一項、第七百四十四條第一項、第七百五十條第一項及び前十二條の規定《きてい》其他の法令《はふれい》に違反《ゐはん》せさることを認《みと》めたる後に非されは其届出を受理《じゆり》することを得さるものとす但縁組《えんぐみ》が第七百四十一條第一項又は第七百五十條第一項の規定《きてい》に違反《ゐはん》する場合に於て戸籍吏が法

意《い》を爲したるに拘《かゝ》はらす當事者か其届出を爲さんと欲《ほつ》するときは之を拒《こば》むことを得ざるものとす

第七百四十一條第一項、第七百四十四條第一項、第七百七十條第一項の規定は左の如し

第七百四十一條第一項　婚姻《こんいん》又は養子縁組《えんぐみ》に因りて他家《たけ》に入りたる者が更《さら》に婚姻又は養子縁組に因りて他家《たけ》に入らんと欲《ほつ》するときは婚家《こんか》若くは養家及び實家《じつか》の戸主の同意を得ることを要す

第七百四十四條第一項　法定の推定家督相續人《すいていかとくさうぞく》は他家に入り又は一家を創立《さうりつ》することを得す但本家相續の必要《ひつやう》あるときは此限に在らす

第七百五十條第一項　家族《かぞく》か婚姻又は養子縁組を爲すには戸主《こしゆ》の同意《どうい》を得ることを要《えう》す

第八百五十條　外國ニ在ル日本人間ニ於テ縁組ヲ爲サント欲スルトキハ其國ニ駐在スル日本ノ公使又ハ領事ニ其届出ヲ爲スコトヲ得此場合ニ於テハ第七百七十五條及ヒ前二項ノ規定ヲ準用ス

問　外國に在る日本人間に於て縁組《えんぐみ》を爲さんと欲《ほつ》するときは其届出は如何《いか》にすべきや

答　外國に在る日本人間に於て縁組を爲さんと欲《ほつ》するときは其國に駐在《ちうざい》する日本の公使《こうし》又は領事《りやうじ》に其届出を爲すことを得べく此場合に於《おい》ては第七百七十五條及び前二條の規定《きてい》を準用《じゆんよう》するものとす

第二款　縁組ノ無効及ヒ取消

○本款凡《すべ》て九條縁組の無效《むかう》及び取消《とりけし》に關する規則《きそく》を定めたるものなり

第八百五十一條　縁組ハ左ノ場合ニ限リ無効トス

一　人違其他ノ事由ニ因リ當事者間ニ縁組ヲ爲ス意思ナキトキ
二　當事者カ縁組ノ届出ヲ爲サヽルトキ但其届出カ第七百七十五條第二項及ヒ第八百四十八條第一項ニ掲ケタル條件ヲ缺クニ止マルトキハ縁組ハ之カ爲メニ其効力ヲ妨ケラルヽコトナシ

問　縁組《えんぐみ》の無効《むかう》なる塲合《ばあひ》如何

答　縁組は左の塲合に限《かぎ》り無効《むかう》なるものとす

一　人違《ひとちがひ》其他の事由に因り當事《たうじ》者間《しやかん》に縁組を爲す意思《いし》なきとき

故に例《たと》へば甲か乙を丙なりと信《しん》じて縁組を爲したるに其實《じつ》丙にあらずして乙なるときの如きは無効《むかう》なり何となれば甲は乙と縁組《ゑんぐみ》と爲すの意思《いし》を有せざればなり又心神喪失《しんしんさうしつ》の常況《じやうけふ》に在る者が其本心に復《ふく》したる際《さい》にあらずして喪心中に爲《な》したる縁組又は養子と爲るべき者が十五年未滿《みまん》なる塲合に於て其家に在る父母に强暴《きやうばう》と加へ强《しひ》て其儀式《ぎしき》と行はしめ代人をして届出と爲さしめたるときの如き亦然り

二　當事者が縁組の届出を爲さゞるとき

故に普通《ふつう》の慣習《くわんしふ》に從ひ縁組の儀式《ぎしき》を行ふも之と戸籍《こせき》吏に届出ざるときは其縁組は無効《むかう》なり但其届出が第七百七十五條第二項及ひ第八百四十六條第一項に掲《か》けたる條件《でうけん》を缺《か》くに止まるとき例《たと》へは當事者の一方よりのみ届出たるとき證人《しやうにん》が未成年《みせいねん》者なるとき又は成年者なるも二人にあらずして一人な

るときの如きは縁組《ゑんみ》は之が爲めに其效力を妨《さまたげ》らるゝことなきものとす

條文左の場合に限《かぎ》りとあるが故に以上二箇の場合の外は縁組の無效《むかう》たることなきものとす

第八百五十二條　縁組ハ後七條ノ規定ニ依ルニ非サレハ之ヲ取消スコトヲ得ス

問　縁組は之を取消《とりけ》そことを得るの

答　縁組は次條以下七个條の規定《きてい》により取消《とりけ》すことを得るも其他の場合《ばあひ》に於ては之を取消すことを得さるものとす

第八百五十三條　第八百三十七條ノ規定ニ違反シタル縁組ハ養親又ハ其法定代理人ヨリ其取消ヲ裁判所ニ請求スルコトヲ得但養親カ成年ニ達シタル後六个月ヲ經過シ又ハ追認ヲ爲シタルトキハ此限ニ在ラス

問　第八百三十七條の規定に違反《ゐはん》したる縁組は之を取消《とりけ》すことを得るの

答　第八百三十七條の規定に違反《ゐはん》し未成年者《みせいねんしや》が養子と爲したるときは養親《やうしん》又は其法定代理人より其取消を裁判所に請求《せいきう》することを得るものとす但養親が成年に達《たつ》したる後六个月を經過《けいくわ》したるとき又は成年に達《だつ》したる後之を追認《ついにん》したる時は其以後に至りて取消をなすことを得す

第八百五十四條　第八百三十八條又ハ第八百三十九條ノ規定ニ違反シタル縁組ハ各當事者、其戸主又ハ親族ヨリ其取消ヲ裁判所ニ請求スルコトヲ得

問　第八百三十八條又《また》は第八百三十九條の規定に違反《ゐはん》したる縁組は之を取消そことを得るや

答　第八百三十八條又は第八百三十八條の規定《きてい》に違反《ゐはん》したる縁組即ち自己《じこ》の尊屬《そんぞく》又は自己よりも年長者と養子となしたるとき又は法定の推定《すいてい》家督《かとく》相續《さうぞく》人たる男子あるにも拘《かゝ》はらず又女婿《じよせい》と爲す爲めにもあらずして男子と養子と爲したるときは各當事者即ち養子、養親、其戶主又は親族より其取消を裁判所に請求《せいきう》することを得るものとす

第八百五十五條　第八百四十條ノ規定ニ違反シタル縁組ハ養子又ハ其實方ノ親族ヨリ其取消ヲ裁判所ニ請求スルコトヲ得但管理ノ計算カ終ハリタル後養子カ追認ヲ爲シ又ハ六个月ヲ經過シタルトキハ此限ニ在ラス

追認ハ養子カ成年ニ達シ又ハ能力ヲ回復シタル後之ヲ爲スニ非サレハ其効ナシ

養子カ成年ニ達セス又ハ能力ヲ回復セサル間ニ管理ノ計算カ終ハリタル場合ニ於テハ第一項但書ノ期間ハ養子カ成年ニ達シ又ハ能力ヲ回復シタル時ヨリ之ヲ起算ス

問　第八百四十條の規定に違反したる縁組は之を取消すことを得るや

答　第八百四十條の規定に違反して後見人《こうけんにん》が其管理の計算《けいさん》を終《をは》らさる間に被後見人と養子《やうし》と爲したるときは其養子又は其實方の親族《しんぞく》より其取消を裁判所に請求《せいきう》することを得るものとす但後見人たりし養親が管理《くわんり》の計算《けいさん》を爲し終《を》はりたる後養子が追認《ついにん》を爲し又は六ヶ月を經過《けいくわ》したるときは其以後に至りて之を取消すことを得ず

問　右の追認は何時《なんどき》にても之を爲すことを得るや

答　六ヶ月内なる時は何時にても有效《いうかう》に追認を爲すことを得るも然《しか》れども養子の未成年者《みせいねんしや》なるが爲めに養親が後見人《こうけんにん》たりし場合なるときは養子が成年に達《たつ》したる後又養子が禁治産者なるが爲めに養親が後見人たりし場合なるときは養子が其宣告《このせんこく》を取消《とりけ》されて能力《のうりよく》を回復《くわいふく》したる後に非《あら》されは追認《つゐにん》を爲すも其效《そのかう》なきものとす

問　養子が未た成年に達《たつ》せす又は能力を回復せさる間に管理《くわんり》の計算《けいさん》が終《お》はりたるときは第一項但書の期間は何《いつ》れの日より起算《きさん》すへきや

答　此場合に於《おい》ては六ヶ月の期間《きかん》は養子が成年《せいねん》に達《たつ》したるとき又は能力《のうりよく》を回復したる時より之を起算すへきものとす

第八百五十六條　第八百四十一條ノ規定ニ違反シタル縁組ハ同意ヲ爲サヽリシ配偶者ヨリ其取消ヲ裁判所ニ請求スルコトヲ得但其配偶者カ縁組アリタルコトヲ知リタル後六ヶ月ヲ經過シタルトキハ追認ヲ爲シタルモノト看做ス

問　第八百四十一條の規定に違反したる縁組は之を取消すことを得るや

答　第八百四十一條の規定に違反《ゐはん》したる縁組即ち配偶者《はいぐうしや》ある場合に於て其配偶者の一致承諾《いつちしようだく》を得ずして養子となり又は養子となしたるときは同意《どうい》を爲さゞりし配偶者より其取消《とりけし》を裁判所に請求《せいきう》することを得るものとす但其配偶者が縁組《えんぐみ》ありたることを知《し》りたる後六ヶ月を經過《けいくわ》したるときは追認《ついにん》を爲

したるものと看做《みな》し反對《はんたい》の証據と許さゞるものとす

第八百五十七條　第八百四十四條乃至第八百四十六條ノ規定ニ違反シタル緣組ハ同意ヲ爲ス權利ヲ有セシ者ヨリ其取消ヲ裁判所ニ請求スルコトヲ得同意カ詐欺又ハ强迫ニ因リタルトキ亦同シ

第七百八十四條ノ規定ハ前項ノ場合ニ之ヲ準用ス

問　第八百四十四條乃至《ないし》第八百四十六條の規定《きてい》に違反したる緣組は之を取消すことを得るや

答　第八百四十四條乃至第八百四十六條の規定に違反《ゐはん》したる緣組即ち左に揭《かゝ》くる緣組《ゑんぐみ》は之を取消《とりけ》すことを得べし

一　成年の子の養子を爲し又は滿十五年以上の子の養子となる場合に於て其家に在る父母又は其一方又は後見人、親族會《しんぞくくわい》の同意《どうい》を得さるとき

二　緣組又は婚姻《こんいん》に因りて他家《たけ》に入りたる者の更《さら》に養子として他家に入らんとする場合に於て實《じつ》家《か》に在る父母又は其一方又は後見人、親族會の同意《どうい》を得さるとき

三　右二个の場合《ばあひ》に於て同意を得たるも其同意の詐欺《さぎ》又は强迫《きやうはく》に因りたるとき

右の場合に於ては同意《どうい》を爲す權利《けんり》を有せし者より其緣組《ゑんぐみ》の取消を裁判所に請求《せいきう》することを得るものとす

然れとも其取消權は左の場合に於《おい》て消滅《せうめつ》するものとす

一 同意を爲す權利《けんり》を有せし者の緣組ありたることを知《し》りたる後又は詐欺《さぎ》を發見《はつけん》し若《もし》くは强迫《きやうはく》を免《まぬか》れたる後六个月を經過《けいくわ》したるとき

二 同意を爲さゞ權利《けんり》を有せし者の追認を爲したるとき

三 緣組届出の日より二年を經過《けいくわ》したるとき

第八百五十八條 婿養子緣組ノ場合ニ於テハ各當事者ハ婚姻ノ無効又ハ取消ヲ理由トシテ緣組ノ取消ヲ裁判所ニ請求スルコトヲ得但婚姻ノ無効又ハ取消ノ請求ニ附帶シテ緣組ノ取消ヲ請求スルコトヲ妨ケス

前項ノ取消權ハ當事者カ婚姻ノ無効ナルコト又ハ其取消アリタルコトヲ知リタル後六个月ヲ經過シ又ハ其取消權ヲ拋棄シタルトキハ消滅ス

問 婿養子《むこやうし》緣組《えんぐみ》の場合に於て婚姻の無效《むかう》又は取消の原由《げんゆう》あるときは緣組の取消を請求することを得るや

答 婿養子緣組の場合に於ては各當事者《かくたうじしや》は緣組の無效《むかう》又は取消を理由《りゆう》として婚姻の取消を裁判所に請求することを得ると同しく婚姻の無效又は取消を理由として緣組の取消を裁判所に請求することを得へく又婚姻の無效又は取消《とりけし》の請求に附帶《ふたい》して緣組の取消を請求《せいきう》することを得るものとす蓋《けだ》し婿養子緣組は養子緣組と婚姻との二要素《えうそ》合《がつ》して成るものなるが故《ゆゑ》に其一無效となり若《もし》くは取消されたるときは他の一年の取消をも請求することを得るものとなさゞるへからされはなり

然れとも其取消權は當事者《たうじしや》の婚姻の無效《むかう》なること又は其取消《とりけし》ありたることを知りたる後六个月を經《けい》過《くわ》したるとき又は六个月を經過せさるも其取消權《とりけしけん》を拋棄《はうき》したるときは消滅《せうめつ》するものとす

第八百五十九條　第七百八十五條及ヒ第七百八十七條ノ規定ハ縁組ニ之ヲ準用ス但第七百八十五條第二項ノ期間ハ之ヲ六个月トス

○第七百八十五條及ひ第七百八十七條の規定は縁組《えんぐみ》に之を準用《じゆんよう》するものとす故に其結果《けつくわ》は左の如し

一　詐欺《さぎ》又は強迫《きやうはく》に因りて縁組《えんぐみ》を爲したる者は其縁組の取消《とりけし》を裁判所に請求《せいきう》することを得べし然れとも其取消權は當事者《たうじしや》が詐欺を發見《はつけん》し若くは強迫を免《まぬが》れたる後六个月を經過《けいくわ》し又は追認を爲すに因《よ》りて消滅《せうめつ》す

二　縁組の取消は其效力を既往《きわう》に及ほさす

縁組の當時《たうじ》其取消の原因《げんいん》の存《そん》することを知らさりし當事者《たうじしや》の縁組に因《よ》りて財產《ざいさん》を得たるときは現《げん》に利《り》益《えき》を受くる限度《げんど》に於て其返還《へんくわん》を爲すへく縁組の當時其取消の原因の存することを知りたる當事者《たうじしや》は縁組に因りて得たる利益の全部《ぜんぶ》を返還《へんくわん》すへく尚ほ相手方が善意《ぜんい》なりしときは之に對《たい》して損害賠償《そんがいばいしやう》の責《せめ》に任《にん》すへきものとす

第三款　縁組ノ効力

○本款凡《すべ》て二條縁組の效力《かうりよく》を定《さだ》めたるものなり

第八百六十條　養子ハ縁組ノ日ヨリ養親ノ嫡出子タル身分ヲ取得ス

問　養子が嫡出子《てきしゆつし》たる身分と取得《しゆとく》する時如何

答　養子は縁組の日即ち戸《こ》籍吏《せきり》に其縁組を届出たる日より養親の嫡出子たる身分と取得するものとす

第八百六十一條　養子ハ縁組ニ因リテ養親ノ家ニ入ル

問　養子は何人《なんひと》の家に入るへきや

答　養子は縁組《えんぐみ》に因りて養親い家に入り其家族《かぞく》となるものとす

第四款　離縁

〇本條凡て十五條協議《けふぎじやう》上及ひ裁判上の離縁に關《くわん》する規則と定めたるものなり

第八百六十二條　縁組ノ當事者ハ其協議ヲ以テ離縁ヲ爲スコトヲ得

養子カ十五年未滿ナルトキハ其離縁ハ養親ト養子ニ代ハリテ縁組ノ承諾ヲ爲ス權利ヲ有スル者トノ協議ヲ以テ之ヲ爲ス

養親カ死亡シタル後養子カ離縁ヲ爲サント欲スルトキハ戸主ノ同意ヲ得テ之ヲ爲スコトヲ得

問　養親又は養子は隨意《ずいい》に離縁《りえん》を爲すことと得るか

答　縁組の當事者は其協議《けふぎ》を以て離縁《りさん》を爲そことを得るものとす故に裁判《さいばん》上の離縁即ち第八百六十六條に列記《れつき》したる原因《げんゆう》ある場合の外は養親《やらしん》又は養子一方の意思《いし》と以て自由に離縁を爲すことを得す但當事者協議の上なるときは其原因《そのげんいん》の不和《ふわ》にあると將た虐待《ぎやくたい》又は重大《ぢうだい》なる侮辱《ぶじよく》と受《う》けたるに在るとを

問はざるものとす

問　養子か十五年未満《みまん》なるときは如何にすべきや

答　養子が十五年未満《まん》なるときは其離縁は養親《やうしん》と養子に代《か》はりて縁組の承諾《しやうだく》と爲す權利《けんり》を有する者即ち父母又は其一方又は後見人）親族會との協議を以て之と爲すべきものとす

問　養親が死亡《しばう》したるときは如何《いか》にすべきや

答　養親が死亡したる後養子の離縁《りえん》と爲さんと欲するとき戸主《こしゆ》の同意《どうい》を得て之を爲すことを得るものとす然れども其養子が戸主《こしゆ》たるときは隱居《いんきよ》を爲したる後にあらざれば離縁《りえん》を爲すこと能《あた》はざるは當然なり

第八百六十三條　滿二十五年ニ達セサル者カ協議上ノ離縁ヲ爲スニハ第八百四十四條ノ規定ニ依リ其縁組ニ付キ同意ヲ爲ス權利ヲ有スル者ノ同意ヲ得ルコトヲ要ス

第七百七十二條第二項、第三項及ヒ第七百七十三條ノ規定ハ前項ノ場合ニ之ヲ準用ス

問　滿十五年以上の者は隨意《ずいい》に協議《きやうぎ》上の離縁《りえん》と爲すことを得るや

答　滿二十五年に達《たつ》せざる者が協議上《けふぎじやう》の離縁と爲すには第八百四十四條の規定《きてい》に依り其縁組に付き同意と爲す權利《けんり》を有する者即ち其家に在る父母の同意《どうい》を得べく若し父母の一方其家に在らざるとき死

亡したるとき等の場合《ばあひ》に於《おい》ては於ては第七百七十二條第二項、第三項及び第七百七十三條の規定《きてい》により父母の一方又は後見人親族會《しんぞくくわい》等の同意を得べきものとす蓋《けだ》し一時の感情《かんじやう》の爲めに其終身《しうしん》を誤《あやま》るが如きことなからしめんが爲なり

第八百六十四條　第七百七十四條及ヒ第七百七十五條ノ規定ハ協議上ノ離縁ニ之ヲ準用ス

○第七百七十四條及び第七百七十五條の規定《きてい》は協議上《きやうぎじやう》の離縁に之を準用《じゆんよう》するものとす故に禁治産者《きんぢさんしや》が離縁を爲すには其後見人《こうけんにん》の同意《どうい》を得ることを要《えう》せす又離縁は之を戸籍吏《こせきり》に届出つるに因りて其效力《かうりよく》を生《しやう》せしむべく之を届出つるには當事者《たうじしや》双方及び成年《せいねん》の証人二人以上より口頭《こうとう》にて又は署名《しよめい》したる書面を以て爲すべきものとす

第八百六十五條　戸籍吏ハ離縁カ第七百七十五條第二項第八百六十二條及ヒ第八百六十三條ノ規定其他ノ法令ニ違反セサルコトヲ認メタル後ニ非サレハ其届出ヲ受理スルコトヲ得ス

戸籍吏カ前項ノ規定ニ違反シテ届出ヲ受理シタルトキト雖モ離縁ハ之カ爲メニ其効力ヲ妨ケラルルコトナシ

問　戸籍吏《こせきり》が離縁の届出を受理《じゆり》するに必要《ひつえう》なる條件如何《でうけんいかん》

答　戸籍吏は離縁の第七百七十五條第二項第八百六十二條及び第八百六十三條の規定《きてい》其他の法令《はふれい》に違

反せさることを認《みと》めたる後に非《あら》ざれは其届出を受理《じゆり》することを得さるものとす但戸籍吏が前項《ぜんかう》の規定に違反《ゐはん》して届出を受理《じゆり》したるときと雖も離縁は之か為めに其効力《かうりよく》を妨《さまた》けらるゝことなし

第八百六十六條 縁組ノ當事者ノ一方ハ左ノ場合ニ限リ離縁ノ訴ヲ提起スルコトヲ得

一 他ノ一方ヨリ虐待又ハ重大ナル侮辱ヲ受ケタルトキ
二 他ノ一方ヨリ悪意ヲ以テ遺棄セラレタルトキ
三 養親ノ直系尊屬ヨリ虐待又ハ重大ナル侮辱ヲ受ケタルトキ
四 他ノ一方カ重禁錮一年以上ノ刑ニ處セラレタルトキ
五 養子ニ家名ヲ瀆シ又ハ家産ヲ傾クヘキ重大ナル過失アリタルトキ
六 養子カ逃亡シテ三年以上復歸セサルトキ
七 養子ノ生死カ三年以上分明ナラサルトキ
八 他ノ一方カ自己ノ直系尊屬ニ對シテ虐待ヲ為シ又ハ之ニ重大ナル侮辱ヲ加ヘタルトキ
九 婿養子縁組ノ場合ニ於テ離婚アリタルトキ又ハ養子カ家女ト婚姻ヲ為シタル場合ニ於テ離婚若クハ婚姻ノ取消アリタルトキ

問 如何《いか》なる場合《ばあひ》に離縁《りゑん》の訴《うつたへ》を起《おこ》すことを得るや

答 縁組の當事者《たうじしや》の一方は左の場合に限《かぎ》り離縁の訴を提起《ていき》することを得るものとそ

一 他の一方より虐待《ぎやくたい》又は重大なる侮辱《ぶじよく》を受けたるとき

故に養子が養親より虐待即ち極《きは》めて粗暴《そぼう》なる取扱を受け又は言語《げんご》・動作《どうさ》文書等《ぶんしよとう》を以て甚《はなは》しく其名譽《めいよ》を毀損《きそん》せられたるときは離縁の訴を起《おこ》すことを得べく又養親が養子より虐待《ぎやくたい》又は重大《ぢうだい》なる侮辱《ぶじよく》を受けたるときは養親は離縁の訴を起《おこ》すことを得べし但如何なる處置《しよち》が虐待又は重大なる侮辱なるや否《いな》やは裁判官《さいばんくわん》の判定《はんてい》すべき所なり

二 他の一方より惡意《あくゐ》を以て遺棄《いき》せられたるとき

故に養子が養親を遺棄《いき》して顧《かへり》みず又は養親が養子を遺棄して養育《やういく》せさるときの如きは其遺棄せられたる者より離縁の訴を起《おこ》すことを得べし蓋《けだ》し此の如き場合は養子を爲したる目的《もくてき》に背《そむ》くが故に養親子の關係《くわんけい》を保續《ぞく》せしむべきにあらざればなり但條文惡意《あくい》を以てとあるが故に養親が懲《ちやう》戒《かい》を加へんが爲に一時養子を遺棄《いき》したるときの如きは養子より離縁の訴を起すことを得さるは當然《たうぜん》なり

三 養親の直系尊屬《ちよくけいそんぞく》より虐待《ぎやくたい》又は重大なる侮辱《ぶぢよく》を受けたるとき

故に養子が養親《やうしん》の父母より虐待又は重大《ぢうだい》なる侮辱を受けたるときは離縁の訴を起すことを得べし蓋《けだ》し養親より之を受くると異《こと》なる所なきが故なり

四 他の一方の重禁錮《ぢうきんこ》一年以上の刑《けい》に處《しよ》せられたるとき

故に犯罪《はんざい》の種類《しゆるい》を問はす他の一方が重禁錮《ぢうきんこ》一年以上の刑に處せられたるときは他の一方より離《り》縁《ゑん》の訴を起《おこ》すことを得べし

五　養子が家名を瀆《けが》し又は家産《かさん》を傾《かたよ》くへき重大なる過失《かしつ》ありたるとき

概《がい》して養子を爲す目的《もくてき》は家督相續を爲さしめ以て家名を繼續《けいぞく》せしむるに在《あつ》が故に養子が家名を瀆《けが》し又は養家の財産を浪費《らうひ》して徒《いたづ》らに之を蕩盡《たうじん》するが如きことあるときは養親は訴を起《おこ》して離縁を求《もと》むることを得べし

六　養子が逃亡《とうばう》して三年以上復歸《ふくき》せざるとき

故に養子が養親の承諾《しやうだく》を得ずして家出を三年以上養家に歸《かへ》らざるときは其居所《きよしよ》の分明《ぶんめい》なると否《いな》とを問はす養親は離縁の訴を起すことを得べし

七　養子の生死《せいし》の三年以上分明《ぶんめい》ならさるとき

故に原因《げんいん》の如何を問《と》はす養子の生死《せいし》が三年以上分明《ぶんめい》ならざるときは養親は離《り》縁《ゑん》の訴を起《おこ》すことを得べし

八　他の一方の自己《じこ》の直系尊屬《ちよくけいそんぞく》に對《たい》して虐待《ぎやくたい》を爲し又は之に重大《ぢうだい》なる侮辱《ぶじよく》を加へたるとき

故に養子が養親の直系尊屬《ちよくけいそんぞく》に對《たい》して虐待《ぎやくたい》を爲し又は之に重大なる侮辱《ぶじよく》を加へたるときは養親より離縁の訴を起《おこ》すことを得へく又養親が養子の直系尊屬例《たと》へは實家《じつか》に在る父母に對《たい》して右等の處爲《しよゐ》あるときは養子より離縁の訴を起《おこ》すことを得へし

九　壻養子縁組の場合に於て離婚《りこん》ありたるとき又は養子の家女と婚姻を爲したる場合に於て離婚若《もし》くは婚姻の取消《とりけし》ありたるとき

故に壻養子縁組《むこやうしえんぐみ》の場合に於て離婚《りこん》ありたるとき又は養子の家女と婚姻《こんいん》を爲したる場合《ばあひ》に於て離婚若くは婚姻の取消《とりけし》ありたるときは前第八號までに記載《きさい》したる原因《げんいん》なきも當事者《たうじしや》は離縁を請求することを得べし但條文《でうぶん》家女と婚姻を爲したる場合《ばあひ》とあるが故に養子後他家《たけ》の女を娶《めと》りたる場合に於ては離婚《りこん》あるも之を原因《げんいん》として離縁の訴を起《おこ》すことを能《あた》はざるは當然《たうぜん》なり又壻養子縁組と家女と婚姻《こんいん》を爲したる場合との差異《さい》は養子縁組と同時に家女と婚姻したると否との點にあるものとす

本條第一項に左の場合に限《かぎ》り云々とあるが故に以上九箇の場合の外《ほか》は無學《むがく》、病疾《しつぺい》等を口實《こうじつ》として離縁の訴を起すことを得ざるものとす

第八百六十七條　養子カ滿十五年ニ達セサル間ハ其縁組ニ付キ承諾權ヲ有スル者ヨリ離縁ノ訴ヲ提起スルコトヲ得

第八百四十三條第二項ノ規定ハ前項ノ場合ニ之ヲ準用ス

問　養子の滿十五年に達《たつ》せざる時は他の者より離縁の訴を起すことを得るや

答　養子の滿十五年に達《たつ》せざる間は第八百四十三條及び第七百七十二條第二項及び第三項の規定《きてい》により其縁組に付き承諾權《しやうだくけん》を有する者より離縁の訴を提起《ていき》することを得べし然《しか》れとも繼父母《けいふぼ》又は嫡母《てきぼ》か

此訴を起《おこ》すには親族會《しんぞくくわい》の同意《どうい》を得ることを要《よう》するものとす

第八百六十八條　第八百六十六條第一號乃至第六號ノ場合ニ於テ當事者ノ一方他ノ一方又ハ其直系尊屬ノ行爲ヲ宥恕シタルトキハ離緣ノ訴ヲ提起スルコトヲ得ス

問　第八百六十六條第一號乃至《ないし》第六號の場合に於て當事者《たうじしや》の一方が其行爲《かうゐ》を宥恕《いうじよ》したる後に於ても離緣の訴を起《おこ》すことを得るや

答　第八百六十六條の第一號より第六號までの場合に於《おい》て當事者《たうじしや》の一方が他の一方又は其直系尊屬の行爲《かうゐ》を宥恕《いうしよ》したるときは其以後《いご》に至りて離緣の訴を提起《ていき》することを得さるものとす

第八百六十九條　第八百六十六條第四號ノ場合ニ於テ當事者ノ一方カ他ノ一方ノ行爲ニ同意シタルトキハ離緣ノ訴ヲ提起スルコトヲ得ス

第八百六十六條第四號ニ掲ケタル刑ニ處セラレタル者ハ他ノ一方ニ同一ノ事由アルコトヲ理由トシテ離緣ノ訴ヲ提起スルコトヲ得ス

問　第八百六十六條第四號の場合に於て當事者《たうじしや》の一方が他の一方の行爲《かうゐ》に同意《どうい》したるときは離緣《りえん》の訴を起《おこ》すことを得ざるや

答　第八百六十六條第四號の場合即ち他の一方が重禁錮《ぢうきんこ》一年以上の刑《けい》に處《しよ》せられたる場合に於《おい》て當事者の一方が其犯罪行爲《はんざいかうゐ》に同意《どうい》したるとき例《たと》へは養子が詐欺取財《さぎしゆざい》の罪を犯《おか》さんとする場合に於て養親

が之に同意《どうい》したるときは養子は離縁《りえん》の訴を起《おこ》すことを得す又既に重禁錮一年以上の刑に處せられたる者は他の一方の處刑《しよけい》を理由《りゆう》として離縁の訴を起《おこ》すことを得さるものとす

第八百七十條　第八百六十六條第一號乃至第五號及ヒ第八號ノ事由ニ因ル離縁ノ訴ハ之ヲ提起スル權利ヲ有スル者カ離縁ノ原因タル事實ヲ知リタル時ヨリ一年ヲ經過シタル後ハ之ヲ提起スルコトヲ得ス其事實發生ノ時ヨリ十年ヲ經過シタル後亦同シ

○第八百六十六條第一號乃至《ないし》第五號及ヒ第八號の事由《じゆう》に因《よ》る離縁の訴は之を提起《ていき》する權利《けんり》を有する者が離縁の原因《げんいん》たる事實《じじつ》を知りたる時より一年を經過《けいくわ》せるも訴を起《おこ》さゝるときは其以後に之を提起《ていき》することを得す又其原因《げんいん》たる事實發生《じじつはつせい》の時より十年を經過《けいくわ》したるときは其事實を知らざりしことを理由《りゆう》として其以後《そのいご》に訴を起すことを得ざるものとす

第八百七十一條　第八百六十六條第六號ノ事由ニ因ル離縁ノ訴ハ養親カ養子ノ復歸シタルコトヲ知リタル時ヨリ一年ヲ經過シタル後ハ之ヲ提起スルコトヲ得ス其復歸ノ時ヨリ十年ヲ經過シタル後亦同シ

問　第八百六十六條第六號の事由《じゆう》に因る離縁の訴は何時《なんとき》にても之を起すことを得るや

答　第八百六十六條第六號の事由に因《よ》る離縁の訴即ち養子の逃亡《とぼう》して三年以上復歸《ふくき》せさるが爲めに爲す離縁の訴は養親《やうしん》が養子の復歸《ふくき》したることを知りたる時より一年を經過《けいくわ》したる後又は其復歸の時よ

ひ十年を經過《けいくわ》したる後は之を提起《ていき》することを得さるものとす

第八百七十二條　第八百六十六條第七號ノ事由ニ因ル離緣ノ訴ハ養子ノ生死カ分明ト爲リタル後ハ之ヲ提起スルコトヲ得ス

問　第八百六十六條第七號の事由に因る離緣の訴は何時にても之を提起することを得るや

答　第八百六十六條第七號の事由《じゆう》に因る離緣の訴即ち養子の生死《せいし》か三年以上分明《ぶんめい》ならざるが爲に起《おこ》す離緣の訴は其生死分明ならざる間は縱《たと》ひ十年を經過《けいくわ》するも訴を起すことを得べし然れども養家に復《ふく》歸したると否《いな》とを問《と》はず其生死《せいし》が分明《ぶんめい》と爲りたる後は之を提起《ていき》することを得さるものとす

第八百七十三條　第八百六十六條第九號ノ場合ニ於テ離婚又ハ婚姻取消ノ請求アリタルトキハ之ニ附帶シテ離緣ノ請求ヲ爲スコトヲ得

第八百六十六條第九號ノ事由ニ因ル離緣ノ訴ハ當事者カ離婚又ハ婚姻ノ取消アリタルコトヲ知リタル後六个月ヲ經過シ又ハ離緣請求ノ權利ヲ拋棄シタルトキハ之ヲ提起スルコトヲ得ス

問　第八百六十六條第九號の場合《ばあひ》に於て離婚又は婚姻取消《こんいんとりけし》の請求ありたるときは之に附帶《ふたい》して離婚の請求を爲すことを得るや

答　之に附帶《ふたい》して離緣の請求《せいきう》を爲すことを得べし蓋《けだ》し離婚又は婚姻取消ありたるときは之を原因《げんいん》として離緣の訴を起《おこ》すことあるが故に其請求に附帶《ふたい》して便宜上《べんぎじやう》離緣の請求を爲さしむるも事に害《がい》なきが

故なり但離婚又は婚姻取消の訴が其理由《りゆう》なきものとして却下《きやくか》せられたる時は之に附帯《ふたい》して爲したる離縁の請求《せいきう》も却下《きやくか》せらるべきは論を待たず

問　第八百六十六條第九號の事由《じゆう》に因る離縁の訴は何時にても之を爲すことを得るや

答　第八百六十六條第九號の事由に因る離縁の訴は當事者《たうじしや》の離婚又は婚姻の取消《とりけし》ありたることを知りたる後六个月を經過《けいくわ》したるとき又は離縁請求の權利《けんり》を拋棄《はうき》したるときは之を提起《ていき》することを得さるものとす

第八百七十四條　養子カ戸主ト爲リタル後ハ離縁ヲ爲スコトヲ得ス但養子カ隱居ヲ爲シタル後ハ此限ニ在ラス

問　養子の戸主《こしゆ》と爲りたる後も離縁《りえん》と爲すことを得るや

答　養子が戸主と爲りたる後は隱居《いんきよ》を爲したる場合《ばあひ》の外第八百六十三條に列記《れつき》したる原因《げんいん》あるも養子又は養親より離縁を爲すことを能《あた》はさるものとす蓋《けだ》し家督相續《かとくさうぞく》に因《よ》りて戸主となりたる者は其家を廢《はい》することを能はさるのみならす既《すで》に戸主と爲りたる後《のち》に於ても養親より離縁《りえん》せらるゝか如きことありとせば戸主の權利《けんり》と相撞着《あひしようちやく》して法律の家族制度《かぞくせいど》と認め戸主に重大なる權利《けんり》を與《あた》へたる所以の主旨《しゆし》を貫徹《くわんてつ》することを能《あた》はざるに至るべきか故なり

第八百七十五條　養子ハ離縁ニ因リ其實家ニ於テ有セシ身分ヲ回復ス但第三者カ既ニ取得シタル權利ヲ害スルコトヲ得ス

問　離縁《りえん》したるときは養子の實家《じつか》に於ける身分《みぶん》如何

答　養子が離縁によりて實家に復籍《ふくせき》したるときは其實家《じつか》に於て有せし身分を回復《くわいふく》するものとす但爲めに第三者が既《すで》に取得《しゆとく》したる權利《けんり》を害《がい》することを得ざるは當然《たうぜん》なり故に例《たと》へば實家に自己《じこ》の兄甲及び弟乙ある場合に於て離縁の爲に實家《じつか》に復籍《ふくせき》したるときは家督相續《かとくさうぞく》に付ては縁組前と同しく第二順位に就《つ》くべきが故に甲死亡《しばう》したるときは第一順位に進《すゝ》み弟乙に先《さき》たちて家督を相續することを得べきも若《も》し主戸及ひ甲死亡したるが爲め乙家督を相續《さうぞく》したる後に復籍《ふくせき》したる時は乙より年長《ねんちやう》なるを理由《りゆう》として其家督《かとく》を爭《あらそ》ふことを得さるものとす

第八百七十六條　夫婦カ養子ト爲リ又ハ養子カ養親ノ他ノ養子ト婚姻ヲ爲シタル場合ニ於テ妻カ離縁ニ因リテ養家ヲ去ルヘキトキハ夫ハ其選擇ニ從ヒ離縁又ハ離婚ヲ爲スコトヲ要ス

問　夫婦の養子《やうし》となりたる場合に於て妻の離縁に因り養家を去るときは夫は如何にすべきや

答　夫婦の共に養子と爲り又は養子の養親《やうしん》の他の養子と婚姻《こんいん》を爲したるとき卽ち甲男乙女二人の養子ある場合に於て甲と乙と婚姻と爲したるに妻の離縁に因りて養家《やうか》を去《さ》るべきときは夫は其欲《ほつ》する所に從ひ離縁と爲して共に養家を去るの又は離婚と爲して妻のみを去らしむるの其一を撰むべきものとす

第五章　親權

○本章は親權《しんけん》則ち親の子に對《たい》する權利《けんり》を定めたるものにして分《わか》つて三節《せつ》となす第一節に於ては総則《そうそく》を定め第二節に於ては親權《しんけん》の效力《かうりよく》を定め第三節に於ては親權の喪失《さうしつ》に關《くわん》する規則を定めたり

第一節　總則

○本節凡《すべ》て二條本章全体《ぜんたい》に關《くわん》する規則《きそく》を定めたるものなり

第八百七十七條　子ハ其家ニ在ル父ノ親權ニ服ス但獨立ノ生計ヲ立ツル成年者ハ此限ニ在ラス

父カ知レサルトキ、死亡シタルトキ、家ヲ去リタルトキ又ハ親權ヲ行フコト能ハサルトキハ家ニ在ル母之ヲ行フ

問　親權《しんけん》は何人之を行ふべきや

答　子は其家に在る父の親權《しんけん》に服《ふく》するものとす故に父母あるときは親權は父之を行ふべく又子は嫡出子たると庶子《しし》たると將《は》た成年《せいねん》に達《たつ》したると否《いな》とを問ふことなし然《しか》れとも子が成年に達《たつ》したること獨立《どくりつ》の生計《せいけい》を立つることの二要素《えうそ》の具《ぐ》備したるときは父母は最早《もはや》親權を行ふことを得さるものとす蓋《けだ》し之を行ふの必要《ひつえう》なきが故なり

問　母が親權を行ふ場合如何

答　父の知れさるとき、死亡《しばう》したるとき、家を去りたるとき又は親權の喪失《さうしつ》其他の原因《げんいん》により之を行ふこと能はさる時は家に在る母之を行ふものとす

問　父母共に死亡《しばう》其他の原因《げんいん》に由り親權を行ふことを能はさるときは如何にすへきや

答　未《み》成年者《せいねんしや》に對《たい》し親權を行ふ者なきときは後見開始《かいし》するが故に次章の規定《きてい》に從ひ後見人代て監護《かんご》、懲戒《ちようかい》等の權利《けんり》を行ふものとす

問　親權とは何ぞや

答　親權とは法律が子の身体財産《しんたいざいさん》等を監護《かんご》保《は》有《いう》せしむる爲め其父若《もし》くは母に與《あた》へたる權利の全体を云ふ故に親權は親權を有《いう》する者の直接《ちよくせつ》の利益《りえき》の爲めにあらずして親權に服《ふく》する者の直接《ちよくせつ》の利益の爲めに設《まう》けたるものなり而して親權中重《お》もなるもの三あり監護《かんご》するの權、懲戒《ちやうかい》するの權、財産《ざいさん》を管理《くわんり》するの權之あり

第八百七十八條　繼父、繼母又ハ嫡母カ親權ヲ行フ場合ニ於テハ次章ノ規定ヲ準用ス

○繼父《けいふ》、繼母《けいぼ》又は嫡母《てきぼ》が親權を行ふ場合に於ては次章《じしやう》に定めたる後見の規定《きてい》を準用《じゆんよう》するものとす

第二節　親權ノ效力

本節凡て十七條親權《しんけん》の效力《かうりよく》を定めたるものなり

第八百七十九條　親權ヲ行フ父又ハ母ハ未成年ノ子ノ監護及ヒ敎育ヲ爲ス權利ヲ有シ義務ヲ負フ

○親權を行ふ父又は母は未《いま》た二十年に達《たつ》せざる子の監護《かんご》及ひ敎育《けういく》を爲す權利《けんり》を有し義務《ぎむ》を負《お》ふものとす

す蓋し條文に權利、義務とあるが如く監護及ひ敎育を爲すことは一方よりそれは權利《けんり》なるも一方よりそれは義務《ぎむ》なるが故に父又は母は其權利を拋棄《はうき》して監護《かんご》・敎育の責任《せきにん》を免《まぬか》るゝことを得す又未成年者は監護、敎育を爲さしむる權利を拋棄《はうき》して之を受《う》くるを拒《こば》むことを得ざるは當然《たうぜん》なり

第八百八十條　未成年ノ子ハ親權ヲ行フ父又ハ母カ指定シタル場所ニ其居所ヲ定ムルコトヲ要ス但第七百四十九條ノ適用ヲ妨ケス

問　未成年者は自由《じゆう》に其居所《きよしよ》を定《さだ》むることを得るや

答　未成年の子は親權《しんけん》を行ふ父又は母の指定《してい》したる場《ば》所例《しよたと》へは學校、塾舍《じゆくしや》若くは農工商家《のうこうしようか》等其命《めい》せられたる所に其居所《きよしよ》を定むべきものとす蓋《けだ》し然らずして自由《じゆう》に其居所を定《さだ》むることを得べしとなさば監護《かんご》、敎育《けういく》を爲さんとするも爲し能はざれはなり

本條の規定《きてい》あるが爲め第七百四十九條の適用《てきよう》を妨《さまた》けらるゝことなきものとそ第七百四十九條の規定《きてい》は左の如し

家族《かぞく》は戸主《こしゆ》の意《い》に反《はん》して其居所《きよしよ》を定むることを得す

家族の前項《ぜんかう》の規定に違反《ゐはん》して戸主の指定《してい》したる居所に在らさる間は戸主は之に對《たい》して扶養《ふやう》の義務《ぎむ》を免《まぬか》る

前前《ぜんかう》の場合《ばあひ》に於て戸主は相當《さうたう》の期間を定め其指定《してい》したる場所を轉《てん》すへき旨《むね》を催告《さいこく》そることを得若し家族《かぞく》の其催告《さいこく》に應《おう》せさるときは戸主は之を離籍《りせき》することを得但其家族の未成年者なるとき

きは此限《このかぎり》に在らす
故に親權を行ふ父又は母か戸主《こしゆ》にあらざるときは戸主の意《い》に反《はん》して其子の居所を定むることを得す

第八百八十一條　未成年ノ子カ兵役ヲ出願スルニハ親權ヲ行フ父又ハ母ノ許可ヲ得ルコトヲ要ス

問　兵役《へいえき》の出願《しゆつぐわん》には父母の許可《きよか》を要《えう》するや否

答　未成年の子か兵役《へいえき》を出願するには親權《しんけん》を行ふ父又は母の許可《きよか》を得ることを要《えう》するものとす

第八百八十二條　親權ヲ行フ父又ハ母ハ必要ナル範圍內ニ於テ自ラ其子ヲ懲戒シ又ハ裁判所ノ許可ヲ得テ之ヲ懲戒場ニ入ルルコトヲ得
子ヲ懲戒場ニ入ルル期間ハ六个月以下ノ範圍內ニ於テ裁判所之ヲ定ム但此期間ハ父又ハ母ノ請求ニ因リ何時ニテモ之ヲ短縮スルコトヲ得

問　父又は母は其子を懲戒《てうかい》し又は懲戒場《てうかいぢやう》に入るゝことを得るや

答　親權《しんけん》を行ふ父又は母は必要《ひつえう》なる範圍內《はんゐない》に於て自ら其子を懲戒し又は裁判所の許可《きよか》を得て之を懲戒場に入るゝことを得るものとす蓋し父母の子を教訓《きやうくん》するや一に溫和《をんわ》を本《もと》とすへきは當然《たうぜん》なるも其子頑迷《ぐわんめい》にして教誨《きやうくわい》に從はす執拗《しつおう》にして非行《ひかう》を悛《あらた》めざる限りは森嚴《しんげん》の處置《しよち》を爲すこと實に已むを得さるが故なり然れとも條文必要《ひつえう》なる範圍內《はんゐない》に於てとあるが故に其範圍を超《こ》えて過酷《かこく》の懲戒《ちやうかい》を爲すことを得す而《しか》も其範圍を超えて懲戒を加《くわ》ふることあらば親權を濫用《らんよう》したるものとして其喪失《そのさうしつ》を宣告《けんこく》せら

れ尙《な》は犯罪《はんざい》として刑罰を當行せらるゝことあるべし又條文單に其子とあるが故に未成年者にあらざるも獨立《どくりつ》の生計《せいけい》を立てさるものは亦懲戒を加へらるゝことあるべし又條文裁判所の許可《きよか》を得てとあるが故に家庭《かてい》に於てする懲戒其效を奏せざる塲合と雖も自由《じゆう》に懲戒塲に入るゝこと能はざるは勿論《もちろん》なり

問　懲戒塲《ちやうかいじやう》に入るゝ期間《きかん》の制限《せいげん》如何

答　子を懲戒塲に入るゝ期間《きかん》は六个月以下の範圍内《はんゐない》に於て裁判所之を定むるものとす蓋《けだ》し其期間永きに過《す》ぐるときは子の自由《じゆう》を害《がい》するのみならず却て將來《しやうらい》を誤《あやま》らしむるの如き害《がい》あるが故なり而して裁判所《さいばんしよ》の一旦定めたる期間は之を延長《えんちやう》することを得さるも父又は母の請求《せいきう》に因《よ》り何時にても之を短縮《たんしゆく》することを得るものとす

第八百八十三條　未成年ノ子ハ親權ヲ行フ父又ハ母ノ許可ヲ得ルニ非サレハ職業ヲ營ムコトヲ得ス

父又ハ母ハ第六條第二項ノ場合ニ於テハ前項ノ許可ヲ取消シ又ハ之ヲ制限スルコトヲ得

問　未成年者は自由《じゆう》に職業《しよくげふ》を營《いとな》むことを得るや

答　未成年の子は親權《しんけん》を行ふ父又は母の許可《きよか》を得るに非されは職業を營《いとな》むことを得さるものとす然れとも營業上の智識發達《ちしきはつたつ》したるの故に之に職業を營ましむるも差支《さしつかへ》なく又營《いとな》ましむるの必要《ひつえう》ありと認《みと》

め一種又は數種の營業《えいぎやう》を許《ゆる》したるときは其未成年者は第六條第一項の規定《きてい》により其營業に關《くわん》しては成年者と同一の能力《のうりよく》を有すべし

父又は母が營業上の智《ち》識發達《しきはつたつ》し或る種の職業を營ましむるも差支《さしつかへ》なしと認《みと》めて一種又は數種の營業を爲すことを許《ゆる》したるも未成年者營業上の智識未た十分《じうぶん》ならざるが爲め常《つね》に損失《そんしつ》を釀《かも》すの又は濫《みだ》りに資本《しほん》を費消《ひせう》して營業を爲さしむるに堪《た》へざる事跡《じせき》あるときは父又は母は如何《いか》にすべきや曰く此場合に於ては前項の許可《きよか》を取消し又は之を制限《せいげん》することを得るものとす

第八百八十四條　親權ヲ行フ父又ハ母ハ未成年ノ子ノ財產ヲ管理シ又其財產ニ關スル法律行爲ニ付キ其子ヲ代表ス但其子ノ行爲ヲ目的トスル債務ヲ生スヘキ場合ニ於テハ本人ノ同意ヲ得ルコトヲ要ス

問　未成年《みせいねん》の子の財產《ざいさん》は何人之を管理《くわんり》すへきや

答　親權を行ふ父又は母は未成年《みせいねん》の子の財產を管理《くわんり》し又其財產に關《くわん》する法律行爲《はふりつかうゐ》に付き其子を代表《たいへう》そるものとそ故に父又は母は其子に代《か》はりて卽ち法定代理人として財產上《ざいさんじやう》の權利を得若くは義務《ぎむ》を負《ふ》擔《たん》をへく從て子自ら權利を取得《しゆとく》し義務を負擔《ふたん》したると同樣の結果《けつくわ》を生《しやう》ずへし然れとも其子の行爲《かうゐ》を目的《もくてき》とする義務《ぎむ》を生そべき場合例《たと》へは百圓の報酬《はうしう》を受《う》て其子に「しめやかに花の所をされめたり春の雨夜のものうたりして」といへる歌の意を揮毫《きがう》せしむべきことを約《やく》し又は「磨なは誰かの光の見ゐさらん心の玉はゐならめやは」を彫刻《てうこく》したる金製の文鎭《ぶんちん》を受て其子を東京に使《つか》ひせしむべきことを

約するときの如きは本人の同意《どうい》を得ることを要《えう》するものとす

第八百八十五條　未成年ノ子カ其配偶者ノ財産ヲ管理スヘキ場合ニ於テハ親權ヲ行フ父又ハ母之ニ代ハリテ其財産ヲ管理ス

問　未成年の子の其《そ》配偶者《ぐうしや》の財産《ざいさん》を管理《くわんり》すへき場合は如何

答　未成年の子が其配偶者の財産を管理すへき場合に於ては親權を行ふ父又は母未成年の子に代はりて未成年《みせいね》の子の財産と共に其配偶者《はいぐうしや》の財産をも管理《くわんり》すへきものとす

第八百八十六條　親權ヲ行フ母カ未成年ノ子ニ代ハリテ左ニ掲ケタル行爲ヲ爲シ又ハ子ノ之ヲ爲スコトニ同意スルニハ親族會ノ同意ヲ得ルコトヲ要ス

一　營業ヲ爲スコト

二　借財又ハ保證ヲ爲スコト

三　不動産又ハ重要ナル動産ニ關スル權利ノ喪失ヲ目的トスル行爲ヲ爲スコト

四　不動産又ハ重要ナル動産ニ關スル和解又ハ仲裁契約ヲ爲スコト

五　相續ヲ抛棄スルコト

六　贈與又ハ遺贈ヲ拒絶スルコト

問　母か親權《しんけん》を行ふ場合に於て親族會《しんぞくくわい》の同意を得るを要《えう》することありや

答　親權を行ふ母の未成年《みせいねん》の子に代《か》はりて左に掲《かゝ》くる行爲《かうゐ》を爲し又は子の之を爲すことに同意するには親族會《しんぞくくわい》の同意《どうい》を得るにあらざれは獨斷《どくだん》にて爲すこと能はざるものとす

一　營業《えいぎやう》を爲すこと

故に未成年者が營業を爲さんだ爲め親權《しんけん》を行ふ母に許可《きよか》を求《もと》むるも母は親族會の同意を得るにあらざれは許諾《きよだく》を與ふることを得ず蓋《けだ》し未成年者が營業を爲さんとするは重大の事件《じけん》なるが故に智識經驗《ちしきけいけん》に乏《とぼ》しき母をして自由《じゆう》に同意を與《あた》へしむるときは未成年者として損失《そんしつ》を招《まね》かしむるの恐《おそ》れあるが故なり

二　借財《しやくざい》又は保證《ほしよう》を爲すこと

借財、保証は共に債務《さいむ》を負擔《ふたん》するものにして之れ亦本人の利害《りがい》に重大の關係を有するものなるが故に母は未成年《みせいねん》の子に代《か》はりて自由に之を爲すこと能はざるものとす

三　不動產《ふどうさん》又は重要《ぢうえう》なる動產に關する權利の喪失《さうしつ》を目的《もくてき》とする行爲《かうゐ》を爲すこと

重要《ぢうえう》なる動產《どうさん》とは必すしも其重量又は大小《たいせう》に依て定むべきものにあらずして未成年者の爲《た》め之を保《は》存《そん》するの利益《りえき》ありて喪失《さうしつ》するに於ては其損害《そんがい》となるべき恐《おそれ》あるもの例へは公債證書《こうさいしやうしよ》、確實《かくじつ》なる銀行會社の株券《かぶけん》又は高價《こうか》なる金銀製の器物《きぶつ》の如きを云ふ而して不動產《ふどうさん》に關する權利の喪失《さうしつ》を目的とする行爲《かうゐ》とは例へは土地《とち》家屋《かおく》の讓渡《じやうと》又は之に收益權《しうえきけん》、地役《ちえき》若くは抵當《ていたう》等の物權《ぶつけん》を設定《せつてい》するが如き處分行爲と爲すと云ひ動產に關《くわん》する權利の喪失と目的《もくてき》とする行爲とは賣買《ばいばい》・讓與《じやうよ》等の如き處分行爲を爲す

を云ふ但條文權利《けんり》の喪失を目的《もくてき》とする行爲《かうゐ》とあるが故に權利を取得《しゆとく》する行爲なるときは親族會の同意を得ずして爲すことを得へきは當然なり

四　不動產《ふどうさん》又は重要なる動產に關する和解《わかい》又は仲裁契約《ちうさいけいやく》を爲すこと

蓋《けだ》し是等の行爲は資產減少《しさんげんしやう》、權利《けんり》拋棄《はうき》、義務負擔《ぎむふたん》等の結果《けつくわ》を生ずるものにして本人の利害《りがい》に關《くわん》する重大《ぢうだい》なるが故なり

五　相續《さうぞく》を拋棄《はうき》すること

六　贈與《ぞうよ》又は遺贈《ゐぞう》を拒絕《きよぜつ》すること

故に親權《しんけん》を行ふ母は親族會《しんぞくくわい》の同意を得るにあらざれば未成年の子に代《か》はりて相續《さうぞく》を拋棄《はうき》し又は贈與遺贈を受たる場合に於て之を拒絕《きよぜつ》することを能《あた》はず蓋《けだ》し是等の行爲《かうゐ》は槪《がい》して未成年者の不利益《ふりえき》を來す重大の行爲《かうゐ》なるが故なり

第八百八十七條　親權ヲ行フ父又ハ母カハ前條ノ規定ニ違反シテ爲シ又ハ同意ヲ與ヘタル行爲ハ子又ハ其法定代理人ニ於テ之ヲ取消スコトヲ得此場合ニ於テハ第十九條ノ規定ヲ準用ス

前項ノ規定ハ第百二十一條乃至第百二十六條ノ適用ヲ妨ケス

問　母が前條の規定《きてい》に違反《ゐはん》して爲したる行爲は之を取消《とりけ》すことを得るや

答　親權《しんけん》を行ふ母が前條の規定に違反して爲したる行爲《かうゐ》又は前條の規定《きてい》に違反《ゐはん》して同意《どうい》を與《あた》へたる行

爲は子又は其法定代理人に於て之を取消すことを得へく而して此場合には第十九條の規定を準用《じゆんよう》するものとす第十九條の規定は左の如し

無能力者の相手方は其無能力者《そのむのうりよくしや》の能力者と爲りたる後之に對して一个月以上の期間内《きかんない》に其取消得しへき行爲を追認《ついにん》するや否《いな》やを確答《くわくたふ》すへき旨《むね》を催告《さいこく》することを得若し無能力者《むのうりよくしや》の其期間内に確答《かくとう》を發《はつ》せさるときは其行爲《かうゐ》を追認《ついにん》したるものと看做《みな》す

無能力者が未た能力者とならざる時に於て夫又は法定代理人《はふていだいり》に對《たい》し前項《ぜんかう》の催告《さいこく》を爲すも其期間に内確答《かくとう》を發《はつ》せさるとき亦同し但法定代理人に對《たい》しては其權限内の行爲《かうゐ》に付てのみ此催告を爲すことを得

特別《とくべつ》の方式《はうしき》を要《えう》する行爲に付ては右の期間内に其方式を踐《ふ》みたる通知《つうち》を發《はつ》せさるときは之を取消したるものと看做《みな》す

準禁治産者及ひ妻に對《たい》しては第一項の期間内《きかんない》に保佐人《ほさ》の同意又は夫の許可《きよか》を得て其行爲を追認《ついにん》すへき旨を催告《さいこく》することを得若し準禁治産者《じゆんきんぢさんしや》又は妻の其期間内に右の同意《どうい》又は許可《きよか》を得たる通知《つうち》を發せさるときは之を取消したるものと看做《みな》す

本條第二項によれは前項《ぜんかう》の規定《きてい》は第百二十一條乃至第百二十六條の適用《てきよう》を妨《さまた》けさるものとす而して第百二十一條以下の規定《きてい》は左の如し

第百二十一條　取消したる行爲《かうゐ》は初より無效《むかう》なりしものと看做《みな》す但無能力者は其行爲《かうゐ》に因りて現《げん》

に利益《りえき》を受る限度《げんど》に於て償還《しやうくわん》の義務《ぎむ》を負《お》ふ

第百二十二條　取消し得へき行爲《かうゐ》は第百二十條に掲《かゝ》けたる者の之を追認《ついにん》したるときは初より有效《いうかう》なりしものと看做《みな》す但第三者の權利《けんり》を害することを得す

第百二十三條　取消し得へき行爲《かうゐ》の相手方《あひてかた》の確定《かくてい》せる場合に於て其取消又は追認は相手方に對《たい》する意思表示《いしへやうし》に依《よ》りて之を爲す

第百二十四條　追認は取消の原因《げんいん》たる情況《じやうきやう》の止みたる後之を爲すに非《あら》されは其效《かう》なし

禁治産者か能力《のうりよく》を回復《くわいふく》したる後其行爲を了知《れうち》したるときは其了知したる後に非されは追認を爲すことを得す

前二項の規定《きてい》は夫又は法定代理人の追認《ついにん》を爲す場合には之を適《てき》用せす

第百二十五條　前條の規定に依り追認《ついにん》を爲すことを得る時より後取消《とりけし》し得へき行爲に付き左の事《じ》實《じつ》ありたるときは追認《ついにん》を爲したるものと看做す但異議《いぎ》を留《とゞ》めたるときは此限に在らす

一　全部《ぜんぶ》又は一部の履行《りかう》

二　履行の請求《せいきう》

三　更改《かうかい》

四　擔保《たんぽ》の供與《きやうよ》

五　取消し得へき行爲《かうゐ》に因りて取得《しゆとく》したる權利《けんり》の全部又は一部の讓渡《じやうと》

六　強制執行《きやうせいしつかう》

第百二十六條　取消權は追認《ついにん》を爲そことを得る時より五年間之を行《おこな》はさるときは時效《じかう》に因りて消滅を行爲の時より二十年を經過《けいくわ》したるとき亦同し

第八百八十八條　親權ヲ行フ父又ハ母ト其未成年ノ子ト利益相反スル行爲ニ付テハ父又ハ母ハ其子ノ爲メニ特別代理人ヲ選任スルコトヲ親族會ニ請求スルコトヲ要ス

父又ハ母カ數人ノ子ニ對シテ親權ヲ行フ場合ニ於テ其一人ト他ノ子トノ利益相反スル行爲ニ付テハ其一方ノ爲メ前項ノ規定ヲ準用ス

問　親權を行ふ父又は母と其未成年《みせいねん》の子と利益《りえき》相反する行爲に付ては如何にすべきや

答　親權と行ふ父又は母と其未成年《みせいねん》の子と利益相反《りえきあひはん》する行爲即ち父又は母の利益《りえき》に因れば未成年の子の不利益《ふりえき》と來し未成年の子の利益と圖《はか》れば父又は母の不利益と來す行爲に付ては父又は母は其子の爲めに特別代理人《とくべつだいりにん》を選任《せんにん》することと親族會に請求《せいきう》し特別代理人をして其行爲と爲さしむべきものとす

父又は母か數人《すうにん》の子に對《たい》して親權と行ふ場合に於《おい》て其一人と他の子との利益相反《りえきあいはん》する行爲に付ても其一方の爲めに前項《ぜんかう》により特別代理人《とくべつだいりにん》と選任《せんにん》することと親族會に請求《せいきう》そべきものとす

第八百八十九條　親權ヲ行フ父又ハ母ハ自己ノ爲メニスルト同一ノ注意ヲ以テ

其管理權ヲ行フコトヲ要ス
母ハ親族會ノ同意ヲ得テ爲シタル行爲ニ付テモ其責ヲ免ルルコトヲ得ス但母ニ過失ナカリシトキハ此限ニ在ヲス

問 父又は母か財産《ざいさん》と管理《くわんり》するに付き其注意《そのちうい》の程度《ていど》如何

答 親權と行ふ父又は母は自己《じこ》の爲めにすると同一の注意と以て財産の管理《くわんり》と爲すべきものとす故に特別《とくべつ》の注意即ち善良《ぜんりやう》なる管理者の注意と施《ほどこ》すの義務《ぎむ》なく唯だ自己の財産に於けると同一の注意と爲すと以て足《た》るべく從て特別の注意を爲さゝりしが爲め盜難《とうなん》に罹《かゝ》り又は毀損《きそん》するが如きことあるも父又は母は之と賠償《ばいしやう》するの義務なきものとす蓋《けだ》し自己《じこ》の財産に於けるより重大の責任《せきにん》と負《お》はしめざるも親子の情《じやう》として子の財産に損害《そんがい》を及ぼすが如き行爲なかるべく若し更《さら》に重大の責任《せきにん》と負はしむるときは爲めに却《かへ》て親子間《しんしかん》の紛爭《ふんさう》を招《まね》き其圓滑《ゑんくわつ》を缺《か》くの恐《おそ》れあるが故なり然れども母は親族會の同意と得て爲したる行爲に付ても自己に過失《くわしつ》なかりしときの外其責《せき》を免《まぬか》るゝことと得ざるものとす

第八百九十條 子カ成年ニ達シタルトキハ親權ヲ行ヒタル父又ハ母ハ遲滯ナク其管理ノ計算ヲ爲スコトヲ要ス但其子ノ養育及ヒ財産ノ管理ノ費用ハ其子ノ財産ノ收益ト之ヲ相殺シタルモノト看做ス

問 子が成年《せいねん》に達《たつ》したるときは其管理《くわんり》は如何にすべきや

答 未成年の子が二十年に達《たつ》したるときは親權《しんけん》と行ひて其財産と管理《くわんり》したる父又は母は遲滯《ちたい》なく其管

理の計算《けいさん》と爲すへきものとす蓋《けだ》し財產管理は其名稱《めいしやう》の指示《しじ》する如く單《たん》に之を管理するに止《とゞ》まり其所有權と取得《しゆとく》するものにあらさるの故に管理中《くわんりちう》は凡《すべ》ての財產を占有《せんいう》すへきも其原因消滅《せうめつ》したるとき卽ち未成年の子が成年《せいねん》に達《たつ》し自ら法律行爲となすの能力《のうりよく》を得るに至りたるときは父又は母の管理は茲《こゝ》に其終局《しうきよく》を告《つ》くるものなれば之と同時に其管理の計算《けいさん》を爲して子に全財產と引渡《ひきわた》すへきこと當然《たうぜん》なりと云ふべし

然れども其子の財產の收益《しうえき》例《たと》へは土地より生したる收穫貸金《しうくわくたいきん》により取得《しゆとく》したる利息《りそく》等は其子の養育《やういく》及ひ財產管理の費用《ひよう》と之を相殺《さうさい》したるものと看做《みな》し縱《たと》ひ實際《じつさい》に過不足《ふそく》あるも反證《はんしやう》を擧《あ》けて此推定《すいてい》を破《やぶ》ることを得さるものとそ

第八百九十一條　前條但書ノ規定ハ無償ニテ子ニ財產ヲ與フル第三者カ反對ノ意思ヲ表示シタルトキハ其財產ニ付テハ之ヲ適用セス

問　前條但書は如何なる場合にも之を適用《てきよう》することを得るや

答　前條但書の規定は無償《むしやう》にて子に財產《ざいさん》と與《あた》ふる第三者の反對《はんたい》の意思《いし》と表示《へうじ》したるとき例《たと》へは某が未成年の子に金三千圓と與《あた》へ之を銀行に預《あづ》け入れ元利一萬圓に充《みつ》るを待て商業《しやうげふ》を營むの資本となすへしと云へる場合の如きは其財產《ざいさん》に付ては之を適用《てきよう》せざるものとす

第八百九十二條　無償ニテ子ニ財產ヲ與フル第三者カ親權ヲ行フ父又ハ母ヲシテ之ヲ管理セシメサル意思ヲ表示シタルトキハ其財產ハ父又ハ母ノ管理ニ屬セ

サルモノトス
前項ノ場合ニ於テ第三者カ管理者ヲ指定セサリシトキハ裁判所ハ子、其親族又ハ撿事ノ請求ニ因リ其管理者ヲ選任ス
第三者カ管理者ヲ指定セシトキト雖モ其管理者ノ權限カ消滅シ又ハ之ヲ改任スル必要アル場合ニ於テ第三者カ更ニ管理者ヲ指定セサルトキ亦同シ
第二十七條乃至第二十九條ノ規定ハ前二項ノ場合ニ之ヲ準用ス
問　無償《むしやう》にて子に財產を與《あた》ふる第三者か父母に之を管理《くわんり》せしめさる意思《いし》を表示《へうじ》したるときは如何にすへきや
答　無償にて子に財產を與《あた》ふる第三者か親權《しんけん》を行ふ父又は母として之を管理《くわんり》せしめさる意思《いし》を表示したるときは其財產は父又は母の管理《くわんり》に屬《ぞく》せさるものとす而して此場合に於て其第三者か管理者を指定したるときと又は管理者を指定《してい》したるときと雖も其管理者の權限《けんげん》か消滅《せうめつ》し又は之を改任《かいにん》する必要《ひつえう》ある場合に於て第三者か更《さら》に管理者を指定《してい》せさるときは裁判所は子、其親族《しぞく》又は撿事の請求《せいきう》に因り其管理者を選任《せんにん》すへきものとす第二十七條乃至《ないし》第二十九條の規定《きてい》は此場合に之を準用《じゆんよう》せらる而して其規定《きてい》は左の如し
第二十七條　前二條の規定《きてい》に依り裁判所に於て選任《せんにん》したる管理人は其管理すへき財產《ざいさん》の目錄《もくろく》を調《てう》製《せい》することを要す但其費用《ひよう》は不在者《ふざいしや》の財產を以て之を支辨《しべん》そ

不在者の生死《せいし》分明《ぶんめい》ならさる場合に於て利害關係人《りがいくわんけいにん》又は撿事の請求《せいきう》あるときは裁判所は不在者《ふざいしや》の置《お》きたる管理人にも前項の手續《てつゞき》を命《めい》することを得

右の外總《すべ》て裁判所は不在者の財産の保存《ほぞん》に必要《ひつえう》と認《みと》むる處分《しよぶん》は之を管理人に命することを得

第二十八條　管理人は第百三條に定《さだ》めたる權限《けんげん》を超《こ》ゆる行爲を必要《ひつえう》とするときは裁判所の許可《きよか》を得て之を爲すことを得不在者の生死《せいし》分明《ぶんめい》ならさる場合に於て其管理人は不在者の定《さだ》め置きたる權限《けんげん》を超《こ》ゆる行爲《かうゐ》を必要《ひつえう》とするとき亦同し

第百三條　權限《けんげん》の定なき管理人《かんりにん》は左の行爲のみを爲す權限を有す

一　保存行爲《ほぞんかうゐ》

二　代理の目的《もくてき》たる物又は權利《けんり》の性質《せいしつ》を變《へん》せさる範圍內《はんゐない》に於て其利用又は改良《かいりやう》を目的《もくてき》とする行爲《かうゐ》

第二十九條　裁判所は管理人《くわんりにん》をして財産の管理及ひ返還《へんくわん》に付き相當《さうたう》の擔保《たんぽ》を供せしむることを得

裁判所は管理人と不在者《ふざいしや》との關係《くわんけい》其他の事情《じじやう》に依り不在者の財産中より相當《さうたう》の報酬《はうしう》を管理人に與ふることを得

第八百九十三條　第六百五十四條及ヒ第六百五十五條ノ規定ハ父又ハ母カ子ノ財産ヲ管理スル場合及ヒ前條ノ場合ニ之ヲ準用ス

○第六百五十四條及ひ第六百五十五條の規定《きてい》は父又は母か子の財産を管理《くわんり》する場合及ひ前條の場合に

之を準用《じゆんよう》するものとす而して其規定は左の如し

第六百五十四條　委任終了《ゐにんしうれう》の塲合に於て急迫《きうはく》の事情《じじやう》あるときは受任者《じゆにんしや》、其相續人又は法定代理人は委任《いにん》者、其相續《さうぞく》人又は法定代理人の委任事務《いにんじむ》を處理《しより》することを得るに至るまで必要《ひつえう》なる處分《しよぶん》を爲すことを要す

第六百五十五條　委任終了の事由《じゆう》は其委任者に出てたると受任者に出てたるとを問はす之を相手方に通知《つうち》し又は相手方の之を知りたるときに非《あら》されは之を以て其相手方に對抗《たいかう》することを得す

第八百九十四條　親權ヲ行ヒタル父若クハ母又ハ親族會員ト其子トノ間ニ財產ノ管理ニ付テ生シタル債權ハ其管理權消滅ノ時ヨリ五年間之ヲ行ハサルトキハ時效ニ因リテ消滅ス

子カ未タ成年ニ達セサル間ニ管理權カ消滅シタルトキハ前項ノ期間ハ其子カ成年ニ達シ又ハ後任ノ法定代理人カ就職シタル時ヨリ之ヲ起算ス

問　財產の管理より生したる債權《さいけん》は何時にても之を請求《せいきう》することを得るや

答　親權を行《おこな》ひたる父若《も》くは母又は親族會員と其子との間《あひだ》に財產の管理に付て生《しやう》したる債權《さいけん》は子が父若くは母又は親族會員に對《たい》して有すると是等の者より子に對して有するとを問《と》はす其管理權消滅《くわんりけんせうめつ》の時より五年間之を行はざるときは時效《じかう》に因《よ》りて消滅《せうめつ》するものとす而して其期間は子の未た成年《せいねん》に達《たつ》せさる間に管理權の消滅《せうめつ》したるときは其子か成年に達したる時又は後任《こうにん》の法定代理人の就職《しうしよく》したる

時より之を起算《きさん》するものとす

第八百九十五條　親權ヲ行フ父又ハ母ハ其未成年ノ子ニ代ハリテ戶主權及ヒ親權ヲ行フ

問　未成年者戶主なる時は其戶《こ》主權《しゆけん》は何人之を行《おこな》ふべきや

答　未成年者が其家の戶主なる時又は子女ある時は親權《しんけん》を行ふ父又は母は其未成年の子に代はりて戶主權及ひ親權《しんけん》を行《おこな》ふものとす

第三節　親權ノ喪失

〇本節凡て四條親權を失《うしな》ふ場合を定《さだ》めたるものなり

第八百九十六條　父又ハ母カ親權ヲ濫用シ又ハ著シク不行跡ナルトキハ裁判所ハ子ノ親族又ハ撿事ノ請求ニ因リ其親權ノ喪失ヲ宣告スルコトヲ得

問　親權を失ふ場合如何

答　父又は母の親權を濫用《らんよう》し又は著しく不行跡《ふぎやうせき》なるとき例《たと》へは必要《ひつえう》なる範圍《はんゐ》を超《こ》えて懲戒《てうくわい》を加へ又は日常酒色《しゆしよく》に溺《おぼ》れ到底《とうてい》子を教育《けういく》せしむるに足《た》らざるときの如き場合に於ては裁判所は子の親族又は撿事の請求《せいきう》に因り其親權の喪失《さうしつ》を宣告《せんこく》することを得るものとす

第八百九十七條　親權ヲ行フ父又ハ母カ管理ノ失當ニ因リテ其子ノ財產ヲ危クシタルトキハ裁判所ハ子ノ親族又ハ撿事ノ請求ニ因リ其管理權ノ喪失ヲ宣告ス

ルコトヲ得

父カ前項ノ宣告ヲ受ケタルトキハ管理權ハ家ニ在ル母之ヲ行フ

問 管理權《くわんりけん》を失ふ場合如何

答 親權を行ふ父又は母の管理の失當《しつたう》に因りて其子の財産を危《あやう》くしたるときは裁判所は子の親族《しんぞく》又は撿事の請求《せいきう》に因り其管理權の喪失《さうしつ》を宣告《せんこく》することを得べく而して此場合に於ては家に在る母之を行ふものとす

第八百九十八條 前二條ニ定メタル原因カ止ミタルトキハ裁判所ハ本人又ハ其親族ノ請求ニ因リ失權ノ宣告ヲ取消スコトヲ得

問 親權及ひ管理權喪失の原因《げんいん》止《や》みたるときは如何にすへきや

答 前二條に定《さだ》めたる原因《げんいん》の止《や》みたるときは裁判所は本人即ち父又は母又は其親族《しんぞく》の請求《せいきう》に因り失權《しつけん》の宣告《せんこく》を取消すことを得るものとそ

第八百九十九條 親權ヲ行フ母ハ財産ノ管理ヲ辭スルコトヲ得

問 親權を行ふ母は財産の管理を辭《じ》することを得るや

答 父が知れさる爲め、死亡《しばう》したる爲め、家を去りたる爲め又は親權《しんけん》を行ふことを能はざるが爲め母之を行ふ場合に於ては監護《かんご》、敎育《きやういく》、懲戒《ちやうかい》等の責任《せきにん》は之を免るゝことを得ざるも財産《ざいさん》の管理《くわんり》は之を辭《じ》することを得るものとそ蓋《けだ》し世事《せじ》に疎《うと》き婦人《ふじん》の能く爲し得へき所にあらされはなり

第六章　後見

○本章は後見《こうけん》に關《くわん》する規則を定めたるものにして分て四節となす第一節に於ては後見の開始《かいし》する場合を定め第二節に於ては後見の機關《きくわん》を定め第三節に於ては後見の事務《じむ》を定め第四節に於ては後見の終了《しうれう》に關《くわん》する規則を定めたり

第一節　後見ノ開始

○本節凡《すべ》て一條後見の開始《かいし》する場合を定めたるものなり

第九百條　後見ハ左ノ場合ニ於テ開始ス

一　未成年者ニ對シテ親權ヲ行フ者ナキトキ又ハ親權ヲ行フ者カ管理權ヲ有セサルトキ

二　禁治產ノ宣告アリタルトキ

問　後見の開始《かいし》する場合如何

答　後見は左の場合に於て開始《かいし》するものとす

一　未成年者に對《たい》し親權《しんけん》を行ふ者なきとき又は親權を行ふ者の管理權を有せさるとき

故に未成年者に對《たい》し親權を行《おこな》ふ父又は母あるときは後見《こうけん》は開始《かいし》せざるも父母共に死亡し若くは親權《しんけん》喪失《さうしつ》の宣告《せんこく》を受けたるが如き場合に於ては親權《しんけん》を行ふ者なきが故に後見開始すべく又親權を行ふものあるも管理權を有《いう》せざるとき例《たと》へば父が管理の方法其宜《よろし》きを得ざるが爲め其子の財產《さいさん》を危くし爲

めに其管理權の喪失《さうしつ》を宣告《せんこく》せられたる場合に於て好なく又は親權《しんけん》を行ふ母が其宣告を受けたる場合の如きは又後見開始《こうけんかいし》するものとす

二　禁治産の宣告ありたるとき

故に成年《せいねん》に達《たつ》したると否《いな》とを問《と》はす心神喪失《しんしんさうしつ》の常況《じやうきやう》に在るが爲め本人、配偶者、四親等内の親族、戸主、保佐人《ほさにん》又は撿事《けんじ》の請求《せいきう》に因り裁判所が禁治産《きんじさん》の宣告を爲したるときは本人は自ら財産《ざいさん》を治《をさ》むること能はざるが故に此場合に於ても亦後見開始《かうけんかいし》するものとす

第二節　後見ノ機關

○本節は後見《こうけん》の機關《きくわん》を定めたるものにして分て二款とし第一款には後見人に關する規則を定め第二款には後見監督人《こうけんかんとく》に關する規則《きそく》を定めたり

第一款　後見人

○本款凡《すべ》て九條後見の機關《きくわん》たる後見人に關する規則を定めたるものなり

第九百一條　未成年者ニ對シテ最後ニ親權ヲ行フ者ハ遺言ヲ以テ後見人ヲ指定スルコトヲ得但管理權ヲ有セサル者ハ此限ニ在ラス

親權ヲ行フ父ノ生前ニ於テ母カ豫メ財産ノ管理ヲ辭シタルトキハ前項ノ規定ニ依リテ後見人ノ指定ヲ爲スコトヲ得

問　遺言を以て後見人を指定《してい》することを得るや

答　未成年者に對《たい》して最後《さいご》に親權《しんけん》を行ふ者例《たと》へは母既に死亡し若くは家を去りたるが爲め父の死後に親權を行ふものなきときは父又父が親權の喪失《さうしつ》を宣告《せんこく》せられたるが爲め母の死後《しご》に親權を行ふものなきときは母は遺言《ゐごん》を以て後見人を指定《してい》することを得るものとす蓋《けだ》し後見人は財産を管理《くわんり》し未成者を監護《かんご》、教育するに適當《てきたう》なる人ならさるへからすして而《しか》して何人が最も此責務《せきむ》を負《お》ふに適當《てきたう》なるべきやを判斷《はんだん》して之を指定《してい》するは未成年者の父は又母に如《し》かざるへければなり故に最後《さいご》に親權を行ふ者が適當《てきたう》と認むるときは遺言《ゐげん》を以て戸主又は近親《きんしん》にあらさるものと雖も之を指定《してい》することを得べし

但第九百五條の規定《きてい》により後見人たる資格《しかく》を有せざる者を指定することを能はざるは當然なり

問　最後《さいご》に親權《しんけん》を行ふ者は管理權《くわんりけん》を有せさるときと雖も遺言《ゐごん》を以て後見人を指定することを得るや

答　最後に親權を行ふ者と雖も喪失又は辭任《じにん》の爲め管理權を有《いう》せさるときは遺言《ゐげん》を以て後見人を指定《してい》することを能はさるものとす

問　親權を行ふ父の生前《せいぜん》に於て母か豫《あらかじ》め管理を辭《じ》したるときは如何

答　父死亡《しばう》したるときは母親權を行《おこな》ふべきか故に母ある時は父は最後《さいご》の親權行使《かうし》者《しや》にあらずと雖も親權を行ふ父の生前《せいぜん》に於て母か豫め財産の管理《くわんり》を辭《じ》したるときは父は遺言《ゐげん》を以て後見人の指定を爲すことを得るものとす

第九百二條　親權ヲ行フ父又ハ母ハ禁治産者ノ後見人ト爲ル

妻カ禁治産ノ宣告ヲ受ケタルトキハ夫其後見人ト爲ル夫カ後見人タラサルトキ

ハ前項ノ規定ニ依ル
夫カ禁治産ノ宣告ヲ受ケタルトキハ妻其後見人ト爲ル妻カ後見人タラサルトキ又ハ夫カ未成年者ナルトキハ第一項ノ規定ニ依ル

問　禁治産者《きんじさんしや》の後見人は何人之に任《にん》すへきや

答　子が禁治産の宣告《せんこく》を受けたるときは親權《しんけん》を行ふ父又は母其後見人となり妻か禁治産の宣告《せんこく》を受けたるとき夫其後見人となるべく夫の後見人たらざるときは父又は母其後見人となるものとし又夫の禁治産の宣告を受けたるときは妻其後見人となり妻が後見人たらさるとき又は禁治産の宣告を受けたる夫の未成年者《みせいねんしや》なるときは父又は母其後見人《こうけんにん》となるものとす

第九百三條　前二條ノ規定ニ依リテ家族ノ後見人タル者アラサルトキハ戸主其後見人ト爲ル

○前二條の規定《きてい》に依りて家族の後見人たる者あらざるときは戸主《こしゆ》其後見人と爲るものとす故に最後に親權を行ふ者が遺言《ゐげん》を以て後見人と指定《してい》せざるとき又は禁治産者に親權を行ふ父又は母なきときの如きは其家の戸主其後見人たるべし

第九百四條　前三條ノ規定ニ依リテ後見人タル者アラサルトキハ後見人ハ親族會之ヲ選任ス

○前三條の規定《きてい》に依りて家族《かぞく》の後見人たる者あらさるとき例《たと》へは戸主が禁治産者又は未成年者《みせいねんしや》なると

きの如きは後見人は親族會《しんぞくくわい》に於て之を選任《せんにん》すへきものとす

第九百五條　母カ財産ノ管理ヲ辭シ、後見人カ其職務ヲ辭シ親權ヲ行ヒタル父若クハ母カ家ヲ去リ又ハ戸主カ隱居ヲ爲シタルニ因リ後見人ヲ選任スル必要ヲ生シタルトキハ其父、母又ハ後見人ハ遲滯ナク親族會ノ招集ヲ裁判所ニ請求スルコトヲ要ス

問　後見人を選任《せんにん》する必要《ひつえう》を生したるときは如何にすへきや

答　母か財産《ざいさん》の管理《くわんり》を辭《じ》したる爲め又は後見人の其職務《しよくむ》を辭《じ》したる爲め又は親權《しんけん》を行ひたる父若《もし》くは母の家を去りたる爲め又は戸主の隱居《いんきよ》を爲したる爲め後見人を選任《せんにん》する必要《ひつえう》を生《しやう》したるときは其父母又は後見人は遲滯《ちたい》なく親族會の招集《せうしふ》を裁判所に請求《せいきう》すへきものとす

第九百六條　後見人ハ一人タルコトヲ要ス

問　後見人は數人《すうにん》たることを得るや

答　兩親《りやうしん》ある未成年者と雖も之に對《たい》して親權を行ふ者は一人たるを要《えう》すると同く後見人も亦一人たることを要《えう》するものとせり蓋《けだ》し多數の後見人あるときは監護《かんご》、教育、懲戒、財産管理等の方法《はうはふ》に付き意見《いけん》一定せさるか爲め又は互に其責任《せきにん》を分つの爲め却て被後見人の不利益《ふりえき》を招《まね》くの恐《おそれ》あるの故なり

第九百七條　後見人ハ婦女ヲ除ク外左ノ事由アルニ非サレハ其任務ヲ辭スルコトヲ得ス

一　軍人又ハ軍屬トシテ現役ニ服スルコト
二　被後見人ノ住所ノ市又ハ郡以外ニ於テ公務ニ從事スルコト
三　自已ヨリ先ニ後見人タルヘキ者ニ付キ本條又ハ次條ニ掲ケタル事由ノ存セシ塲合ニ於テ其事由カ消滅シタルコト
四　禁治産者ニ付テハ十年以上後見ヲ爲シタルコト但配偶者、直系血族及ヒ戸主ハ此限ニ在ラス
五　此他正當ノ事由

問　後見人《こうけんにん》は随意《ずいい》に其任務《そのにんむ》を辭《じ》することを得るや

答　後見人は婦女《じよ》を除《のぞ》く外左に記載《きさい》したる事由《じいう》あるに非されは其任務《たんむ》を辭することを得さるものとす蓋《けだ》し後見は一の公務《こうむ》なるが故に最後《さいご》に親權《しんけん》を行ふ者の指定《してい》によると法律又は親族會の指定によるとを問はす其任務《にんむ》を負擔《ふたん》せさるへき者の擅《たん》に之を避《さ》くることを能はさるは當然《たうせん》なりと云ふべし

一　軍人又は軍屬《ぐんぞく》として現役《げんえき》に服《ふく》そること
故に軍人軍屬と雖も現役《げんえき》に服《ふく》せずして後備《こうび》又は豫備《よび》に在るときは其任務《にんむ》を辭《じ》そることを得す

二　被後見人の住所《じうしよ》の市又は郡以外に於て公務《こうむ》に從事《じゆうじ》すること
故に被《ひ》後見《こうけん》人卽ち未成年者又は禁治産者《きんじさんしや》の住所《ぢうしよ》の市又は郡以外に在るも公務に從事せさるとき又は公務《こうむ》に從事《じうじ》そるも同市又は同郡に住するときは其任務《にんむ》を辭《じ》することを得す

三　自己《じこ》より先に後見人たるへき者に付き本條又は次條に掲《かゝ》けたる事由《じゆう》の存せし塲合に於て其事

由の消滅《せうめつ》したること

故に例《たと》へば未成年者ある家の戸主軍人《こしゆぐんじん》となりて現役《げんえき》に服《ふく》するが爲め又は行方《ゆくへ》の知れざるの爲め親族會の選任《せんにん》により親族某後見人となりたる場合に於て戸主《こしゆ》が現役と退《しりぞ》きて後備《こうび》となりたるとき又は家に歸り來りたるときは親族會より選任《せんにん》せられたる後見人は其任務《にんむ》を辭《じ》することを得べし

四　禁治産者に付《つい》ては十年以上後見と爲したること但配偶者《はいぐうしや》、直系血族及ひ戸主は此限に在らす故に禁治産者《きんじさんしや》の配偶者《はいぐうしや》、直系血族《ちよくけいけつぞく》又は戸主にあらさる者が十年以上後見《こうけん》と爲したるときは禁治産者の後見と辭《じ》することを得べし蓋《けだ》し禁治産者は未成年者と異《こと》にして能力回復《くわいふく》の期不定《ふてい》なるが故に幾十年の永《なが》きに亘《わた》るや圖《はか》るへからさればなり

五　此他正當《せいたう》の事由《じゆう》

以上の他に正當《せいたう》の事由《じゆう》あるとき例《たと》へは年老《お》ひたるが爲め到底《たうてい》後見《こうけん》の任務《にんむ》に堪《た》へさるとき又は公務《こうむ》の爲にあらざるも外國《ぐわいこく》に在るが故に實際後見の任務《にんむ》と盡《つく》すこと能はさるときの如きは本號《ほんがう》により其任務と辭《じ》そることと得べし但其事由の果《はた》して正當《せいたう》なるや否《いな》やは親族會に於て決《けつ》すへきものとす

條文婦女と除《のぞ》く外とあるの故に婦女は縱《たと》ひ本條に列記《れつき》する事由なきも之を辭《じ》することを得べく又條文左の事由あるに非《あら》されは其任務を辭することを得すとあるが故に本條《ほんでう》に列記《れつき》そる事由あるときは之を辭することを得るも然《しか》れとも之を辭すると否《いな》とは本人の自由《じゆう》なること當然《たうぜん》なり

第九百八條　左ニ掲ケタル者ハ後見人タルコトヲ得ス

一　未成年者
二　禁治産者及ヒ準禁治産者
三　剝奪公權者及ヒ停止公權者
四　裁判所ニ於テ免黜セラレタル法定代理人又ハ保佐人
五　破産者
六　被後見人ニ對シテ訴訟ヲ爲シ又ハ爲シタル者及ヒ其配偶者竝ニ直系血族
七　行方ノ知レサル者
八　裁判所ニ於テ後見ノ任務ニ堪ヘサル事跡、不正ノ行爲又ハ著シキ不行跡アリト認メタル者

問　後見人たることを得ざる者ありや

答　左に記載《きさい》する者は後見人たることを得ざるものとす

一　未成年者
故に職業《しよくげふ》を營《いとな》むことを許《ゆる》されたる未成年《みせいねん》者なると否《いな》とを問はず凡て成年に達せざるものは後見人たることを得ず蓋《けだ》し親權又は後見に依て保護《はご》を受る者が後見人となりて他の未成年者又は禁治産《きんじさん》者を保護《はご》することを能はざは當然《たうぜん》なりと云ふべし

二　禁治産者及び準禁治産者

心神喪失《じんくさうしつ》の常況《じやうけう》に在る者、心神耗弱者《しんしんもうじやく》、聾者《ろうしや》、啞者《あしや》、盲《もう》者、浪費《らうひ》者等或は後見に付せられ或は準禁治產《じゆんきんじさん》者として保佐人《ほさにん》を附《ふ》せらるゝ者なるが故に自ら無能力者《むのうりよくしや》の後見人となることを能はざるは論《ろん》を竢《また》す

三　剝奪公權者《はくだつこうけんしや》及び停止《ていし》公權者《こうけんしや》

後見人と爲るの權は公權《こうけん》なるが故に之を剝奪《はくだつ》若くは停止《ていし》せられたる者は後見人と爲るを得るの理なく又縱《たと》ひ刑法《けいはふ》第三十一條の公權中に後見人と爲るの權を記せずと假定《かてい》するも重罪《ちうざい》を犯して公權を剝奪せられ又は輕罪《けいざい》を犯《おか》して公權を停止《ていし》せられたる者に後見の任務《にんむ》を行はしむるの理《り》なし但公權を剝奪せられたる後復權《ふくけん》したる時又は公權を停止《ていし》せられたる者の刑期《けいき》の滿了《まんれう》によりて之を回復《くわいふく》したる時は後見人となることを得へし

四　裁判所に於て免黜《めんちつ》せられたる法定代理人又は保佐人

故に親權の喪失《さうしつ》を宣告《せんこく》せられたる者の如きは何人の後見人となることをも得す又裁判所より免黜せられたる保佐人は後見人となることを得さるものとす

五　破產者《はさんしや》

債務《さいむ》を完濟《くわんさい》せさるの爲めに破產《はさん》の宣告《せんこく》を受けたる者に後見《こうけん》の如き公務《こうむ》を行はしむへからさるは當然なり

六　被後見人に對し訴證《そしやう》を爲し又は爲したる者及ひ其配偶者《はいぐうしや》幷に直系血族《ちよくけいけつぞく》

被後見人に對《たい》し訴證《そしやう》を爲し又は爲したる者例《たと》へは被後見人は相續人《さうぞくにん》に非すして自巳《じこ》が正當の相續人

なりとの訴を起《おこ》し又は被後見人の占有《せいう》する土地家屋は自己の所有物《しよいうぶつ》なりとの訴を起したる者又は其配偶者又は訴訟を爲《な》したる者の直系血族を被告《ひこく》たる未成年者又は禁治産者の後見人と爲すときは其間利益相反《りゑきあひはん》するが故に被後見人の利益を害《がい》するの恐《おそれ》なきにあらざればなり

七　行方《ゆくへ》の知れさる者

八　裁判所に於て後見の任務《にんむ》に堪《た》へさる事跡《じせき》、不正《ふせい》の行爲又は著しき不行跡《ふぎやうせき》ありと認《みと》めたる者

右等の者を後見人とし被後見人の監護《かんご》、財産管理《ざいさんくわんり》等の任《にん》に當《あた》らしむへからさるは辨《べん》を要《よう》せそ

第九百九條　前七條ノ規定ハ保佐人ニ之ヲ準用ス

保佐人又ハ其代表スル者ト準禁治産者トノ利益相反スル行爲ニ付テハ保佐人ハ臨時保佐人ノ選任ヲ親族會ニ請求スルコトヲ要ス

○前七條の規定《きてい》は保佐人《ほさにん》に之を準用《じゆんよう》するものとす故に例《たと》へは第八百九十九條第一項に親權《しんけん》を行ふ父又は母は禁治産者の後見人と爲るとあるが如きは保佐人に付ては親權を行ふ父又は母は準禁治産者の保佐人と爲ると讀《よ》まざるべからず

保佐人又は其代表《だいへう》する者と準禁治産者との利益相反《りゑきあひはん》する行爲《かうゐ》に付ては保佐人は其行爲を擔任《たんにん》せしむるか爲め臨時保佐人の選任《せんにん》を親族會に請求《せいきう》すへきものとす

第二款　後見監督人

○本款は凡て七條後見の機關《きくわん》たる後見監督人《かんとくにん》に關する規則を定めたるものなり

第九百十條　後見人ヲ指定スルコトヲ得ル者ハ遺言ヲ以テ後見監督人ヲ指定スルコトヲ得

問　遺言《ゐげん》を以て後見監督人《こうけんかんとくにん》を指定《してい》することを得るや

答　後見人を指定《してい》することを得る者は遺言《ゐげん》を以て後見監督人を指定することを得るものとす故に未成年者に對して最後《さいご》に親權を行ふ者は遺言を以て後見監督人を指定することを得べく又親權を行ふ父の生前《せいぜん》に於て母の豫《あらかじ》め財産の管理を辭《じ》したるときは又遺言《ゐげん》を以て後見監督人を指定《してい》することを得べし

第九百十一條　前條ノ規定ニ依リテ指定シタル後見監督人ナキトキハ法定後見人又ハ指定後見人ハ其事務ニ着手スル前親族會ノ招集ヲ裁判所ニ請求シ後見監督人ヲ選任セシムルコトヲ要ス若シ之ニ違反シタルトキハ親族會ハ免黜スルコトヲ得

親族會ニ於テ後見人ヲ選任シタルトキハ直チニ後見監督人ヲ選任スルコトヲ要ス

問　遺言によりて指定《してい》したる後見監督人《こうけんかんとく》人なきときは如何にすへきや

答　前條の規定《きてい》により遺言《ゐげん》を以て指定《してい》したる後見監督人なきときは父、母、夫、妻、戸主等の如き法定《はふてい》後見人又は遺言《ゐげん》による指定後見人は其後見の事務《じむ》に着手《ちやくしゆ》する前親族會の招集《せうしう》を請求《せいきう》し後見監督人を選任せしむべく若し之に違《ゐ》反《はん》して事務《じむ》に着手前親族會の招集を裁判所に請求《せいきう》せさるときは親族會は其後見人を免黜《めんちゆつ》することを得るものとす

親族會に於て後見人を選任《せんにん》したるときは同時に後見監督人を選任《せんにん》すへきものとす

第九百十二條 後見人就職ノ後後見監督人ノ缺ケタルトキハ後見人ハ遲滯ナク親族會ヲ招集シ後見監督人ヲ選任セシムルコトヲ要ス此場合ニ於テハ前條第一項ノ規定ヲ準用ス

問 後見人就職後見人監督《かんとく》人の缺《か》けたるときは如何にすべきや

答 後見人就職《しゆしよく》の後後見監督人の缺けたるときは後見人は遲滯《ちたい》なく親族會を招集《せうしう》し後見監督人を選任《せんにん》せしむべく若し之に違《ゐ》反《はん》したるときは親族會は其後見人を免黜《めんちゆつ》することを得るものとす

第九百十三條 後見人ノ更迭アリタルトキハ親族會ハ後見監督人ヲ改選スルコトヲ要ス但前後見監督人ヲ再選スルコトヲ妨ケス

新後見人カ親族會ニ於テ選任シタル者ニ非サルトキハ後見監督人ハ遲滯ナク親族會ヲ招集シ前項ノ規定ニ依リテ改選ヲ爲サシムルコトヲ要ス若シ之ニ違反シタルトキハ後見人ノ行爲ニ付キ之ト連滯シテ其責ニ任ス

問 後見人の更迭《かうてつ》ありたるときは後見監督人は如何にすべきや

答 原因《げんいん》の如何を問はず後見人の更迭《かうてつ》ありたるときは親族會は後見監督人を改選《かいせん》すべく但改選の際前

後見監督人を重選《ちようせん》するも妨けなきものとす

若し新後見人が親族會に於て選任《せんにん》したる者に非《あら》ざるときは後見監督人は遲滞《ちたい》なく親族會を招集《せうしふ》し前項の規定《きてい》に依りて後見監督人を改選《かいせん》せしむべく若し之に違反《ゐはん》したるときは後見人の行爲《かうゐ》に付き之と連帯《れんたい》して其責《せめ》に任《にん》ずべきものとす

第九百十四條　後見人ノ配偶者、直系血族又ハ兄弟姉妹ハ後見監督人タルコトヲ得ス

問　後見人の配偶者《はいぐうしや》、直系血族《ちよくけいけつぞく》等は後見監督《かんとく》人たることを得るや

答　後見人の配偶者、直系血族又は兄弟姉妹《けいていしまい》は後見監督人たることを得ざるものとす蓋《けだ》し後見監督人は後見人の任務《にんむ》を監督《かんとく》し未成年者の利益《りえき》を保護《ほご》するものなるに若し是等のものとして後見監督人たらしむるときは十分《じうぶん》に後見の任務を盡《つく》すこと能はざるの事情《じじやう》なきを保せざればなり然れども後見人の配偶者、直系血族又は兄弟姉妹《けいていしまい》と雖も他の後見人の後見監督《こうけんかんとく》人たることを得べきは固《もと》よりなり

第九百十五條　後見監督人ノ職務左ノ如シ

一　後見人ノ事務ヲ監督スルコト

二　後見人ノ缺ケタル場合ニ於テ遲滞ナク其後任者ノ任務ニ就クコトヲ促シ若シ後任者ナキトキハ親族會ヲ招集シテ其選任ヲ爲サシムルコト

三　急迫ノ事情アル場合ニ於テ必要ナル處分ヲ爲スコト

四 後見人又ハ其代表スル者ト被後見人トノ利益相反スル行爲ニ付キ被後見人ヲ代表スルコト

問 後見監督人の職務《しよくむ》如何

答 後見監督人の職務は左の如し

一 後見人の事務を監督《かんとく》すること

故に後見監督人は後見人が監護《かんご》、教育、懲戒《ちようかい》又は財産管理の方法を誤《あやま》ることなきや親族會の同意《どうい》を得て爲すへき行爲を獨斷《どくだん》にて爲すことなきや等凡《すべ》て後見人の事務を監督《かんとく》するものにして自ら其事務《じむ》を處理《しより》することを得さるものとす

二 後見人の缺《か》けたる場合に於て遲滯《ちたい》なく其後任《こうにん》者の任務《にんむ》に就《つ》くことを促し若し後任者なきときは親族會の招集《せうしう》し其選任《せんにん》を爲さしむること

故に例《たと》へば妻が禁治産の宣告《せんこく》を受けたるが爲め夫其後見人と爲りたる場合《ばあひ》に於て夫死亡《しばう》し若くは公權を剝奪《はくだつ》せられたるときは後見監督人は遲滯《ちたい》なく其後見者即ち父又は母、父母あらざるときは戸主に對《たい》し其任務に就《つ》くへきことを促《うなが》し若し後見者なきときは親族會を招集《せうしう》して其選任《せんにん》を爲さしめざるへからす

三 急迫《きうはく》の事情《じじやう》ある場合に於て必要《ひつえう》なる處分《しよぶん》を爲すこと

故に例へは後見人の旅行《りよかう》中天災《てんさい》の爲め被後見者の家屋《かおく》將に毀壞《きくわい》せんとし若くは被後見者の有する債《さい》

權《けん》が時效の爲めに消滅《せつめつ》せんとするが如き急迫《きうはく》の事情あるときは後見監督人は之に對し必要《ひつえう》なる處分即ち右の塲合に於ては修繕《しうぜん》、時效中斷《じかうちうだん》等の處分《しよぶん》を爲さゞるへからす

四　後見人又は其代表《だいへう》する者と被後見人との利益相反《りえきあひはん》する行爲に付き被後見人を代表すること

後見監督人は後見人の事務《じむ》を監督《かんとく》するものにして未成年者を代表《だいへう》するものにあらずと雖も後見人と被後見人との利益《りえき》相反する行爲に付ては例外《れいぐわい》として未成年を代表《だいへう》せさるへからす故に後見人の親族會の同意《どうい》を得て被後見人の財産を賃借《ちんしやく》し又は後見人と被後見人との間に共有財産《きやういうざいさん》を分割《ぶんかつ》する塲合の如きは利益相反《りえきあひはん》するを以て後見監督人は被後見人を代表《だいへう》し貸借《たいしやく》又は分割《ぶんかつ》の協議《きやうぎ》を爲すへきものとす

第九百十六條　第六百四十四條、第九百七條及ヒ第九百八條ノ規定ハ後見監督人ニ之ヲ準用ス

○第六百四十四條第九百七條及ひ第九百八條の規定《きてい》は後見監督人に之を準用《じゆんよう》するものとす故に後見監督人は第九百七條に列記《れつき》したる事由《じいう》あるにあらざれば其任務《にんむ》を辭《じ》することを得ず又第九百八條に揭《かゝ》けたる者は監督人たることを得さるものとす第六百四十四條の規定は左の如し

受任者《じゆにんしや》は委任《いにん》の本旨に從ひ善良《ぜんりやう》なる管理者の注意を以て委任事務を處理《しより》する義務《ぎむ》を負《お》ふ

第三節　後見ノ事務

○本節凡て二十條後見の事務を定めたるものなり

第九百十七條　後見人ハ遲滯ナク被後見人ノ財産ノ調査ニ著手シ一个月內ニ其

調査ヲ終ハリ且其目錄ヲ調製スルコトヲ要ス但此期間ハ親族會ニ於テ之ヲ伸長スルコトヲ得

財產ノ調査及ヒ其目錄ノ調製ハ後見監督人ノ立會ヲ以テ之ヲ爲スニ非サレハ其効ナシ

後見人カ前二項ノ規定ニ從ヒ財產ノ目錄ヲ調製セサルトキハ親族會ハ之ヲ免黜スルコトヲ得

問　後見人は財產目錄《ちいさんもくろく》を調製《てうせい》することを要《えう》するや

答　後見人は遲滯《ちたい》なく被後見人の財產の調査《てうさ》に著手《ちやくしゆ》し一个月內に其調査を終《を》はり且其目錄《もくろく》を調製《てうせい》すへきものとす蓋《けだ》し財產目錄は資產《しさん》の高を知らしめ親族會をして被後見人の生活《せいくわつ》、教育又は療養看護及ひ財產の管理《くわんり》の爲め每年費すへき金額《きんかく》を豫定《よてい》せしむへき基本《きほん》となり又後見の終了《しうれう》に際《さい》して爲すへき計算《けいさん》の基本と爲るへきものなれはなり但し此一个月と定《さだ》めたる期間《きかん》は必要あるとき例《たと》へは被後見人《ひこうけんにん》の財產巨多《ざいさんきよた》にして一个月內に之を調査《てうさ》し其目錄を調製《てうせい》すること能《あた》はざるときの如きは親族會に於て之を伸長《しんちやう》することを得るものとす

財產の調査及ひ目錄の調製《てうせい》は後見監督人の立會《たちあひ》を得て之を爲すに非《あら》されは其效《かう》なきものとす

若し後見人か前二項の規定《きてい》に從ひ財產の目錄を調製《てうせい》せさるときは親族會は其後見人を免黜《めんちゆつ》することを得るものとす

第九百十八條　後見人ハ目錄ノ調製ヲ終ハルマテハ急迫ノ必要アル行爲ノミヲ爲ス權限ヲ有ス但之ヲ以テ善意ノ第三者ニ對抗スルコトヲ得ス

問　後見人は目錄調製《もくろくてうせい》前に必要《ひつえう》なる行爲《かうゐ》を爲すことを得るや

答　後見人は目錄の調製を終《お》はらさる間は管理行爲《かうゐ》を爲すことを能はさるも急迫《きうはく》の必要《ひつえう》ある行爲例《たと》へは急に債務《さいむ》の取立を爲すにあらざれは債務者破産《はさん》するの恐ある場合に於ては其取立《とりたて》を爲し又目錄調製の終了を待て賣却《ばいきやく》せんとすれは腐敗《ふはい》して價格《かかく》を失ふの恐れある物品《ぶつぴん》を賣却するか如き行爲は之を爲すことを得べし但之を以て善意《ぜんい》の第三者に對抗《たいかう》することを得さるものとす

第九百十九條　後見人カ被後見人ニ對シ債權ヲ有シ又ハ債務ヲ負フトキハ財產ノ調査ニ著手スル前ニ之ヲ後見監督人ニ申出ツルコトヲ要ス

後見人カ被後見人ニ對シ債權ヲ有スルコトヲ知リテ之ヲ申出テサルトキハ其債權ヲ失フ

後見人カ被後見人ニ對シ債務ヲ負フコトヲ知リテ之ヲ申出テサルトキハ親族會ハ其後見人ヲ免黜スルコトヲ得

問　後見人の被後見人に對し債權《さいけん》を有するときは如何なる手續《てつゞき》を爲すへきや

答　後見人の被後見人に對《たい》し債權《さいけん》を有し又は債務を負《お》ふときは財產の調査に著手《ちやくしゆ》する前に之を後見監督人に申出つへきものとす

後見人か被後見人に對し債權《さいけん》を有する場合例へは被後見人が父の相續《さうぞく》を爲したる場合に於て其父が後見人の債務者《さいむしや》なりしときの如きは後見人は前項の規定《きてい》により後見監督人に申出つへきものなるに若し此規定に反《はん》し債權を有そることを知りながら之を申出《まうしいで》てさるときは其債權《さいけん》を失ふものとす蓋《けだ》し財産の調査《てつさ》に着手する前に後見監督人に債權《さいけん》ある旨《むね》を申出たるときは虚僞《きぎ》の申出にあらざること明のなるも調査後に之を申出つることを得べしとせば被後見者《ひこうけんしや》に屬《ぞく》する證書中《しやうしよちう》に例《たと》へは其亡父が後見人に辨濟《べんさい》したるの爲に渡置たる債務辨濟の受領書存在《たゆりやうしよそんざい》せさるを奇貨《きくわ》とし目錄の調製に際《さい》して後見人より債權《さいけん》を有する旨を申出再ひ辨濟を受《う》けんとするが如き恐《おそ》れあるが故なり但條文債權を有することを知りて云々とあるが故に之を知《し》らざるが爲め例《たと》へは後見人が被後見人の亡父《ばうふ》の債權者たる父の家督相續《かとくさうぞく》を爲したるも相續の日尚《な》ほ淺《あさ》くして其債權證書を取調《とりしら》ふるの暇《いとま》なきが爲め實際《じつさい》之を知らざりし時は財産調査《てうさ》に着手前債權を有することを申出てさるも其債權を失《うしな》ふことなきは當然《たうぜん》なり

後見人の被後見人に對《たい》し債務《さいむ》を負《お》ふことを知りて財産の調査《てうさ》に着手する前之を後見監督人に申出てさるときは親族會は其後見人を免黜《めんちゆつ》することを得るものとす蓋《けだ》し債務あることを知りて申出てさるときは財産調査の上其債務を證明《しやうめい》する證書類なきときは之を奇貨《きくわ》として財産目錄中より除《のぞ》き以て其債務《さいむ》を免《まぬか》れんとするにあらざるやの疑《うたがひ》あるが故なり

第九百二十條 前三條ノ規定ハ後見人就職ノ後被後見人カ包括財産ヲ取得シタル場合ニ之ヲ準用ス

○前三條の規定は後見人就職《しゆしよく》の後と雖も被後見人の包括財産《はうくわつざいさん》と取得《しゆとく》したる場合例へは或る特定《とくてい》の動産《どうさん》にあらずして凡ての所有《しよいう》動産の遺贈《ゐぞう》と受けたる場合に之を準用《じゆんよう》するものとす

第九百二十一條　未成年者ノ後見人ハ第八百七十九條乃至第八百八十三條及ヒ第八百八十五條ニ定メタル事項ニ付キ親權ヲ行フ父又ハ母ト同一ノ權利義務ヲ有ス但親權ヲ行フ父又ハ母カ定メタル敎育ノ方法及ヒ居所ヲ變更シ未成年者ヲ懲戒場ニ入レ、營業ヲ許可シ、其許可ヲ取消シ又ハ之ヲ制限スルニハ親族會ノ同意ヲ得ルコトヲ要ス

問　未成年者の後見人は監護《かんご》、敎育、懲戒等の權利《けんり》と有するや

答　未成年者の後見人は第八百七十九條乃至第八百八十三條及ひ第八百八十五條に定めたる事項に付き親權と行ふ父又は母と同一《どういつ》の權利《けんり》義務《ぎむ》と有するものとす故に一、後見人は未成年者の監護及ひ敎育と爲す權利と有し義務《ぎむ》と負《お》ふ二、未成年者は後見人か指定《してい》したる場所に其居所《きよしよ》と定めさるへからす三、未成年者の兵役を出願《しゆつぐわん》するには後見人の許可《きよか》と得さるへからす四、後見人は必要《ひつよう》なる範圍《はんゐ》内《ない》に於て自ら未成年者と懲戒《ちようかい》し又は裁判所の許可を得て懲戒場に入るゝことと得べし五、未成年者は後見人の許可《きよか》と得るにあらされは職業《しよくげふ》を營《いとな》むことを得す後見人は其許可を取消し又は之と制限せることと得へし六、未成年者の其配偶者《はいぐうしや》の財産と管理《くわんり》すへき場合に於ては後見人之に代《か》はりて其財産と管理するものとす然《しか》れとも後見人が親權と行ふ父又は母か定《さだ》めたる敎育《けういく》の方法及ひ居所と變更《へんかう》し

未成年者を懲戒場に入れ、營業《えいげふ》を許可《きよか》し、其許可を取消し又は之を制限《せいげん》するには親族會の同意を得さるへからす

第八百二十二條　禁治産者ノ後見人ハ禁治産者ノ資力ニ應シテ其療養看護ヲ力ムルコトヲ要ス

禁治産者ヲ瘋癲病院ニ入レ又ハ私宅ニ監置スルト否トハ親族會ノ同意ヲ得テ後見人之ヲ定ム

問　禁治産《きんぢさん》者《しや》の後見人に格段《かくだん》なる義務《ぎむ》如何

答　禁治産者は疾病《しつぺい》其他の原因《げんいん》により心神喪失《しんしんさうしつ》の常況《じやうけふ》に在る者なるが故に之が後見人たる者は禁治産者の資力《しりよく》に應して其療養看護《りやうやうかんご》を力《つと》むべく又之を瘋癲《ふうてん》病院《ひやういん》に入れ又は私宅《したく》に監置《かんち》すると否とは親族會の同意を得て後見人之を定むへきものとす

第八百二十三條　後見人ハ被後見人ノ財産ヲ管理シ又其財産ニ關スル法律行爲ニ付キ被後見人ヲ代表ス

第八百八十四條但書ノ規定ハ前項ノ場合ニ之ヲ準用ス

問　後見人は被後見人の財産《ざいさん》に付如何なる義務《ぎむ》を有《いう》するや

答　後見人は未成年者《みせいねんしや》の後見人たると禁治産者の後見人たるとを問《と》はす被後見人の財産を管理し又財産に關する法律行爲《はふりつかうゐ》に付き被後見人を代表《だいへう》するものとす但被後見人の行爲を目的《もくてき》とする義務を生す

へき場合に於ては本人の同意《どうい》を要《よう》すへきは當然《たうぜん》なり
條文財産を管理《くわんり》し又財産に關する法律行爲《はふりつかうゐ》とあるが故に後見人は管理行爲即ち財産を保存《ほぞん》し又は之を増殖《ぞうしよく》する行爲をなすべきのみならす財産に關《くわん》する一切の法律行爲に付き被後見人を代表《だいへう》するものとす故に借財、保証、不動産の讓渡、訴訟行爲、贈與《ぞうよ》、和解《わかい》等を爲すには後條の定《さだ》むる所により親族會の認許《にんきよ》を得へきは固《もと》よりなるも其認許《そのにんきよ》を受《う》けて之を爲すものは後見人にして而して後見人は被後見人を代表《だいへう》するが故に後見人の爲したる行爲は被後見人を羈束《はそく》するものとす又條文財産に關《くわん》する法律行爲とあるが故に財産に關せざる法律行爲例《たと》へは婚姻《こんいん》、養子《やうし》縁組《えんぐみ》、私生子《しせいし》の認知等に付ては被後見人を代表せざるものとす

第九百二十四條　後見人ハ其就職ノ初ニ於テ親族會ノ同意ヲ得テ被後見人ノ生活教育又ハ療養看護及ヒ財産ノ管理ノ爲メ毎年費スヘキ金額ヲ豫定スルコトヲ要ス
前項ノ豫定額ハ親族會ノ同意ヲ得ルニ非サレハ之ヲ變更スルコトヲ得ス但已ムコトヲ得サル場合ニ於テ豫定額ヲ超ユル金額ヲ支出スルコトヲ妨ケス

問　後見人就職《しうしよく》の初に於て金額を豫定《よてい》せさるへからさるものあるや

答　後見人は其就職の初に於て親族會の同意《どうゐ》を得て被後見人の生活《せいくわつ》、教育又は療養看護《れうやうかんご》及ひ財産の管理の爲め毎年費《ついやす》へき金額を豫定《よてい》すへく而して一旦豫定したる金額は已《やむ》ことを得さる場合に於て豫定

額ヲ超《こ》ゆる金額を支出《ししゆつ》するときの外は親族會の同意を得るに非されは之を變更《へんかう》することを得さるものとす

第九百二十五條　親族會ハ後見人及ヒ被後見人ノ資力其他ノ事情ニ依リ被後見人ノ財産中ヨリ相當ノ報酬ヲ後見人ニ與フルコトヲ得但後見人カ被後見人ノ配偶者、直系血族又ハ戸主ナルトキハ此限ニ在ラス

問　被後見人の財産中より後見人に報酬《はうしう》を與《あた》ふることを得るや

答　親族會は後見人が被後見人の配偶者《はいぐうしや》、直系血族《ちよくけいけつぞく》又は戸主《こしゆ》にあらざるときは後見人及ひ被後見人の資力《しりよく》其他の事情に依り被後見人の財産中《ざいさんちう》より相當《さうたう》の報酬《はうしう》を後見人に與ふることを得るものとす但之を與ふると否《いな》とは親族會の自由《じゆう》なるが故に後見人に之を要求《えうきう》するの權利なきは當然《たうぜん》なり

第九百二十六條　後見人ハ親族會ノ同意ヲ得テ有給ノ財産管理者ヲ使用スルコトヲ得但第百六條ノ適用ヲ妨ケス

問　後見人は財産管理者《ざいさんくわんりしや》を使用《しよう》することを得るや

答　後見人は必要《ひつよう》ある時は親族會の同意を得て有給《いうきう》の財産管理者を使用《しよう》することを得るものとす但其管理者の行爲《かうゐ》に付ては後見人自ら其責《せき》に任《にん》せへきこと當然《たうぜん》なり第百六條の規定は左の如し

法定代理人は其責任《せきにん》を以て復代理人を選任《せんにん》することを得但已《や》むことを得さる事由《じゆう》ありたるときは前條第一項に定《さだ》めたる責任《せきにん》のみを負《お》ふ

第九百二十七條　親族會ハ後見人就職ノ初ニ於テ後見人カ被後見人ノ爲メニ受取リタル金錢カ何程ノ額ニ達セハ之ヲ寄託スヘキカヲ定ムルコトヲ要ス
後見人カ被後見人ノ爲メニ受取リタル金錢カ親族會ノ定メタル額ニ達スルモ相當ノ期間內ニ之ヲ寄託セサルトキハ其法定利息ヲ拂フコトヲ要ス
金錢ヲ寄託スヘキ場所ハ親族會ノ同意ヲ得テ後見人之ヲ定ム

問　後見人ハ被後見人の爲めに受取《うけと》りたる金錢は之を寄託《きたく》するを要すや

答　親族會は後見人就職《しうしよく》の初に於て後見人ハ被後見人の爲めに受取《うけと》りたる金錢ハ何程《なにほど》の額《がく》に達せは之と寄託《きたく》すへきものと定むべく後見人が若《も》し其額《そのがく》に達するも相當《さうたう》の期間內に之と寄託せさるときは其法定利息《ていりそく》と支拂《しはら》ふへきものとす又金錢を寄託《きたく》すへき場所は親族會の同意と得て後見人之を定むへきものとす

第九百二十八條　指定後見人及ヒ選定後見人ハ毎年少クトモ一回被後見人ノ財產ノ狀況ヲ親族會ニ報告スルコトヲ要ス

問　後見人は財產の狀況《じやうけふ》と親族會に報告《はうこく》することを要《よう》するや

答　法定後見人にあらざる後見人即ち指定《してい》後見人及ひ選定《せんてい》後見人は每年《まいねん》少くとも一回被後見人の財產の狀況と親族會に報告《はうこく》すへきものとす蓋《けだ》し親族會をして後見人に不正《ふせい》の行爲又は失當《しつたう》の行爲なきや否やを監査《かんさ》せしめんの爲めなり

第九百二十九條　後見人カ被後見人ニ代ハリテ營業若クハ第十二條第一項ニ掲ケタル行爲ヲ爲シ又ハ未成年者ノ之ヲ爲スコトニ同意スルニハ親族會ノ同意ヲ得ルコトヲ要ス但元本ノ領收ニ付テハ此限ニ在ラス

問　後見人が親族會の認許《にんきよ》を得るにあらされは爲すこと能はさる行爲如何

答　後見人が被後見人に代はりて營業《えいげふ》若くは第十二條第一項に掲《かゝ》けたる行爲を爲し又は未成年者の之を爲すことに同意《どうい》するには親族會の認許《にんきよ》を得へきものとす但元本を領收《れうしう》するには認許を要るとを要せす

第十二條第一項の規定は左の如し

準禁治産者《じゆんきんじさんしや》は左に掲《かゝ》けたる行爲を爲すには其保佐人《そのほさにん》の同意を得ることを要《えう》す

一　元本を領收し又は之を利用すること

二　借財《しやくざい》又は保證を爲すこと

三　不動産《ふどうさん》又は重要なる動産に關《くわん》する權利の得喪《とくさう》を目得とする行爲を爲すこと

四　訴訟行爲を爲すこと

五　贈與《ぞうよ》、和解《わかい》又は仲裁契約《ちうさいけいやく》を爲すこと

六　相續《さうぞく》を承認《しようにん》し又は之を拋棄《はうき》すること

七　贈與若くは遺贈《ゐぞう》を拒絶《きよぜつ》し又は負擔附《たんぽつき》の贈與《ぞうよ》若くは遺贈を受諾《じゆだく》すること

八　新築《しんちく》、改築《かいちく》、増築《ぞう》又は大修繕《だいしうぜん》を爲すこと

九　第六百二條に定めたる期間《きかん》を超《つ》ゆる賃貸借《ちんたいしやく》を爲《な》すこと

故に後見人は親族會の認許《にんきよ》を得るにあらざれは左の行爲《かうゐ》を爲すことを得さるものす

一　營業を爲すこと

後見人か被後見人に代《か》はりて營業《ゑいげふ》を爲すと許可《きよか》を與《あた》へて被後見人に營業を爲さしむるとを問はす親族會の認許を得るにあらされは獨斷《どくだん》にてなすことを能はす蓋《けだ》し被後見人の利害《りがい》に關する重大の事項《じかう》なるが故なり

二　元本を利用《りよう》すること

元本を利用《りよう》するとは貸金を爲すの如き株券《かぶけん》を買入《かひい》るゝか如き又は資本《しほん》を事業に投《とう》するか如きを謂ふ

故に後見人は親族會の認許《にんきよ》を得されは是等の行爲をなすことを得さるも元本を領収《れうしう》し又は元本より生する果實《かじつ》を受くるか如きは獨斷《どくだん》を以てなすことを得へし

三　借財又は保証《しやう》を爲すこと

借財又は保証は共に債務を負擔《ふたん》するものにして本人の利害《りがい》に重大の關係《くわんけい》を有するが故に後見人の獨《どく》斷《だん》を以て之を爲すことを能はす而して此《こゝ》に所謂保証とは凡て債務《さいむ》の保証人《ほしうにん》となることを云ふものにして金錢貸借《きんせんたいしやく》の場合に係る保証《ほしやう》のみに限《かぎ》るの意にあらす

三　不動産《ふどうさん》又は重要なる動産に關する權利の得喪《とくさう》を目的《もくてき》とする行爲を爲すこと

例へは土地家屋《とちかおく》を買受《かひうけ》又は賣渡《うりわた》し又は質《しち》、抵當《ていたう》に入るゝが如き凡て不動產上の權利を取得《しゆとく》し又は喪失することを目的《もくてき》とする行爲及ひ高價《かうか》なる動產に關する權利の得喪《とくさう》に目的とする行爲は親族會の同意を得るにあらされは爲《な》すこと能《あた》はさるものとす但條文重要《ぢうえう》なる動產とあるの故に重要ならさる動產は專斷《せんだん》を以て處分《しよぶん》することを得へし其如何なる動產は重要《ぢうえう》にして如何なる動產は重要にあらさるやは事實の問題《もんだい》に屬《ぞく》するものとそ

四　訴訟行爲《そしやうかうゐ》を爲すこと

故に親族會の認許《にんきよ》を得されは訴訟の提起《ていき》は固《もと》より答辨《たうべん》、取下《とりさげ》等其他《そのた》訴訟《そしやう》に關《くわん》する一切の行爲を爲すことを得す

五　贈與《ぞうよ》、和解《わかい》又は仲裁契約《ちうさいけいやく》を爲すこと

是等の行爲は皆處分行爲《しよぶんかうゐ》にして資產減少《しさんげんせう》、權利《けんり》拋棄《はうき》、義務負擔《ぎむふたん》等の結果《けつくわ》を生するが故なり

六　相續《さうぞく》を承認《しようにん》し又は之を拋棄《はうき》すること

相續を拋棄するは通常不利益《つうじやうふりえき》なるる故に親族會の同意を要《えう》するは被後見人保護《ほご》の上に於て必要なること當然《たぜん》なるも相續の承認《しやうにん》は利益なるの故に別に親族會の同意を要《えう》せさるの如し如何曰く相續の拋棄は通常不利益《つにやうふりえき》なると同く相續の承認は通常利益なりと雖も必《かなら》すしも然るにあらす何となれは相續によりて得る所の財產《ざいさん》より相續によりて負擔《ふたん》する所の債務《さいむ》多くして結果《けつくわ》相續者の不利益となることなきを保せされはなり

七　遺贈《ゐぞう》若《もし》くは贈與を拒絶《きよぜつ》し又は負擔附《ふたん》の遺贈若くは贈與を受諾《じゆだく》すること

遺贈若くは贈與を拒絶《きよぜつ》するは通常の場合に於ては本人の爲めに不利益《ふりえき》なるべく又負擔附《ふたん》の遺贈《ゐぞう》若くは贈與を受諾《じゆだく》することは其負擔《ふたん》すへき義務の如何によりては又本人の不利益《ふりえき》となることあるべき故に之を爲すには親族會の同意を要《えう》するものとす但負擔附にあらさる遺贈若くは贈與を受諾《じだく》する場合又は負擔附《ふたんつき》の遺贈若くは贈與を拒絶《きよぜつ》する場合は親族會の同意を要せす

八　新築《しんちく》、改築《かい》、增築《ぞう》又は大修繕《しゆぜん》を爲すこと

之れ亦本人の利害《りがい》に重大の關係《くわんけい》を有するの故に親族會の同意を要《えう》するものとす但家屋倉庫《かおくそうこ》等の修繕の場合に於て條文大修繕《だいしうぜん》とあるが故に小修繕の如きは獨斷《どくだん》を以て爲すことを得へきは當然なり

九　第六百二條に定めたる期間《きかん》を超《こ》ゆる賃貸借《ちんたいしやく》を爲すこと

故に後見人は親族會の同意《どうい》を得るにあらされは左の間期《きかん》を超《こ》ゆる賃貸借を爲すことを得さるものとす

一　樹木《じゆもく》の栽植《さいしよく》又は伐採《ばつさい》を目的とする山林の賃貸借は十年
二　其他の土地の賃貸借は五年
三　建物《たてもの》の賃貸借は三年
四　動産《どうさん》の賃借は六ヶ月

第九百三十條　後見人カ被後見人ノ財産又ハ被後見人ニ對スル第三者ノ權利ヲ

讓受ケタルトキハ被後見人ハ之ヲ取消スコトヲ得此場合ニ於テハ第十九條ノ規定ヲ準用ス

前項ノ規定ハ第百二十一條乃至第百二十六條ノ適用ヲ妨ケス

問　後見人の被後見人の財産《ざいさん》を讓受《ゆづりうけ》たるときは被後見人は之を取消《とりけ》すことを得るや

答　後見人の動産たると不動産たるとを問《と》はす被後見人の財産を讓受けたるとき又は被後見人に對する第三者の權利《けんり》例《たと》へは甲が被後見人乙に對し金壹千圓を要求《ようきう》するの權利ある場合に於て後見人丙が甲より其權利を讓受けたるときは被後見人は之を取消《とりけ》すことを得るものとす蓋《けだ》し財産を低價《ていか》に讓受け又は成立を證明《しやうめい》するに困難《こんなん》なる債權を低價《ていか》に讓受け種々《しゆ〳〵》の手段《しゆだん》を以て債務者たる被後見人を害するの恐あるが故なり而して此取消《とりけし》に關しては第十九條の規定《きてい》を準用《じゆんよう》すへく從て第百二十一條乃至第百二十六條の適用《てきよう》を見るものとそ

第十九條、第百二十一條乃至第百二十六條の規定《きてい》は第八百八十七條の解釋《かいしやく》中に記載《きさい》したるが故に參《さん》考《かう》すべし

第九百三十一條　後見人ハ親族會ノ同意ヲ得ルニ非サレハ被後見人ノ財産ヲ賃借スルコトヲ得ス

問　後見人は被後見人の財産を賃借《ちんしやく》することを得るや

答　後見人は親族會の同意《どうい》を得るにあらされは動産《どうさん》なると不動産なるとを問はず被後見人の財産を賃

借することを得さるものとせ蓋《けだ》し然らされは低廉《ていれん》なる借賃を以て土地家屋其他の財産を借入《かりい》れ以て被後見人の利益《りえき》を害《がい》する恐れあるが故なり

第九百三十二條　後見人カ其任務ヲ曠クスルトキハ親族會ハ臨時管理人ヲ選任シ後見人ノ責任ヲ以テ被後見人ノ財産ヲ管理セシムルコトヲ得

問　親族會《しんぞくくわい》は臨時《りんじ》管理人《くわんり》を選任《せんにん》することを得るや

答　後見人か其任務《にんむ》を曠《むな》しくするときは親族會は臨時《りんじ》管理人を選任《せんにん》し後見人の責任《せきにん》を以て被後見人の財産を管理せしむることを得べし故《ゆへ》に後見人か管理行爲を抛擲《はうてき》して顧《かへり》みざる爲め親族が臨時管理人を選任したる場合に於て臨時管理人が過失《くわしつ》により被後見人に損失《そんしつ》を加へたる時の如き後見人其責に任せざるべからず

第九百三十三條　親族會ハ後見人ヲシテ被後見人ノ財産ノ管理及ヒ返還ニ付キ相當ノ擔保ヲ供セシムルコトヲ得

問　親族會は後見人として擔保《たんぽ》を供《きやう》せしむることを得るや

答　親族會は必要と認《みと》むるときは後見人をして被後見人の財産の管理《くわんり》及び返還《へんくわん》に付き相當の擔保《たんぽ》を供せしむることを得るものとす

第九百三十四條　被後見人カ戸主ナルトキハ後見人ハ之ニ代ハリテ其權利ヲ行フ但家族ヲ離籍シ、其復籍ヲ拒ミ又ハ家族カ分家ヲ爲シ若クハ廢絶家ヲ再興ス

ルコトニ同意スルニハ親族會ノ同意ヲ得ルコトヲ要ス

後見人ハ未成年者ニ代ハリテ親權ヲ行フ但第九百十七條乃至九百二十一條及ビ前十條ノ規定ヲ準用ス

問 被後見人の戸主なるときは何人其戸主權《こしゆけん》を行ふべきや

答 被後見人が戸主なるときは後見人は之に代《か》はりて其權利《けんり》を行ふものとす然れども第七百四十九條第三項により家族が後見人の指定《してい》したる場所《ばしよ》に居所を轉《てん》せざるが爲め離籍《りせき》と爲し又は第七百五十條第二項により後見人の同意《どうい》を得ずして婚姻又は養子緣組を爲したるが爲め離籍《りせき》を爲し、其復籍《ふくせき》を拒むとき又は家族の分家を爲し若くは廢絶家《はいぜつけ》を再興《さいこう》することに同意するには親族會の同意を得べく後見人の獨斷《どくだん》にて爲すことを能はざるものとす

未成年者に子あるときは後見人は其子に對《たい》し未成年者に代《か》はりて親權を行ふべく此場合《ばあひ》には第九百十七條乃至《ないし》第九百二十一條及び前十條の規定《きてい》を準用《じゆん》するものとす

第九百三十五條 親權ヲ行フ者カ管理權ヲ有セサルニ因リテ後見カ開始シタル場合ニ於テハ後見人ハ財產ニ關スル權限ノミヲ有ス

問 後見人の財產《ざいさん》に關《くわん》する權限《けんげん》のみを有する場合如何

答 親權を行ふ者の管理權《くわんりけん》を有せさるに因りて後見の開始《かいし》したる場合卽ち親權を行ふ父又は母の管理の失當《しつたう》に因り其子の財產を危《あやう》くしたるの爲め管理權の喪失《さうしつ》を宣告《せんこく》したるとき又は親權を行ふ母の財

産の管理を辭《じ》したるときは他の親權例へは監護《かんご》、敎育、懲戒等の權は父又は母依然《いぜん》之を行ふべきが故に此場合に於ての後見人は財産《ざいさん》に關する權限《けんげん》のみを有するものとす

第九百三十六條　第六百四十四條、第八百八十七條、第八百八十九條第二項及ヒ第八百九十二條ノ規定ハ後見ニ之ヲ準用ス

○第六百四十四條、第八百八十七條、第八百八十九條第二項及ひ第八百九十二條の規定は後見に之を準用するものとす、第六百四十四條の規定《きてい》は左の如し

受任者《じゆにんしや》は委任《いにん》の本旨に從ひ善良《ぜんりやう》なる管理者の注意を以て委任事務《いにんじむ》を處理《しより》する義務を負ふ

第四節　後見ノ終了

○本節凡て七條後見の終了《しうれう》に關する規則を定めたるものなり

第九百三十七條　後見人ノ任務カ終了シタルトキハ後見人又ハ其相續人ハ二个月內ニ其管理ノ計算ヲ爲スコトヲ要ス但此期間ハ親族會ニ於テ之ヲ伸長スルコトヲ得

問　後見人の任務《にんむ》終了《しうれう》したるときは如何にすへきや

答　後見人の任務《にんむ》の終了《しうれう》したるときは後見人又は其相續人《さうぞくにん》は二个月內に其管理の計算《けいさん》を爲すへきものとす而して其任務の終了の被後見人の身上《しんじやう》に因て後見の眞《しん》に終了する場合例へは未成年者の成年に達し又は禁治産者《きんぢさんしや》の其宣告を取消《とりけ》されたるが爲めに能力を回復《くわいふく》したる場合なると後見人の身上に因

て其後見人の管理終了する場合例へは受任《じゆにん》後第九百七條に掲《かゝ》けたる原因發生《げんいんはつせい》したるが爲めに辭任《じにん》し又は後見人死亡《しばう》したる爲め親了したる場合なると問《と》はさるものとす但其期間は必要と認《みと》むるときは親族會に於て之を伸長《しんちやう》することを得へし

第九百三十八條　後見ノ計算ハ後見監督人ノ立會ヲ以テ之ヲ爲ス

後見人ノ更迭アリタル場合ニ於テハ計算ハ親族會ノ認可ヲ得ルコトヲ要ス

問　後見の計算《けいさん》は如何にして之を爲すへきや

答　後見の計算は後見監督人《かんとくにん》の立會《たちあひ》を以て之を爲すへく又後見人の更迭《かうてつ》ありたる場合卽ち被後見人の身上に因り後見の眞に終了したるにあらさる場合《ばあひ》に於ては後見の計算は親族會の認可《にんか》を受くへきものとす

第九百三十九條　未成年者カ成者ニ達シタル後々見ノ計算ノ終了前ニ其者ト後見人又ハ其相續人トノ間ニ爲シタル契約ハ其者ニ於テ之ヲ取消スコトヲ得其者カ後見人又ハ相續人ニ對シテ爲シタル單獨行爲亦同シ

第十九條及ヒ第百二十一條乃至第百二十六條ノ規定ハ前項ノ場合ニ之ヲ準用ス

問　未成年者の成年《せいねん》に達したる後後見人と爲したる契約《けいやく》は之を取消すことを得さるや

答　未成年者の成年に達《たつ》したる後以前後見人たりし者と契約を爲すも其契約は有效《いうかう》にして之を取消すこと能はさるは當然《たうぜん》なるも然れとも後見の計算《けいさん》の終了前《さうれうぜん》に後見人は又其相續人との間に爲したる契

約又は單獨行爲《たんどくかうゐ》は之を取消すことを得べし故に未成年者が成年《せいねん》に達したる後後見人と土地家屋の賣買を約《やく》し又は後見人の相續人に器具《きぐ》、時計《とけい》、指環《ゆびわ》等を贈與《ぞうよ》したる時と雖も後見の計算終了前なるときは計算の終了前なることを理由《りゆう》として之が取消を求《もと》むることを得べく此場合に於ては第十九條及び第百二十一條乃至第百二十六條の規定を準用するものとす

第十九條及び第百二十一條乃至第百二十六條の規定は第八百八十七條の下に明かなり

第九百四十條　後見人カ被後見人ニ返還スヘキ金額及ヒ被後見人カ後見人ニ返還スヘキ金額ニハ後見ノ計算終了ノ時ヨリ利息ヲ附スルコトヲ要ス

後見人カ自己ノ爲メニ被後見人ノ金錢ヲ消費シタルトキハ其消費ノ時ヨリ之ニ利息ヲ附スルコトヲ要ス尙ホ損害アリタルトキハ其賠償ノ責ニ任ス

問　後見計算の際《さい》後見人又は被後見人に返還《へんくわん》すへき金額《きんがく》には利息《りそく》を附《ふ》することを要するや

答　後見人の被後見人に返還《へんくわん》すへき金額及ひ被後見人か後見人に返還すへき金額《きんがく》は後見の計算《けいさん》の際之を返還すべく若《も》し其際之を返還せさる時は計算終了《けいさんしうれう》の時より利息《りそく》を附《ふ》すへく又後見人の自己の爲めに被後見人の金錢《きんせん》を消費《せうひ》したるときは其消費《せうひ》したる時より之に利息《りそく》を附すへく此場合に於て尙は後見人に損害《そんがい》ありたるときは其賠償《ばいしやう》の責《せめ》に任《にん》すへきものとす

第九百四十一條　第六百五十四條及ヒ第六百五十五條ノ規定ハ後見ニ之ヲ準用ス

○第六百五十四條及び第六百五十五條の規定《きてい》は後見に之を準用《じゆんよう》するものとす而して其規定は左の如し

第六百五十四條　委任終了《いにんしうれう》の場合に於て急迫《きうはく》の事情《じじやう》あるときは受任者《じゆにんしや》、其相續人又は法定代理人は委任者、其相續人《さうぞくにん》又は法定代理人の委任事務《いにんじむ》を處理《しより》することを得るに至るまで必要《ひつえう》なる處分《しよぶん》を爲すことを要す

第六百五十五條　委任終了の事由《じゆう》は其委任者に出てたると受任者に出てたるとを問《と》はす之を相手方に通知《つうち》し又は相手方の之を知りたるときに非《あら》されは之を以て其相手方に對抗《たいかう》することを得す

第九百四十二條　第八百九十四條ニ定メタル時效ハ後見人、後見監督人又ハ親族會員ト被後見人トノ間ニ於テ後見ニ關シテ生シタル債權ニ之ヲ準用ス

前項ノ時效ハ第九百三十九條ノ規定ニ依リテ法律行爲ヲ取消シタル場合ニ於テハ其取消ノ時ヨリ之ヲ起算ス

問　後見人、後見監督人又は親族會員《しんぞくくわいいん》と被後見人との間に生《しやう》したる債權《さいけん》の時效期間《じかうきかん》如何

答　第八百九十四條に定《さだ》めたる時效《じかう》は後見人、後見監督人又は親族會員と被後見人との間に於て後見に關して生したる債權に之を準用《ぢゆんよう》するものとす故に後見の計算終了の時より五年間之を行《おこな》はさるときは其債權は時效《じかう》によりて消滅《せうめつ》すべし但條文後見に關《くわん》して生したる債權とあるが故に其以外《いぐわい》の債權例へは後見人が被後見人の債權者に相續《さうぞく》し若くは被後見人が後見監督人の債權者に相續したるが爲め有《いう》する債權の如きは普通《ふつう》の時效即ち第百六十七條以下の規定《きてい》によるべきこと當然《たうぜん》なり

右の期間《きかん》は未成年者なるときは未た成年に達《たつ》せざる間禁治産者なるときは未た能力《のうりよく》を回復《くわいふく》せさる間に後見終了《しうれう》したるときは成年に達し、能力を回復《くわいふく》し又は後任の後見人の就職《しうしよく》したる時より之を起算《きさん》すへく又第九百三十九條の規定《きてい》によりて法律行爲を取消《とりけ》したる場合に於ては其取消の時より時效《じかう》の期間《きかん》を起算《きさん》すへきものとす

第九百四十三條　前條第一項ノ規定ハ保佐人又ハ親族會員ト準禁治産者トノ間ニ之ヲ準用スルモノトス

○前條第一項の規定《きてい》は保佐人又は親族會員と準禁治産者との間に之を準用《じゆんよう》するの故に從て第八百九十四條の規定も亦是等《これら》の者の間に準用せらるゝものとす而《しか》して準禁治産者のことは本書前編第一編に明かなり就《つい》て見るべし

第七章　親族會

○本章凡《すべ》て十ヶ條親族會に關する規則《きそく》を定めたるものなり

第九百四十四條　本法其他ノ法令ノ規定ニ依リ親族會ヲ開クヘキ場合ニ於テハ、會議ヲ要スル事件ハ本人、戸主、親族、後見人、後見監督人、保佐人、撿事又ハ利害關係人ノ請求ニ因リ裁判所之ヲ招集ス

問　親族會《しんぞくくわい》を招集《せうしふ》する方法《はうはふ》如何

答　本法其他の法令《はふれい》の規定に依り親族會を開《ひら》くへき場合例《たと》へは親權《しんけん》を行ふ父を其未成年の子と利益《りえき》相

反する行爲に付き特別《とくべつ》代理人の選任《せんにん》を親族會に請求《せいきう》する場合、指定又は法定の後見人なきが爲め親族會に於て之を選任《せんにん》すへき場合、後見人の財産の目録《もくろく》を調製《てうせい》せさるの爲め親族會に於て之を免黜《めんちゆつ》せへき場合又は未成年者の懲戒場《てうかいぢやう》に入れ又は被後見人の土地を賣却《ばいきやく》するが爲め親族會の同意《どうい》を求むる場合等に於て親族會を開《ひら》くを要するときは會議《くわいぎ》を要する事件《じけん》の本人、戸主、親族、後見人、後見監督人保佐人、檢事《けんじ》又は利害關係人の請求《せいきう》に因り裁判所之を招集《せうしふ》すへきものとす

第九百四十五條　親族會員ハ三人以上トシ親族其他本人又ハ其家ニ縁故アル者ノ中ヨリ裁判所之ヲ選定ス

後見人ヲ指定スルコトヲ得ル者ハ遺言ヲ以テ親族會員ヲ選定スルコトヲ得

問　親族會員となるべき人及び其人員《にんいん》如何

答　親族會員は三人以上《いじやう》とし親族其他本人又は其家に縁故《ゑんこ》ある者の中より裁判所之を選定《せんてい》すへく又第九百一條の規定《きてい》により後見人を指定《してい》することを得る者は遺言《ゐごん》を以て親族會員を選定することを得るものとす

第九百四十六條　遠隔ノ地ニ居住スル者其他正當ノ事由アル者ハ親族會員タルコトヲ辭スルコトヲ得

後見人、後見監督人及ヒ保佐人ハ親族會員タルコトヲ得

第九百八條ノ規定ハ親族會員ニ之ヲ準用ス

問　親族會員に選定《せんてい》せられたる者は之を辭《じ》することを得さるや

答　遠隔《ゑんかく》の地に居住《きよぢう》する者例《たと》へは被後見人の大坂に在りて親族會員が山形に在るときの如き、其他正當《たう》の事由《じゆう》ある者例へは重病の爲め到底會議《たうていくわいぎ》に列《れつ》することを能はさるときの如きは親族會員たることを辭することを得るものとす

問　親族會員たることを得《え》さる者如何

答　左に記載《きさい》したる者は親族會員たることを得さるものとす

一　後見人、後見監督人及ひ保佐人

但後見人、後見監督人又は保佐人の職《しよく》に在るも自己《じこ》の後見し、後見監督し、保佐する以外の被後見人の爲めに親族會を開《ひら》く塲合《ばあひ》に於て其被後見人の親族又は其家に緣故《えんこ》ある者ある時は親族會員たることを得へきは當然《たうぜん》なり

二　未成年者

三　禁治産者《きんじさんしや》及ひ準禁治産者

四　裁判所に於て免黜《めんちゆつ》せられたる法定代理人《はふていだいりにん》又は保佐人《ほさにん》

五　破産《はさん》者

六　被後見人に對《たい》し訴訟と爲し又は爲したる者及ひ其配偶者《はいぐうしや》幷に直系血族《ちよくけいけつぞく》

七・行方《ゆくへ》の知《し》れさる者

八　裁判所に於て後見の任務《にんむ》に堪へさる事跡《じせき》、不正《ふせい》の行爲《かうゐ》又は著しき不行跡《ふかうせき》ありと認めたる者

第九百四十七條　親族會ノ議事ハ會員ノ過半數ヲ以テ之ヲ決ス
會員ハ自己ノ利害ニ關スル議事ニ付キ表決ノ數ニ加ハルコトヲ得ス

問　議決の方法如何又會員は自己《じこ》の利害《りがい》に關する議事に加はることを得るや

答　親族會の議事は會員の過半數《かはんすう》を以て之を決《けつ》すへきものとす故に例《たと》へは十人の會員ある場合に於て或る議題《ぎだい》に付き六人贊成《さんせい》し四人反對《はんたい》したるときは其議案は可決《かけつ》せられたるものとす但條文出席會員と云はずして單《たん》に會員の過半數《くわはんすう》とあるが故に總會員の過半數を以《もつ》てするにあらざれは之を決《けつ》することと能はざるは當然《たうぜん》なり從て十人の會員ある場合に於て出席員《しゆつせきいん》五人の内三名同意者あるも議事を決《けつ》すること能はず

又會員は自己《じこ》の利害に關する議事例《たと》へは會員甲が被後見人乙の家屋を讓受《ゆづりう》くるが爲め後見人丙より親族會に其同意を求《もと》めたる時の如き其議事に關し甲は其表決《へうけつ》の數に加はることを得さるものとす蓋《けだ》し被後見人の利害得失《りがいとくしつ》を顧《かへり》みずして只自己の利得《りとく》と爲るべき決定《けつてい》を爲さしめんとするの恐なきにあらざれはなり然《しか》れとも條文表決の數《すう》に加はることを得すとあるのみなるが故《ゆゑ》に其議場に出席して意思を陳述《ちんじゆつ》することを得へきは勿論《もちろん》なり

第九百四十八條　本人、戸主、家ニ在ル父母、配偶者、本家竝ニ分家ノ戸主、後見人、後見監督人及ヒ保佐人ハ親族會ニ於テ其意見ヲ述フルコトヲ得

親族會ノ招集ハ前項ニ掲ケタル者ニ之ヲ通知スルコトヲ要ス

問　本人、戸主等は親族會に於て其意見《そのいけん》を述《の》ふることを得るや

答　本人、戸主、其家に在る父母、配偶者《はいぐうしや》、本家並に分家の戸主、後見人、後見監督人及ひ保佐人は表決の數に加はることを得さるも親族會《しんぞくくわい》に於て其意見《いけん》を述《の》ふることを得へく從て親族會の招集《せうしう》は是等意見を述ふることを得る者に通知《つうち》すへきものとす

第九百四十九條　無能力者ノ爲メニ設ケタル親族會ハ其者ノ無能力ノ止ムマテ繼續ス此親族會ハ最初ノ招集ノ場合ヲ除ク外本人、其法定代理人、後見監督人、保佐人又ハ會員之ヲ招集ス

問　親族會存續《そんぞく》の期間《きかん》如何

答　無能力者《むのうりよくしや》の爲めに設《まう》けたる親族會は其者の無能力の止《や》むまて即ち未成年者の爲めなるときは成年に達《たつ》するまて禁治産者の爲めなるときは禁治産の宣告《せんこく》を取消《とりけ》さるゝまて繼續《けいぞく》するものとす而して此親族會は最初《さいしよ》の招集《せうしふ》の場合に於ては裁判所之を爲すも次回《じくわい》よりは本人、其法定代理人、後見監督人、保佐人又は會員之を招集《せうしふ》するものとす

第九百五十條　親族會ニ缺員ヲ生シタルトキハ會員ハ補缺員ノ選定ヲ裁判所ニ請求スルコトヲ要ス

問　親族會に缺員《けついん》を生《せう》したるときは如何にすへきや

答　親族會に缺員を生《せう》したるときは會員は補《ほ》缺員《けついん》の選定《せんてい》を裁判所に請求《せいきう》すへきものとす而して缺員を生したるとは例《たと》へは十名の會員の死亡《しばう》其他の原因《げんいん》により九名又は八名となりたる場合を指《さ》すものにして第九百四十五條に規定《きてい》したる最少數《さいせうすう》卽ち三人以下に減《げん》したる場合のみを指すものにあらす

第九百五十一條　親族會ノ決議ニ對シテハ一个月內ニ會員又ハ第九百四十四條ニ揭ケタル者ヨリ其不服ヲ裁判所ニ訴フルコトヲ得

問　親族會の決議《けつぎ》に對《たい》しては不服《ふふく》を唱《との》ふることを得さるや

答　親族會の決議に對しては一个月內に會員《くわいゐん》又は第九百四十四條に揭《かか》けたる者卽ち本人、戶主、親族、後見人、後見監督人、保佐《ほさ》人、檢事又は利害關係《りがいくわんけい》人より其不服《ふふく》を裁判所に訴ふることを得るものとす其詳細《しやうさい》は不日公にすへき非訟事件手續法釋義《しやくぎ》に明かなり就《つい》て見るへし

第九百五十二條　親族會カ決議ヲ爲スコト能ハサルトキハ會員ハ其決議ニ代ハルヘキ裁判ヲ爲スコトヲ裁判所ニ請求スルコトヲ得

問　親族會の決議《けつぎ》を爲すこと能《あた》はさるときは如何にすへきや

答　親族會の決議を爲すことを能《あた》はさるとき例《たと》へは可否相半《かひあひなか》はして之を決するに由《よし》なきときの如きは會員は其決議に代《か》はるへき裁判を爲すことを裁判所に請求《せいきう》することを得るものとす

第九百五十三條　第六百四十四條ノ規定ハ親族會員ニ之ヲ準用ス

○第六百四十四條の規定《きてい》は親族會員に之を準用《じゆんよう》するか故に會員は委任の本旨《ほんし》に從ひ善良《ぜんりやう》なる管理者の

注意《ちうい》を以て委任《いにん》事務を處理《しより》する義務を負ふものとす

第八章　扶養ノ義務

○本章凡て十條扶養《ふやう》の義務に關する規則《きそく》を定《さだ》めたるものなり

第九百五十四條　直系ノ血族及ヒ兄弟姉妹ハ互ニ扶養ヲ爲ス義務ヲ負フ

夫婦ノ一方ト他ノ一方ノ直系尊屬ニシテ其家ニ在ル者トノ間亦同シ

問　扶養《ふやう》の義務《ぎむ》は何人の間《あいだ》に存《そん》するや

答　直系《ちよくけい》の血族《けつぞく》及ひ兄弟姉妹は互に扶養《ふやう》を爲す義務を負《お》ひ又夫婦の一方と他の一方の直系尊屬にして其家に在る者との間は又互に扶養《ふやう》を爲す義務を負ふものとす蓋《けだ》し自ら生活《せいくわつ》すること能はさる者あるときは其親族之を扶養《ふやう》すへきことを人倫《じんりん》の命《めい》ずる所なるが故なり然れとも其範圍《はんゐ》は之を制限《せいげん》せさるへからす然らざれは傍系《ばうけい》の血族又は姻族《いんぞく》に對しても扶養を求《もと》むることを得へく其極《きよく》親族《しんぞく》中富裕《ふゆう》の者あれは眷族《けんぞく》之に寄食《きしよく》し爲めに人情《にんじやう》の厭惡《けんあく》を來たし負擔《ふたん》に堪へさるに至るべし之れ本條に於て其範圍《はんゐ》を定めたる所以なり

養子と養親、繼父母と繼子《けいし》又嫡母《てきぼ》と庶子《しよし》とは第七百二十七條及び第七百二十八條の規定《きてい》により血族《けつぞく》間に於けると同一の親族關係を生《しやう》するものなるか故に本條により是等の者の間に後見の義務あるは固《もと》よりなり又第七百四十七條の規定《きてい》あるの故に戸主は直系《ちよくけい》の血族《けつぞく》なると否《いな》とを問はず其家族に對《たい》して扶養の義務を負《お》ふものとす條文直系の血族《けつぞく》とあるの故に兄弟姉妹《けいていしまい》を除《のぞ》くの外は縱《たと》ひ血族なるも傍系《ぼうけい》なるときは扶養の義務なく又夫婦の一方と他の一方の直系尊屬《ちよくけいそんぞく》にして其家に在る者とあるが故に其家に在らざるときは扶養の義務なく又其家に在るも傍系尊屬又は直系卑屬《ちよくけいひぞく》なるときは扶養の義務なきものとす又互《たがひ》に扶養を爲す義務とあるが故に例《たと》へば祖父母生活に困難《こんなん》なるときは自己《じこ》之を扶養し自己《じこ》生活《せいくわつ》すること能はざるときは祖父母の扶養を受くることを得るものとす

第九百五十五條　扶養ノ義務ヲ負フ者數人アル場合ニ於テハ其義務ヲ履行スヘキ者ノ順序左ノ如シ

第一　配偶者

第二　直系卑屬

第三　直系尊屬

第四　戸主

第五　前條第二項ニ掲ケタル者

第六　兄弟姉妹

直系卑屬又ハ直系尊屬ノ間ニ於テハ其親等ノ最モ近キ者ヲ先ニス前條第二項ニ掲ケタル直系尊屬間亦同シ

問　扶養《ふやう》の義務《ぎむ》を負ふ者數人あるときは如何《いか》にすべきや

第四編親族　第八章扶養ノ義務

答　扶養の義務を負《お》ふ者數人ある場合に於ては其義務を履《り》行《かう》すべき者の順序《じゆんじよ》左の如し

第一　配偶者

故に自ら生活《せいくわつ》することを能はざる場合に於て其配偶者《はいぐうしや》あるときは第一に配偶者より扶養《ふやう》を受くべく配偶者なきか又は配偶者あるも扶養の資力《しりよく》なき場合の外は次位《じゐ》の者に其履行を求《もと》むることを得ざるものとす以下皆然り

第二　直系卑屬

第三　直系尊屬

第四　戶主

第五　前條第二項に掲《かゝ》けたる者

第六　兄弟姉妹《けいていしまい》

直系の卑屬《ひぞく》又は尊屬《そんぞく》の間又は前條第二項に掲《かゝ》けたる直系尊屬の間に於ては其親等《しんとう》の最も近《ちか》き者を先にすへきものとす故に例《たと》へば配偶者なきが爲め直系卑屬の扶養《ふやう》を受くへき場合《ばあひ》に於て子及ひ孫あるときは二者共に直系卑屬《ちよくけいひぞく》なるも第一に其親等《しんとう》の最も近き子の扶養を受くへきものとす

本條は義務《ぎむ》履行《かう》の順序《じゆんじよ》を定めたるものなること故に前位を捨《す》てゝ直ちに次位《じゐ》の者に義務の履《り》行を求むることを得さるは當然《たうぜん》なるも前位の者之を給《きふ》する能はさるとき又は幾部分《いくぶぶん》より給そることを能はさるときは次位の者之を負擔《ふたん》し若くは不足を補《おぎな》ふへきこと故に前位《ぜんゐ》の者あれは次位の者は決《けつ》して扶養の義

務を負擔《ふたん》することなしと解《かい》することを得す

第九百五十六條　同順位扶養義務者數人アルトキハ各其資力ニ應シテ其義務ヲ分擔ス但家ニ在ラサル者トノ間ニ於テハ家ニ在ル者先ツ扶養ヲ爲スコトヲ要ス

問　同順位の扶養《ふやう》義務者數人《すうにん》あるときは如何にすへきや

答　同順位の扶養義務者數人あるときは例《たと》へは直系卑屬中子、孫あるとき直系尊屬中父母、祖父母あるときの如きは前條第二項の規定《きてい》により其親等の最も近《ちか》き者を先《さき》にすへしと雖も數人の子、數人の孫、數人の兄弟姉妹《けいていしまい》あるときの如きは其順位《じゆんゐ》、親等《しんとう》同しきの故に如何にして扶養の義務を履《り》行《かう》すへきやを定《さだ》めさるへからす之れ本條の規定ある所以《ゆへん》にして而して本條によれは此場合に於ては各其資力に應《おう》して其義務を分擔《ふたん》すへきものとす故に例《たと》へは父母の生活《せいくわつ》に十八圓を要《えう》する場合に於て其子甲乙丙の三人資力《しりよく》を異《こと》にし甲は千圓乙は二千圓丙は三千圓なるときは甲は三圓乙は六圓丙は九圓を出金して扶養《ふやう》をなすへきものとす

右の如く同順位《どうじゆんゐ》の扶養義務者數人あるときは各其資力《しりよく》に應《おう》して其義務を分擔《ぶんたん》すへきも家に在る者と家に在らさる者との間に於ては家に在る者先つ扶養を爲すへきものとす故に子三人ある場合に於て一人家に在るも他《た》の二人は他家に嫁《か》し又は養子《やうし》縁組《えんぐみ》をなしたるものは家に在る者第一に扶養《ふやう》の義務を負擔《ふたん》すへく家に在る者全く資力《しりよく》なく又は其全部《ぜんぶ》を負擔《ふたん》すること能はさる場合に於ては他家に在る者之を負擔すへきものとす

第九百五十七條　扶養ヲ受クル權利ヲ有スル者數人アル場合ニ於テ扶養義務者ノ資力カ其全員ヲ扶養スルニ足ラサルトキハ扶養義務者ハ左ノ順序ニ從ヒ扶養ヲ爲スコトヲ要ス

第一　直系尊屬

第二　直系卑屬

第三　配偶者

第四　第九百五十四條第二項ニ掲ケタル者

第五　兄弟姉妹

第六　前五號ニ掲ケタル者ニ非サル家族

第九百五十五條第二項ノ規定ハ前項ノ場合ニ之ヲ準用ス

問　扶養を受くる權利《けんり》を有する者數人《すうにん》あるときは如何にすへきや

答　扶養を受くる權利を有する者數人あるとき例《たと》へは父母、祖父母、子孫、兄弟姉妹等皆《み》な天災《てんさい》其他の變により自由生活《せいくわつ》すること能はさるに至《いた》りたるときの如き扶養義務者が其全員《ぜんいん》を扶養するの資力《しりよく》あるに於ては何等の困難《こんなん》なしと雖も其資力足《しりよくた》らすして全員を扶養すること能《あた》はさるときは何人を先《さき》に扶養すへきやと定《さだ》めさるへからす之れ本條の規定《きてい》ある所以《ゆへん》にして本條によれは此場合に於ては扶養義務者は左の順序《じゆんじよ》に從ひ扶養を爲《な》すへきものとす

第一　直系尊属《ちよくけいそんぞく》

故に第一に直系尊属即ち父母、祖父母等と扶養《ふやう》すへく父母、祖父母と措《お》きて直系卑属《ひぞく》、配偶者等と扶養すること能《あた》はそ但直系尊属と扶養して尚《な》ほ其資力《しりよく》に餘《あま》りあるときは直系尊属を扶養すると名とし て次位《じゐ》にある者の扶養と為そと拒《こば》むこと能はさるは勿論《もちろん》なり以下皆此理に同し

第二　直系卑属

第三　配偶者《はいぐうしや》

第四　第九百五十四條第二項に掲《かゝ》けたる者即ち配偶者の直系卑属にして其家に在る者

第五　兄弟姉妹

第六　前五號に掲《かゝ》けたる者に非《あら》さる家族《かぞく》

第九百五十五條第二項の規定《きてい》は前項《せんかう》の場合に之と準用《じゆんよう》そるものとす

第九百五十八條　同順位ノ扶養權利者數人アルトキハ各其需要ニ應シテ扶養ヲ受クルコトヲ得

第九百五十六條但書ノ規定ハ前項ノ場合ニ之ヲ準用ス

問　同順位の扶養權利者《ふやうけんりしや》數人あるときは如何にそへきや

答　同順位の扶養權利者數人あるときは其需要《じゆえう》に應《おう》して扶養を受くることを得るものとす故に例へは甲乙丙丁四人の兄弟姉妹《けいていしまい》共に自ら生活《せいくわつ》すること能はさる場合に於ては甲は五圓乙は四圓丙は三圓丁

は二圓の収入《しうにふ》あるときは其不足額《ふそくがく》例《たと》へは十圓を以て生活《せいくわつ》することを得るときは甲は五圓乙は六圓丙は七圓丁は八圓を受くることを得《う》べく若し其不足額《ふそくがく》の全部《ぜんぶ》を受ることを能はざるときは各自《かくじ》其需要《じゆよう》の割合《わりあひ》に應して之を受くることを得べし

第九百五十六條但書の規定《きてい》は前項の場合に之を準用《じゆんよう》するものとす故に家に在る者と家に在らざる者との間に於ては家に在る者先《ま》つ扶養を受くることを得べし從て甲乙丙の三人の孫《まご》ありて甲の家に在り乙丙の二人の家に在らさるときの如《ごと》きは乙丙の二人は扶養義務者《ふやうぎむしや》に甲を扶養して之を尚《な》は資力《しりよく》に餘《あま》りあるときにあらざれは其扶養を求《もと》むることを得さるものとす

第九百五十九條　扶養ノ義務ハ扶養ヲ受クヘキ者カ自己ノ資産又ハ勞務ニ依リテ生活ヲ爲スコト能ハサルトキニノミ存在ス自己ノ資ニ依リテ敎育ヲ受クルコト能ハサルトキ亦同シ
兄弟姉妹間ニ在リテハ扶養ノ義務ハ扶養ヲ受クル必要カ之ヲ受クヘキ者ノ過失ニ因ラスシテ生シタルトキニノミ存在ス但扶養義務者カ戸主ナルトキハ此限ニアラス

問　扶養の義務《ぎむ》を生する場合如何

答　扶養の義務は扶養を受《う》くへき者の自己《じこ》の資産又は勞務《ろうむ》に依りて生活《せいくわつ》を爲すこと能はさるときにのみ存在《そんざい》するものとす故に自己の資産《しさん》に依りて生活《せいくわつ》を爲すことを得る場合又は資産《しさん》なきも勞務《ろうむ》に依り

て生活《せいくわつ》を爲すことを得る場合は縦《たと》ひ父母と雖も其子に扶養《ふやう》を求《もと》むることを得る但現《げん》に資産《しさん》なきときは其資産《しさん》を失《うしな》ひし原因《げんいん》の過失《くわしつ》によると否《いな》とを問はす又實際勞務《じつさいらうむ》に依りて生活を爲すこと能はさるときは其原因《げんいん》の不具《ふぐ》、癈疾《はいしつ》、幼稚《ようち》、老衰《らうすい》等にあると否とを問はさるものとす又自己《じこ》の資産《しさん》に依りて救濟《けうさい》を受くること能《あた》はさる場合に於ても扶養《ふやう》を求《もと》むることを得るものとそ然れとも兄弟姉妹《けいていしまい》間に在りては扶養の義務《ぎむ》は扶養義務者か戸主《こしゆ》なるときの外扶養を受くる必要《ひつよう》か之を受くへき者の過失《くわしつ》に因《よ》らすして生《しやう》したるときにのみ存在《そんざい》するものとす故に例《たと》へは兄又は弟が財産を浪費《らうひ》し盡《つく》したるが爲め生活《せいくわつ》することを能《あた》はさるに至りたるとき又は姉若くは妹が他に嫁《か》したるも姦《かん》通《つう》又は夫の直系尊屬に對《たい》して虐待《ぎやくたい》を爲したるが爲め離婚《りこん》せられ其結果《けつくわ》自ら生活《せいくわつ》を爲すこと能はさるに至《いた》りたる時の如きは扶養《ふやう》を求《もと》むることを得さるものとす

第九百六十條　扶養ノ程度ハ扶養權利者ノ需要ト扶養義務者ノ身分及ヒ資力トニ依リテ之ヲ定ム

問　扶養の程度《ていど》は何を標目《ひやうもく》として之を定むへきや

答　扶養の程度は扶養權利者《けんりしや》の需要《じゆよう》と扶養義務者の身分《みぶん》及ひ資力《しりよく》とに依りて之を定むへきものとす從て其需要《じゆよう》又は身分、資力に變更《へんかう》あるときは扶養の程度に增減《ぞうげん》を來すへきや當然《たうぜん》なり

第九百六十一條　扶養義務者ハ其選擇ニ從ヒ扶養權利者ヲ引取リテ之ヲ養ヒ又ハ之ヲ引取ラスシテ生活ノ資料ヲ給付スルコトヲ要ス但正當ノ事由アルトキハ

裁判所ハ扶養權利者ノ請求ニ因リ扶養ノ方法ヲ定ムルコトヲ得

問　扶養の方法《はうはふ》如何

答　扶養義務者は扶養權利者《けんりしや》を引取《ひきと》りて之を養ふ又は之を引取らすして生活《せいくわつ》の資料《しりやう》即ち金錢又は物品を給付《きふふ》するの二中其一を選擇《せんたく》すへきものとす但正當《せいたう》の事由《じゆう》あるときは裁判所は扶養權利者の請求に因り扶養の方法《はうはふ》を定《さだ》むることを得へし

第九百六十二條　扶養ノ程度又ハ方法カ判決ニ因リテ定マリタル場合ニ於テ其判決ノ根據ト爲リタル事情ニ變更ヲ生シタルトキハ當事者ハ其判決ノ變更又ハ取消ヲ請求スルコトヲ得

問　判決《はんけつ》の根據《こんきよ》と爲りたる事情《じじやう》に變更《へんかう》を生《しやう》したるときは如何にすへきや

答　扶養の程度《ていど》又は方法の判決《はんけつ》に因りて定まりたる場合に於て其判決の根據《こんきよ》と爲りたる事情《じじやう》に變更《へんかう》を生したるときは當事者《たうじしや》は其判決の變更《へんかう》又は取消《とりけし》を請求《せいきう》することを得べし而して判決《はんけつ》の取消を請求する場合とは例《たと》へは扶養權利者が扶養を受すして生活《せいくわつ》を爲すことを得るに至りたる場合又は扶養義務者が扶養《ふやう》を爲すの資力《しりよく》なきに至りたる場合の如きを云ふ

第九百六十三條　扶養ヲ受クル權利ハ之ヲ處分スルコトヲ得ス

問　扶養《ふやう》を受くる權利は之を處分《しよぶん》することを得るや

答　扶養を受くる權利《けんり》は之を處分《しよぶん》することを得す故に之を讓渡《じやうと》し又は差押《さしおさへ》ふることを得さるものとす

蓋《けだ》し之を讓渡《じやうと》し若くは扶養權利者の債權者《さいけんしや》が之を差押《さしおさ》ふることを得へしとせば忽《たちま》ち其生活方法を失ふに至るべくして法律《はふりつ》に於て扶養の權利義務を定めたる旨趣《しゆし》に反《はん》するの故なり但條文扶養を受くる權利《けんり》とあるが故に其權利は之を處分《しよぶん》することを得さるも生活の資料《しりやう》として受けたる物品を賣却《ばいきやく》して金錢に代《か》ふるが如きは本條の禁《きん》する所にあらさるや勿論《もちろん》なり

第五編　相續

○本編《ほんぺん》は相續《さうぞく》に關《くわん》する規則《きそく》を定《さだ》めたるものにして分《わけ》て七章となす第一章に於ては家督相續《かとくさうぞく》に關する規則を定め第二章に於ては遺產相續《いさんさうぞく》に關する規則を定め第三章に於ては相續の承認《しやうにん》及び拋棄に關する規則を定《さだ》め第四章に於ては財產《ざいさん》の分離《ぶんり》に關する規則《きそく》を定め第五章に於ては相續人《さうぞくにん》の曠缺《くわうけつ》第六章に於ては遺言《ゐげん》第七章に於ては遺留分《ゐりうぶん》に關する規則を定めたり

第一章　家督相續

○本章は家督相續《かとくさうぞく》に關《くわん》する規則《きそく》を定めたるものにして分《わけ》て三節となす第一節に於ては總則《さうそく》を定め第二節に於ては家督相續人《かとくさうぞくにん》に關する規則を定め第三節に於ては家督相續の效力《こうりよく》を定めたり

第一節　總則

○本節凡て四條本章全体《ぜんたい》に關する規則を定めたるものなり

第九百六十四條　家督相續ハ左ノ事由ニ因リテ開始ス

一　戸主ノ死亡、隱居又ハ國籍喪失

二　戸主カ婚姻又ハ養子緣組ノ取消ニ因リテ其家ヲ去リタルトキ

三　女戸主ノ入夫婚姻、其取消又ハ入夫ノ離婚

問　家督相續《かとくさうぞく》の開始《かいし》する場合《ばあい》如何《いかん》

答　家督相續人《かとくさうぞくにん》は左の事由《じゆう》に因りて開始《かいし》するものとす

一　戶主の死亡《こしゅしばう》、隱居《いんきょ》又は國籍喪失《こくせきさうしつ》

故に戶主が死亡したるとき又は第七百五十二條以下の規定《きてい》に從《したが》ひ隱居《いんきょ》を爲したるとき又は外國人《ぐわいこくじん》の身分を取得《しゅとく》したるが爲め日本の國籍《こくせき》を喪失《さうしつ》したるときは之と同時に家督相續開始《かとくさうぞくかいし》するものとす

二　戶主が婚姻《こんいん》又は養子《やうし》緣組《えんぐみ》の取消《とりけし》に因りて其家を去りたるとき

故に例《たと》へば甲家《かうか》の男甲が乙家《おつか》の女乙と婚姻《こんいん》し乙家の戶主となり又は養子緣組によりて其戶主となりたる場合《ばあい》に於て婚姻又は緣組が取消されたるが爲め乙家を去りたるときは家督相續開始するものとす

三　女戶主《によこしゅ》の入夫婚姻《にふふこんいん》、其取消又は入夫の離婚《りこん》

女戶主が入夫婚姻を爲して入夫が戶主となるとき又は入夫を離婚したるときは相續發開《はつかい》するものとす

第九百六十五條　家督相續ハ被相續人ノ住所ニ於テ開始ス

○家督相續《かとくさうぞく》は被相續人《ひさうぞくにん》の住所に於て開始するものとす而して被相續人とは相續せらるゝ人を云ふ例《たと》へば甲家の戶主甲が死亡して乙其家督を相續したるときは甲は被相續人にして乙は相續人なり

第九百六十六條　家督相續回復ノ請求權ハ家督相續人又ハ其法定代理人カ相續權侵害ノ事實ヲ知リタル時ヨリ五年間之ヲ行ハサルトキハ時效ニ因リテ消滅

ス相續開始ノ時ヨリ二十年ヲ經過シタルトキ亦同シ

問　家督相續回復請求權《かとくさうぞくくわいふくせいきうけん》の時效期間《じかうきかん》如何

答　家督相續回復の請求權は家督相續人又は其法定代理人《はうていだいりにん》が相續權侵害《さうぞくけんしんがい》の事實を知りたる時より五年間之を行はざるとき又は相續開始《さうぞくかいし》の時より二十年を經過《けいくわ》したるときは時效《じかう》に因りて消滅《せうめつ》するものとす

第九百六十七條　相續財産ニ關スル費用ハ其財産中ヨリ之ヲ支辨ス但家督相續人ノ過失ニ因ルモノハ此限ニ在ラス

前項ニ掲ケタル費用ハ遺留分權利者カ贈與ノ減殺ニ因リテ得タル財産ヲ以テ之ヲ支辨スルコトヲ要セス

問　相續財産《さうぞくざいさん》に關する費用《ひよう》は何人之を負擔《ふたん》すへきや

答　相續財産に關《くわん》する費用は其相續財産中より之を支辨《しべん》すへきものとす但家督相續人の過失《くわしつ》に因るものは其相續人之を負擔《ふたん》すへきこと當然なり

然れとも右の費用は遺留分權利者《ゐりうぶんけんりしや》が贈與《ぞうよ》の減殺《げんさつ》に因りて得たる財産を以て之を支辨《しべん》することを要せざるものとす遺留分の何たることは次章に明かなり

第二節　家督相續人

○本節凡て十八條家督相續人に關する規則を定めたるものなり

第九百六十八條　胎兒ハ家督相續ニ付テハ既ニ生マレタルモノト看做ス

前項ノ規定ハ胎兒カ死體ニテ生マレタルトキハ之ヲ適用セス

問　胎兒《たいじ》は家督相續に付て權利《けんり》を有《ゆう》せざるや

答　第一條に私權《しけん》の享有《きやういう》は出生《しゆつせう》に始《はじ》まるとあるが故に胎内《たいない》の子は私權を享有すること能はさるを原則《げんそく》とするも然れとも家督相續に付ては胎兒は既に生《う》まれたるものと看做《みな》すべきものとす蓋《けだ》し然《しか》らされは戸主甲が遺腹《いふく》の男子と幼年の女子とを殘して死亡したるとき又は弟一人あるのみなるときの如きは相續は遺腹《いふく》の男子に歸せすして女子又は被相續人の弟《おとうと》に屬《ぞく》するに至るが故なり

右の如く胎兒は家督相續に付ては既に生まれたるものと看做すと雖も然れとも胎兒《たいじ》が死體《したい》にて生まれたるときは此規則を適用《てきよう》せさるものとす蓋し此世に出生せさる者に權利《けんり》を與《あた》ふるの理なきが故なり

第九百六十九條　左ニ掲ケタル者ハ家督相續人タルコトヲ得ス

一　故意ニ被相續人又ハ家督相續ニ付キ先順位ニ在ル者ヲ死ニ致シ又ハ死ニ致サントシタル爲メ刑ニ處セラレタル者

二　被相續人ノ殺害セラレタルコトヲ知リテ之ヲ告發又ハ告訴セサリシ者但其者ニ是非ノ辨別ナキトキ又ハ殺害者カ自己ノ配偶者若クハ直系血族ナリシトキハ此限ニ在ラス

三　詐欺又ハ强迫ニ因リ被相續人カ相續ニ關スル遺言ヲ爲シ、之ヲ取消シ又ハ之ヲ變更スルコトヲ妨ケタル者

四　詐欺又ハ强迫ニ因リ被相續人ヲシテ相續ニ關スル遺言ヲ爲サシメ、之ヲ取消サシメ又ハ之ヲ變更セシメタル者

五　相續ニ關スル被相續人ノ遺言書ヲ僞造、變造、毀滅又ハ藏匿シタル者

問　家督相續人《かとくさうぞくにん》たることを能はざる者ありや

答　左に揭ぐる者は家督相續人たることを得ざるものとす

一　故意《こい》に被相續人又は家督相續に付き先順位《せんじゆんい》に在る者を死に致し又は死に致さんとしたる爲め刑《けい》に處せられたる者

故意に被相續人又は家督相續に付き先順位に在る者を死に致したるときは謀殺《ぼうさつ》又は故殺《こさつ》したる時を云ひ死に致さんとしたる爲めとは謀殺、故殺の未遂犯《みすいはん》を指《さ》すものにして之《これ》を殺さんとして未だ遂《と》げざる場合を云ふ又先順位に在る者とは家督相續に付き自己《じこ》より先の順位に在る者例へば自己より親《しん》等《とう》の近《ちか》き直系卑屬《ちよくけいひぞく》又は嫡出《ちやくしつ》の兄の如きを云ひ其一位先にあると一二位を隔《へだ》てゝ先にあるとを問はざるものとす又條文故意《でうぶんこい》に云々とあるが故に過失《くわしつ》によりて死に致したる者は相續人となることを得べく又故意を以て死に致し又は死に致さんとしたる者と雖も公訴《こうそ》の時效《じこう》又は大赦《たいしや》の爲め刑に處せられざるときは本條の禁止《きんし》する所にあらず權利の實行《じつこう》に出たるとき亦然《またしか》り

二　被相續人の殺害《せつがい》せられたることを知りて之を告發《こくはつ》又は告訴《こくそ》せざりし者但其者に是非《せひ》の辨別《べんせつ》あるとき又は殺害者が自己の配偶者《はいぐうしや》若くは直系血族《ちよくけいけつぞく》なりしときは此限に在らず

謀故《ばうこ》殺《さつ》に出ると過失《くわしつ》に出るとを問はず被相續人《ひさうぞくにん》の殺害せられたることを知りて告發《こくはつ》又は告訴《こくそ》の方法により之を官署《くわんしよ》に申告《しんこく》せざる者は相續人たることを得ず然れども幼者《やうしや》なるが爲め又は疾病《しつぺい》等によりて是非《せひ》の辨別なきとき即ち人を殺害するの惡事《あくじ》なるや否《いな》を知らさるときは告發又は告訴を爲さゝるも相續權《さうぞくけん》を失ふことなし殺害者か自己の配偶者《はいぐうしや》若くは直系血族ありしとき亦同し蓋《けだ》し自己の配偶者若くは直系血族《ちよくけいけつぞく》が縱《たと》ひ被相續人を殺害するも告發又は告訴して刑を受けしむるは人情《にんじやう》の忍《しの》びさる所なればなり

條文被相續人の殺害せられたることを知りて云々とあるが故に强竊盜《がうせつとう》、詐欺等《さぎとう》殺人以外の犯罪《はんざい》の被《ひ》害者《がいしや》たるときは之を知るも告發又は告訴の義務《ぎむ》なく又殺人罪の被害者たるときと雖も未だ殺害《さつがい》せられざるとき即ち既遂《きすい》に至らざる時は之を官署《くわんしよ》に申告せざるも相續權を失ふことなく又縱ひ殺害せらるゝも第三者の權利《けんり》の實行《じつかう》に出るとき即ち第三者が正當防衛《せいたうばうにい》により被相續人を殺害したる場合なるときは犯罪《はんざい》を構成《かうせい》せざるか故に告發又は告訴をなすの權《けん》なく從て之を爲さゞるも相續權を失ふことなし

三　詐欺《さぎ》又は强迫《きやうはく》に因り被相續人が相續に關《くわん》する遺言《ゐげん》を爲し、之を取消し又は之を變更することを妨けたる者

故に詐欺を以て又は强迫《きやうはく》を加《くは》へて被相續人か相續に關する遺言を爲すことを妨け又は既に爲したる遺言を取消すことを妨け又は之を變更することを妨けたる者は之が爲めに自己を利せんとしたると否とを問はず相續權を失ふものとす但條文相續に關する遺言とあるが故に相續に關せざる遺言は詐欺又は强迫に因りて之を妨ぐるも相續權を失ふことなきは當然なり

四　詐欺又は强迫に因り被相續人をして相續に關する遺言を爲さしめ、之を取消さしめ又は之を變《へん》更《かう》せしめたる者

前三號と本號とは手段《しゆだん》は同一なるも前號の場合に於ては爲さんとするを妨げ本號の場合に於ては爲さゝらんとするを爲さしめたるの差《さ》あり

五　相續に關する被相續人の遺言書を僞《ぎ》造變造《ぞうへん》、毀滅《きめつ》又は藏匿《ぞうとく》したる者

僞造とは自ら遺言書を造りて被相續人の造りたるが如くしたるを云ひ變造とは被相續人の造りたる遺言書を增減變換《ぞうげんへんくわん》して示定したる事實の眞正を害するものを云ふ

第九百七十條　被相續人ノ家族タル直系卑屬ハ左ノ規定ニ從ヒ家督相續人ト爲ル

一　親等ノ異ナリタル者ノ間ニ在リテハ其近キ者ヲ先ニス
二　親等ノ同シキ者ノ間ニ在リテハ男ヲ先ニス
三　親等ノ同シキ男又ハ女ノ間ニ在リテハ嫡出子ヲ先ニス

四　親等ノ同シキ嫡出子、庶子及ヒ私生子ノ間ニ在リテハ嫡出子及ヒ庶子ハ女ト雖モ之ヲ私生子ヨリ先ニス

五　前四號ニ掲ケタル事項ニ付キ相同シキ者ノ間ニ在リテハ年長者ヲ先ニス

第八百三十六條ノ規定ニ依リ又ハ養子縁組ニ因リテ嫡出子タル身分ヲ取得シタル者ハ家督相續ニ付テハ其嫡出子タル身分ヲ取得シタル時ニ生マレタルモノト看做ス

問　家督相續人と爲るべき者の順序如何

答　家督相續人と爲るべき者の順序は左の如し

第一　被相續人の家族たる直系卑屬《ちよくけいひぞく》

第二　被相續人の指定したる家督相續人

第三　被相續人の父母又は親族會に於て配偶者、兄弟姉妹、兄弟姉妹の直系卑屬中より選任《せんにん》したる家督相續人

第四　家に在る直系尊屬

第五　親族會に於て被相續人の親族、分家の戸主又は本家若くは分家の家族中より選定したる家督相續人

第六　親族會に於て家督相續人と選定したる他人

右詳細《しやうさい》の事は本條以下に明《あきら》かなり

問　被相續人《ひさうぞくにん》の家族たる直系卑屬《ちよくけいひぞく》か家督《かとく》相續人となる順位《じゆんゐ》如何

答　被相續人の家族《かぞく》たる直系卑屬即ち子、孫《まご》等は左の順位に從ひ家督《かとく》相續人と爲るものとす而《しか》して條文被相續人の家族《かぞく》とあるか故に被相續人の卑屬《ひぞく》と雖も被相續人《ひさうぞくにん》と家を同ふする者即ち其家族《かぞく》にあらされば法定の推定《すいてい》家督相續《かとくさうぞく》人たることを得す故に例へば戸主《こしゆ》甲に乙丙の二男ある場合《ばあひ》に於て丙か他家の養子《やうし》となりたるときは假令《たとへ》乙か甲に先たちて死亡《しばう》し而して甲即ち被相續《ひさうぞく》人に他の直系卑屬なきときと雖《いへど》も丙は法定《はふてい》の家督相續人たること能《あた》はす

一　親等の異なりたる者の間《あひだ》に在りては其近き者を先《さき》にす

故に被相續人に子と孫《まご》とあるときは子は一親等《しんとう》にして孫《まご》は二親等なるが故に子其相續《さうぞく》人たるべきものとす然《しか》れとも此規則《きそく》を適用《てきよう》すること能はさる場合《ばあひ》あり例へば被相續《ひさうぞく》人甲に乙丙の二男ありて乙其長男ある場合《ばあひ》に於て乙か子丁を遺《のこ》し被相續《ひさうぞく》人甲に先たちて死亡《しばう》したるときの如き然《しか》り此場合に於ては丙は丁よりも親等《しんとう》近きが故に長男《ちやうなん》乙死亡したる以上は次男《じなん》丙、甲の相續《さうぞく》人たるべきが如きも然らすして甲の孫《まご》即ち二親等《しんとう》なる丁家督相續《かとくさうぞく》人たるべきものとす之れ所謂《いはゆ》る嫡孫承祖《てきそんしようそ》なるものにして第九百七十四條の規定《きてい》する所なり故《ゆゑ》に如何なる場合《ばあひ》に於ても親等《しんとう》の異なりたる者の間《あひだ》に在りては其近き者を先《さき》にすと解《かい》すること能《あた》はす

二　親等《しんとう》の同しき者の間《あひだ》に在りては男《をとこ》を先《さき》にす

故に子《こ》數人《すうにん》の中男子《なんし》と女子《ぢよし》とあるとき又孫《まご》數人の中男子《なんし》と女子《ぢよし》とあるときは其年齢《ねんれい》の如何を問はす男子《なんし》が家《か》督《とく》相續《さうぞく》人たるべきものとす

三　親等《しんとう》の同しき男《をとこ》又は女の間《あひだ》に在りては嫡出子《ちやくしゆつし》を先にす

故に甲乙二人の男子《なんし》ありて甲か庶子《しよし》乙か嫡出子《ちやうしゆつし》あるとき又は甲乙二人の孫女《むすめ》ありて甲女か庶子乙女、か嫡出子《ちやくしゆつし》なるときは次男《じなん》又は次女《じぢよ》と雖も嫡出子《ちやくしゆつし》を先にすべきものとす但親等《しんとう》の同じからざる場合《ばあひ》例へは子庶子《しよし》にして孫嫡出子《まごちやくしゆつし》なるときの如きは第一號の規定《きてい》により庶子《しよし》と雖も孫《まご》より先に相續《さうぞく》人たるべきは勿論《もちろん》なり

四　親等《しんとう》の同しき嫡出子《ちやくしゆつし》、庶子《しよし》及ひ私生子《しせいし》の間に在りては嫡出子及ひ庶子《しよし》は女と雖も之を私生子より先《さき》にす

故に例《たと》へは二人の子女《しぢよ》中甲男か私生子《しせいし》にして乙女は嫡出子《ちやくしゆつし》又は庶子《しよし》なるときは乙女其相續《さうぞく》人たるべきものとす

五　前四號に掲《かゝ》けたる事項《じかう》に付き相同《あひおな》しき者の間に在りては年長者《ねんちやうしや》を先にす

例へは二人の子が共に同親等《どうしんとう》の男子又は女子にして而《しか》して共に嫡出子《ちやくしゆつし》又は庶子《しよし》又は私生子《しせいし》なるときの如きは前《ぜん》四號の規定《きてい》によりて之を定《さだ》むること能《あた》はさるが故に此場合《ばあひ》に於ては年長《ねんちやう》の者を以て相續人となすべきものとす

第八百三十六條の規定《きてい》に依り嫡出子《ちやくしゆつし》たる身分《みぶん》を取得《しゆとく》したる者又は養子《やうし》緣組《えんぐみ》に因りて嫡出子たる身分

を取得《しゆとく》したる者は家督相續《かとくさうぞく》に付ては其嫡出子《ちやくしゆつし》たる身分《みぶん》を取得《しゆとく》したる時に生まれたるものと看做《みな》すべきものとす故に例へば被相續人《ひさうぞくにん》甲が其嫡出子《ちやくしゆつし》乙女の五歳の時十五歳の丙女《へいぢよ》を養子《やうし》とし又は第八百三十六條第二項により十五歳の私生子《しせいし》丙女《へいぢよ》を認知《にんち》したる場合《ばあひ》に於て丙は乙より十歳の年長《ねんちやう》なるも嫡出《ちやくしゆつ》子《し》たる身分《みぶん》を取得《しゆとく》したる時に生まれたるものと看做《みな》すか故に乙は丙よりも年長《ねんちやう》たるべく從て乙は丙よりも先に家督相續人《かとくさうぞくにん》たるべきものとす

第九百七十一條　前條ノ規定ハ第七百三十六條ノ適用ヲ妨ケス

○前條《ぜんでう》の規定《きてい》は第七百三十六條の適用《てきよう》を妨《さまた》けざるものとす故に女戸主《にょこしゆ》が入夫婚姻《にうふこんいん》を爲したるが爲め相續《ぞく》の開始《かいし》ある場合《ばあひ》に於ては前條《ぜんでう》の規定《きてい》により家督相續人《かとくさうぞくにん》たるべき者あるときと雖も入夫《にうふ》は第七百三十六條の規定《きてい》により女戸主《にょこしゆ》の家督《かとく》を相續《さうぞく》して其家の戸主《こしゆ》とあるものとす但當事者《たうじしや》が婚姻《こんいん》の當時《たうじ》反對《はんたい》の意思《し》を表示《ひやうし》したるとき即ち入夫婚姻《にうふこんいん》を爲すも入夫《にうふ》は家族《かぞく》たるべく女戸主《にょこしゆ》は依然《いぜん》其家の戸主《こしゆ》たるべき意見《いけん》を表示《ひやうし》したるときは爲めに相續開始《さうぞくかいし》することなきは當然《たうぜん》なり

第九百七十二條　第七百三十七條及ヒ第七百三十八條ノ規定ニ依リテ家族ト爲リタル直系卑屬ハ嫡出子又ハ庶子タル他ノ直系卑屬ナキ場合ニ限リ第九百七十條ニ定メタル順序ニ從ヒテ家督相續人ト爲ル

問　第七百三十七條及び第七百三十八條の規定《きてい》に依りて家族《かぞく》となりたる直系卑屬《ちよくけいひぞく》は家督相續人《かとくさうぞくにん》となることを得るや

答　第七百三十七條の規定《きてい》により戸主《こしゆ》の直系卑屬《ちよくけいひぞく》にして他家《たけ》に在る者を家族《かぞく》と稱し又は第七百三十八條の規定《きてい》により婚姻《こんいん》或は養子《やらし》縁組《にんぐみ》に因りて他家に入りたる者が其配偶者《はいぐう》又は養親《やらしん》の親族《しんぞく》に非さる自己の直系卑屬《ちよくけいひぞく》を婚家《こんか》若くは養家《やらか》の家族《かぞく》と爲し又は婚家《こんか》若くは養家《やらか》を去りたる者か其家に在る自己の直系卑屬《ちよくけいひぞく》を自家の家族《かぞく》と爲したるときは其家族《かぞく》となりたる直系卑屬は嫡出子《ちやらしゆつし》又は庶子たる他の直系卑屬なき場合《ばあひ》に限り第九百七十條に定《さだ》めたる順序《じゆんじよ》に從ひて家督相續人《かぞくさうぞくにん》となるものとす故に男女を問はす嫡出子《ちやくしゆつし》又は庶子たる他の直系卑屬《ちよくけいひぞく》あるときは其家族《かぞく》となりたる直系卑屬《ちよくけいひぞく》は相續《さうぞく》人たること能はす

第九百七十三條　法定ノ推定家督相續人ハ其姉妹ノ爲メニスル養子縁組ニ因リテ其相續權ヲ害セラルルコトナシ

問　法定《はふてい》の推定家督相續《すいていかとくさうぞく》人は養子《やらし》縁組《にんぐみ》の爲めに其相續權《さうぞくけん》を害せらるゝことなきや

答　法定の推定家督相續人たる男子《なんし》ある者は第八百三十九條の規定《きてい》あるが爲め男子《なんし》を養子《やらし》と爲すことを得ざるが爲め法定《はふてい》の推定家《すいていか》督相續人《とくさうぞくにん》は養子《やらし》縁組《にんぐみ》に因りて其相續權《さうぞくけん》を害せらるゝことなく其姉妹《しまい》の爲めにする養子《やらし》縁組《にんぐみ》に因りても其相續權《さうぞくけん》を害せらるゝことなきものとす故に例へば甲女乙男ある場合に於て甲女の爲めに養子《やらし》をなしたる時即ち女婿《ぢよせい》と爲すが爲めに丙男《へいなん》を養子《やらし》と爲すも乙男《れつなん》は依然《いせん》家督相續人《とくさうぞくにん》たるべく又甲女乙男《かうぢよれつなん》の二人ある場合《ばあひ》に於て妹乙《まいれつ》の爲めに丙男《へいなん》を養子《やらし》となすも姉甲《しかう》は依然《いせん》家督相續人たるへし

第九百七十四條　第九百七十條及ヒ第九百七十二條ノ規定ニ依リテ家督相續人タルヘキ者カ家督相續ノ開始前ニ死亡シ又ハ其相續權ヲ失ヒタル場合ニ於テ其者ニ直系卑屬アルトキハ其直系卑屬ハ第九百七十條及ヒ第九百七十二條ニ定メタル順序ニ從ヒ其者ト同順位ニ於テ家督相續人ト爲ル

問　家督相續の開始前死亡したる家督相續人に直系卑屬あるときは其直系卑屬は如何なる順位に於て家督相續人たるべきや

答　第九百七十條及び第九百七十二條の規定に依りて家督相續人たるべき者が家督相續の開始前に死亡し又は其相續權《さうぞくけん》を失ひたる場合に於て其者に直系卑屬あるときは其直系卑屬は第九百七十條及び第九百七十二條に定めたる順序《じゆんじよ》に從ひ其者と同順位《どうじゆんい》に於て家督相續人と爲るものとす今之を例解《れいかい》すれば左の如し

被相續人即ち甲
甲の子一　乙男
乙の子　(イ)女
同庶子　(ロ)男
同嫡出子　(ハ)男
甲の子二　丙男（第七百三十七條又は第七百三十八條によりて家族となりたる者）

丙の子　(イ)男
同　(ロ)男
甲の子三　丁女
丁の子　(イ)女
同　(ロ)男

右の場合に於て甲の死亡又は隱居前《いんきよぜん》に甲の子乙死亡したるとき又は其相續權を失ひたる時は乙の子(ハ)男家督相續人たるべし今其順位を示せば左の如し

第一乙男　第二乙の子(ハ)男　第三同(ロ)男　第四同(イ)女　第五丁女　第六丁の子(ロ)男　第七同(イ)女
第八丙男　第九丙の子(イ)男　第十同(ロ)男

第九百七十五條　法定ノ推定家督相續人ニ付キ左ノ事由アルトキハ被相續人ハ其推定家督相續人ノ廢除ヲ裁判所ニ請求スルコトヲ得
一　被相續人ニ對シテ虐待ヲ爲シ又ハ之ニ重大ナル侮辱ヲ加ヘタルコト
二　疾病其他身體又ハ精神ノ狀況ニ因リテ家政ヲ執ルニ堪ヘサルヘキコト
三　家名ニ汚辱ヲ及ホスヘキ罪ニ因リテ刑ニ處セラレタルコト
四　浪費者トシテ準禁治產ノ宣告ヲ受ケ改悛ノ望ナキコト
此他正當ノ事由アルトキハ被相續人ハ親族會ノ同意ヲ得テ其廢除ヲ請求スル

コトヲ得

問　法定《はふてい》の推定家督相續人《すいていかとくさうぞく》は之を廢《はい》することを得るや

答　法定の推定家督相續人に付き左の事由あるときは被相續人は其推定家督相續人の廢除を裁判所に請求することを得るものとす

一　被相續人に對して虐待を爲し又は之に重大なる侮辱《ぶじよく》を加へたること

故に相續人が被相續人に對して極《きは》めて粗暴《そばう》なる取扱《とりあつかひ》を爲し又は言語を以てすると文書を以てするとを問はず甚しく其名譽《めいよ》を毀損《きそん》したるときは被相續人は其家督相續人の嫡出子なると養子なると又他に法定の推定家督相續人あると否とを問はず其廢除《はいぢよ》を請求することを得べし但し如何なる所爲が果して虐待《ぎやくたい》なるや將た侮辱なるやは事實《じじつ》の問題《もんだい》にして裁判官の判定《はんてい》すべき所なり

二　疾病《しつぺい》其他身体又は精神の狀況に因り家政を執《と》るに堪《た》へざるべきこと

故に疾病《しつぺい》其他身体《しんたい》又は精神《せいしん》の狀況《じやうきやう》に因り家政を執《と》るに堪《た》へざる者例へば心神喪失《しんしんさうしつ》ノ常況に在る者、心神耗弱者《しんしんかうじやくしや》、聾唖《ろうあ》者等《しやとう》は禁治産又は準禁治産の宣告を受けたると否とを問はず之が廢除《はいぢよ》を請求《せいきう》することを得べし

三　家名に汚辱《をぢよく》を及ぼすべき罪に因りて刑に處せられたること

故に姦淫《かんいん》、強盜《がうとう》、竊盜《せつとう》、詐欺《さぎ》、取財等《しざいとう》の如き破廉恥《はれんち》罪《ざい》に因りて刑に處せられたる者は之を廢除することを得べし蓋し其家の名譽《めいよ》を傷《きづ》け從て祖先の光榮を失墜するを以てなり然れども條文刑に處せられた

ることゝあるが故に家名に汚辱を及ぼすべき罪を犯すも時效、大赦《たいしや》其他の原因《げんいん》により刑に處せられざる時は廢除《はいぢよ》の請求《せいきう》を爲すことを得ず又縦令重罪の刑に處せらるゝも其罪質が國事犯の如く家名《かめい》に汚辱を及ぼすべきものにあらざるとき亦同し

四　浪費者として準禁治《じゆうきんじ》産《さん》の宣告《せんこく》を受け改悛の望なきこと故に心神健全《けんぜん》ならざるにあらざるも濫りに財産を費消して一身一家を維持《いぢ》すること能はざるが爲め本人、配偶者、四親等内の親族《しんぞく》、戸主《こしゆ》、後見人等の請求《せいきう》により準禁治産の宣告を受け到底改悛《とうていかいしゆん》の望《のぞみ》なき者は之が廢除《はいぢよ》を請求することを得べし

右の外正當の事由あるときは被相續人《ひさうぞくにん》は親族會の同意《どうい》を得て其廢除《はいぢよ》を請求《せいきう》することを得るものとす

第九百七十六條　被相續人カ遺言ヲ以テ推定家督相續人ヲ廢除スル意思ヲ表示シタルトキハ遺言執行者ハ其遺言カ效力ヲ生シタル後遲滞ナク裁判所ニ廢除ノ請求ヲ爲スコトヲ要ス此場合ニ於テ廢除ハ被相續人ノ死亡ノ時ニ遡リテ其效力ヲ生ス

問　被相續人か遺言《いげん》を以て推定《すいてい》家督相續人を廢除する意思を表示したるときは如何にすべきや

答　此場合に於ては第六章第四節に規定したる遺言執行者は被相續人の遺言か效力を生じたる後即ち遺言者か死亡したる後、遺言に停止《ていし》條件を附したる場合に於ては其條件か遺言者の死亡後に成就《じやうじゆ》したる後遲滞《ちたい》なく裁判所に廢除《はいぢよ》の請求を爲すべく此場合に於て廢除は被相續人の死亡の時に遡《さかのぼ》りて然

效力《かうりよく》を生ずるものとす

第九百七十七條　推定家督相續人廢除ノ原因止ミタルトキハ被相續人又ハ推定家督相續人ハ廢除ノ取消ヲ裁判所ニ請求スルコトヲ得
第九百七十五條第一項第一號ノ場合ニ於テハ被相續人ハ何時ニテモ廢除ノ取消ヲ請求スルコトヲ得
前二項ノ規定ハ相續開始ノ後ハ之ヲ適用セス
前條ノ規定ハ廢除ノ取消ニ之ヲ準用ス

問　推定家督相續人廢除《すいていかとくさうぞくにんはいぢよ》の原因止《げんいんや》みたるときは如何《いか》にすべきや

答　推定家督相續人廢除の原因止みたるとき例《たと》へば家名《かめい》に汚辱《をぢよく》を及ぼすべき罪に因りて刑に處せられたるが爲め廢除《はいぢよ》せられたるときは廢除の原因止《げんいんや》むことなしと雖《いへど》も疾病《しつぺい》に因り家政《かせい》を執《と》るに堪へさるか爲め又は浪費者《らうひしや》として準禁治產《じゆんきんちさん》の宣告《せんこく》を受け改悛《くわいしゆん》の望《のぞみ》なきが爲め廢除せられたるときの如きは其原因《げんいん》の止むこと即ち全治《ぜち》又は改悛《かいしゆん》することあるべく而して其原因止みたるときは之が廢除《はぢよ》を請求《いきう》したる被相續人《ひさうぞくにん》又は廢除せられたる推定家督相續人《すいていかとくさうぞくにん》は廢除の取消《とりけし》を裁判所《さいばんしよ》に請求《せいきう》することを得へく又第九百七十五條第一項第一號の場合《ばあひ》即ち被相續人《ひさうぞくにん》に對して虐待《ぎやくたい》を爲し又は之に重大《ぢうだい》なる侮辱《ぶぢよく》を加へたるか爲め廢除《けいぢよ》したる場合に於ては廢除の請求《せいきう》を爲したる者即ち被相續人は之を宥恕《いうじよ》し何時にても其取消《とりけし》を請求することを得べし但既《すで》に相續開始《さうぞくかいし》したる時は之を請求《せいきう》することを得ず

被相續人《ひさうぞくにん》が遺言を以て廢除を取消すの意思《いし》を表示《ひやうし》したるときは遺言執行者《ゐげんしつこうしや》は其遺言《ゆいごん》が效力《こうりよく》を生じたる後遲滯《ちたい》なく裁判所《さいばんしよ》に廢除《はいぢよ》取消の請求《せいきう》を爲すへく而して此場合《ばあひ》に於て廢除の取消は被相續人の死亡《しばう》の時に遡《さかのぼ》りて其效力《かうりよく》を生ずるものとす故に廢除前第一順位《じゆんい》にある家督相續人なるときは廢除の取消と同時《どうじ》に第一順位にて相續人たることを得べし

第九百七十八條　推定家督相續人ノ廢除又ハ其取消ノ請求アリタル後其裁判確定前ニ相續カ開始シタルトキハ裁判所ハ親族、利害關係人又ハ檢事ノ請求ニ因リ戶主權ノ行使及ヒ遺產ノ管理ニ付キ必要ナル處分ヲ命スルコトヲ得廢除ノ遺言アリタルトキ亦同シ

裁判所カ管理人ヲ選任シタル場合ニ於テハ第二十七條乃至第二十九條ノ規定ヲ準用ス

問　廢除《はいぢよ》又は其取消の裁判確定前《さいばんかくていぜん》に相續が開始《かいし》したるときは如何《いか》にすべきや

答　推定《すいてい》家督相續人の廢除又は其取消の請求《せいきう》ありたる後其裁判確定前に相續が開始《かいし》したるときは裁判所は親族《しんぞく》、利害關係人《りがいくわんけいにん》又は檢事《けんじ》の請求に因り戶主權《こしゆけん》の行使《かうし》及び遺產《ゐさん》の管理《くわんり》に付き必要《ひつえう》なる處分《しよぶん》を命ずることを得るものとす廢除の遺言《ゐげん》ありたるとき亦然り

裁判所が管理人《くわんりにん》を選任《せんにん》したる場合に於ては第二十七條乃至《ないし》第二十九條の規定《きてい》を準用《じゆんよう》すべきものとす其規定左の如し

第二十七條　前二條の規定《きてい》に依り裁判所《さいばんしよ》に於て選任《せんにん》したる管理人《くわんりにん》は其管理すべき財産《ざいさん》の目錄《もくろく》を調《てう》製《せい》することを要す但其費用《ひよう》は不在者《ふざいしや》の財産《ざいさん》を以て之を支辨《しべん》す

不在者《ふざいしや》の生死《せいし》分明《ふんめい》ならざる場合《ばあひ》に於て利害關係人《りがいくわんけいにん》又《また》は檢事《けんじ》の請求《せいきう》あるときは裁判所《さいばんしよ》は不在者《ふざいしや》が置《お》きたる管理人《くわんりにん》にも前項《ぜんこう》の手續《てつゞき》を命《めい》ずることを得

右の外《ほか》總《すべ》て裁判所《さいばんしよ》が不在者《ふざいしや》の財産《ざいさん》の保存《ほぞん》に必要《ひつえう》と認《みと》むる處分《しよぶん》は之を管理人に命《めい》ずることを得

第二十八條　管理人《くわんりにん》が第百三條に定《さだ》めたる權限《けんげん》を超《こ》ゆる行爲《かうゐ》を必要とするときは裁判所《さいばんしよ》の許可《きよか》を得て之を爲《な》すことを得《う》不在者の生死《せいし》分明《ふんめい》ならさる場合《ばあひ》に於て其管理人《そのくわんりにん》が不在者《ふざいしや》の定め置きたる權限《けんげん》を超《こ》ゆる行爲を必要《ひつえう》とするとき亦同し

第二十九條　裁判所《さいばんしよ》は管理人《くわんりにん》をして財産《ざいさん》の管理及ひ返還《へんくわん》に付き相當《さうとう》の擔保《たんぽ》を供《きやう》せしむることを得

裁判所は管理人と不在者《ふざいしや》との關係《くわんけい》其他《そのた》の事情《じじやう》に依り不在者の財産中《ざいさんちう》より相當《さうとう》の報酬《ほうしう》を管理人に與《あた》ふることを得

第九百七十九條　法定ノ推定家督相續人ナキトキハ被相續人ハ家督相續人ヲ指定スルコトヲ得

此指定ハ法定ノ推定家督相續人アルニ至リタルトキハ其效力ヲ失フ

家督相續人ノ指定ハ之ヲ取消スコトヲ得

前二項ノ規定ハ死亡又ハ隱居ニ因ル家督相續ノ場合ニノミ之ヲ適用ス

問　被相續人《ひさうぞくにん》は家督相續人《かとくさうぞくにん》を指定《してい》することを得るや

答　法定《ほうてい》の推定《すいてい》家督相續人は法律《ほんりつ》の定むる所なるが故に被相續人《ひさうぞくにん》は之を措《おい》て他に家督相續人を選《えら》ぶことを得ざるも法定《ほうてい》の推定家督相續人《かとくさうぞくにん》なきときは自由《じゆう》に家督相續人を指定《してい》することを得べし但其指定《たゞしそのしてい》後法定《こうほうてい》の推定家督相續人あるに至《いた》りたるとき例《たと》へは子女《しじよ》を生み又は養子《やうし》を爲《な》したるときの如き其指《し》定《てい》の效力《かうりよく》を失《うしな》ふべきは當然《たうせん》なり
家督相續人《かぞくさうぞくにん》の指定《してい》は之を取消《とりけ》すことを得故に甲者《かうしや》を家督相續人《かとくさうぞくにん》と指定《してい》したる後之を取消《とりけし》して更《さら》に乙《おつ》者《しや》を指定《してい》することを得べし
然《しか》れども法定の推定家督相續人《すいていかとくさうぞくにん》なき場合《ばあい》に於て家督相續人を指定し又は之を取消《とりけ》すは死亡《しばう》又は隱居《いんきよ》に因《よ》る家督相續の場合《ばい》に限《かぎ》るものとす故に國籍《こくせき》を喪失《さうしつ》せんとする際戸主《さいこしゆ》が婚姻《こんい》又は養子縁組《やうしえんぐみ》の取消《とりけし》に因りて其家《そのいへ》を去らんとする際《さい》又は女戸主《ぢよこしゆ》の入夫《にふふ》か離婚《りこん》の際に家督相續人《かとくさうぞくにん》を指定《てい》するも無效《むかう》なり

第九百八十條　家督相續人ノ指定及ヒ其取消ハ之ヲ戸籍吏ニ届出ツルニ因リテ其效力ヲ生ス

問　家督相續人《かとくさうぞくにん》の指定《してい》及ひ其取消《とりけし》の效力《かうりよく》を生《せう》ずる時機《じき》如何

答　家督相續人の指定及び其取消は之を戸籍吏《こせきり》に届出《とゞけ》つるに因《よ》りて其効力を生《せう》ずるものとす故に法定《ほうてい》の推定《すいてい》家督相續人なき場合《ばあひ》に於て被相續人《ひさうぞくにん》が甲者《かうしや》を家督相續人とすべしと明言《めいげん》するも之を届出《とゞけいで》ざる時《とき》は其效《かう》なく又一旦《たん》甲者を指定《してい》したる旨《むね》を届出たる時は其後《そののち》に乙者《おつしや》を指定して甲者に其取消《そのとりけし》との旨《むね》

を通知するも之を届出さる以上は甲者は依然《いぜん》家督相續人《かとくさうぞくにん》たるへし

第九百八十一條　被相續人カ遺言ヲ以テ家督相續人ノ指定又ハ其取消ヲ爲ス意思ヲ表示シタルトキハ遺言執行者ハ其遺言カ効力ヲ生シタル後遅滞ナク之ヲ戸籍吏ニ届出ツルコトヲ要ス此場合ニ於テ指定又ハ其取消ハ被相續人ノ死亡ノ時ニ遡リテ其效力ヲ生ス

問　遺言《ゆいごん》を以て指定《してい》又は取消《とりけし》を爲したるときは如何《いか》にすべきや

答　被《ひ》相續《さうぞく》人か遺言《いげん》を以て家督相續《かとくさうぞく》人の指定《してい》又は其取消《とりけし》を爲す意思《いし》を表示《ひやうじ》したるときは遺言執行者《いげんしつかうしや》は其遺言《いげん》か効力《かうりよく》を生したる後遅滞《ちたい》なく之を戸籍吏《こせきり》に届出づへく此場合に於て指定《してい》又は其取消《とりけし》は被相續《ひさうぞく》人《にん》の死亡《しばう》の時に遡《さかのぼ》りて其効力《かうりよく》を生ずるものとす

第九百八十二條　法定又ハ指定ノ家督相續人ナキ場合ニ於テ其家ニ被相續人ノ父アルトキハ父、父アラサルトキ又ハ父カ其意思ヲ表示スルコト能ハサルトキハ母、父母共ニアラサルトキ又ハ其意思ヲ表示スルコト能ハサルトキハ親族會ハ左ノ順序ニ從ヒ家族中ヨリ家督相續人ヲ選定ス

第一　配偶者但家女ナルトキ

第二　兄弟

第三　姉妹

第四　第一號ニ該當セサル配偶者

第五　兄弟姉妹ノ直系卑屬

問　法定《ほうてい》又は指定《してい》の家督相續《かとくさうぞく》人なき時は如何《いか》にすべきや

答　法定《ほうて》の推定家督相續人即ち被相續人の家族《かぞく》たる直系卑屬《ちよくけいひぞく》なく又被相續人の指定したる相續人即ち指定の家督相續人なき場合《ばあひ》に於て其家に被相續人の父あるときは父、父あらざるとき又は父が心神《しんしん》喪失《さうしつ》其他の原因《げんいん》によりて其意思《いし》を表示することを能はざるときは母、父母《ふぼ》共にあらざるとき又は父母共に其意思《いし》を表示《ひやうし》することを能はざるときは親族會は左の順序《じゆんじよ》に從ひ家族《かぞく》中より家督相續人を選定《せんてい》すべきものとす

第一　配偶者《はいぐうしや》但家女なるとき
故に家女《かぢよ》に被相續人を婿養子《むこやうし》となしたるときの如きは妻となりたる家女を相續人に選定《せんてい》せざるべからざるも他家《たけ》より來りし者あるときは被相續人の配偶《はいぐう》者と雖も選定相續人たることを能はず

第二　兄弟
被相續人の配偶者たる家女なきときは父、母又は親族會《しんぞくくわい》は被相續人の兄弟の中より家督相續人を選《せん》定《てい》すべきものとす而して其兄を撰ぶと弟を選ぶとは選定者の自由《じゆう》なり只被相續人の家族《ぞく》にして他家に在る者にあらざることを要するのみ

第三　姉妹

第四　第一號に該當《がいたう》せざる配偶者《はいぐうしや》

被相續人《ひさうぞくにん》の家族《かぞく》中に家女《かぢよ》にあらずして他家《たけ》より入りたる妻あるときは被相續人《ひさうぞくにん》の兄弟《きやうだい》、姉妹《しまい》なき場合に於て其相續人《さうぞくにん》たるべきものとす

第五　兄弟姉妹《きやうだいしまい》の直系卑屬《ちよくけいひぞく》

第九百八十三條　家督相續人ヲ選定スヘキ者ハ正當ノ事由アル場合ニ限リ裁判所ノ許可ヲ得テ前條ニ掲ケタル順序ヲ變更シ又ハ選定ヲ爲サヽルコトヲ得

問　前條《ぜんでう》に定めたる順序《じゆんじよ》は之を變更《へんかう》することを得るや

答　家督相續人《かとくさうぞくにん》を選定《せんてい》すべき者即ち被相續人《ひさうぞくにん》の父、母又は親族會《しんぞくくわい》は正當《せいたう》の事由《じゆう》ある場合《ばあひ》に限り裁判所《さいばんしよ》の許可を得て前條《ぜんでう》に掲げたる順序《じゆんじよ》を變更し又は選定《せんてい》を爲さゞることを得るものとす故に被相《ひさう》續人の兄と妹とある場合《ばあひ》に於て兄が疾病《しつぺい》其他身体《しんたい》又は精神《せいしん》の狀況《じやうけう》に因り家政を執るに堪《た》へざるものと認めたる時は順序《じゆんじよ》を變更して妹を相續人《さうぞくにん》に選定することを得べく又前條《ぜんでう》に掲げたる者の中第一號に該當《がいたう》せざる配偶者《はいぐうしや》一人のみなる場合《ばあひ》に於て其配偶者《はいぐうしや》が家名に汚辱《をじよく》を及ぼすべき罪《つみ》に因りて刑に處《しよ》せられたる時《とき》の如きは選定者《せんていしや》は其配偶者を選定《せんてい》せずして次條《じじやう》以下の規定《きてい》に從ひ他の者を家督相續人《かぞくさうぞくにん》となすことを得《う》べし但如何なる場合《ばあひ》は果して順序《じゆんじよ》を變更し又は選定を爲さゞる正當《せいたう》の事由あるものとすべきやは裁判所《さいばんしよ》の決定《けつてい》すべき所なり

第九百八十四條　第九百八十二條ノ規定ニ依リテ家督相續人タル者ナキトキハ

家ニ在ル直系尊屬中親等ノ最モ近キ者家督相續人ト爲ル但親等ノ同シキ者ノ間ニ在リテハ男ヲ先ニス

問 第九百八十二條の規定《きてい》に依りて家督相續人《かとくさうぞくにん》たる者なきときは如何《いか》にすべきや

答 第九百八十二條の規定《きてい》に依りて家督相續人《かとくさうぞくにん》たるべき者なく若しくは該條《がいでう》に記載《きさい》せられたる者あるも前條《ぜんでう》の規定《きてい》に依りて選定《せんてい》を爲さゞることとなり他に相續人《さうぞくにん》たるべき者なきときは被相續人《ひさうぞくにん》の家に在る直系尊屬中親等《ちよくけいそんぞくちうしんとう》の最も近き者家督相續人《かとくさうぞくにん》と爲るべく而して同親等《どうしんとう》の間に在りては男を先にすべきものとす故に被相續人《ひさうぞくにん》の父、母祖父《そふ》、祖母《そぼ》ある時は父其相續人《さうぞくにん》たるべし

第九百八十五條 前條ノ規定ニ依リテ家督相續人タル者ナキトキハ親族會ハ被相續人ノ親族、家族、分家ノ戸主又ハ本家若クハ分家ノ家族中ヨリ家督相續人ヲ選定ス

前項ニ掲ケタル者ノ中ニ家督相續人タルヘキ者ナキトキハ親族會ハ他人ノ中ヨリ之ヲ選定ス

親族會ハ正當ノ事由アル場合ニ限リ前二項ノ規定ニ拘ハラス裁判所ノ許可ヲ得テ他人ヲ選定スルコトヲ得

問 前條《ぜんでう》の規定《きてい》により相續人《さうぞくにん》たるべき者なきときは如何《いか》にすべきや

答 前條《ぜんでう》の規定《きてい》に依りて家督相續人《かとくさうぞくにん》たる者なきときは親族會《しんぞくくわい》は被相續人《ひさうぞくにん》の親族《しんぞく》、家族《かぞく》、分家《ぶんけ》の戸主又は

本家《ほんけ》若《も》しくは分家《ぶんけ》の家族《かぞく》中より家督相續人《かとくさうぞくにん》を選定《せんてい》すべく若し家督相續人たるべき者《もの》なきときは親族會《しんぞくくわい》は他人《たにん》の中より之を選定《せんてい》すべきものとす但し被相續人《ひさうぞくにん》の親族《しんぞく》、家族等《かぞくとう》第一項《かう》に記載《きさい》したる者あるも正當《せいたう》の事由《じゆう》あるときは裁判所《さいばんしよ》の許可《きよか》を得て他人を選定《せんてい》することを得べし

第三節　家督相續ノ效力

○本節《ほんせつ》凡《すべ》て六條家督相續《かとくさうぞく》の效力《かうりよく》を定めたるものなり

第九百八十六條　家督相續人ハ相續開始ノ時ヨリ前戸主ノ有セシ權利義務ヲ承繼ス但前戸主ノ一身ニ專屬セルモノハ此限ニ在ラス

問　家督相續の效力《かうりよく》如何

答　家督相續人は相續開始《さうぞくかいし》の時《とき》即ち戸主《こしゆ》の死亡《しばう》、隱居《いんきよ》又は國籍喪失《こくせきさうしつ》其他第九百六十四條に規定《きてい》したる事由《じゆう》により相續開始《さうぞくかいし》したる時は其開始の時より前戸主即ち被相續人《ひさうぞくにん》の有せし權利義務《けんりぎむ》を承繼《しようけい》するものとす故に土地《とち》、家屋《かおく》の所有權《しよいうけん》は固《もと》より質權《しつけん》、抵當權《ていたうけん》、債權等《さいけんとう》凡て前戸主《せんこしゆ》の有したる權利《けんり》を取得《しゆとく》し又前戸主の負擔《ふたん》したる債務《さいむ》を負擔《ふたん》すべし然《しか》れども權利《けんり》と義務《ぎむ》とを問《と》はず前戸主の一身《しん》に專屬《せんぞく》するものは之を承繼《しようけい》するの限《かぎり》にあらず前戸主《せんこしゆ》が扶養義務者《ふやうぎむしや》より扶養《ふやう》を受る權利《けんり》の如《ごと》き又は甲の爲《た》めに書畫《しよぐわ》を揮毫《きがう》する義務《ぎむ》の如《ごと》き然《しか》り

第九百八十七條　系譜、祭具及ヒ墳墓ノ所有權ハ家督相續ノ特權ニ屬ス

○系譜《けいふ》、祭具《さいぐ》及び墳墓《ふんぼ》の所有權《しよいうけん》は家督相續《かとくさうぞく》の特權《とくけん》に屬《ぞく》するものとす故に被相續人《ひさうぞくにん》は遺言《ゐごん》を以て遺留分《ゐりうぶん》

に關する規定《きてい》に違反《ゐはん》せざる限りは其財産《そのざいさん》の全部又は一部を處分《しよぶん》することを得るも本條に規定《きてい》したる物の所有權《しよいうけん》は之を他人に遺贈《ゐぞう》することを得ず蓋《けだ》し系譜《けいふ》、祭具《さいぐ》、墳墓《ふんぼ》は其家に屬《ぞく》すべきものなるが故なり

第九百八十八條　隱居者及ヒ入夫婚姻ヲ爲ス女戸主ハ確定日附アル證書ニ依リテ其財産ヲ留保スルコトヲ得但家督相續人ノ遺留分ニ關スル規定ニ違反スルコトヲ得ス

問　隱居者《いんきよしや》及ひ入夫《にふふ》婚姻《こんいん》を爲す女戸主は財産《ざいさん》を留保《りうほ》することを得るや

答　戸主《こしゆ》の死亡によりて相續開始《さうぞくかいし》する場合は固より戸主が婚姻《こんいん》若くは養子《やうし》縁組《ゑんぐみ》の取消《とりけし》に因りて其家を去りたるが爲め又は女戸主《ぢよこしゆ》の入夫《にふふ》の離婚《りこん》の爲め相續開始《さうぞくかいし》する場合に於ても被相續人《ひさうぞくにん》は其財産を留保《りうほ》することを得ざるは當然《たうぜん》なるも隱居《いんきよ》又は女戸主の入夫《にふふ》婚姻《こんいん》の爲め相續開始《さうぞくかいし》する場合に於ては隱居者《いんきよしや》及ひ入夫婚姻を爲す女戸主《ぢよこしゆ》は家督相續人《かとくさうぞくにん》の遺留分《ゐりうぶん》に關する規定《きてい》に背《そむ》かざる限りは確定日附《かくていひづけ》ある證書に依りて其財産《そのざいさん》を留保《りうほ》することを得べし

第九百八十九條　隱居又ハ入夫婚姻ニ因ル家督相續ノ場合ニ於テハ前戸主ノ債權者ハ其前戸主ニ對シテ辨濟ノ請求ヲ爲スコトヲ得

入夫婚姻ノ取消又ハ入夫ノ離婚ニ因ル家督相續ノ場合ニ於テハ入夫カ戸主タリシ間ニ負擔シタル債務ノ辨濟ハ其入夫ニ對シテ之ヲ請求スルコトヲ得

前二項ノ規定ハ家督相續人ニ對スル請求ヲ妨ケス

問　隱居《いんきよ》又は入夫《にうふ》婚姻《こんいん》の場合に於て債權者《さいけんしや》は前戸主に其辨濟《べんさい》を請求《せいきう》することを得るや

答　隱居又は入夫婚姻に因る家督相續《かとくさうぞく》の場合《ばあひ》に於ては前戸主《ぜんこしゆ》の債權者は其前戸主に對《たい》して辨濟《べんさい》の請求を爲すことを得るものとす故に前戸主即ち隱居者《いんきよしや》又は入夫の婦の一身に專屬《せんぞく》する債務《さいむ》は固《もと》より例へば金錢《きんせん》を辨濟《べんさい》するが如き一身に專屬せざる債務《さいむ》と雖ども債權者《さいけんしや》は之が辨濟《べんさい》を請求《せいきう》することを得べく從《したが》つて前戸主に留保《りうほ》財產《ざいさん》あるときは之を差押ふることを得べし
又入夫《にうふ》婚姻《こんいん》の取消《とりけし》又は入夫の離婚《りこん》に因る家督相續《かとくさうぞく》の場合に於ては入夫が取消《とりけし》又は離婚《りこん》前戸主たりし間に負擔《ふたん》したる債務《さむ》に付ては入夫が縱ひ其家を去るも債權者《さいけんしや》は之に對して其辨濟《べんさい》を請求《せいきう》することを得べし但右孰《いづ》れの場合《ばあひ》に於ても債權者は家督相續人《かとくさうぞくにん》に對し辨濟を請求する權利《けんり》を失ふことなし故に債務者《さいむしや》の一身に專屬《せんぞく》するものゝ外は家督相續人《かとくさうぞくにん》に對して請求《せいきう》すると前戸主《ぜんこしゆ》に對《たい》して請求するとは債權者の自由《じゆう》なり從て家督相續人《かとくさうぞくにん》は先《ま》づ前戸主に辨濟《べんさい》を請求すべしとの理由《りゆう》を以て又は前戸主が先づ家督相續人《かとくさうぞくにん》に辨濟を求むべしとの理由《りゆう》を以て其請求《せいきう》を拒《こば》むことを得ず

第九百九十條　國籍喪失者ノ家督相續人ハ戸主權及ヒ家督相續ノ特權ニ屬スル權利ノミヲ承繼ス但遺留分及ヒ前戸主カ特ニ指定シタル相續財產ヲ承繼スルコトヲ妨ケス
國籍喪失者カ日本人ニ非サレハ享有スルコトヲ得サル權利ヲ有スル場合ニ於テ一年内ニ之ヲ日本人ニ讓渡サヽルトキハ其權利ハ家督相續人ニ歸屬ス

問　國籍喪失者《こくせきさうしつしや》の家督相續人《かとくさうぞくにん》は如何なる權利《けんり》を承繼《しようけい》すべきや

答　國籍喪失者の家督相續人は戸《こ》主權《しゆけん》及び家督相續の特權《とくけん》に屬する權利のみを承繼《しようけい》すべく前戸主の有せし權利義務《けんりぎむ》の凡てを承繼するものにあらず然れども遺留分《ゐりうぶん》及び前戸主《ぜんこしゆ》か特《こと》に指定《してい》したる相續財産《さうぞくざいさん》を承繼《しようけい》するは敢《あへ》て法律《はふりつ》の禁ずる所にあらず

國籍喪失者《こくせきさうしつしや》か日本人に非ざれば享有《きやういう》することを得ざる權利《けんり》を有する場合例《たと》へば日本銀行の株劵《かぶけん》を所有する場合《ばあひ》に於ては一年内に之を日本人に讓渡《じやうと》さゞるときは其權利は家督相續人《かとくさうぞくにん》に屬《ぞく》するものとす

第九百九十一條　國籍喪失ニ因ル家督相續ノ場合ニ於テ前戸主ノ債權者ハ家督相續人ニ對シテハ其受ケタル財産ノ限度ニ於テノミ辨濟ノ請求ヲ爲スコトヲ得

問　國籍喪失《こくせきさうしつ》に因《よ》る家督相續人の債務《さいむ》辨濟《べんさい》の限度《げんど》如何

答　國籍喪失に因る家督相續《かとくさうぞく》の場合《ばあい》に於ては前戸主《ぜんこしゆ》の債權者《さいけんしや》は家督相續人に對《たい》しては其受《う》けたる財産《ざいさん》の限度《げんど》に於てのみ辨濟《べんさい》の請求《せいきう》を爲《な》すことを得るものとす故に家督相續人は戸《こ》主權《しゆけん》及び系譜《けいふ》、祭具《さいぐ》等《とう》家督相續の特權《とくけん》に屬《ぞく》する權利《けんり》のみを承繼《しようけい》したる時は何者をも辨濟するの義務《ぎむ》なく又遺留分《ゐりうぶん》其他特《とく》に指定《してい》せられたる財産《ざいさん》の價額《かがく》例《たと》へば三千圓《ゑん》あるときは債權額《さいけんがく》五千圓なるときと雖《いへど》も三千圓を辨濟《べんさい》して其債務《さいむ》を免《まぬ》かるゝことを得べし而して此場合《このばあい》に於て債權者《さいけんしや》は其不足額《ふそくがく》を國籍喪失者《こくせきさうしつしや》即ち外國人《ぐわいこくじん》に對《たい》して請求《せいきう》するの外《ほか》なきものとす

第二章　遺産相續

○本章分《ほんしようわかつ》て三節《せつ》とし第一節に於ては總則《そうそく》を定《さだ》め第二節に於ては遺産相續人《ゐさんさうぞくにん》に關《くわん》する規則《きそく》を定め第三節に於ては家督相續《かとくさうぞく》の效力《かうりよく》を定めたり

第一節　總則

○本節凡《すべ》て二條本章全体《ぜんたい》に關《くわん》する規則《きそく》を定めたるものなり

第九百九十二條　遺産相續ハ家族ノ死ニ因リテ開始ス

問　遺産相續《ゐさんさうぞく》の開始《かいし》する場合《ばあひ》如何

答　家督相續《かとくさうぞく》は戸主《こしゆ》の死亡《しばう》其他の原因《げんいん》によりて開始《かいし》し遺産相續《ゐさんさうぞく》は戸主《こしゆ》にあらざる者即ち家族《かぞく》の死亡《しばう》に因《よ》りて開始《かいし》するものとす蓋《けだ》し家族《かぞく》は自己《じこ》の名に於て得たる財産《ざいさん》を所有《しよゆう》するの權《けん》あるが故に死亡《しばう》したるときは何人か之を相續《さうぞく》する者なかるべからざればなり

第九百九十三條　第九百六十五條乃至第九百六十八條ノ規定ハ遺産相續ニ之ヲ準用ス

○第九百六十五條乃至第九百六十八條の規定は遺産相續に之を準用《じゆんよう》するものとす故に一、遺産相續《ゐさんさうぞく》は被相續人《ひさうぞくにん》の住所《ぢゆうしよ》に於て開始《かいし》すべく二、遺産相續回復《ゐさんさうぞくくわいふく》の請求權《せいきうけん》は遺産相續人又は其法定代理人《ほうていだいりにん》が相續權侵害《しんがい》の事實《じじつ》を知りたる時より五年間《ねんかん》之を行はざるとき又は相續開始《さうぞくかいし》の時《じ》より二十年《ねん》を經過《けいくわ》したる時は時效《じかう》に因りて消滅《せうめつ》すべく三、相續財産《ざいさん》に關する費用《ひよう》は相續人の過失《くわしつ》に因るものゝ外其財産中より支辨《しべん》

すべきも遺留分權利者《ゐりうぶんけんりしや》か贈與《ぞうよ》の滅殺《げんさつ》に因《よ》りて得たる財產《ざいさん》を以て之を支辨《しべん》することを要《よう》せざるものとす

又四　胎兒《たいじ》は遺產相續《ゐさんさうぞく》に付《つ》ては死体《たい》にて生《う》まれたるときの外既《ほかすで》に生まれたるものと看做《みな》すべきものとす

第二節　遺產相續人

○本節凡《すべ》て七條遺產相續人《ゐさんさうぞくにん》に關《くわん》する規則を定めたるものなり

第九百九十四條　被相續人ノ直系卑屬ハ左ノ規定ニ從ヒ遺產相續人ト爲ル

一　親等ノ異ナリタル者ノ間ニ在リテハ其近キ者ヲ先ニス

二　親等ノ同シキ者ハ同順位ニ於テ遺產相續人ト爲ル

問　被相續人《ひさうぞくにん》の直系卑屬《ちよくけいひぞく》は如何なる順位《じゆんゐ》に於て遺產相續人《ゐさんさうぞくにん》と爲《な》るべきや

答　被相續人即《すなは》ち死亡《しばう》したる家族《かぞく》の直系卑屬《ちよくけいひぞく》は左の順位《ゐ》に於て遺產相續人《ゐさんさうぞくにん》と爲《な》るものとす

一　親等《しとう》の異《こと》なりたる者の間《あひだ》に在りては其近《そのちか》き者を先《さき》にす

故《ゆゑ》に子《こ》と孫《まご》とあるときは子其遺產《ゐさん》を相續《さうぞく》すべきものとす

二　親等《しんとう》の同しき者《もの》は同順位《どうじゆんゐ》に於て遺產相續人《ゐさんさうぞくにん》と爲《な》る

故に子二人あるとき又は孫のみ三人あるときの如《ごと》きは其子又《また》は孫《まご》は男女《なんによ》の如何《いかん》に關《かゝ》はらず同順位《どうじゆんゐ》に於て遺產相續人《ゐさんさうぞくにん》となり財產《ざいさん》は其共有《きやうゆう》に屬《ぞく》するものとす蓋《けだ》し家督相續《かとくさうぞく》の場合《ばあひ》に於ては二人共《ににんとも》に戶主《こしゆ》たることと能《あた》はざるが故《ゆゑ》に親等《しんとう》の同じき者の間《あひだ》に於《おい》ては男《をとこ》を先《さき》にし男又は女《をんな》の間《あひだ》に在りて嫡出子《ちやくしゆつし》を先《さき》に

すべしと雖《いへ》ども遺產相續《ゐさんさうぞく》ノ場合《ばあい》に於ては數人共《すうにんとも》に相續人《さうぞくにん》となることを得るが故なり

第九百九十五條　前條規定ニ依リテ遺產相續人タルヘキ者カ相續人ノ開始前ニ死亡シ又ハ其相續權ヲ失ヒタル場合ニ於テ其者ニ直系卑屬アルトキハ其直系卑屬ハ前條ノ規定ニ從ヒ其者ト同順位ニ於テ遺產相續人ト爲ル

問　遺產相續人《ゐさんさうぞくにん》たるべき者が死亡《しばう》したる時《とき》は其直系卑屬《そのちよくけいひぞく》は同順位《どうじゆんい》にて相續人《さうぞくにん》たることを得るや

答　前條の規定に依りて遺產相續人《ゐさんさうぞくにん》たるべき者が相續の開始前《かいしぜん》に死亡《しばう》し又は第九百九十七條以下の規定《てい》に依りて其相續權を失ひたる場合《ばあひ》に於て其者に直系卑屬《ちよくけいひぞく》あるときは其直系卑屬《そのちよくけいひぞく》は前條の規定《きてい》に從ひ其者と同一位に於て遺產相續人《ゐさんさうぞくにん》と爲るものとす故に例へば家族甲《かぞくかふ》に乙丙二人の子ある場合に於て乙が甲の死亡前《しばうぜん》AB二人の子を遺《のこ》して死亡したる時は甲の遺產《いさん》は乙AB三人の共有《きやうゆう》に屬《ぞく》し相續分《さうぞくぶん》は遺產《いさん》を二分して一分は乙他《た》の一分はAB二人の相續分《さうぞくぶん》たるべく又甲に子乙と孫《まご》丙とある場合《ばあひ》に於て相續の開始前《かいしぜん》乙が子Aを遺《のこ》して死亡《しばう》したる時又は相續權《さうぞくけん》を失ひたるときはA其相續人たるべし

第九百九十六條　前二條ノ規定ニ依リテ遺產相續人タルヘキ者ナキ場合ニ於テ遺產相續ヲ爲スヘキ者ノ順位左ノ如シ
第一　配偶者
第二　直系尊屬
第三　戶主

前項第二號ノ場合ニ於テハ第九百九十四條ノ規定ヲ準用ス

問　被相續人《ひさうぞくにん》の直系卑屬《ちよくけいひぞく》なきときは何人其遺産相續人《ゐさうさうぞく》たるべきや

答　前二條の規定《きてい》によりて遺産相續人《ゐさんさうぞくにん》たるべき者なき場合《ばあひ》に於ては左に掲《かゝ》げたる者其順位《じゆんゐ》に從ひ相續《さうぞく》を爲すべきものとす

第一　配遇者《はいぐうしや》

第二　直系尊屬《ちよくけいそんぞく》

被相續人《ひさうぞくにん》の配偶者《はいぐうしや》なき爲め直系尊屬《ちよくけいそんぞく》か其遺産相續人《ゐさんさうぞくにん》たるべき場合《ばあひ》に於ては第九百九十四條の規定《きてい》に從ひ父母《ふぼ》と祖父母《そふぼ》との如く親等《しんとう》の異《こと》ありたる者の間に在りては其近《ちか》き者相續人《さうぞくにん》たるべく又父《ちゝ》と母《はゝ》又は祖父《そふ》と祖母《そぼ》の如く親等の同《おな》じき者は同順位《どうじゆんゐ》に於て相續人《さうぞくにん》たるべきものとす

第三　戸主《こしゆ》

第九百九十七條　左ニ掲ケタル者ハ遺産相續人タルコトヲ得ス

一　故意ニ被相續人又ハ遺産相續ニ付キ先順位若クハ同順位ニ在ル者ヲ死ニ致シ又ハ死ニ致サントシタル爲メ刑ニ處セラレタル者

二　第九百六十九條第二號乃至第五號ニ掲ケタル者

問　如何《いか》なる者は遺産相續人《ゐさんさうぞくにん》たることを得《え》ざるや

答　左に記載《きさい》する者は遺産相續人たることを得ざるものとす

一　故意《こい》に被相續人《ひさうぞく》又は遺産相續《ゐさんさうぞく》に付き先順位若《もし》くは同順位《どうじゆんい》に在る者を死《し》に致《いた》し又は死に致《いた》さんとしたる爲《た》め刑《けい》に處《しよ》せられたる者

二　被相續人《ひさうぞくにん》の殺害《せつがい》せられたることを知《し》りて之を告發《こくはつ》又は告訴《こくそ》せざりし者但其者《たゞしそのもの》に是非《ぜひ》の辨別《べんべつ》なきとき又は殺害者が自己《じこ》の配偶者若《はいぐうしやもし》くは直系血族《ちよくけいけつぞく》なりしときは此限《このかぎり》に在らず

三　詐欺《さぎ》又は强迫《きやうはく》に因《よ》り被相續人が相續《さうぞく》に關《くわん》する遺言《ゐげん》を爲《な》し、之を取消《とりけ》し又は之を變更《へんかう》することを妨《さまた》げたる者

四　詐欺《さぎ》又は强迫《きやうはく》に因《よ》り被相續人《ひさうぞくにん》をして相續に關《くわん》する遺言《ゐげん》を爲《な》さしめ、之を取消《とりけ》さしめ又は之を變《へん》更《かう》せしめたる者《もの》

五　相續に關《くわん》する被相續人の遺言書《ゐげんしよ》を僞造《ぎざう》、變造《へんぞう》、毀滅《きめつ》又は藏匿《ざうとく》したる者

以上《いじやう》の解《かい》は第九百六十九條の下《もと》に明《あきら》かなり就《つい》て看《み》るべし

第九百九十八條　遺留分ヲ有スル推定遺産相續人カ被相續人ニ對シテ虐待ヲ爲シ又ハ之ニ重大ナル侮辱ヲ加ヘタルトキハ被相續人ハ其推定遺産相續人ノ廢除ヲ裁判所ニ請求スルコトヲ得

問　推定遺産相續人《すいていゐさんさうぞくにん》は之を廢除《はいぢよ》することを得ざるや

答　遺留分《ゐりうぶん》を有《いう》する推定遺産相續人《すいていゐさんさうぞくにん》が被相續人に對《たい》し甚《はなはだ》しき苛酷《かこく》の取扱《とりあつかひ》を爲《な》し又は之に重大《ちうだい》なる侮辱《ぶじよく》を加《くは》へたるときは被相續人は其推定遺産相續人《そのすいていゐさんさうぞくにん》の廢除《はいぢよ》を裁判所《さいばんしよ》に請求《せいきう》することを得《う》るものとす

第九百九十九條　被相續人ハ何時ニテモ推定遺産相續人廢除ノ取消ヲ裁判所ニ請求スルコトヲ得

問　廢除《はいぢよ》の請求《せいきう》は之を取消《とりけ》すことを得るや

答　被相續人《ひぞくにん》、虐待《ぎやくたい》又は侮辱《ぶじよく》を受けたるも之を宥恕《ゆうぢよ》するときは何時《なんどき》にても推定遺産相續人廢除の取消《とりけし》を裁判所《さいばんしよ》に請求《せいきう》することを得るものとす

第千條　第九百七十六條及ヒ第九百七十八條ノ規定ハ推定遺産相續人ノ廢除及ヒ其取消ニ之ヲ準用ス

○第九百七十六條及《およ》び第九百七十八條の規定《きてい》は推定遺産相續人の廢除《はいぢよ》及び其取消《そのとりけし》に之を準用《じゆんよう》するものとす故《ゆゑ》に被相續人《ひさうぞくにん》が遺言《ゐげん》を以て推定遺産相續人を廢除する意思《いし》を表示《ひやうし》したるときは遺言執行者《ゐげんしつかうしや》は其遺言が效力《かうりよく》を生じたる後遲滯《ちたい》なく裁判所に廢除の請求を爲《な》すべく此場合《このばあひ》に於て廢除は被相續人の死亡《しばう》の時に遡《さかのぼ》りて其效力を生ずるものとす又推定遺産相續人の廢除又は其取消の請求ありたる後其裁判確定《さいばんかくてい》前《ぜん》に相續が開始《かいし》したるときは裁判所《さいばんしよ》は親族《しんぞく》、利害關係人《りがいくわんけいにん》又は檢事《けんじ》の請求に因《よ》り遺産の管理《くわんり》に付て必要《ひつえう》なる處分《しよぶん》を命《めい》ずることを得るものとす廢除の遺言《ゐげん》ありたるとき亦然《またしか》り

第三節　遺産相續ノ效力

○本節《ほんせつ》は遺産相續の效力《かうりよく》を定めたるものにして分《わか》て三款《くわん》とし第一款に於《おい》ては總則《さうそく》を定め第二款　於て は相續分《さうぞくぶん》に關《くわん》する規則を定め第三款に於ては遺産の分割《ぶんかつ》に關する規則を定めたり

第一款　總則

○本款凡《すべ》て三條本節全体《はんせつぜんたい》に通《つう》ずる規則《きそく》を定めたるものなり

第千一條　遺産相續人ハ相續開始ノ時ヨリ被相續人ノ財産ニ屬セシ一切ノ權利義務ヲ承繼ス但被相續人ノ一身ニ專屬セシモノハ此ノ限リニ在ラス

問　遺産相續人《ゐさんさうぞくにん》の權利如何《いかん》

答　遺産相續人は相續開始《かいし》の時即《すなは》ち被相續人《ひさうぞくにん》が死亡《しばう》したる時より被相續人の財産《ざいさん》に屬《ぞく》せし一切《さい》の權利《けんり》義務《ぎむ》を承繼《しようけい》するものとす但《たゞし》被相續人の一身《しん》に專屬《せんぞく》する權利《けんり》例《たと》へば學術研究《がくじゆつけんきう》の爲《た》めに年金《ねんきん》を受くるの權利《けんり》の如き又は其一身《しん》に專屬《せんぞく》する義務《ぎむ》例《たと》へば扶養《ふやう》を爲《な》すの義務の如きは相續人《さうぞくにん》の承繼《しようけい》すべきものにあらざるは當然《たうぜん》なり

第千二條　遺産相續人數人アルトキハ相續財産ハ其共有ニ屬ス

問　遺産相續人《ゐさんさうぞくにん》數人《すにん》あるときは其遺産《そのゐさん》は如何《いか》にすべきや

答　遺産相續人數人あるとき即ち同順位《どうじゆんゐ》の遺産相續人《ゐさんさうぞくにん》二人以上《いじやう》あるときは相續財産は其數人《そのすにん》の共有《きやうゆう》に屬《ぞく》するものとす從《したが》つて次條以下《じでういか》に特別《とくべつ》の規程《きてい》なきものは凡《すべ》て第二編第三章第三節の規定《きてい》に從《したが》ふべし

第千三條　各共同相續人ハ其相續分ニ應シテ被相續人ノ權利義務ヲ承繼ス

問　相續《さうぞく》數人《にんす》ある場合《ばあい》に於て權利《けんり》義務《ぎむ》承繼《やうけい》の程度《ていど》如何《いかん》

答　各共同相續人《かくきやうどうさうぞくにん》は其相續分《そのさうぞくぶん》に應《おう》じて被相續人《ひさうぞくにん》の權利《けんり》義務《ぎむ》を承繼《しやうけい》すべきものとす故に甲《かう》の相續分は三

分の一にして乙の相續分《さうぞくぶん》は三分の二なるときは被相續人《ひさうぞくにん》の財産《ざいさん》に屬する凡《すべ》ての權利義務を三分《ぶん》し乙は其二甲は其一を承繼《しやうけい》すべし

第二款　相續分

○本款凡《ほんかんすべ》て六條遺産相續人《ゐさんさうぞくにん》の相續分に關する規則《きそく》を定めたるものなり

第千四條　同順位ノ相續人數人アルトキハ其各自ノ相續分ハ相均シキモノトス但直系卑屬數人アルトキハ庶子及ヒ私生子ノ相續分ハ嫡出子ノ相續分ノ二分ノ一トス

問　共同相續人《きやうどうさうぞくにん》の相續分《さうぞくぶん》は凡《すべ》て同一《どういつ》なるや否

答　同順位《どうじゆんゐ》の相續人《さうぞくにん》數人あるとき例《たと》へは父《ちゝ》と母《はゝ》と其相續人あるとき又は祖父《そふ》と祖母《そぼ》と其相續人《そのさうぞくにん》なるときの如《ごと》きは各自《かくじ》の相續分は相均《あひひと》しきものとす然れども直系卑屬《ちよくけいひぞく》數人あるときは庶子《しよし》及び私生子《しせいじ》の相續分は嫡出子《てきしゆつし》の相續分の二分の一とす故に例《たと》へば同順位《どうじゆんゐ》の三人の直系卑屬《ちよくけいひぞく》ある場合に於て三人共に嫡出子《てきしゆつし》なるとき又は共に庶子《しよし》なるときは其相續分《そのさうぞくぶん》は均一《きんいつ》なりと雖とも二人嫡出子にして一人庶子《しよし》又は私生子《しせいじ》なるときは其財産《そのざいさん》を五分して二人の嫡出子《てきしゆつし》は共に五分の二づゝを相續分とし一人の庶子又は私生子は五分の一を其相續分《そのさうぞくぶん》となすべきものとす

第千五條　第九百九十五條ノ規定ニ依リテ相續人タル直系卑屬ノ相續分ハ其直系尊屬カ受クヘカリシモノニ同シ但直系卑屬數人アルトキハ其各自ノ直系尊

屬カ受クヘカリシ部分ニ付キ前條ノ規定ニ從ヒテ其相續分ヲ定ム

問　第九百九十五條の規定《きてい》に依りて相續人《さうぞくにん》たる直系卑屬《ちよくけいひぞく》の相續分《さうぞくぶん》は幾干《いくばく》なりや

答　第九百九十五條の規定に依《よ》りて相續人たる直系卑屬の相續分は其直系尊屬《そのちよくけいそんぞく》が受《う》くべかりしものと同一《どういつ》とす但直系卑屬數人《ちよくけいひぞくすうにん》あるときは其各自《かくじ》の直系尊屬が受くべかりし部分《ぶぶん》に付き前條《ぜんでう》の規定に從ひて其相續分《さうぞくぶん》を定むべし今例《れい》を擧《あ》げて之を説明《せつめい》すれば左の如し

第一例

被相續人《ひさうぞくにん》甲

嫡出子《ちやくしゆつし》乙

乙の庶子《しよし》A

庶子丙

右《みぎ》の場合《ばあひ》に於て甲の死亡《しばう》前乙死去《しきよ》したる時《とき》はAは其父《ちゝ》乙と同順位《どうじゆんゐ》にて其相續人《さうぞくにん》となるべきが故に相《さう》續開始《かいし》したるときはAは乙の受《う》くべかりし相續分《さうぞくぶん》を受《う》くるものとす而して乙は嫡出子《ちやくしゆつし》にして丙は庶《しよ》子《し》なるが故に遺産《ゐさん》は之を三分し其の二は即《すなは》ち乙の受くべかりし相續分《さうぞくぶん》あるを以てAの受くべき相續《さうぞく》分《ぶん》も亦遺産《ゐさん》の三分の二ありと知るべし

第二例

被相續人《ひさうぞくにん》甲《かふ》

嫡出子《ちやくしゆつし》乙（甲の死亡前《しばうぜん》死亡したり）

乙《い》嫡出子A

同　庶《しよ》子《し》B

同　私生子《しせいし》C

庶《しよ》子《し》丙（甲の死亡前死亡《ばうぜんしばう》したり）

丙の嫡出子《ちやくゆし》ア

嫡出子イ（甲の死亡前《しばうぜん》死亡したり）

イの嫡出子《ちやくしゆつし》雪

嫡出子月

同　私生子《せいし》花

右の場合《ばあひ》に於てはA、B、C、ア、雪、月、花の七人共《とも》に相續人《さうぞくにん》なるべく而して解《かい》し易《やす》からしめんか爲め其遺產《ゐさん》を三萬圓とすれば各自《かくじ》の相續分《さうぞくぶん》は左の如《ごと》し

乙（二萬圓）

A　一萬圓

B　五千圓

C　五千圓

丙　（一萬圓）
ア　五千圓
イ（五千圓）
雪　二千圓
月　二千圓
花　一千圓

第千六條　被相續人ハ前二條ノ規定ニ拘ハラス遺言ヲ以テ共同相續人ノ相續分ヲ定メ又ハ之ヲ定ムルコトヲ第三者ニ委託スルコトヲ得但被相續人又ハ第三者ハ遺留分ニ關スル規定ニ違反スルコトヲ得ス

被相續人カ共同相續人中ノ一人若クハ數人ノ相續分ノミヲ定メ又ハ之ヲ定メシメタルトキハ他ノ共同相續人ノ相續分ハ前二條ノ規定ニ依リテ之ヲ定ム

問　被相續人《ひさうぞくにん》は遺言《ゐげん》を以て相續分《さうぞくぶん》を定《さだ》むることを得《う》るや

答　被相續人は前二條の規定《きてい》に拘《かゝは》らず遺言《ゐげん》を以て共同相續人《きやうどうさうぞくにん》の相續分を定《さだ》め又は之を定むることを第三者に委託《いたく》することを得べし但《たゞし》被相續人《ひさうぞくにん》又は委託《いたく》を受《う》けたる第三者は遺留分《ゐりうぶん》に關《くわん》する規定に違反《ゐはん》することを得《え》ざるものとす

被相續人《ひさうぞくにん》が共同《きやうどう》相續人中の一人若くは數人《すにん》の相續分《さうぞくぶん》のみを定め又は之を定《さだ》めしめたるときは他の共《きやう》

同《どう》相續人の相續分《さうぞくぶん》は前二條の規定《きてい》に依《よ》りて之を定《さだ》むべきものとす

第千七條　共同相續人中被相續人ヨリ遺贈ヲ受ケ又ハ婚姻、養子緣組、分家、廢絕家再興ノ爲メ若クハ生計ノ資本トシテ贈與ヲ受ケタル者アルトキハ被相續人カ相續開始ノ時ニ於テ有セシ財產ノ價額ニ其贈與ノ價額ヲ加ヘタルモノヲ相續財產ト看做シ前三條ノ規定ニ依リテ算定シタル相續分ノ中ヨリ其遺贈又ハ贈與ノ價額ヲ控除シ其殘額ヲ以テ其者ノ相續分トス

遺贈又ハ贈與ノ價額カ相續分ノ價額ニ等シク又ハ之ニ超ユルトキハ受遺者又ハ受贈者ハ其相續分ヲ受クルコトヲ得ス

被相續人カ前二項ノ規定ニ異ナリタル意思ヲ表示シタルトキハ其意思表示ハ遺留分ニ關スル規定ニ反セサル範圍內ニ於テ其效力ヲ有ス

問　共同《きやうどう》相續人《さうぞくにん》中《ちう》被相續人《ひさうぞくにん》より遺贈《ゐぞう》又は贈與《ぞうよ》を受《う》けたるときは其相續分《さうぞくぶん》は如何《いか》にして之を定むべきや

答　共同《きやうどう》相續人《さうぞくにん》中《ちう》被相續人《ひさうぞくにん》より遺贈《ゐぞう》を受《う》け又は婚姻《こんいん》、養子《やうし》緣組《えんぐみ》、分家《ぶんけ》、廢絕家《はいぜつか》再興《さいこう》の爲め若《も》しくは生計《せいけい》の資本《しほん》として贈與《ぞうよ》を受けたる者あるときは被相續人《ひさうぞくにん》が相續開始《かいし》の時即《すなは》ち死亡《しぼう》の時に於て有せし財產の價額《かかく》を加へたるものを相續財產《さうぞくざいさん》と看做《みな》し前三條の規定《きてい》に依りて算定《さんてい》したる相續分の中より其遺贈又は贈與《ぞうよ》の價額を控除《こうぢよ》し其殘額《ざんがく》を以て其者の相續分《さうぞくぶん》となすべきものとす故に例《たと》へば甲乙二人の相續人ある場合《ばあい》に於て甲《かふ》が被相續人より五千圓の價格ある贈與《ぞうよ》を受《う》けたるときは被相續人《ひさうぞくにん》が死亡《しぼう》の時に有

せし財産の價額《かがく》例へば三万圓に其贈與《ぞうよ》の價額即ち五千圓を加《くは》へ三万五千圓を相續財産と看做《みな》し前三條の規定《きてい》に依りて算定《さんてい》したる相續分例へば甲乙共に嫡出子《ちやくしゆつし》にして同順位《どうじゆんゐ》なるときは之を二分して一万七千五百圓の内《うち》より五千圓を控除《こうぢよ》し殘一万二千五百圓を甲の相續分《さうぞくぶん》とし一万七千五百圓を乙《おつ》の相續分となすべきものとす

問　贈與《ぞうよ》の價額《かがく》が相續分の價額に等《ひと》しく又は之に超《こ》ゆるときは如何《いか》にすべきや

答　遺贈《ゐぞう》又は贈與《ぞうよ》の價額《かがく》が相續分の價額に等《ひと》しきか又は之に超《こ》ゆるとき例《たと》へば遺贈を受《う》けたる財産《ざいさん》の價額が一万圓にして之《これ》を加《くは》へたる相續財産《さうぞくざいさん》の價額が二万圓若《も》くは一万五千圓なるときの如きは遺贈を受《う》けたる者又は贈與《ぞうよ》を受けたる者は其相續分《さうぞくぶん》を受くることを得ざるものとす

問　被相續人《ひさうぞくにん》が右《みぎ》と異《こと》なる意思《いし》を表示《へうし》したるときは如何にすべきや

答　被相續人が前《ぜん》二項《かう》の規定《きてい》に異なりたる意思《いし》を表示したるときは其意思《いし》表示は遺《ゐ》留分《りうぶん》に關する規定に反《はん》せざる範圍內《はんゐない》に於て其效力《かうりよく》を有するものとす

第千八條　前條ニ揭ケタル贈與ノ價額ハ受贈者ノ行爲ニ因リ其目的タル財產カ滅失シ又ハ其價格ノ增減アリタルトキト雖モ相續開始ノ當時仍ホ原狀ニテ存スルモノト看做シテ之ヲ定ム

問　贈與《ぞうよ》の價額が滅失《めつしつ》し又は減少《げんせう》したるときは如何にすべきや

答　前條に揭《かゝ》げたる贈與の價額《かがく》は受贈者《じゆぞうしや》の行爲《かうゐ》に因り其目的《もくてき》たる財產即ち贈與《ぞうよ》を受けたる財產《ざいさん》が滅失

し又は其價格《かかく》の增減《ぞうげん》ありたるときと雖も相續開始《さうぞくかいし》の當時《たうじ》仍《な》ほ原狀《げんじやう》にて存するものと看做《みな》して之を定むべきものとす故に例《たと》へば一万圓の價額《かがく》ある家屋《か》の贈與《く》を受《う》けたる後失火《しつくわ》の爲め其家屋《かをく》が滅失《めつしつ》したるとき又は其價格《がく》が減して七千圓となりたるとき又は增《ま》して一万三千圓となりたるときも相續開始《さうぞくかいし》の際《さい》には依然《いぜん》一万圓の價額にて存在《そんざい》するものとし之を相續財產《さうぞくざいさん》の價額に加《くは》へて受贈者《じゆぞうしや》の相續分を定めざるべからず

第千九條　共同相續人ノ一人カ分割前ニ其相續分ヲ第三者ニ讓渡シタルトキハ他ノ共同相續人ハ其價額及ヒ費用ヲ償還シテ其相續分ヲ讓受クルコトヲ得

前項ニ定メタル權利ハ一个月內ニ之ヲ行使スルコトヲ要ス

問　共同相續人《きやうどうさうぞくにん》の一人か分割《ぶんかつ》前に其相續分《さうぞくぶん》を第三者に讓渡《じやうと》したる時は如何にすべきや

答　共同相續人《きやうどうさうぞくにん》の一人か其共有《きやうゆう》に屬《ぞく》する相續財產《ざいさん》の分割前《ぶんくわつぜん》に自己《じこ》の相續分を第三者即ち共同相續人以外の者に讓渡《じやうと》したるときは他の共同相續人《きやうどうさうぞくにん》は其讓渡《じやうと》の價額及び費用《ひよう》を償還《しやうくわん》して其相續分を讓受《ゆづりう》くることを得るものとす但此權利《このけんり》は一ケ月を經過《けいくわ》したるときは之を行使《かうし》することを得す

第三款　遺產ノ分割

○本款《ほんくわん》凡て七條遺產《ゐさん》の分割《ぶんくわつ》に關《くわん》する規則を定《さだ》めたるものなり

第千十條　被相續人ハ遺言ヲ以テ分割ノ方法ヲ定メ又ハ之ヲ定ムルコトヲ第三者ニ委託スルコトヲ得

問　被相續人《ひさうぞく》は遺產《ゐさん》の分割方法《ぶんくわつはうはふ》を定むることを得るや

答　被相續人は遺言《ゐげん》を以て分割の方法《はつはふ》即ち被相續人《ひさうぞくにん》數人の共有《きやういう》に屬《ぞく》する相續財產《ざいさん》を其相續分に應《おう》じて分配《ぶんぱい》する方法を定《さだ》むることを得べく又遺言《ゐげん》を以て其分割《ぶんくわつ》の方法《はうはふ》を定むることを第三者に委託《いたく》することを得るものとす

第千十一條　被相續人ハ遺言ヲ以テ相續開始ノ時ヨリ五年ヲ超エサル期間內分割ヲ禁スルコトヲ得

問　被相續人は相續財產《さうぞくざいさん》の分割を禁《きん》ずることを得るや

答　被相續人《ひさうぞくにん》は遺言を以て相續開始《さうぞくかいし》の時より五年を超《こ》えざる期間內分割《きかんないぶんくわつ》を禁ずることを得べし故に十年間分割を禁《きん》ずる旨《むね》を遺言するも其期間《きかん》は當然五年に短縮《たんしゆく》せらるゝものとす

第千十二條　遺產ノ分割ハ相續開始ノ時ニ遡リテ其效力ヲ生ス

問　分割《ぶんくわつ》の效力《かうりよく》を生《せう》ずる時機《じき》如何

答　遺產《ゐさん》の分割は相續開始《さうぞくかいし》の時に遡《さかのぼ》りて其效力《かうりよく》を生ずるものとす故に例《たと》へば家屋《かをく》、倉庫《さうこ》、土地《とち》の三箇を甲乙丙の三人に於て相續し後《のち》之を分割《ぶんくわつ》して甲は家屋《かをく》乙は倉庫《さうこ》丙は土地《とち》を所有《しよいう》するに至りたる時は相續開始《かいし》の時即ち被相續人《ひさうぞくにん》の死亡《しばう》したる時は家屋は甲に倉庫《さうこ》は乙に土地は丙に屬《ぞく》するものと看做《みな》すべきものとす

第千十三條　各共同相續人ハ相續開始前ヨリ存スル事由ニ付キ他ノ共同相續人

ニ對シ賣主ト同シク其相續分ニ應シテ擔保ノ責ニ任ス

問　各共同相續人《かくきやうどうさうぞくにん》は分割物《ぶんくわつぶつ》に付き擔保《たんぽ》の責《せめ》に任《にん》ずべきや否《いな》

答　各共同相續人は相續開始《さうぞくかいし》前《ぜん》より存する事由《じゆう》に付き他《た》の共同相續人《きやうどうさうぞくにん》に對《たい》し賣主《うりぬし》と同《おな》じく其相續分《さうぞくぶん》に應《おう》じて擔保《たんぽ》の責《せめ》に任《にん》ずるものとす故に例《たと》へば分割《ぶんくわつ》の結果《けつくわ》甲は二千圓の價額《かがく》ある家屋《かおく》を得乙は金二千圓丙は金《きん》一千圓を得《え》たる場合《ばあひ》に於て其家屋《かおく》が被相續人《ひさうぞくにん》より既《すで》に第三者に讓渡《ゆづりわた》したるが爲《た》め甲之が所《しよ》有權《いうけん》を得ること能《あた》はざるときは乙は金八百圓丙は金四百圓を甲に償還《しやうくわん》すべきものとす

第千十四條　各共同相續人ハ其相續分ニ應シ他ノ共同相續人カ分割ニ因リテ受ケタル債權ニ付キ分割ノ當時ニ於ケル債務者ノ資力ヲ擔保ス

辨濟期ニ在ラサル債權及ヒ停止條件附債權ニ付テハ各共同相續人ハ辨濟ヲ爲スヘキ時ニ於ケル債務者ノ資力ヲ擔保ス

問　分割物《ぶんくわつぶつ》が債權《さいけん》なるときは如何《いか》にすべきや

答　各共同相續人《かくきやうどうさうぞくにん》は其相續分に應《おう》じ他《た》の共同相續人が分割《ぶんくわつ》に因《よ》りて受《う》けたる債權《さいけん》に付き分割《ぶんくわつ》の當時《たうじ》に於ける債務者《さいむしや》の資力《しりよく》を擔保《たんぽ》すべきものとす故に例《たと》へば分割の結果《けつくわ》甲は被相續人《ひさうぞくにん》よりAに貸渡《かしわた》したる金二千圓の債權《さいけん》を得乙は千圓の價額《かがく》ある家屋《かおく》丙は千圓の價額ある器具《きぐ》を得たる場合《ばあひ》に於て甲がAに貸金《かしきん》の辨濟《べんさい》を請求《せいきう》したるも五百圓より外資力《ほかしりよく》あきが爲《た》め辨濟《べんさい》を受《うく》ること能《あた》はざりしときは乙丙共《とも》に甲に百二十五圓を償還《しやうくわん》すべく從《したがつ》て甲は千七百五十圓乙丙《をつへい》は共《とも》に八百七十五圓を得《う》るに至《いた》るべし然《しか》れ

じも甲が分割《ぶんくわつ》の當時《たうじ》に請求《せいきう》せざりしが爲め辨濟《べんさい》を受《う》くること能はざりし時卽《すなは》ち分割の當時《たうじ》はAに辨濟の資力《しりよく》ありしも其以後《いご》に之を失《うしな》ひたる時の如《ごと》きは乙丙は其擔保《そのたんぽ》の責《せめ》に任《にん》ぜざるものとす何《なん》とあれば資力ある常時《たうじ》に其辨濟《そのべんさい》を請求《せいきう》せざりしは甲の過失《くわしつ》あるが故《ゆゑ》なり

問　辨濟期《べんさいき》に在らざる債權及《さいけんおよ》び停止條件《ていしでうけん》附債權《さいけん》に付ては如何

答　辨濟期に在《あ》らざる債權例《たと》へば十二月三十日が辨濟期限《べんさいきげん》にして分割《ぶんくわつ》は十月十日なるとき又は停止條《ていしでう》件附債權《けんつきさいけん》例へば英國《えいこく》に注文《ちうもん》したる某商品《ぼうしやうひん》か神戸《かうべ》に到着《たうちやく》したるときは金五千圓を支拂《しはら》ふへしと約《やく》したる場合《ばあひ》の如きは各共同《かくきやうどう》相續人は辨濟《べんさい》を爲《な》すべき時卽ち前例《ぜんれい》によれば十二月三十日又は神戸《かうべ》に着荷《ちやくか》したる時に於《お》ける債務者《さいむしや》の資力《しりよく》を擔保《たんぽ》すへきものとす

第千十五條　擔保ノ責ニ任スル共同相續人中償還ヲ爲ス資力ナキ者アルトキハ其償還スルコト能ハサル部分ハ求償者及ヒ他ノ資力アル者各其相續分ニ應シテ之ヲ分擔ス但求償者ニ過失アルトキハ他ノ共同相續人ニ對シテ分擔ヲ請求スルコトヲ得ス

問　擔保《たんぽ》の責《せめ》に任《にん》ずる共同相續人中償還《しやうくわん》に爲す資力《しりよく》なきものあるときは如何《いかに》にすへきや

答　擔保の責に任ずる共同相續人中《きやうどうさうぞくにんちう》償還を爲《な》す資力あき者あるときは其償還《しやうくわん》すること能《あた》はさる部分《ぶぶん》は求償者《きうしやう》及《およ》び他《た》の資力ある者各《おのおの》其相續分に應《おう》して分擔《ぶんたん》すべきものとす故に例《たと》へは相續財産分割《さうぞくざいさんぶんくわつ》の結果《けつくわ》甲は二千圓を停止《ていし》條件附債權《でうけんつきさいけん》を得乙は二千圓の價額《かがく》ある家屋《かをく》丙は千圓の價額ある器具《きぐ》を得たる場合《ばあひ》

に於て甲は辨濟期《べんさいき》に債務者に對《たい》し債務《さいむ》の辨濟を請求《せいきう》したるも債務者《さいむしや》に資力《しりよく》なきか爲《た》め千圓を受《う》くるに止《や》まりたるときは乙は四百圓丙は二百圓を甲に償還《しやうくわん》せさるべからず此場合《このはあひ》に於て丙は先《さき》に得たる財産《ざいさん》を賣却《ばいきやく》し其代金《そのだいきん》を費消《ひせう》し他に資力《しりよく》あきが爲め百圓を償還《しやうくわん》したるも殘《のこり》百圓は之を償還することを能《あた》はさるときは求償者《きうしやうしや》即ち甲及《およ》び他の資力ある者即《すなは》ち乙各其相續分《さうぞくぶん》に應《おう》じて之を分擔《ぶんたん》すべく而して甲乙共《とも》に其相續分同一《どういつ》なるが求償者《きうしやうしや》甲は百圓の半額《はんがく》五十圓を分擔し乙は其殘額《ざんがく》五十圓を分擔《ぶんたん》すべきものとす故《ゆゑ》甲は乙より五十圓の償還《しやうくわん》を受《う》くることを得へし然《し》れとも求償者に過失《くわつ》あるとき例《たと》へば求償《きうしやう》を遲延《ちえん》したるが爲《た》め無資力となりたる時の如《ごと》きは他の共同相續人《きやうどうさうぞくにん》に對《たい》して分擔《ぶんたん》を請求《せいきう》することを得さるものとす

第千十六條　前三條ノ規定ハ被相續人ガ遺言ヲ以テ別段ノ意思ヲ表示シタルトキハ之ヲ適用セス

○前《ぜん》三條《でう》の規定《きてい》は被相續人が遺言《ゆゐごん》を以て別段《べつだん》の意思《いし》を定めたるとき例《たと》へば擔保《たんぽ》の責任《せきにん》を負《お》はしめさるときの如きは之を適用《てきよう》せさるものとす故《ゆゑ》に被相續人《ひさうぞくにん》は遺言を以《もつ》て隨意《ずいい》に擔保の責任如何《いかん》を指定《してい》することを得《う》べし

第三章　相續ノ承認及ヒ抛棄

○本章は相續《さうぞく》の承認《しやうだく》及び抛棄《はうき》に關《くわん》する規則《きそく》を定めたるものにして分《わか》つて三節《せつ》となす第一節に於ては總則《そうそく》を定《さだ》め第二節に於ては承認《しやうにん》に關する規則を定《さだ》め第三節に於ては抛棄《はうき》に關する規則《きそく》を定めたり

第一節　總則

○本節《ほんせつ》凡て六條本章《ほんしやう》全体《ぜんたい》に通《つう》ずる規則を定めたり

第千十七條　相續人ハ自己ノ爲メニ相續ノ開始アリタルコトヲ知リタル時ヨリ三个月內ニ單純若クハ限定ノ承認又ハ拋棄ヲ爲スコトヲ要ス但此期間ハ利害關係人又ハ撿事ノ請求ニ因リ裁判所ニ於テ之ヲ伸長スルコトヲ得

相續人ハ承認又ハ拋棄ヲ爲ス前ニ相續財產ノ調查ヲ爲スコトヲ得

問　相續人《さうぞくにん》が承認《しやうにん》又は拋棄《はうき》を爲すへき期間《きかん》如何

答　相續人は家督相續《かとくさうぞく》と遺產相續《ゐさんさうぞく》とを問《と》はす自己《じこ》の爲めに相續の開始《かいし》ありたることを知りたる時即ち自己《じこ》か相續を爲《な》すへき順位《じゆんゐ》にある場合に於て被相續人《ひさうぞくにん》の死亡《しばう》其他の原因《げんいん》により相續の開始《かいし》ありたることを知《し》りたる時より三ヶ月內に單純《たんじゆん》の承認《しやうにん》即ち無限《むげん》に被相續人の權利義務《けんりぎむ》を承繼《しやうけい》する承認若くは限定《げんてい》の承認《しやうにん》即ち相續に因《よつ》て得たる財產《ざいさん》の限度《げんど》に於てのみ被相續人の債務《さいむ》及び遺贈《ゐぞう》を辨濟《べんさい》すへきこととを留保《りうほ》して爲す承認《しやうにん》又は拋棄《はうき》を爲すへきものとす但此期間は利《り》害關係人《がいくわんけいにん》又は檢事《けんじ》の請求《せいきう》に因り裁判《さいばん》所《しよ》に於て之を伸長《しんちやう》することを得べし

問　相續人《さうぞくにん》は相續財產《ざいさん》を調查《てうさ》することを得《う》るや

答　相續人《さうぞくにん》は承認《しやうにん》又は拋棄《はうき》を爲す前に相續財產の調查《てうさ》を爲すことを得るものとす蓋《けだ》し調查を爲すにあらざれば單純《たんじゆん》の承認を爲すべきや限定《げんてい》の承認を爲すべきや將《は》た拋棄《はうき》を爲すべきやを定むること能は

されはなり

第千十八條　相續人カ承認又ハ抛棄ヲ爲サスシテ死亡シタルトキハ前條第一項ノ期間ハ其者ノ相續人カ自己ノ爲メニ相續開始アリタルコトヲ知リタル時ヨリ之ヲ起算ス

問　相續人が承認《しやうにん》又は抛棄《はうき》を爲さずして死亡《しばう》したるときは其相續人《さうぞくにん》の爲めに前條《ぜんでう》の期間《きかん》は何れの時より起算《きさん》すべきや

答　相續人(甲)が相續の承認《しやうにん》又は抛棄《はうき》を爲《な》さずして死亡《しぼう》したるとき即ち自己《じこ》の爲めに相續の開始《かいし》ありたることを知《し》らざるか又《また》は之を知《し》りたるときより三ヶ月の期間《きかん》を經過《けいくわ》せざる前何等《なんら》の意思《いし》を表示《へうじ》せずして死亡《しばう》したるときは前條第一項《ぜんでうだいいつかう》に定めたる三ヶ月の期間は其者《そのもの》即ち甲の相續人(乙)が自己の爲めに相續《さうぞく》の開始《かいし》ありたることを知りたる時《とき》より之《これ》を起算《きさん》するものとす故に相續人《さうぞくにん》(甲)の相續人(乙)は利益《りえき》なきときは後《のち》の相續を承認《しやうにん》して前《さき》の相續を抛棄《はうき》することを得へし但後の相續を抛棄して前の相續のみを承認《しやうにん》することは能はざるは當然《たうぜん》なり

第千十九條　相續人カ無能力者ナルトキハ第千十七條第一項ノ期間ハ其法定代理人カ無能力者ノ爲メニ相續ノ開始アリタルコトヲ知リタル時ヨリ之ヲ起算ス

問　相續人《さうぞくにん》が無能力者《むのうりよくしや》なるときは第千十七條の期間《きかん》は何れの時より起算《きさん》すべきや

答 相續人が無能力者《むのうりよくしや》あるときは第千十七條《でう》第一項《こう》に定めたる三ケ月《げつ》の期間《きかん》は其法定代理人《はふていだいりにん》が無能力者の爲めに相續《さうぞく》の開始《かいし》ありたることを知りたる時より之を起算《きさん》すべきものとす

第千二十條 法定家督相續人ハ拋棄ヲ爲スコトヲ得ス但第九百八十四條ニ掲ケタル者ハ此限ニ在ラス

問 法定家督相續人《はふていかとくさうぞくにん》は拋棄《はうき》を爲すことを得《う》るや

答 法律《はふりつ》の規定《きてい》による家督相續人《かとくさうぞくにん》は第九百八十四條の規定《きてい》によりて相續人となる尊屬親《そんぞくしん》の外自己《じこ》の爲めに開始《かいし》したる家督相續の拋棄《はうき》を爲《な》すことを得ざるものとす但條文《でうぶん》家督相續《とくさうぞく》とあるが故に遺產《ゐさん》相續は之を拋棄《はうき》することを得べく又拋棄《はうき》を爲《な》すことを得ずとあるが故に限定承認《げんていしやうにん》を爲すことを得べきは勿論《もちろん》なり

第千二十一條 相續人ハ其固有財產ニ於ケルト同一ノ注意ヲ以テ相續財產ヲ管理スルコトヲ要ス但承認又ハ拋棄ヲ爲シタルトキハ此限ニ在ラス

裁判所ハ利害關係人又ハ檢事ノ請求ニ因リ何時ニテモ相續財產ノ保存ニ必要ナル處分ヲ命スルコトヲ得

裁判所カ管理人ヲ選任シタル場合ニ於テハ第二十七條乃至第二十九條ノ規定ヲ準用ス

問 相續人《さうぞくにん》が相續財產を管理《くわんり》するに當り其注意《ちうい》の程度如何《ていどいかん》

答　相續人は其固《そのこ》有財産《いうざいさん》即ち自己《じこ》の確定《かくてい》財産に於《お》けると同一の注意《ちうい》を以て相續財産を管理《くわんり》すべきものとす但承認《しやうにん》又は抛棄《はうき》を爲したるときは自己の確定財産《かくていざいさん》とあり又は一應《おう》相續人の資格《しかく》を失《うしな》ふが故に固有財産と同一《どういつ》の注意《ちうい》を以て之を管理《くわんり》することを要せざるは當然《とうぜん》あり裁判所《さいばんしよ》は判《り》害關係《がいくわんけい》人又は檢事《けんじ》の請求《せいきう》に因り何時にても相續財産《さうぞくざいさん》の保存《はぞん》に必要《ひつえう》なる處分《しよぶん》を命《めい》ずることを得るものとす故に損敗《そんはい》し易《やす》く又は保存《はぞん》に著《いちゞる》しき費用《ひよう》を要する物品《ぶつぴん》あるときは之を競賣《きやうばい》して金錢《きんせん》に替《か》へしむることを得《う》べし

裁判所が管理人《くわんりにん》を選任《せんにん》したる場合《ばあひ》に於《おい》ては第二十七條乃至《ないし》第二十九條の規定《きてい》を準用《じゆんよう》するものとす第二十七條乃至第二十九條の規定《きてい》は第八百九十二條の下に掲載《けいさい》したるが故に此《こゝ》に畧《りやく》す

第千二十二條　承認及ヒ抛棄ハ第千十七條第一項ノ期間内ト雖モ之ヲ取消スコトヲ得

前項ノ規定ハ第一編及ヒ前編ノ規定ニ依リテ承認又ハ抛棄ノ取消ヲ爲スコトヲ妨ケス但其取消權ハ追認ヲ爲スコトヲ得ル時ヨリ六ケ月間之ヲ行ハサルトキハ時效ニ因リテ消滅ス承認又ハ抛棄ノ時ヨリ十年ヲ經過シタルトキ亦同シ

問　承認《しやうにん》及び抛棄《はうき》は之を取消《とりけ》すことを得るや

答　單純《たんじゆん》承認なると限定承認《げんていしやうにん》なると將《は》た抛棄《はうき》なるとを問はず相續人が相續財産《さうぞくざいさん》に付き一度《ひとた》び其意思《いし》を表示《へうじ》したるときは第千十七條第一項の期間内《きかんない》と雖も之を取消《とりけ》すことを得ざるものとす蓋《けだ》し承認及び

拋棄は相續人《さうぞくにん》たる資格《しかく》を確定《かくてい》するものなるが故なり然れども第《だい》一編《ぺん》及び前編《ぜんぺん》の規定《きてい》に依《よ》りて之を取《とり》消《け》すことを得べし但其取消權《しゆけうけん》は追認《ついにん》を爲すことを得る時《とき》より六ヶ月間之を行《おこな》はざるとき又は承認若くは拋《はう》棄の時より十年を經過《けいくわ》したるときは時效《じかう》に因りて消滅《せうめつ》するものとす

第二節　承　認

○本節《ほんせつ》は相續の承認《しやうにん》に關する規則《きそく》を定めたるものにして分《わか》つて二款《くわん》とし第一款に於ては單純承認《たんじゆんしやうにん》を定め第二款に於ては限定承認《げんていしやうにん》を定めたり

第一款　單純承認

○本款凡て二條單純承認《たんじゆんしやうにん》に關する規則《きそく》を定めたるものなり

第千二十三條　相續人カ單純承認ヲ爲シタルトキ無限ニ被相續人ノ權利義務ヲ承繼ス

問　單純承認《たんじゆんしようにん》を爲したるときは其結果《そのけつくわ》如何《いかん》

答　相續人か單純承認《たんじゆんしやうにん》を爲したるときは無限《むげん》に被相續人《ひさうぞくにん》の權利《けんり》義務《ぎむ》を承繼《しやうけい》するものとす故に其債務《さいむ》か相續財產《ざいさん》の價額《かがく》を超ゆるときと雖も相續人は之《これ》か辨濟《べんさい》を拒《こば》むことを得《え》ず

第千二十四條　左ニ掲ケタル場合ニ於テハ相續人ハ單純承認ヲ爲シタルモノト看做ス

一　相續人カ相續財產ノ全部又ハ一部ヲ處分シタルトキ但保存行爲及ヒ第六

百二條ニ定メタル期間ヲ超ユサル賃貸ヲ為スハ此限ニ在ラス

二　相續人カ第千十七條第一項ノ期間内ニ限定承認又ハ抛棄ヲ為サヽリシトキ

三　相續人カ限定承認又ハ抛棄ヲ為シタル後ト雖モ相續財産ノ全部若クハ一部ヲ隱匿シ私ニ之ヲ消費シ又ハ惡意ヲ以テ之ヲ財産目錄中ニ記載セサリシトキ但相續人カ抛棄ヲ為シタルニ因リテ相續人ト為リタル者カ承認ヲ為シタル後ハ此限ニ在ラス

問　相續人か單純承認《たんじゆんしやうにん》を為したりと看做《みな》すべき場合《ばあひ》如何

答　左《さ》の場合《ばあひ》に於ては相續人は單純承認《たんじゆんしやうにん》を為したるものと看做《みな》し反對《はんたい》の推定《すいてい》を許《ゆる》さゞるものとす

一　相續人か相續財産《さうぞくざいさん》の全部《ぜんぶ》又は一部を處分《しよぶん》したるとき但保存行為《ほぞんかうゐ》及び第六百二條に定めたる期間《きかん》を超《こ》えざる賃貸《ちんたい》を為すは此限にあらず

故に相續人《さうぞくにん》が相續財産の全部《ぜんぶ》又は一部を他人に讓渡《じやうと》し又は之に質抵當若《しちていたうもし》くは地役等《ちえきとう》の物權《ぶつけん》を設定《せつてい》したるときは單純承認《たんじゆんしやうにん》を為《な》したるものと看做《みな》すべきものとす蓋《けだ》し所有權《しよいうけん》を讓渡し若《もし》くは物權《ぶつけん》を設定する所為《しよゐ》は其目的《もくてき》たる財産《ざいさん》の所有者《しよいうしや》にあらざれば為《な》すことを得ざるものなるが故《ゆゑ》に相續人《さうぞくにん》が之を為したるは即《すなは》ち相續を受諾《じゆだく》するの意思《いし》ありたるものと推定《すいてい》すべく又限定承認《げんていしやうにん》を為すの意思を表示《ひやうし》せざるが故に單純承認《たんじゆんしやうにん》を為したるものと推定《すいてい》すべきこと當然《たうぜん》なればなり然《しか》れども保存行為《ほぞんかうゐ》及び第六百

二條《でう》に定めたる期間《きかん》即ち樹木《じゆもく》の栽植《さいしよく》又は伐採《ばつさい》を目的《もくてき》とする山林の賃貸借《ちんたいしやく》は十年其他の土地の賃貸借は五年建物《たてもの》の賃貸借は三年動産《どうさん》の賃貸借は六ヶ月を超《こ》えざる賃貸《ちんたい》を爲《な》したる時は相續《さうぞく》を承認《しやうにん》したる者と看做《みな》すことを能はず蓋《けだ》し是等の行爲《かうゐ》は處分《しよぶん》の能力《のうりよく》又は權限《けんげん》を有せざる者と雖《いへど》も之を爲《な》すことを得るが故なり

二　相續人《さうぞくにん》が第千十七條第一項の期間内《きかんない》に限定承認《げんていしやうにん》又は抛棄《はうき》を爲《な》さゞりしとき

故に相續人が自己《じこ》の爲めに相續の開始《かいし》ありたることを知《し》りたる時《とき》より三ヶ月内に限定承認又《げんていしようにんまた》は抛棄《はうき》を爲さゞりしときは單純承認《たんじゆんしやうにん》を爲したるものと看做《みな》し反對《はんたい》の推定《すいてい》を許《ゆる》さゞるものとす

三　相續人が限定承認《げんていしようにん》又は抛棄《はうき》を爲したる後《のち》と雖《いへど》も相續財産の全部《ぜんぶ》若《も》しくは一部《ぶ》を隱匿《いんとく》し、私《ひそか》に之を消費《せうひ》し又は惡意《あくい》を以て之を財産目録《ざいさんもくろく》中に記載《きさい》せざりしとき但其相續人が抛棄《はうき》を爲したるに因《よ》りて相續人《さうぞくにん》と爲りたる者か承認《しやうにん》を爲したる後《のち》は此限《このかぎり》に在らず

故《ゆゑ》に相續人が限定承認《げんていしようにん》又は抛棄《はうき》を爲したる後と雖も相續財産《さうぞくざいさん》の全部《ぜんぶ》若《も》くは一部《ぶ》を隱匿《いんとく》したるとき又は私《ひそか》に之を消費《せうひ》したるとき又は惡意《あくい》を以て之を財産目録中《ざいさんもくろくちう》に記載《きさい》せざりしときは不正《ふせい》の利益《りえき》を得んとしたる制裁《せいさい》として單純承認《たんじゆんしようにん》を爲したるものと看做《みな》すべきものとす然《しか》れども相續人《さうぞくにん》が抛棄《はうき》したる爲め次《つぎ》の順位《じゆんゐ》にある者が之を承認《しようにん》して相續人《さうぞくにん》となりたる後は右《みぎ》の推定《すいてい》を下さゞるものとす蓋《けだ》し次の順位に在《あ》る者が承認《しやうにん》を爲《な》したる後《のち》は財産《ざいさん》は其有《そのいう》に歸《き》するが前《まへ》に先位《せんゐ》に在る相續人《さうぞくにん》の隱匿消費《いんとくせうひ》等《とう》の行爲は普通《ふつう》の不法行爲《ふはうかうゐ》とあるべく從《したがつ》て單純承認《たんじゆんしようにん》を爲したるものと看做《みな》すの必要《ひつえう》なければなり

第二款　限定承認

○本款凡て十三條限定承認《げんていしやうにん》に關《くわん》する規則《きそく》を定めたるものあり

第千二十五條　相續人ハ相續ニ因リテ得タル財産ノ限度ニ於テノミ被相續人ノ債務及ヒ遺贈ヲ辨濟スヘキコトヲ留保シテ承認ヲ爲スコトヲ得

問　相續人《さうぞくにん》は無限《むげん》に被相續人の權利義務《けんりぎむ》を承繼《しようけい》せざることを得るや

答　相續人は家督相續《かとくさうぞく》と遺産相續《ゐさんさうぞく》とを問《と》はず相續に因りて得たる財産《ざいさん》の限度《げんど》に於てのみ被相續人《ひさうぞくにん》の債《さい》務《む》及び遺贈《ゐぞう》を辨濟《べんさい》すべきことを留保《りうほ》して承認《しやうにん》を爲すことを得るものとす

第千二十六條　相續人カ限定承認ヲ爲サント欲スルトキハ第千十七條第一項ノ期間內ニ財産目錄ヲ調製シテ之ヲ裁判所ニ提出シ限定承認ヲ爲ス旨ヲ申述スルコトヲ要ス

問　限定承認《げんていしやうにん》を爲す手續《てつゞき》如何

相續人《さうぞくにん》が限定承認《げんていしやうにん》を爲さんと欲《ほつ》するときは第千十七條第一項の期間內即ち《きかんないすなはち》自己《じこ》の爲めに相續《さうぞく》の開《かい》始《し》ありたることを知《し》りたるときより三ケ月內《ない》に財産目錄《ざいさんもくろく》を調製《てうせい》して之を裁判所《さいばんしよ》に提出《ていしゆつ》し限定承認を爲す旨《むね》を申立つべきものとす蓋《けだ》し限定承認《げんていしやうにん》は固有財産《こいうざいさん》と相續財産《さうぞくざいさん》とを混同《こんどう》せざることを要《えう》するのみあらず明示《めいし》にて其意思《いし》を表示《ひやうし》すべきものなるが故《ゆゑ》なり

第千二十七條　相續人カ限定承認ヲ爲シタルトキハ其被相續人ニ對シテ有セシ

權利義務ハ消滅セサリシモノト看做ス

問 限定承認ノ場合《ばあひ》に於て被相續人に對《たい》する權利《けんり》義務《ぎむ》は消滅《せうめつ》すべきや否

答 相續人《さうぞくにん》が單純承認《たんじゆんしやうにん》を爲したるときは其被相續人《ひさうぞくにん》に對《たい》して有する權利《けんり》義務《ぎむ》は混同《こんどう》に因りて消滅《せうめつ》すべきは當然《たうぜん》なるも限定承認を爲《な》したるときは相續《さうぞく》に因りて得たる財産《ざいさん》の限度《げんど》に於てのみ被相續人《ひさうぞくにん》の債《さい》務《む》及び遺贈《ゐぞう》を辨濟《べんさい》すべきものなるが故に自己《じこ》の固有財産《こいうざいさん》と相續財産《さうぞくざいさん》とは之を區別《くべつ》すべく從《したが》て相續人が被相續人《ひさうぞくにん》に對《たい》して有せし權利《けんり》義務《ぎむ》は消滅《せうめつ》せざりしものと看做《みな》すべきものとす故に例《たと》へば相續人《さうぞくにん》が被相續人に對して千圓の債權《さいけん》を有したる時《とき》は相續財産中《さうぞくざいさんちう》より其辨濟《べんさい》を受《う》くべく又五千圓の債務《さいむ》を負《ふ》擔《たん》したるときは自己《じこ》の固有財産《こいうざいさん》を以て相續財産中に辨濟《べんさい》せざるべからず

第千二十八條 限定承認者ハ其固有財産ニ於ケルト同一ノ注意ヲ以テ相續財産ノ管理ヲ繼續スルコトヲ要ス

第六百四十五條、第六百四十六條、第六百五十條第一項、第二項及ヒ第千二十一條第二項、第三項ノ規定ハ前項ノ場合ニ之ヲ準用ス

問 限定承認者《げんていしやうにんしや》が相續財産ノ管理《くわんり》に關《くわん》する注意《ちうい》の程度《ていど》如何《いかん》

答 限定承認者は其固有財産《こいうざいさん》即ち以前《いぜん》より有する自己《じこ》の財産に於《お》けると同一の注意《ちうい》を以て相續財産《さうぞくざいさん》の管理《くわんり》を繼續《けいぞく》すべきものとす而して善良《ぜんりやう》なる管理者《くわんりしや》の注意を爲す責《せめ》に任《にん》ぜしめざる所以《ゆゑん》は限定承認者《げんていしやうにん》は相續債權者《さうぞくさいけんしや》及び受遺者《じゆゐしや》の利益《りえき》の爲めに相續財産《さうぞくざいさん》を管理する責《せめ》に任《にん》ずるものなりと雖も然《しか》れども相

續財產は畢竟《ひつきやう》相續人の財產に外《ほか》ならざるが故に其固有財產《こゆうざいさん》に於けるよりも一層《そう》大ある注意《ちうい》を求《もと》むるは酷《こく》に失《しつ》するものなるが故《ゆゑ》なり

第六百四十五條第六百四十六條第六百五十條第一項第二項及《およ》び第千二十一條第二項第三項の規定《きてい》は前項の場合《ばあひ》に之を準用《じゆんよう》するものとす第六百四十五條第六百四十六條第六百五十條第一項第二項の規定左の如し

第六百四十五條　受任者《じゆにんしや》は委任者《いにんしや》の請求《せいきう》あるときは何時にても委任事務處理《いにんじむしより》の狀況《じやうけう》を報告《はうこく》し又委任終了《しゆうれう》の後《のち》は遲滯《ちたい》なく其顚末《てんまつ》を報告することを要《えう》す

第六百四十六條　受任者《じゆにんしや》は委任事務を處理するに當りて受取《うけと》りたる金錢其他《きんせんそのた》の物を委任者《いにんしや》に引渡《ひきわた》すことを要《えう》す其收取《しうしゆ》したる果實《くわじつ》亦同し

受任者《じゆにんしや》が委任者《いにんしや》の爲めに自己《じこ》の名を以て取得《しゆとく》したる權利《けんり》は之を委任者に移轉《いてん》することを要す

第六百五十條　受任者が委任事務《いにんじむ》を處理《しより》するに必要《ひつえう》と認《みと》むべき費用《ひよう》を出だしたるときは委任者《いにんしや》に對《たい》して其費用《ひよう》及び支出《ししゆつ》の日以後《いご》に於ける其利息《りそく》の償還《しやうくわん》を請求《せいきう》することを得

受任者《じゆにんしや》が委任事務《いにんじむ》を處理《しより》するに必要と認《みと》むべき債務《さいむ》を負擔《ふたん》したるときは委任者をして自己《じこ》に代はりて其辨濟《べんさい》を爲さしめ又其債務《さいむ》が辨濟期《べんさいき》に在らざるときは相當《さうたう》の擔保《たんぽ》を供《きやう》せしむることを得

第千二十九條　限定承認者ハ限定承認ヲ爲シタル後五日内ニ一切ノ相續債權者及ヒ受遺者ニ對シ限定承認ヲ爲シタルコト及ヒ一定ノ期間内ニ其請求ノ申出

ヲ為スヘキ旨ヲ公告スルコトヲ要ス但其期間ハ二ヶ月ヲ下ルコトヲ得ス

第七十九條第二項及ヒ第三項ノ規定ハ前項ノ場合ヲ準用ス

問 相續人《さうぞくにん》が限定承認《げんていしやうにん》を為したるときは如何なる手續《てつゞき》を為すべきや

答 限定承認者《げんていしやうにんしや》は限定承認を為したる後《のち》五日内に一切の相續債權者《さいけんしや》及び受遺者《じゆゐしや》に對《たい》し限定承認を為したること及び一定《てい》の期限内に其請求《せいきう》の申出を為すべき旨《むね》を公告《こうこく》すべく而して其申出の期間《きかん》は公告を為したる日より二ヶ月以上に於て限定承認者《げんていしやうにんしや》之を定《さだ》むべきものとす

第七十九條第二項及び第三項の規定《きてい》は前項の場合《ばあひ》に之を準用《じゆんよう》するものとす其規定《きてい》は左の如し

第七十九條第二項 前項《ぜんかう》の公告には債權者《さいけんしや》が期間内に申出を為《な》さゞるときは其債權《さいけん》は清算《せいさん》より除斥せらるべき旨《むね》を附記《ふき》することを要す但清算人《せいさんにん》は知れたる債權者《さいけんしや》を除斥《ぢよせき》することを要す

清算人《せいさんにん》は知れたる債權者《さいけんしや》には各別に其申出を催告《さいこく》することを要す

第千三十條 限定承認者ハ前條第一項ノ期間滿了前ニハ相續債權者及ヒ受遺者ニ對シテ辨濟ヲ拒ムコトヲ得

問 限定承認者《げんていしやうにんしや》は前條第一項の期間滿了前《きかんまんりやうぜん》には相續債權者及び受遺者《じゆゐしや》に對して辨濟《べんさい》を拒《こば》むことを得るや

答 限定承認者《げんていしやうにんしや》は次條の規定《きてい》に依り前條第一項の期間經過後《けいかご》相續財産《さうぞくざいさん》を以て其期間内に申出を為したる債權者其他《た》知れざる債權者に各其債權額《がく》の割合《わりあひ》に應じて辨濟《べんさい》を為すべきものなるが故に期間滿了《きかんまんりやう》

前《ぜん》に在りては之を拒《こば》むことを得《う》るものとす

第千三十一條　第千二十九條第一項ノ期間滿了ノ後ハ限定承認者ハ相續財產ヲ以テ其期間內ニ申出テタル債權者其他知レタル債權者ニ各其債權額ノ割合ニ應シテ辨濟ヲ爲スコトヲ要ス但優先權ヲ有スル債權者ノ權利ヲ害スルコトヲ得ス

問　限定承認《げんていしようにん》の場合に於て債務《さいむ》を辨濟《べんさい》する方法如何

答　相續人《さうぞくにん》か限定承認を爲すは通常《つうじやう》相續財產《さうぞくざいさん》を以て相續債權者及び受遺者《じゆゐしや》に對する債務を辨濟することと能はざる場合《ばあひ》あるか故に限定承認者《げんていしようにんしや》は第千二十九條第一項の期間內《きかんない》に申出でたる債權者《さいけんしや》又は申出でさるも知れたる債權者《さいけんしや》に其期間滿了の後相續財產《さうぞくざいさん》を以て各其債權額《さいけんがく》の割合に應じ辨濟《べんさい》を爲すべきものとす故に例へば甲の債權《さいけん》が三千圓乙の債權《さいけん》が二千圓丙の債權が千圓丁の債權が五百圓なる場合《ばあひ》に於て相續財產の價額か三千二百五十圓即ち債務の半額《はんがく》なるときは各債權者に其半額を辨濟《べんさい》すべく甲にのみ其全額《ぜんがく》を辨濟《べんさい》することを得ず但爲めに優先權《いうせんけん》を有する債權者の權利《けんり》を害することを得さるは當然なり

第千三十二條　限定承認者ハ辨濟期ニ至ラサル債權ト雖モ前條ノ規定ニ依リテ之ヲ辨濟スルコトヲ要ス

條件附債權又ハ存續期間ノ不確定ナル債權ハ裁判所ニ於テ選任シタル鑑定人

ノ評價ニ從ヒテ之ヲ辨濟スルコトヲ要ス

問　辨濟期《べんさいき》に至《いた》らざる債權《さいけん》に對《たい》しては如何《いか》にすべきや

答　限定承認者《げんていしやうにんしや》は辨濟期《べんさいき》に至らざる債權《さいけん》と雖も前條の規定《きてい》に依りて之を辨濟すべきものとす蓋《けだ》し速《すみや》かに辨濟の手續《てつゞき》を完了《くわんりやう》せしめんが爲にして而して限定相續《げんていさうぞく》の場合《ばあい》に於ては相續人《さうぞくにん》が辨濟期の未だ到來《たうらい》せざる債權《さいけん》を辨濟するも爲《た》めに不利益《ふりえき》を蒙《かうふ》むることなかるべきが故なり

條件附債權《でうけんつきさいけん》又は存續期間《そんぞくきかん》の不確定《ふかくてい》なる債權《さいけん》は裁判所《さいばんしよ》に於て選任《せんにん》したる鑑定人《かんていにん》の評價《ひやうか》に從《したが》ひて之を辨濟ずべきものとす

第千三十三條　限定承認者ハ前二條ノ規定ニ依リテ各債權者ニ辨濟ヲ爲シタル後ニ非サレハ受遺者ニ辨濟ヲ爲スコトヲ得ス

問　受遺者《じゆゐしや》に辨濟《べんさい》を爲《な》す時機《じき》如何

答　限定承認者《げんていしやうにんしや》は前《ぜん》二條の規定《きてい》に依りて各債權者《かくさいけんしや》に辨濟を爲《な》したる後《のち》にあらざれば受遺者《じゆゐしや》即ち被相續人より遺贈《ゐぞう》を受《う》けたる者に辨濟を爲《な》すことを得《え》ざるものとす蓋《けだ》し然らざれば被相續人《ひさうぞくにん》は遺贈に依りて相續債權者《さうぞくさいけんしや》を害《がい》することを得るが如き結果《けつくわ》を生ずるが故なり

第千三十四條　前三條ノ規定ニ從ヒテ辨濟ヲ爲スニ付キ相續財産ノ賣却ヲ必要トスルトキハ限定承認者ハ之ヲ競賣ニ付スルコトヲ要ス但裁判所ニ於テ選任シタル鑑定人ノ評價ニ從ヒ相續財産ノ全部又ハ一部ノ價額ヲ辨濟シテ其競賣

ヲ止ムルコトヲ得

問　相續財産《さうぞくざいさん》を賣却《ばいきやく》するの必要《ひつえう》あるときは如何にすべきや

答　前三條の規定《きてい》に從ひて辨濟《べんさい》を爲すに付き相續財産の賣却《ばいきやく》を必要《ひつえう》とするとき例へば土地家屋等《とちかをくとう》を賣却するにあらされば相續財産中《さうぞくざいさんちう》の金錢のみを以て辨濟《べんさい》すること能はさるときは限定承認者《げんていしようにんしや》は之を競《きやう》賣《ばい》に付すべきものとす但裁判所に於て選任《せんにん》したる鑑定人《かんていにん》の評價《ひやうか》に從ひ相續財産の全部《ぜんぶ》又は一部の價額を辨濟して其競賣《そのきやうばい》を止むることを得《う》べし故に相續財産い土地家屋《とちかをく》若くは先祖傳來《せんぞでんらい》の寶物《ほうぶつ》を賣却するにあらされば被相續人《ひさうぞくにん》の債務《さいむ》又は遺贈《ゐぞう》を辨濟すること能はさる場合に於て相續人《さうぞくにん》が之を賣却することを欲《ほつ》せざる時は裁判所に於て選定《せんてい》したる鑑定人の評價《ひやうか》を求め其評價額《そのひやうかがく》例へば一万圓を辨濟《べんさい》し其財産《ざいさん》を保存《ほぞん》することを得るものとす

第千三十五條　相續債權者及ヒ受遺者ハ自己ノ費用ヲ以テ相續財産ノ競賣又ハ鑑定ニ參加スルコトヲ得此場合ニ於テハ第二百六十條第二項ノ規定ヲ準用ス

問　相續債權者《さうぞくさいけんしや》及ひ受遺者《じゆゐしや》は競賣《きやうばい》又は鑑定《かんてい》に參加《さんか》することを得るや

答　相續債權者及ひ受遺者《じゆゐしや》は自己《じこ》の費用《ひよう》を以て相續財産《さうぞくざいさん》の競賣又は鑑定に參加《さんか》することを得るものとす蓋《けだ》し競賣又は評價額《ひやうかがく》の高低は債權者及ひ受遺者《じゆゐしや》の利害に重大《ぢうだい》の關係《くわんけい》を有《いう》するが故なり而して此場合に於ては第二百六十條第二項の規定《きてい》を準用《じゆんよう》するか故に參加の請求《せいきう》ありたるに拘《かゝ》はらず其の參加を待《ま》たずして競賣《きやうばい》又は鑑定《かんてい》を爲したるときは其の競賣又は鑑定は之を以て參加を請求《せいきう》したる相續債《さうぞくさい》

權者又《また》は受遺者《じゆゐしや》に對抗《たいかう》することを得《に》ざるものとす

第千三十六條　限定承認者カ千二十九條ニ定メタル公告若クハ催告ヲ爲スコトヲ怠リ又ハ同條ノ規定ニ依リテ定メタル期間內ニ或債權者若クハ受遺者ニ辨濟ヲ爲シタルニ因リ他ノ債權者若クハ受遺者ニ辨濟ヲ爲スコト能ハサルニ至リタルトキハ之ニ因リテ生シタル損害ヲ賠償スル責ニ任ス第千三十條乃至第千三十三條ノ規定ニ違反シテ辨濟ヲ爲シタルトキ亦同シ

前項ノ規定ハ情ヲ知リテ不當ニ辨濟ヲ受ケタル債權者又ハ受遺者ニ對スル他ノ債權者又ハ受遺者ノ求償ヲ妨ケス

第七百二十四條ノ規定ハ前二項ノ場合ニモ亦之ヲ適用ス

問　限定承認者《げんていしやうにんしや》か第千二十九條乃至《でうないし》第千三十三條の規定《きてい》に違反《ゐはん》したるが爲め債權者に辨濟を爲すこと能《あた》はさるに至《いた》りたるときは其責任如何

答　限定承認者か第千二十九條《でう》に定《さだ》めたる公告若《こうこくもし》くは催告《さいこく》を爲すことを怠《おこた》り又は同條第《どうでうだい》一項《かう》の期間內に或《ある》債權者若《も》くは受遺者《じゆゐしや》に辨濟を爲《な》したるか爲め若くは第千三十條乃至《ないし》第千三十三條の規定《きてい》に違反して辨濟を爲したるか爲め他の債權者若《も》くは受遺者《じゆゐしや》に辨濟を爲《な》すこと能《あた》はさるに至《いた》りたるときは之に因《よ》りて生《せう》したる損害《そんがい》を賠償《ばいしやう》する責《せき》に任すものとす故に例《たと》へは甲《から》の債權五千圓乙の債權《さいけん》三千圓に對《たい》し相續《さうぞく》財產五千圓ある場合《ばあい》に於て相續人か各《かく》其債權額《さいけんがく》の割合《わりあい》に應《おう》して辨濟を爲《な》すことを要《えう》すと

規定《きてい》したる第千三十一條に違反し甲《かう》に五千圓を辨濟したる時《とき》は相續財産《さうぞくざいさん》を以て辨濟《べんさい》を受くること能はさるに至《いた》りたる乙《をつ》は相續人に對《たい》し自己《じこ》の受《う》くへかりし部分《よぶん》即ち甲に全額《ぜんがく》を辨濟したるが爲に生し たる損害《そんがい》千八百七十五圓を請求《せいきう》することを得へし

本條第《だい》一項《かう》の規定《きてい》は情《じやう》を知りて不當《ふたう》に辨濟を受《う》けたる債權者又は受遺者《じゆゐしや》に對する他《た》の債權者《さいけんしや》又は受《じゆ》遺者《ゐしや》の求償《きうしやう》を妨《さまた》けざるものとす故に前例《ぜんれい》の場合に於《おい》て甲が乙の債權三千圓あること相續財産の價額《かがく》は五千圓なることを知《し》りながら五千圓の債權に對《たい》し全部《ぜんぶ》の辨濟を受《う》けたるとき即《すなは》ち三千百二十五圓の辨濟を受《う》くべきことを知《し》りながら五千圓の辨濟《べんさい》を受《う》けたるときは乙は前項《ぜんかう》の規定《きてい》に拘《かゝは》らず甲に對して賠償《ばいしやう》を請求《せいきう》することを得べし

第七百二十四條の規定《きてい》は前《ぜん》二項の場合《ばあひ》にも亦之を適用《てきよう》するものとす其規定は左の如《ごと》し

不法行爲《ふはふこうゐ》に因る損害賠償《そんがいばいしやう》の請求權《せいきうけん》は被害者《ひがいしや》又は其法定代理人が損害《そんがい》及び加害者《かがいしや》を知りたる時より三年間《ねんかん》之を行《おこな》はさるときは時效《じかう》に因《よ》りて消滅《せうめつ》す不法行爲の時より二十年を經過《けいくわ》したるとき亦同じ

第千三十七條　第千二十九條第一項ノ期間内ニ申出テサリシ債權者及ヒ受遺者ニシテ限定承認者ニ知レサリシ者ハ殘餘財産ニ付テノミ其權利ヲ行フコトヲ得但相續財産ニ付キ特別擔保ヲ有スル者ハ此限ニ在ラス

問　第千二十九條第一項の期間内《きかんない》に申出でざりし債權者《さいけんしや》は辨濟《べんさい》を受くることを得《う》ざるや

答　第千二十九條第一項の期間内に申出《まうしい》でざりし債權者及び受遺者《じゆゐしや》にして限定承認者《げんていしやうにんしや》に知れざりし者

は相續財産《さうぞくざいさん》に付き特別擔保《とくべつたんぽ》を有する者の外殘餘財産《ほかざんよざいさん》に付てのみ其權利《けんり》を行ふ《おこな》ことを得るものとす蓋《けだ》し然《しか》らざれば法律關係《はふりつくわんけい》の永《なが》く確定《くわくてい》せざる結果《けつくわ》を生じ相續人及び他《た》の債權者並《さいけんしやならび》に受遺者の不利益《ふりえき》大なるが故なり而して條文殘餘財産《ぶんざんよざいさん》に付てのみとあるか故に《ゆゑ》殘餘財産なきときは毫《がう》も辨濟《べんさい》を受くることを得《え》ず又債權者《さいけんしや》及び受遺者《じゆゐしや》に對《たい》して求償《きうしやう》を爲すことを得《え》ざるものとす

第三節　拋棄

○本節凡《ほんせつすべ》て三條相續《さうぞく》の拋棄《はうき》に關《くわ》する規則を定《さだ》めたるものなり

第千三十八條　相續ノ拋棄ヲ爲サント欲スルモノハ其旨ヲ裁判所ニ申述スルコトヲ要ス

問　拋棄《はうき》を爲《な》さんとするときは如何なる手續《てつゞき》を爲すべきや

答　相續《さうぞく》い拋棄を爲さんと欲《ほつ》する者は其旨《そのむね》を裁判所《さいばんしよ》に申立つべきものとす

第千三十九條　拋棄ハ相續開始ノ時ニ遡リテ其效力ヲ生ス

數人ノ遺産相續人アル場合ニ於テ其一人カ拋棄ヲ爲シタルトキハ其相續分ハ他ノ相續人ノ相續分ニ應シテ之ニ歸屬ス

問　拋棄《はうき》の效力《かうりよく》如何

答　拋棄は相續開始《さうぞくかいし》の時に遡《さかのぼ》りて其效力を生《しやう》ずるものとす故に自己《じこ》の爲めに相續の開始《かいし》したることを知《し》りたるより二ケ月を經《へ》て拋棄《はうき》したる場合《ばあひ》に於ても相續《さうぞく》の開始したるときに拋棄し付《かつ》て相續人《さうぞくにん》たらざ

ざりし者と看《み》做さるべし
數人の遺産《ゐさん》相續人《さうぞくにん》ある場合《ばあひ》に於て其一人が抛棄《ほうき》を爲したるときは其相續分《さうぞくぶん》は他の相續人の相續分は應《おう》じて之に歸屬《きぞく》するものとす故に例《たと》へば千圓の遺産《ゐさん》に對《たい》し甲乙丙の三人ありて甲乙の相續分《さうぞくぶん》は共に四百圓丙の相續分は二百圓なりとせんに此場合《このばあひ》に於て甲が相續を抛棄したるときは乙は四百圓の外《ほか》に二百六十六圓餘《よ》を得丙は二百圓の外《ほか》に百三十三圓餘を得《う》るに至《いた》るべし

第千四十條　相續ノ抛棄ヲ爲シタル者ハ其抛棄ニ因リテ相續人ト爲リタル者カ相續財産ノ管理ヲ始ムルコトヲ得ルマテ自己ノ財産ニ於ケルト同一ノ注意ヲ以テ其財産ノ管理ヲ繼續スルコトヲ要ス
第六百四十五條、第六百四十六條、第六百五十條第一項、第二項及ヒ第千二十一條第二項、第三項ノ規定ハ前項ノ場合ニ之ヲ準用ス

問　相續《さう》を抛棄したるときは其財産《ざいさん》の管理《くわんり》は如何にすべきや

答　相續の抛棄《はうき》を爲《な》したる者は其抛棄《はうき》に因《よ》りて相續人《さうぞくにん》と爲りたる者が相續財産の管理《くわんり》を始《はじ》むることを得るまで自己《じ》の財産に於けると同一の注意《ちうい》を以て其財産の管理を繼續《けいぞく》すべきものとす
第六百四十五條《でう》第六百四十六條第六百五十條第一項第二項《こう》及《およ》び第千二十一條第二項第三項の規定《きてい》は前項の場合《ばあひ》に之を準用《じゆんよう》するものとす第六百四十五條以下《いか》の規定《きてい》は第千二十八條の下《もと》に記載《きさい》したるが故に此《こゝ》に畧《りやく》す

第四章　財産ノ分離

○本章凡《すべ》て十條財産の分離《ぶんり》に關《くわん》する規則《きそく》を定めたるものなり

第千四十一條　相續債權者又ハ受遺者ハ相續開始ノ時ヨリ三ケ月内ニ相續人ノ財産中ヨリ相續財産ヲ分離センコトヲ裁判所ニ請求スルコトヲ得其期間滿了ノ後ト雖モ相續財産カ相續人ノ固有財産ト混合セサル間亦同シ

裁判所カ前項ノ請求ニ因リテ財産ノ分離ヲ命シタルトキハ其請求ヲ爲シタル者ハ五日内ニ他ノ相續債權者及ヒ受遺者ニ對シ財産分離ノ命令アリタルコト及ヒ一定ノ期限内ニ配當加入ノ申出ヲ爲スヘキ旨ヲ公告スルコトヲ要ス但其期間ハ二ケ月ヲ下ルコトヲ得ス

問　何人か財産《ざいさん》の分離《ぶんり》を請求《せいきう》することを得るや

答　相續債權者《さいけんしや》又は受遺《じゆゐ》者《しや》は相續開始《かいし》の時より三ケ月内に相續人《さうぞくにん》の財産中より相續財産を分離《ぶんり》せんことを裁判所《さいばんしよ》に請求《せいきう》することを得べく其期間滿了《きかんまんりやう》の後《のち》と雖も相續財産が相續人の固有財産《こいうざいさん》と混合《こんがう》せざる間は亦分離《ぶんり》の請求を爲《な》すことを得べし而して相續《さうぞく》財産の分離を請求《せいきう》することを得せしめたる所以《ゆゑん》は然《しか》らざれば相續人の債務《さいむ》多《おほ》き場合《ばあひ》に於ては混同の結果《けつくわ》被相續《さうぞく》人《にん》の債權者は不測《ふそく》の損失《そんしつ》を蒙《かうむ》るに至《いた》るべく又被相續人の債務多き場合に於ては相續人《さうぞくにん》の債權者《さいけんしや》は不測の損失を蒙むるに至るへきが故なり

裁判所が前項《ぜんかう》の請求に因りて財産の分離《ぶんり》を命《めい》じたるときは其請求《せいきう》を爲したる者は五日内に他の相續《さうぞく》債權者《さいけんしや》及び受遺者に對し財産分離《ざいさんぶんり》の命令ありたること及び一定の期間内《きかんない》に配當加入《はいたうかにう》の申立を爲すべき旨を公告《こうこく》すべく而して其期間《きかん》は二ヶ月を下ることを得ざるものとす蓋し偶然相續《ぐうぜんさうぞく》の開始を知りたる者のみ獨り利益《りえき》を受くることを防《ふせ》ぎ以て公平《こうへい》を維持《いじ》せんが爲めに設《まう》けたるものなり

第千四十二條　財産分離ノ請求ヲ爲シタル者及ヒ前條第二項ノ規定ニ依リテ配當加入ノ申出ヲ爲シタル者ハ相續財産ニ付キ相續人ノ債權者ニ先チテ辨濟ヲ受ク

問　財産分離《ざいさんぶんり》の請求を爲したる者の權利如何《けんりいかん》

答　財産分離の請求《せいきう》を爲したる者及び前條《ぜんでう》第二項の規定《きてい》に依りて配當《はいたう》加入の申込を爲したる者は相續《さうぞく》財産《ざいさん》に付き相續人の債權者《さいけんしや》に先ちて辨濟《べんさい》を受くる權利を有するものとす

第千四十三條　財産分離ノ請求アリタルトキハ裁判所ハ相續財産ノ管理ニ付キ必要ナル處分ヲ命スルコトヲ得

裁判所カ管理人ヲ選任シタル場合ニ於テハ第二十七條乃至第二十九條ノ規定ヲ準用ス

○財産《ざいさん》分離《ぶんり》の請求ありたるときは裁判所《さいばんしよ》は相續財産の管理《くわんり》に付て必要なる處分を命《めい》することを得るものとす而して管理《かんり》に付き必要《ひつえう》なる處分《しよぶん》とは管理人を置き目録《もくろく》を作り又は封印《ふういん》を爲すか如きを云

ふ

裁判所が管理人を選任《せんにん》したる場合《ばあひ》に於ては第二十七條乃至第二十九條の規定《きてい》を準用《じゆんよう》すべきものとす第二十七條乃至第二十九條の規定《きてい》は第八百九十二條の下に掲載《けいさい》したるが故に此に畧《りやく》す

第千四十四條　相續人ハ單純承認ヲ爲シタル後ト雖モ財産分離ノ請求アリタルトキハ爾後其固有財産ニ於ケルト同一ノ注意ヲ以テ相續財産ノ管理ヲ爲スコトヲ要ス但裁判所ニ於テ管理人ヲ選任シタルトキハ此限ニ在ラス

第六百四十五條乃至第六百四十七條及ヒ第六百五十條一項、第二項ノ規定ハ前項ノ場合ニ之ヲ準用ス

問　相續人は單純《たんじゆん》承認《しやうにん》を爲したる後と雖も管理を爲すの義務《ぎむ》ありや

答　相續人は單純承認を爲したる後と雖も請求《せいきう》ありたるときは爾後《じご》裁判所に於て管理人《かんりにん》を選任《せんにん》したる場合の外其固有《こいう》財産に於けると同一の注意《ちゆう》を以て相續《さうぞく》財産の管理を爲《な》すべきものとす

第六百四十五條乃至第六百四十七條及び第六百五十條第一項第二項の規定《きてい》は前項の場合《ばあひ》に之を準用するものとす第六百四十七條の規定《きてい》は左の如し

受任者が委任者《いにんしや》に引渡《ひきわたし》すべき金額又は其利益《りえき》の爲めに用ゆべき金額を自己《じこ》の爲めに消費《せうひ》したるときは其消費《せうひ》したる日以後の利息《りそく》を拂ふことを要す尚ほ損害ありたるときは其賠償《ばいしやう》の責に任ず

第六百四十五條第六百四十六條及《およ》び第六百五十條第一項第二項の規定《きてい》は第千二十八條の下《もと》に掲載《けいさい》したるが故に之《こ》に畧《りやく》す

第千四十五條　財産ノ分離ハ不動産ニ付テハ其登記ヲ爲スニ非サレハ之ヲ以テ第三者ニ對抗スルコトヲ得ス

問　財産《ざいさん》の分離《ぶんり》は第三者に對抗《たいかう》することを得るや

答　財産の分離は之《これ》を以《もつ》て第三者に對抗《たいかう》することを得るも不動産《ふどうさん》に付ては其登記《とうき》を爲すに非されば之を以て第三者に對抗《たいかう》することを得ざるものとす

第千四十六條　第三百四條ノ規定ハ財産分離ノ場合ニ之ヲ準用ス

○第三百四條の規定《きてい》は財産分離《ぶんり》の場合《ばあひ》に之を準用《じゆんよう》するものとす其規定《きてい》左の如し

先取特權《せんとくけん》は其目的物の賣却賃貸滅失《ばいきやくちんたいめつしつ》又は毀損《きそん》に因りて債務者《さいむしや》が受《う》くべき金錢其他の物に對《たい》しても之を行ふことを得但先取特權者《せんしゆとくけんしや》は其拂渡《はらひわたし》又は引渡《ひきわたし》前に差押《さしおさへ》を爲すことを要《えう》す

債務者《さいむしや》が先取特權《せんしゆとくけん》の目的物《もくてきぶつ》の上に設定《せつてい》したる物權《ぶつけん》の對價《たいか》に付き亦同じ

故《ゆゑ》に例《たと》へば財産分離の請求《せいきう》後相續人《さうぞくにん》が善意《ぜんい》にて過失《くわしつ》なき第三者に動産を賣渡《うりわた》したるときは相續《さうぞく》債權者及《およ》び受遺者《じゆゐしや》は其代金《だいきん》に付き權利を有《いう》すべく又第三者が家屋《かをく》を毀損《きそん》したるが爲《た》め相續人が之《これ》に對《たい》して損害賠償《がいばいしやう》の請求權《せいきうけん》を得《え》たるときは相續債權者《さうぞくさいけんしや》及び受遺者《じゆゐしや》は亦損害賠償《ばいしやう》に付き權利を有《いう》するものとす

第千四十七條　相續人ハ第千四十一條第一項及ヒ第二項ノ期間滿了前ニハ相續

債權者及ヒ受遺者ニ對シテ辨濟ヲ拒ムコトヲ得
財產分離ノ請求アリタルトキハ相續人ハ第千四十一條第二項ノ期間滿了ノ後相續財產ヲ以テ財產分離ノ請求又ハ配當加入ノ申出ヲ爲シタル債權者及ヒ受遺者ニ各其債權ノ割合ニ應シテ辨濟ヲ爲スコトヲ要ス但優先權ヲ有スル債權者ノ權利ヲ害スルコトヲ得ス
第千三十二條乃至第千三十六條ノ規定ハ前項ノ場合ニ之ヲ準用ス

問　相續《さうぞく》人は第千四十一條に定《さだ》めたる期間滿了前《きかんまんりやうぜん》の辨濟《べんさい》を拒《こば》むことを得《う》るや

答　相續人は第千四十一條第一項及《およ》び第二項の期間滿了前《きかんまんりやうぜん》には相續債權者《さうぞくさいけんしや》及び受遺者《じゆゐしや》に對して辨濟《べんさい》を拒《こば》むことを得るものとす
財產分離《ざいさんぶんり》の請求《せいきう》ありたるときは相續人《さうぞくにん》は第千四十一條第二項の期間滿了《きかんまんりやう》の後《のち》相續財產を以て財產《ざいさん》分離《り》の請求又は配當加入《はいたうかにゆう》の申出を爲《な》したる債權者《さいけんしや》及び受遺者《じゆゐしや》に各其債權の割合《わりあひ》に應《おう》じて辨濟《べんさい》を爲すべきものとす但優先權《いうせんけん》を有する債權者《さいけんしや》の權利を害《がい》することを得さるは當然《たうぜん》なり
第千三十二條乃至第千三十六條の規定《きてい》は前項の場合《ばあひ》に之を準用《じゆんよう》するものとす

第千四十八條　財產分離ノ請求ヲ爲シタル者及ヒ配當加入ノ申出ヲ爲シタル者ハ相續財產ヲ以テ全部ノ辨濟ヲ受クルコト能ハサリシ場合ニ限リ相續人ノ固有財產ニ付キ其權利ヲ行フコトヲ得此場合ニ於テハ相續人ノ債權者ハ其者ニ

先チテ辨濟ヲ受クルコトヲ得

問　財産分離の場合《ばあひ》に於て相續《さうぞく》財産のみを以て辨濟を受くること能《あた》はざるときは如何《いか》にすべきや

答　財産分離の請求《せいきう》を爲したる者及《およ》び配當《はいたう》加入《にふ》の申出を爲したる者は相續《さうぞく》財産を以て全部の辨濟を受くること能《あた》はざりし場合《ばあひ》に限《かぎ》り相續人の固有《こいう》財産に付き其《その》權利を行《をこな》ふことを得《う》るものとす然《しか》れども此場合《このばあひ》に於《おい》ては相續人の債權者は其者《そのもの》に先《さき》ちて辨濟を受《う》くることを得《に》ず故《ゆゑ》に例《たと》へば

被相續人甲（固有《こい》財産四千圓）

甲の債權者乙《おつ》（債權額五千圓）

同　丙（債權額三千圓）

甲の相續人A（固有財産七千圓）

Aの債權者B（債權額五千圓）

同　C（債權額一千圓）

右《みぎ》の場合《ばあひ》に於て乙が財産分離《ざいさんぶんり》の請求をなし丙が配當加入《はいたうかにふ》の申出を爲したるときは乙《おつ》はAの相續財産中より二千五百圓の辨濟《べんさい》を受くべく丙《へい》は千五百圓の辨濟《べんさい》を受くべし而《しか》して其不足額《ふそくがく》はAの固有財産《こいうざいさ》中《ちう》より辨濟《べんさい》を受くることを得《う》べきもAにもBC二人の債權者《さいけんしや》ありて相續人《さうぞくにん》の債權者《さいけんしや》乙丙より先《さき》に辨濟受くる權利《けんり》あるが故に乙丙の二人はBC二人が辨濟《べんさい》を受けたる殘餘財産《ざんよざいさん》即ち千圓に付てのみ辨濟を受くることを得べく從て相續人《さうぞくにん》の固有財産《こいうざいさん》より乙は六百二十五圓を得べく丙《へい》は三百七十五圓

を得へし蓋《けだ》し相續人《さうぞくにん》は被相續人《ひさうぞくにん》の權利義務《けんりぎむ》を承繼《しやうけい》するものあるが故に相續債權者《さうぞくさいけんしや》及ひ受遺者《じゆゐしや》の債務《さいむ》者《しや》に外ならすと雖も相續債權者《さうぞくさいけんしや》及ひ受遺者は被相續人《ひさうぞくにん》の固有財産《こいうざいさん》のみを目的《もくてき》とし又相續人の債權者は相續人《さうぞくにん》の固有財産を目的《もくてき》とするものなるが故に此二種《しゆ》の債權者をして相續人《さうぞくにん》の固有財産に付き平《へい》等《とう》に辨濟を受《う》けしむるは其當《そのたう》を得ざるものなればあり

第千四十九條　相續人ハ其固有財産ヲ以テ相續債權者若クハ受遺者ニ辨濟ヲ爲シ又ハ之ニ相當ノ擔保ヲ供シテ財産分離ノ請求ヲ防止シ又ハ其效力ヲ消滅セシムルコトヲ得但相續人ノ債權者カ之ニ因リテ損害ヲ受クヘキコトヲ證明シテ異議ヲ述ベタルトキハ此限ニ在ラス

問　相續《さうぞく》人は財産分離《ざいさんぶんり》の請求《せいきう》を防止《ばうし》することを得《う》ざるや

答　相續人は其固有財産《こいうざいさん》を以《もつ》て相續債權者若《もし》くは受遺者《じゆゐしや》に辨濟を爲《な》し又は之に相當《さうたう》の擔保を供《きやう》して財産分離の請求《せいきう》を防止《ばうし》し又は其效力《かうりよく》を消滅《せうめつ》せしむることを得るものとす但相續《さうぞく》人の債權者《さいけんしや》か之に因りて損害《そんがい》を受《う》くべきことを證明《しやうめい》して異議《いぎ》を述べたるときは之を爲《な》すことを得す蓋《けだ》し相續人に相續債權者及び受遺者《じゆゐしや》の利益《りえき》を害《がい》してまでも祖先傳來《そせんでんらい》の財産を維持《いぢ》することを得せしむるの理なきが故なり

第千五十條　相續人ガ限定承認ヲ爲スコトヲ得ル間又ハ相續財産カ相續人ノ固有財産ト混合セサル間ハ其債權者ハ財産分離ノ請求ヲ爲スコトヲ得

第三百四條、第千二十七條、第千二十九條乃至第千三十六條、第千四十三條乃至第千四十五條及ヒ第千四十八條ノ規定ハ前項ノ場合ニ之ヲ準用ス但第千二十九條ニ定メタル公告及ヒ催告ハ財産分離ノ請求ヲ爲シタル債權者之ヲ爲スコトヲ要ス

問　相續人の債權者《さいけんしや》は財産分離の請求《せいきう》を爲すことを得《え》ざるや

答　相續人が限定承認《げんていしやうにん》を爲すことを得《う》る間《あひだ》又は相續人財産が相續《さうぞく》人の固有財産《こいうざいさん》と混合《こんがふ》せざる間は其債權者は財産分離の請求《せいきう》を爲すことを得るものとす而して如此《かくのごとき》規定を設《まう》けたる所以《ゆゑん》は相續債權者及び受遺者《じゆゐしや》をして財産分離《ざいさんぶんり》の請求《せいきう》を爲すことを得《え》せしめたる以上《いじやう》は權衡上《けんかうじやう》相續人の債權者《さいけんしや》にも之を爲すことを得せしめざるべからざるが爲《た》めにして又限定承認《げんていしやうにん》を爲すことを得る間に限《かぎ》りたるは然《しか》らずして限定承認《げんていしやうにん》を爲すこと能《あた》はざる場合に於ても財産の分離を請求《せいきう》することを得べしとせば實際《じつさい》相續人をして限定承認を爲《な》さしむると同一《どういつ》の結果《けつくわ》を生《せう》じ爲めに相續債權者《さうぞくさいけんしや》及び受遺者《じゆゐしや》の利益を害《がい》するに至るべきが故《ゆゑ》なり

第三百四條、第千二十七條、第千二十九條乃至《ないし》第千三十六條《でう》、第千四十三條乃至第千四十五條及び第千四十八條の規定《きてい》は前項《ぜんかう》の場合《ばあい》に之を準用《じゆんよう》するものとす但第二十九條に定《さだ》めたる公告《こうこく》及び催告《さいこく》は財産分離の請求《せいきう》を爲したる債權者《さいけんしや》即ち相續人の債權者《さいけんしや》より之を爲さざるべからず

第三百四條の規定《きてい》は第千四十六條の下《もと》に掲出《けいしゆつ》したるが故に此に畧《りやく》す

第五章　相續人ノ曠缺

○本章《はんしやう》凡て九條相續人《さうぞくにん》の曠缺《くわうけつ》に關する規則《きそく》を定めたるものなり

第千五十一條　相續人アルコト分明ナラザルトキハ相續財產ハ之ヲ法人トス

問　相續人の曠缺《くわうけつ》せる場合《ばあい》に於ては相續財產《さうぞくざいさん》を法人《はふじん》と看做《みな》すべきや否

答　相續人あること分明《ふんめい》ならざるときは相續財產は之《これ》を法人《はふじん》となすものとす蓋《けだ》し然《しか》らざれば相續人の現出《げんしゆつ》するか又は相續財產か國庫《こくこ》に歸屬《きぞく》するに至るまでは其財產《そのざいさん》が何人《なんぴと》の有《いう》に屬するや明《あきら》かならざるが故《ゆゑ》に相續財產の管理《くわんり》人《にん》は何人の代理《だいり》人《にん》なるかを知《し》ること能はざるが如き不都合《ふつがふ》を生ずるが故なり

第千五十二條　前條ノ場合ニ於テハ裁判所ハ利害關係人又ハ檢事ノ請求ニ因リ相續財產ノ管理人ヲ選任スルコトヲ要ス

裁判所ハ遲滯ナク管理人ノ選任ヲ公告スルコトヲ要ス

問　前條《ぜんでう》の場合に於ては如何《いか》にして其管理人《くわんり》を定《さだ》むべきや

答　前條の場合《ばあい》に於ては裁判所《さいばんしよ》は利害關係《りがいくわんけい》人又は檢事《けんじ》の請求《せいきう》に因り相續財產の管理人を選任《せんにん》すべきものとす

管理人《くわんりにん》を選任《せんにん》したるときは裁判所《さいばんしよ》は直《たゞ》ちに其旨《そのむね》を公告《こうこく》すべきものとす蓋《けだ》し相續人を搜索《そうさく》し之をして自《みづか》ら相續財產の管理《くわんり》及び淸算《せいさん》を爲さしめんが爲めなり

第千五十三條　第二十七條乃至第二十九條ノ規定ハ相續財産ノ管理人ニ之ヲ準用ス

○第二十七條乃至《ないし》第二十九條の規定《きてい》は相續財産《さうぞくざいさん》の管理人《くわんりにん》に之を準用《じゆんよう》すべきものとす第二十七條乃至第二十九條の規定《きてい》は第八百九十二條の下に掲載《けいさい》したるが故に此《こゝ》に畧《りやく》す

第千五十四條　管理人ハ相續債權者又ハ受遺者ノ請求アルトキハ之ニ相續財産ノ状況ヲ報告スルコトヲ要ス

○本條《ほんでう》は相續債權者《さうぞくさいけんしや》及び受遺者《じゆゐしや》を保護《はご》するが爲めに設《まう》けたるものにして即《すなは》ち管理人《くわんりにん》は相續債權者《さうぞくさいけんしや》又は受遺者《じゆゐしや》の請求《せいきう》あるときは之に相續財産《さうぞくざいさん》の状況《じやうきやう》を報告《はうこく》すべきものとす

第千五十五條　相續人アルコト分明ナルニ至リタルトキハ法人ハ存立セサリシモノト看做ス但管理人カ其權限内ニ於テ爲シタル行爲ノ效力ヲ妨ケス

問　相續人《さうぞくにん》あること分明《ぶんめい》なるに至《いた》りたるときは法人《はふじん》は消滅《せうめつ》すべきや

答　相續人《さうぞくにん》あること確實《かくじつ》なるに至りたるときは其相續人は相續開始《さうぞくかいし》の時より相續人たる資格《しかく》を有すること當然《たうぜん》なるか故に法人《はふにん》は曾《かつ》て存立《そんりつ》せざりしものと看做《みな》すべきものとす但管理人《くわんりにん》か其權限内《けんげんない》に於て爲《な》したる行爲《かうゐ》の效力《かうりよく》を妨《さまた》げざるべきは當然なり

第千五十六條　管理人ノ代理權ハ相續人カ相續ノ承認ヲ爲シタル時ニ於テ消滅

前項ノ場合ニ於テハ管理人ハ遲滯ナク相續人ニ對シテ管理ノ計算ヲ爲スコトヲ要ス

問　管理人《くわんりにん》の代理權《だいりけん》は何《いつ》の時に消滅《せうめつ》すべきや

答　管理人の代理權は相續人《さうぞくにん》が相續の承認《しようにん》を爲《な》したる時に於て消滅《せうめつ》すべく而して此場合《ばあひ》に於ては管理人は遲滯《ちたい》なく相續人に對《たい》して管理《くわんり》の計算《けいさん》を爲すべきものとす

第千五十七條　第千五十二條第二項ニ定メタル公告アリタル後二ヶ月内ニ相續人アルコト分明ナルニ至ラサルトキハ管理人ハ遲滯ナク一切ノ相續債權者及ヒ受遺者ニ對シ一定ノ期間内ニ其請求ノ申出ヲ爲スヘキ旨ヲ公告スルコトヲ要ス但期間ハ二ヶ月ヲ下ルコトヲ得ス

第七十九條第二項、第三項及ヒ第千三十條乃至第千三十七條ノ規定ハ前項ノ場合ニ之ヲ準用ス但第千三十四條但書ノ規定ハ此限ニ在ラス

問　相續人《さうぞくにん》の分明《ぶんめい》ならざる場合《ばあひ》に於て管理人の爲《な》すへき清算《せいさん》の手續《てつゞき》如何

答　第千五十二條第二項により裁判所《さいばんしよ》か管理人の選任《せんにん》を公告《こうこく》したる後二ヶ月内に相續人《さうぞくにん》あること分明なるに至《いた》らざるときは管理人《くわんりにん》は遲滯《ちたい》なく一切の相續債《さい》權者及び受遺者《じゆゐしや》に對《たい》し一定の期間内《きかんない》に其請求《せいきう》の申出を爲《な》すべき旨《むね》を公告《こうこく》すべきものとす但其期間《きかん》は二ヶ月を下《くだ》ることを得ず
第七十九條第二項、第三項及び第千三十條乃至《ないし》第千三十七條の規定《きてい》は前項の場合《ばあひ》に準用《じゆんよう》するものとす

す但《たゞし》第千三十四條但書《たゞしがき》の規定は之を準用《じゆんよう》せず

第七十九條第二項第三項の規定《きてい》は左の如《ごと》し

前項《ぜんこう》の公告《こうこく》には債權者《さいけんしや》か期間内に申出を爲《な》さゞるときは其債權は淸算《せいさん》より除斥《ぢよせき》せらるべき旨《むね》を附《ふ》記《き》することを要す但淸算人は知れたる債權者《さいけんしや》を除斥《ぢよせき》することを得ず

淸算人《せいさんにん》は知れたる債權者《さいけんしや》には各別《かくべつ》に其申出を催告《さいこく》することを要《よう》す

第千五十八條　前條第一項ノ規定ニ依リテ定メタル期間滿了ノ後仍ホ相續人アルコト分明ナラサルトキハ裁判所ハ管理人又ハ檢事ノ請求ニ因リ相續人アラハ一定ノ期間内ニ其權利ヲ主張スヘキ旨ヲ公告スルコトヲ要ス但其期間ハ一年ヲ下ルコトヲ得ス

問　前條《ぜんでう》第一項の期間滿了《きかんまんりやう》の後仍《な》は相續人あること分明《ぶんめい》あらざるときは如何《いか》にすべきや

答　前條第一項の期間滿了《きかんまんりやう》の後《のち》仍《な》は相續人《さうぞくにん》あること分明《ぶんめい》ならざるときは裁判所《さいばんしよ》は相續人の有無《いうむ》を檢《けん》するが爲め管理人《くわんりにん》又は檢事の請求《せいきう》に因り相續人《さうぞくにん》あらば一定《てい》の期間内《きかんない》に其權利を主張《しゆちやう》すべき旨《むね》を公告《こうこく》すべく而して其期間《きかん》は一年を下《くだ》ることを得ざるものとす

第千五十九條　前條ノ期間内ニ相續人タル權利ヲ主張スル者ナキトキハ相續財產ハ國庫ニ歸屬ス此場合ニ於テハ第千五十六條第二項ノ規定ヲ準用ス

相續債權者及ヒ受遺者ハ國庫ニ對シテ其權利ヲ行フコトヲ得ス

問 前條《ぜんでう》の期間內《きかんない》に相續人出《い》でざるときは如何《いか》にすべきや

答 前條の期間內に相續人《さうぞくにん》たる權利《けんり》を主張《しゆちやう》する者なきときは相續財產《ざいさん》は國庫《こくこ》に歸屬《きぞく》すべく而して此場《ば》合《あひ》には第千五十六條第二項の規定《きてい》を準用《じゆんよう》するものとす
前項により國庫《こくこ》に歸屬《きぞく》したるときは相續債權者《さうぞくさいけんしや》及び受遺者《じゆゐしや》は國庫に對《たい》して其權利《けんり》を行ふことを得ざるものとす蓋《けだ》し債權者を保護《ほご》するが爲め鄭重《ていちやう》なる手續《てつゞき》を爲したるにも拘《かゝは》らず債權の申出を爲《な》さゞるは債權者《さいけんしや》の怠慢《たいまん》なるが故に其結果《けつくわ》として相續財產《さうぞくざいさん》に對する權利《けんり》を失はしむるも敢《あへ》て失當《しつたう》ならざるのみならず國庫《こくこ》に對して請求《せいきう》することを得せしむるときは實際其煩雜《じつさいそのはんざつ》に耐《た》へざるが故なり

第六章 遺言

○本章《ほんしやう》は遺言《ゆゐごん》に關する規則《きそく》を定めたるものにして分て五節《せつ》となす第一節に於《おい》ては總則《そうそく》を定め第二節に於ては遺言《ゆゐごん》の方式《はうしき》を定め第三節に於《おい》ては遺言《ゆゐごん》の效力《かうりよく》を定め第四節に於ては遺言《ゆゐごん》の執《しつ》行《かう》第五節に於ては遺言《ゆゐごん》の取消《とりけし》に關《くわん》する規則《きそく》を定めたり

第一節 總則

○本節凡て七條本章全体《ぜんたい》に通ずる規則《きそく》を定《さだ》めたるものなり

第千六十條 遺言ハ本法ニ定メタル方法ニ從フニ非サレハ之ヲ爲スコトヲ得ス

問 遺言《ゆゐごん》は要式行爲《えうしきかうゐ》なるや將《は》た不要式《ふえうしき》行爲なるや

答 遺言は本法《ほんぱふ》に定めたる方式《はうしき》に從《したが》ふに非ざれば之を爲すことを得ざるものとす故《ゆゑ》に遺言《ゆゐごん》は不要式行《ふえうしきかう》

爲《ゐ》にあらずして要式《えうしき》行爲あり其の斯《か》く定めたる所以《ゆゑん》は遺言《ゐげん》は本人の死後《しご》に其效方《そのかうりよく》を生ずるものにして後に至《いた》りて之を改《あらた》むることを得ざるものなれは遺言《ゐげん》に關しては特《とく》に錯誤《さくご》詐欺《さぎ》等を豫防《よばう》することを要《えう》するが故《ゆゑ》あり

第千六十一條　滿十五年ニ達シタル者ニ遺言ヲ爲スコトヲ得

問　未成年者《みせいねんしや》も亦遺言《ゐげん》を爲すことを得《う》るや

答　滿《まん》十五年に達《たつ》したる者は遺言《ゐげん》を爲《な》すことを得るものとす故《ゆゑ》に滿十五年以下《いか》の幼者《えうしや》は遺言《ゐげん》を爲すことを得ざるも然《しか》れども敢《あへ》て成年に達《たつ》したることを要《えう》せず蓋《けだ》し遺言は法定代理《はふていだいり》人《にん》をして之を爲《な》さしむることと能《あた》はざるものなるか故に普通《ふつう》の法律行爲《はふりつかうゐ》に關する成年《せいねん》と同一ならしむるときは婚姻《こんいん》又は養子《やうし》緣組《えんぐみ》を爲すことを得るも遺言《ゐげん》をなすことを得さるが如き其他種々《しゆじゆ》の不都合《ふつがふ》を生《しやう》ずるが爲めなり

第千六十二條　第四條、第九條、第十二條及ヒ第十四條ノ規定ハ遺言ニハ之ヲ適用セス

○第四條、第九條、第十二條及び第十四條の規定《きてい》は遺言《ゐげん》には之を適用《てきよう》せざるものとす故に一、遺言年齡《ゐげんねんれい》に達したるものは未《いま》だ二十年に滿《み》たずと雖も遺言《ゐげん》を爲すに法定代理《はふていだいり》人《にん》の同意を得ることを要《えう》せず又二、禁治《きんじ》產《さん》者の爲したる遺言《ゐげん》と雖も本心に復《ふく》したる時之を爲したる以上は固《もと》より有效《いうかう》にして其法定代理人又は承繼人《しやうけいにん》は之を取消すことを得ず又三、準禁治產者《じゆんきんにさん》が遺言《ゐげん》を爲すには保佐《ほさ》人《にん》の同意を得《う》てるとを要せず又四、妻《つま》は夫の許可《きよか》を得ずして自由《じいう》に遺言を爲すことを得《う》べし

第千六十三條 遺言者ハ遺言ヲ爲ス時ニ於テ其能力ヲ有スルコトヲ要ス

問 遺言者に必要《ひつえう》なる能力《のうりよく》如何

答 遺言者は遺言《ゐげん》を爲す時に於て其能力《のうりよく》を有することを要《えう》するものとす故《ゆゑ》に遺言を爲す能力《のうりよく》ある者即ち滿《まん》十五年に達《たつ》したる者にして而《しか》して之を爲す當時《たうじ》に於て精神的能力《せいしんてきのうりよく》を有する以上は其以後《いご》に能力を失ふも遺言《ゐげん》は依然效力《いぜんかうりよく》を有するものとす

第千六十四條 遺言者ハ包括又ハ特定ノ名義ヲ以テ其財産ノ全部又ハ一部ヲ處分スルコトヲ得但遺留分ニ關スル規定ニ違反スルコトヲ得ス

問 遺言《ゐげん》に依りて處分《しよぶん》することを得る財産《ざいさん》の部分《ぶぶん》如何

答 遺言者は遺留分《ゐりうぶん》に關《かん》する規定《きてい》に違犯《ゐはん》せざる限りは包括名義《はうかつめいぎ》を以てすると特定名義《とくていめいぎ》を以てするとを問はず其財産の全部《ぜんぶ》又は一部を處分《しよぶん》することを得《う》るものとす而《しか》して包括名義とは例《たと》へば凡ての動産《どうさん》と云ふが如きを謂ひ特定名義《とくていめいぎ》とは某の家屋《かをく》と云ふが如きを謂ふ又遺留分《ゐりうぶん》のことは次章に明《あきら》かなり

第千六十五條 第九百六十八條及ヒ第九百六十九條ノ規定ハ受遺者ニ之ヲ準用ス

○第九百六十八條及び第九百六十九條の規定《きてい》は受遺者即ち遺贈《ゐぞう》を受くる者に之を準用《じゆんよう》するものとす故に胎兒《たいじ》は遺贈《ゐぞう》を受くるに付ては後ち死体《したい》にて生まれたるときの外既《すで》に生まれたるものと看做《みな》すを以て遺言者《ゐけんしや》は未だ出生《しゆつせい》せざる子にも遺贈《ゐぞう》を爲すことを得《う》べく又左に掲《かゝ》げたる者は受遺者《じゆゐしや》たること能《あた》はざる

ものとす

一 故意《こい》に遺言者又は受贈《じゆぞう》に付き先順位《じゆんい》に在る者を死に致《した》し又は死に致《いた》さんとしたる爲め刑《けい》に處せられたる者《もの》

二 遺言者の殺害《せつがい》せられたることを知《し》りて之を告發《こくはつ》又は告訴《こくそ》せざりし者但其者に是非《ぜひ》の辨別《べんべつ》なきとき又は殺害者が自己《じこ》の配偶者若くは直系血族《ちよくけいけつぞく》なりしときは此限《このかぎり》に在らず

三 詐欺《さぎ》又は强迫《きやうはく》に因り遺言者が遺贈《ゐぞう》に關する遺言《ゐげん》を爲し、之を取消《とりけ》し又は之を變更《へんかう》することを妨げたる者《もの》

四 詐欺《さぎ》又は强迫《きやうはく》に因り遺言者《ゐげんしや》をして遺贈に關《くわん》する遺言を爲さしめ之《これ》を取消《とりけ》さしめ又は之を變更《へんかう》せしめたる者

五 遺贈に關《くわん》する遺言者の遺言書を僞造《ぎざう》、變造《へんざう》、毀滅《きめつ》又は藏匿《ざうとく》したる者

第千六十六條　被後見人カ後見ノ計算終了前ニ後見人又ハ其配偶者若クハ直系卑屬ノ利益ト爲ルヘキ遺言ヲ爲シタルトキハ其遺言ハ無效トス

前項ノ規定ハ直系血族配偶者又ハ兄弟姉妹カ後見人タル場合ニハ之ヲ適用セス

問 被後見人《ひこうけんにん》が後見人の利益《りえき》となるべき遺言《ゐげん》を爲したるときは其效力《かうりよく》如何

答 被後見人即ち未成年者《みせいねんしや》又は禁治産《きんぢさん》者が後見の計算《けいさん》終了前に後見人又は後見人《こうけんにん》の配偶者《はいぐうしや》若くは後見

人の直系卑屬《ちよくけいひぞく》の利益と爲るべき遺言《ゐげん》を爲したるときは其遺言は效力《かうりよく》を生せざるものとす蓋《けだ》し然らざれば後見人は其地位《ちい》を利用《りよう》し被後見人《ひこうけんにん》をして適宜《てきぎ》の遺言《ゐげん》を爲さしめ以て私利《しり》を營むが如き弊害《へいがい》を生ずることあるが故なり

然《しか》れども前項《ぜんこう》の規定《きてい》は遺言者《ゐげんしや》の直系血族《ちよくけいけつぞく》、配偶者《はいぐうしや》又は兄弟姉妹《けいていしまい》が後見人《こうけん》たる場合《ばあひ》には之を適用《てきよう》せざるものとす然らざれば干渉《かんしやう》に失し人情《にんじやう》に悖《もと》るの弊《へい》を免《まぬ》かれざるが故なり

第二節　遺言ノ方式

○本節《ほんせつ》は遺言《ゐげん》の方式《はうしき》を定めたるものにして分て二欵《かん》とし第一欵《かん》に於ては普通方式《ふつうはうしき》を定《さだ》め第二欵《かん》に於ては特別方式《とくべつはうしき》を定《さだ》めたり

第一欵　普通方式

○本欵《ほんかん》凡て九條普通方式《ふつうはうしき》即ち特別《とくべつ》の事情《じじやう》の存せざる限《かぎり》は何人も遺言《ゐげん》を爲すに當《あた》り從《したが》はざるべからざる方式を定めたるものなり

第千六十七條　遺言ハ自筆證書、公正證書又ハ秘密證書ニ依リテ之ヲ爲スコトヲ要ス但特別方式ニ依ルコトヲ許ス場合ハ此限ニ在ラス

問　遺言《ゐげん》は如何《いか》にして之を爲すべきや

答　特別方式《とくべつはうしき》に依ることを許す場合《ばあひ》の外《ほか》遺言は自筆證書《じひつしようしよ》、公正證書《こうせいしようしよ》又は秘密《ひみつ》證書に依りて之を爲すべきものとす

第千六十八條　自筆證書ニ依リテ遺言ヲ爲スニハ遺言者其全文、日附及ヒ氏名ヲ自書シ之ニ捺印スルコトヲ要ス
自筆證書中ノ挿入、削除其他ノ變更ハ遺言者其場所ヲ指示シ之ヲ變更シタル旨ヲ附記シテ特ニ之ヲ署名シ且其變更ノ場所ニ捺印スルニ非サレハ其效ナシ

問　自筆證書《じひつしようしよ》に依る遺言《ゐげん》の方式《はうしき》如何

答　自筆證書に依りて遺言を爲《な》すには遺言を爲す者《もの》が其全文《ぜんぶん》、日附《ひづけ》及び氏名を自書《じしよ》し之に捺印《なついん》すべきものとす故に氏名《しめい》を自書《じしよ》するも他人をして全文《ぜんぶん》を認《したゝ》めしめたるとき又は日附を記載《きさい》せざるもの等は無效《むかう》なり
自筆證書中《じひつしようしよちう》の挿入《さうにう》、削除《さくぢよ》其他の變更《へんかう》は遺言者《ゐげんしや》其場所を指示《しじ》し之を變更したる旨《むね》を附記《ふき》して特《とく》に之に署名《しよめい》し且其變更《へんかう》の場所に捺印《なついん》するに非《あら》ざれば變更の效《かう》なきものとす故に例《たと》へば證書中家屋《しようしよちうかをく》とある下に倉庫《さうこ》の二字を入れ又は家屋《かをく》の二字を削《けづ》り又《また》は家屋を土地《とち》と改《あらた》めたる時の如き遺言證書《ゐげんしようしよ》の何葉《なんえふ》の表《おもて》又は裏《うら》の何行《なんぎやう》家屋の下に倉庫《さうこ》の二字を加ふと記《き》し又は何々の下家屋《かおく》の二字を削除《さくぢよ》すと記し又は家屋を土地《とち》と改《あらた》むと記して特《とく》に之に署名《しよめい》し其變更《へんかう》の場所に捺印《だついん》せざるべからず然《しか》らざれば何人か變更《へんかう》せしや分明《ぶんめい》ならずして徒《いたづら》に紛爭《ふんさう》を生じ詐欺《さぎ》の行はるゝ媒《なかだち》となるが故に效力《かうりよく》を與へざるものとす

第千六十九條　公正證書ニ依リテ遺言ヲ爲スニハ左ノ方式ニ從フコトヲ要ス
一　證人二人以上ノ立會アルコト

二　遺言者カ遺言ノ趣旨ヲ公證人ニ口授スルコト
三　公證人カ遺言者ノ口述ヲ筆記シ之ニ遺言者及ヒ證人ニ讀聞カスコト
四　遺言者及ヒ證人カ筆記ノ正確ナルコトヲ承認シタル後各自之ニ署名、捺印スルコト但遺言者カ署名スルコト能ハサル場合ニ於テハ公證人其事由ヲ附記シテ署名ニ代フルコトヲ得
五　公證人カ其證書ハ前四號ニ掲ケタル方式ニ從ヒテ作リタルモノナル旨ヲ附記シテ之ニ署名、捺印スルコト

問　公正證書《こうせいしようしよ》に依る遺言《ゐげん》の方式《はうしき》如何

答　公正證書に依《よ》りて遺言を爲《な》すには左《さ》の方式《はうしき》に從《したが》ふべきものとす

一　證人《しようにん》二人以上の立會《たちあひ》あること
故に證人一人《にん》なるときは其公正證書《こうせいしようしよ》は無效《むかう》なり又證人《しようにん》は必ず氏名《しめい》を自書《じしよ》することを得るものならざるべからず

二　遺言者《ゐげんしや》が遺言の趣旨《しゆし》を公證人《こうしようにん》に口授《こうじゆ》すること
故に遺言者が啞者《あしや》なるときは此方式《はうしき》に依《よ》ることと能はず又證人《しようにん》又は其他《そのだ》の者より公證人《こうしやうにん》に口授《こうじゆ》せしむることと能《あた》はず又《また》公證人は遺言者《ゐげんしや》の口授《こうじゆ》を受けて之を筆記《ひつき》すべく決《けつ》して自ら文章《ぶんしやう》を作爲《さくゐ》することを得ず只意義《いぎ》明瞭《めいりやう》ならず又は言語《げんご》不規律《ふきりつ》にして後に意義《いぎ》の二様に渉《わた》るべき恐れあるときは其意義《いぎ》を質問《しつもん》

し言語《げんご》を正確《せいかく》ならしめたる後に筆記《ひつき》することを要するのみ

三　公證人《こうしようにん》が遺言者の口述《こうじゆつ》を筆記《ひつき》し之を遺言者《ゐげんしや》及び證人に讀聞《よみき》かすこと

故に筆生《ひつせい》をして之を筆記《ひつき》せしめたるときの如きは無効《むかう》なり

四　遺言者《ゐげんしや》及び證人が筆記《ひつき》の正確《せいかく》なることを承認《しやうにん》したる後各自《かくじ》之に署名《しよめい》、捺印《なついん》すること但《たゞし》遺言者が署名《しよめい》すること能《あた》はざる場合《ばあひ》に於ては公證人《こうしようにん》其署名《そのしよめい》すること能はざる事由《じいう》を附記《ふき》して署名に代《か》ふることを得るものとす

五　公證人が其證書《そのしようしよ》は前四號に掲《かゝ》げたる方式《はうしき》に從ひて作《つく》りたるものなる旨《むね》を附記《ふき》して之に署名《しよめい》、捺《なつ》印《いん》すること

第千七十條　秘密證書ニ依リテ遺言ヲ爲スニハ左ノ方式ニ從フコトヲ要ス

一　遺言者カ其證書ニ署名、捺印スルコト

二　遺言者カ其證書ヲ封シ證書ニ用ヰタル印章ヲ以テ之ニ封印スルコト

三　遺言者カ公證人一人及ヒ證人二人以上ノ前ニ封書ヲ提出シテ自己ノ遺言書ナル旨及ヒ其筆者ノ氏名、住所ヲ申述スルコト

四　公證人カ其證書提出ノ日附及ヒ遺言者ノ申述ヲ封紙ニ記載シタル後遺言者及ヒ證人ト共ニ之ニ署名、捺印スルコト

第千六十八條第二項ノ規定ハ秘密書ニ依ル遺言ニ之ヲ準用ス

問　秘密証書《ひみつしやうしよ》に依り遺言《ゐげん》の方式《はうしき》如何

答　秘密証書に依《よ》りて遺言を為《な》すには左《さ》の方式《はうしき》に従《したが》ふべきものとす

一　遺言者《ゐげんしや》が其証書《しやうしよ》に署名《しよめい》、捺印《なついん》すること

二　遺言者が其証書を封《ふう》し証書に捺印《なついん》したる印章《いんしやう》と同一《どういつ》の印章《いんしやう》を以て之に封印《ふういん》すること

三　遺言者《ゐげんしや》が公証人《こうしようにん》一人及ひ証人《しやうにん》二人以上《いじやう》の面前《めんぜん》に封書《ふうしよ》を提出《ていしゆつ》して自己《じこ》の遺言書《ゐげんしよ》なる旨及ひ其筆者《ひつしや》の氏名《しめい》、住所《じゆうしよ》を申述《しんじゆつ》すること

四　公証人《こうしやうにん》が其証書《しやうしよ》提出《ていしゆつ》の日附《ひづけ》及ひ遺言者《ゐげんしや》の申述《しんじゆつ》を封紙《ふうし》に記載《きさい》したる後遺言者《ゐげんしや》及ひ証人《しやうにん》と共に之に署名捺印《しよめいなついん》すること

故に秘密証書《ひみつしやうしよ》に依る遺言《ゐげん》の場合《ばあひ》に於ては遺言者《ゐげんしや》が署名捺印《しよめいなついん》するのみにて其全文《ぜんぶん》を自ら書したると他人《たにん》をして筆記《ひつき》せしめたるとを問はず有効《いうこう》なるものとす

第千六十八条第二項の規定《きてい》は秘密証書《ひみつしやうしよ》に依る遺言《ゐげん》に之を準用《じゆんよう》するものとす故に秘密証書《ひみつしやうしよ》中の挿入《さしいれ》、削除《さくぢよ》其他の変更《へんかう》は遺言者《ゐげんしや》其場所《ばしよ》を指示《しじ》し之を変更《へんかう》したる旨を附記《ふき》して特に之に署名《しよめい》し且其変更《へんかう》の場所《しよ》に捺印《なついん》するに非ざれは其効なし

第千七十一条　秘密証書ニ依ル遺言ハ前条ニ定メタル方式ニ欠クルモノアルモ第千六十八条ノ方式ヲ具備スルトキハ自筆証書ニ依ル遺言トシテ其効力ヲ有ス

問　前條《ぜんでう》に定めたる方式《はうしき》を缺《か》くときは秘密證書《ひみつしやうしよ》に何等《なんら》の效力《かうりよく》を有せざるや

答　秘密證書《ひみつしやうしよ》に依る遺言《ゐげん》は前條《ぜんでう》に定めたる方式《はうしき》を缺くものあるも第千六十八條の方式《はうしき》を具備《ぐび》するときは自筆證書《じひつしやうしよ》に依る遺言《ゐげん》として其效力《かうりよく》を有するものとす

第千七十二條　言語ヲ發スルコト能ハサル者カ秘密證書ニ依リテ遺言ヲ爲ス場合ニ於テハ遺言者ハ公證人及ヒ證人ノ前ニ於テ其證書ハ自己ノ遺言書ナル旨竝ニ其筆者ノ氏名、住所ヲ封紙ニ自書シテ第千七十條第一項第三號ノ申述ニ代フルコトヲ要ス

公證人ハ遺言者カ前項ニ定メタル方式ヲ踐ミタル旨ヲ封紙ニ記載シテ申述ノ記載ニ代フルコトヲ要ス

問　言語《げんご》に發《はつ》すること能はざる者が秘密證書《ひみつしやうしよ》に依りて遺言《ゐげん》を爲さんとするときは如何《いか》にすへきや

答　言語《げんご》を發すること能はざる者が秘密證書《ひみつしやうしよ》に依りて遺言《ゐげん》を爲す場合《ばあひ》に於ては公證人《こうしやうにん》及び證人《しやうにん》の面前《めんぜん》に於て其證書《しやうしよ》は自己《じこ》の遺言書《ゐげんしよ》なる旨並に其筆者《ひつしや》の氏名《しめい》住所《ぢうしよ》を封紙《ふうし》に自書《じしよ》して第千七十條第一項第三號の申述《しんじゆつ》に代ふることを得るものとす而して此場合《ばあひ》に於ては公證人《こうしやうにん》は遺言者《ゐげんしや》が前項《ぜんかう》に定めたる方式《はうしき》を踐《ふ》みたる旨を封紙《ふうし》に記載《きさい》して申述《しんじゆつ》の記載《きさい》に代へざるへからず

第千七十三條　禁治產者カ本心ニ復シタル時ニ於テ遺言ヲ爲スニハ醫師二人以上ノ立會アルコトヲ要ス

遺言ニ立會ヒタル醫師ハ遺言者カ遺言ヲ爲ス時ニ於テ心神喪失ノ狀況ニ在ラサリシ旨ヲ遺言書ニ附記シテ之ニ署名、捺印スルコトヲ要ス但秘密證書ニ依リテ遺言ヲ爲ス場合ニ於テハ其封紙ニ右ノ記載及ヒ署名、捺印ヲ爲スコトヲ要ス

問　禁治產者《きんじさんしや》が遺言《ゐげん》を爲すには如何《いか》にすべきや

答　禁治產者《きんにさんしや》は心神喪失《しんしんさうしつ》の常況《じやうきやう》にある者なるも時に本心《ほんしん》に復《ふく》することなきにあらず而して其本心《ほんしん》に復したるときは遺言《ゐげん》を爲すことを得べきは當然《たうぜん》なるも之を爲すには醫師《いし》二人以上の立會《たちあひ》あることを要す而して其遺言《ゐけん》に立會《たちあ》ひたる醫師《いし》は自筆證書《じひつしやうしよ》又は公正證書《こうせいしやうしよ》の方式《はうしき》に依る場合《ばあひ》には遺言者《ゐげんしや》が遺言を爲す時に於て心神喪失《しんしんさうしつ》の狀況に在《あ》らざりし旨を遺言書《ゐげんしよ》に附記《ふき》して之に署名捺印《しよめいなついん》すべく秘密證書《ひみつしやうしよ》に依りて遺言《ゐげん》を爲す場合《ばあひ》に於ては其封紙《ふうし》に右の記載《きさい》及び署名捺印《しよめいなついん》を爲すべきものとす

第千七十四條　左ニ掲ケタル者ハ遺言ノ證人又ハ立會人タルコトヲ得ス

一　未成年者
二　禁治產者及ヒ準禁治產者
三　剝奪公權者及ヒ停止公權者
四　遺言者ノ配偶者
五　推定相續人、受遺者及ヒ其配偶者竝ニ直系血族

六　公證人ト家ヲ同クスル者及ヒ公證人ノ直系血族竝ニ筆生、雇人

問　證人《しやうにん》又は立會《たちあひ》人たることを得ざる者如何《いかん》

答　左に掲げたる者は遺言《ゐげん》の證人《しやうにん》又は立會《たちあひ》人たることを得さるものとす

一　未成年者《みせいねんしや》

故に遺言《ゐげん》の適令《てきれい》に達したるものと雖も未成年者《みせいねんしや》なるときは證人《しやうにん》又は立會《たちあひ》人たることを得す

二　禁治産者《きんじさんしや》及び準禁治産者《じゆんきんじさんしや》

三　剝奪公權《はくだつこうけん》者及び停止《ていし》公權者《こうけんしや》

四　遺言者《ゐげんしや》の配偶者《はいぐうしや》

五　遺言者《ゐげんしや》の推定人相續人《すいていにんさうぞくにん》、受遺者《じゆゐしや》及び其配偶者《はいぐうしや》竝に直系血族《ちよくけいけつぞく》

六　公證人《こうしやうにん》と家を同しくする者及び公證人《こうしやうにん》の直系血族《ちよくけいけつぞく》竝に筆生《ひつせい》雇人

右に列記《れつき》したる者を證人《しやうにん》又は立會人《たちあひにん》となすことを許さゝる所以は無能力者《むのうりよくしや》なるか其遺言《ゐげん》に付き利害關係《がいくわんけい》を有する者なるか又は證人《しやうにん》若くは立會人《たちあひにん》たる信用《しんよう》を與ふることを得ざる者なるが故なり

第千七十五條　遺言ハ二人以上同一ノ證書ヲ以テ之ヲ爲スコトヲ得ス

問　遺言《ゐげん》は二人以上同一の證書《しやうしよ》を以てすることを得るや

答　遺言《ゐげん》は二人以上同一《いじやうどういつ》の證書を以《もつ》て之を爲《な》すことを得ざるものとす蓋《けだ》し共同遺言《きやうどうゐげん》は遺言の取消《とりけし》の自《じ》由《いう》を妨《さまた》くるのみならず共同遺言《きやうどうゐげん》を爲したる意思《いし》に付き種々《しゆじゆ》の疑《うたがひ》を生せしむるの弊《へい》あるか故あり故に

縦《たて》ひ夫婦《ふうふ》と雖も共同遺言《きやうどうゐげん》を為したるときは無効《むかう》なり

第二款　特別方式

○本款凡て十一條特別方式《とくべつはうしき》に關する規則《きそく》を定《さだ》めたるものあり

第千七十六條　疾病其他ノ事由ニ因リテ死亡ノ危急ニ迫リタル者カ遺言ヲ為サント欲スルトキハ證人三人以上ノ立會ヲ以テ其一人ニ遺言ノ趣旨ヲ口授シテ之ヲ為スコトヲ得此場合ニ於テハ其口授ヲ受ケタル者之ヲ筆記シテ遺言者及ヒ他ノ證人ニ讀聞カセ各證人其筆記ノ正確ナルコトヲ承認シタル後之ニ署名、捺印スルコトヲ要ス

前項ノ規定ニ依リテ為シタル遺言ハ遺言ノ日ヨリ二十日内ニ證人ノ一人又ハ利害關係人ヨリ裁判所ニ請求シテ其確認ヲ得ルニ非サレハ其效ナシ

裁判所ハ遺言カ遺言者ノ眞意ニ出テタル心證ヲ得ルニ非サレハ之ヲ確認スルコトヲ得ス

問　疾病《しつぺい》其他の事由《じいう》に因りて死亡《しぼう》の危急《ききう》に迫《せま》りたる者か遺言《ゐげん》を為さんとするときは如何《いか》にすへきや

答　疾病其他《そのた》の事由例《たと》へは負傷《ふしやう》等に因りて將《まさ》に死亡《しぼう》せんとする者か遺言《ゐげん》を為さんとするときは證人《しようにん》三人以上《いじやう》の立會《たちあひ》を以て其一人に遺言《ゐげん》の趣意《しゆい》を口授《こうじゆ》して之を為すことを得へく此場合《このばあひ》に於ては其口授《そのこうじゆ》を受《う》けたる者之を筆記《ひつき》して遺言者及ひ他の證人《しようにん》に讀聞《よみき》かせ各證人《かくしようにん》其筆記の正確《せいかく》なることを承認《しやうにん》したる

後之に署名《しよめい》、捺印《なついん》すへきものとす

前項《せんこう》の規定《きてい》に依りて爲《な》したる遺言《ゐげん》は遺言の日《ひ》より二十日内《ない》に證人《しようにん》の一人又は利害關係人《りがいくわんけいにん》により裁判所に請求《せいきう》して其確認《かくにん》を得るに非《あら》されは其效《そのかう》なきものとす蓋《けだ》し各證人か署名捺印《しよめいなついん》するのみにして遺言《ゐげん》者《しや》署名捺印するにあらざるか故《ゆゑ》に後に至り他《た》より變更增減《へんかうぞうげん》すること頗《すこぶ》る容易《ようい》にして殊《こと》に立會《たちあひ》の證人か共謀《きようぼう》して遺言の旨趣《ししゆ》を矯《た》むるか如き弊《へい》なきを保《ほ》せざれはなり

右の請求《せいきう》ありたる場合《ばあひ》に於て裁判所《さいばんしよ》は遺言か遺言者《ゐげんしや》の眞意《しんい》に出でたる公證《こうしよう》を得るに非されは之を確《かく》認《にん》することを得さるものとす

第千七十七條　傳染病ノ爲メ行政處分ヲ以テ交通ヲ遮斷シタル場所ニ在ル者ハ警察官一人及ヒ證人一人以上ノ立會ヲ以テ遺言書ヲ作ルコトヲ得

問　傳染病《でんせんびやう》の爲め行政處分《ぎやうせいしよぶん》を以て交通《かうつう》を遮斷《しやだん》せられたる場所《ばしよ》に在る者は如何《いか》にすへきや

答　傳染病の爲《た》め行政處分《しよぶん》を以て交通を遮斷《しやだん》せられたる場所《ばしよ》例《たと》へは私宅《したく》若くは病院《びやうゐん》にある者は警察官《けいさつかん》一人及ひ證人《しようにん》一人以上の立會《たちあひ》を以て遺言書《ゐげんしよ》を作ることを得るものとす

第千七十八條　從軍中ノ軍人及ヒ軍屬ハ將校又ハ相當官一人及ヒ證人二人以上ノ立會ヲ以テ遺言書ヲ作ルコトヲ得若シ將校及ヒ相當官カ其場所ニ在ラサルトキハ準士官又ハ下士一人ヲ以テ之ニ代フルコトヲ得

從軍中ノ軍人又ハ軍屬カ疾病又ハ傷痍ノ爲メ病院ニ在ルトキハ其院ノ醫師ヲ

以テ前項ニ掲ケタル將校又ハ相當官ニ代フルコトヲ得

問　從軍中《じゆうぐんちう》の軍人《ぐん》及び軍屬《ぐんぞく》が遺言《ゐげん》を爲すには如何《いか》にすべきや

答　從軍中の軍人及び軍屬は將校《しやうかう》又は相當官《さうたうくわん》一人及び證人《しやうにん》二人以上の立會《たちあひ》を以て遺言書《ゐげんしよ》を作ることを得べく若し將校《しやうかう》及び相當官《さうたうくわん》が其場所《ばしよ》に在らさるときは準士官《じゆんしくわん》又は下士《かし》一人を以て之に代ふることを得べく又從軍《じゆうぐん》中の軍人《ぐんじん》、軍屬《ぐんぞく》が疾病《しつぺい》又は傷疾《しやうしつ》の爲め病院《べうゐん》に在るときは其院の醫師《いし》を以て將校《しやうかう》又は相《さう》當官《たうくわん》に代ふることを得るものとす蓋《けだ》し斯の如き者の爲めに特別《とくべつ》の場合《ばあひ》に於ける遺言《ゐげん》に付き特《とく》に簡易《かんゐ》なる方式《はうしき》を定むるにあらざれば從軍中《じゆうぐん》の軍人《ぐんじん》、軍屬《ぐんぞく》は遺言《ゐげん》を爲さんとするも爲すこと能はざるべきが故なり

第千七十九條　從軍中疾病、傷痍其他ノ事由ニ因リテ死亡ノ危急ニ迫リタル軍人及ヒ軍屬ハ證人二人以上ノ立會ヲ以テ口頭ニテ遺言ヲ爲スコトヲ得

前項ノ規定ニ從ヒテ爲シタル遺言ハ證人其趣旨ヲ筆記シ之ニ署名、捺印シ且證人ノ一人又ハ利害關係人ヨリ遲滯ナク理事又ハ主理ニ請求シテ其確認ヲ得ルニ非サレハ其效ナシ

第千七十六條第三項ノ規定ハ前項ノ場合ニ之ヲ準用ス

問　從軍《じゆうぐん》中の軍人《ぐんじん》及び軍屬《ぐんぞく》の遺言に付き口頭《こうとう》に依る特別《とくべつ》方式如何

答　從軍中疾病《しつぺい》、傷疾《しやうしつ》其他の事由に因りて死亡《しばう》の危急《ききう》に迫《せま》りたる軍人及び軍屬《ぐんぞく》は證人二人以上の立會《たちあひ》

を以て口頭《こうとう》にて遺言を爲《な》すことを得《う》るものとす

前項の規定《きてい》に從ひて爲《な》したる遺言《ゐげん》は證人其趣旨《しゆし》を筆記して之に署名《しよめい》、捺印《なついん》し且證人の一人又は利害《りがい》關係人《くわんけいにん》より遲滯《ちたい》なく理事又は主理《しゆり》に請求して其確認《かくにん》を得るに非ざれば其效《かう》なきものとす而《しか》して理事《りじ》又は主理《しゆり》に請求せしむるは陸軍《りくぐん》に於ける理事《りじ》及び海軍に於ける主理《しゆり》は裁判官の職務《しよくむ》を行ふものなるが故なり而《しか》して其遺言の確認《かくにん》を請求《せいきう》せられたる理事《りじ》又は主理は遺言《ゐげん》が遺言者の眞意《しんい》に出でたる心證《しんしやう》を得《う》るにあらざれば之を確認《かくにん》することを得《う》ざるものとす

第千八十條　艦船中ニ在ル者ハ軍艦及ヒ海軍所屬ノ船舶ニ於テハ將校又ハ相當官一人及ヒ證人二人以上其他ノ船舶ニ於テハ船長又ハ事務員一人及ヒ證人二人以上ノ立會ヲ以テ遺言書ヲ作ルコトヲ得

前項ノ場合ニ於テ將校又ハ相當官カ其艦船中ニ在ラサルトキハ準士官又ハ下士一人ヲ以テ之ニ代フルコトヲ得

問　艦船中《かんせんちう》に在る者が遺言《ゐげん》を爲さんとするときは如何《いか》にすべきや

答　艦船中に在る者は軍艦《ぐんかん》及び海軍所屬《かいぐんしよぞく》の船舶《せんぱく》に於ては將校《しやうかう》又は相當官一人及《およ》び證人二人以上其他《そのた》の船舶《せんぱく》に於ては船長又は事務員《じむいん》一人及び證人二人以上の立會《たちあひ》を以て遺言書を作《つく》ることを得《う》るものとす

前項《ぜんかう》の場合に於て將校《しやうかう》又は相當官が其艦中《かんちう》に在らざるときは準士官《じゆんしくわん》又は下士一人を以て之に代《か》ふることを得へし

第千八十一條　第千七十九條ノ規定ハ艦船遭難ノ場合ニ之ヲ準用ス但海軍ノ所屬ニ非サル船舶中ニ在ル者カ遺言ヲ爲シタル場合ニ於テハ其確認ハ之ヲ裁判所ニ請求スルコトヲ要ス

○第千七十九條の規定は艦船遭難《かんせんさうなん》の場合《ばあひ》に之を準用《じゆんよう》するものとす但海軍《かいぐん》の所屬に非さる船舶《せんぱく》中に在る者が遺言《ゐげん》を爲したる場合《ばあひ》に於ては理事《りじ》又は主理《しゆり》に求むること能《あた》はざるが故に其確認《かくにん》は之を裁判所《さいばんしよ》に請《せい》求《きう》すべきものとす

第千八十二條　第千七十七條、第千七十八條及ヒ第千八十條ノ場合ニ於テハ遺言者、筆者、立會人及ヒ證人ハ各自遺言書ニ署名、捺印スルコトヲ要ス

○第千七十七條、第七十八條及び條千八十條の場合《ばあひ》に於ては遺言者《ゐげんしや》、筆者《ひつしや》、立會人《たちあひにん》及び證人は各自《かくじ》遺言書に署名捺印《しよめいなついん》すべきものとす

第千八十三條　第千七十七條乃至第千八十一條ノ場合ニ於テ署名又ハ捺印スルコト能ハサル者アルトキハ立會人又ハ證人ハ其事由ヲ附記スルコトヲ要ス

○第千七十七條乃至第千八十一條の場合《ばあひ》に於て署名《しよめい》又は捺印すること能《あた》はざる者あるときは立會人《たちあひにん》又は證人は其事由《じいう》を附記《ふき》すべきものとす而《しか》して捺印《なついん》すること能《あた》はざる場合を豫想《よさう》したるは從軍中印を携《けい》帶《たい》せず又は之を失《うしな》ふことあるべきが故《ゆゑ》なり

第千八十四條　第千六十八條第二項及ヒ第千七十三條乃至第千七十五條ノ規定

「ハ前八條ノ規定ニ依ル遺言ニ之ヲ準用ス

○第千六十八條第二項及ひ第千七十三條乃至第千七十五條の規定《きてい》は前八條の規定《きてい》に依る遺言《ゐげん》に之を準《じゆん》用《よう》すべきものとす

第千八十五條　前九條ノ規定ニ依リテ為シタル遺言ハ遺言者カ普通方式ニ依リテ遺言ヲ為スコトヲ得ルニ至リタル時ヨリ六個月間生存スルトキハ其效ナシ

問　前九條の規定《きてい》に依りて為《な》したる遺言《ゐげん》は如何なる場合《ばあひ》に於ても有效《いうかう》なるや

答　前九條の規定《きてい》に依りて為《な》したる遺言《ゐげん》は遺言者が普通方式《ふつうはうしき》に依りて遺言《ゐげん》を為すことを得《う》るに至りたる時より六個月間生存《せいぞん》するときは其效《かう》なきものとす蓋《けだ》し本節の規定は特別《とくべつ》の事情《じじやう》の下に存する者の為めに簡易《かんい》ある方式に依《よ》り遺言を為《な》すことを得《え》せしめたるものにして多少《たせう》遺言の確實《かくじつ》を保《たも》たんとする立法《りつぱふ》の本旨に牴觸《ていしよく》する所あるが故に特別方式《とくべつはうしき》に依ることを得《え》せしめたる原因《げんいん》が消滅《せうめつ》して遺言者が普通方式《ふつうはうしき》に依り遺言《ゐげん》を為すことを得《う》るに至りたるときは先の遺言《ゐげん》をして其效力《かうりよく》を失はしむること當《たう》然《せん》なりと云ふべし

第千八十六條　日本ノ領事ノ駐在スル地ニ在ル日本人カ公正證書又ハ秘密證書ニ依リテ遺言ヲ為サントスルトキハ公證人ノ職務ハ領事之ヲ行フ

問　外國《ぐわいこく》に在る日本人《にほんじん》が公正證書《こうせいしやうしよ》に依る遺言《ゐげん》を為すことを得《え》ざるや

日本の領事《りやうじ》の駐在《ちうざい》する地《ち》に在る日本人が公正證書《こうせいしやうしよ》又は秘密證書《ひみつしやうしよ》に依《よ》りて遺言《ゐげん》を為さんと欲すると

きは公證人《こうしやうにん》の職務《しよくむ》は領事之を行《おこな》ふものとす故に領事《りやうじ》の駐在《ちうざい》する外國に在ては公正證書《こうせいしやうしよ》又は秘密證書《ひみつしやうしよ》に依《よ》る遺言を爲《な》すことを得べし

第三節　遺言ノ效力

○本節《ほんせつ》凡て十九條遺言の效力《かうりよく》に關《くわん》する規則《きそく》を定めたるものなり

第千八十七條　遺言ハ遺言者ノ死亡ノ時ヨリ其效力ヲ生ス
遺言ニ停止條件ヲ附シタル場合ニ於テ其條件カ遺言者ノ死亡後ニ成就シタルトキハ遺言ハ條件成就ノ時ヨリ其效力ヲ生ス

問　遺言《ゐごん》の效力を生《せい》ずる時機如何《じきいかん》

答　遺言は遺言者《ゐげんしや》の死亡《しばう》の時より其效力《かうりよく》を生ずるものとす故に遺言《ゐげん》は遺言者に於《たい》て其死亡《しばう》の時に至《いた》るまでは何時《なんどき》にても之を取消《とりけ》すことを得べし

遺言に停止條件《ていしでうけん》を附したる場合に於て其條件《でうけん》が遺言者の死亡《しばう》後に成就《じやうじゆ》したるときは遺言は條件成就《でうけんじやうじゆ》の時より其效力《かうりよく》を生ずるものとす故に例《たと》へば遺言者《ゐげんしや》が甲男《かうだん》が乙女《おつぢよ》と婚姻《こいん》したるときは金五千圓を甲に遺贈《ゐぞう》すべしと遺言したる場合《ばあい》に於て遺言者の死亡《しばう》後甲が乙と婚姻《こんいん》したるときは遺言は條件成就《でうけんじやうじゆ》の時即《すなは》ち婚姻成立《けいりつ》の時に效力《かうりよく》を生ずべし然《しか》れども右の場合《ばあい》に於て遺言者の死亡前《しばうぜん》婚姻《こんいん》を爲したるときは其遺言は遺言者の死亡《しばう》の時《とき》にあらざれば效力《かうりよく》を生《せい》ぜざるが故《ゆゑ》に遺言者は條件《でうけん》の成就《じやうじゆ》したるに拘《かゝ》はらず何時《なんどき》にても之《これ》を取消《とりけ》し若《もし》くは變更《へんかう》することを得べし

第千八十八條　受遺者ハ遺言者ノ死亡後何時ニテモ遺贈ノ拋棄ヲ爲スコトヲ得遺贈ノ拋棄ハ遺言者ノ死亡ノ時ニ遡リテ其效力ヲ生ス

問　受遺者《じゆゐしや》は遺贈《ゐぞう》の拋棄《はうき》を爲すことを得るや

答　受遺者は遺言者の死亡後《しばうご》何時《なんどき》にても遺贈の拋棄《はうき》を爲《な》すことを得るものとす其死亡前《しばうぜん》に拋棄することと能《あた》はざるは遺贈は遺言者の死亡《しばう》に依りて始《はじ》めて其效力《かうりよく》を生ずるものなるが故《ゆゑ》に死亡前《しばうぜん》には拋棄《はうき》せんとするも拋棄《はうき》する權利《けんり》を有《いう》せざればなり而して遺言者《ゐげんしや》の死亡後《しばうご》に其遺贈を拋棄《はうき》したるときは遺言者の死亡《しばう》の時に遡《さかのぼ》りて其效力《かうりよく》を生ずるが故に曾《かつ》て遺贈を受《う》けたることなきものと看做《みな》さるゝものとす

第千八十九條　遺贈義務者其他ノ利害關係人ハ相當ノ期間ヲ定メ其期間内ニ遺贈ノ承認又ハ拋棄ヲ爲スヘキ旨ヲ受遺者ニ催告スルコトヲ得若シ受遺者カ其期間内ニ遺贈義務者ニ對シテ其意思ヲ表示セサルトキハ遺贈ヲ承認シタルモノト看做ス

問　受遺者《じゆゐしや》が其意思《いし》を表示《へうじ》せざるときは遺贈義務者《ぎむしや》は如何にすべきや

答　遺贈義務者《ぎむしや》其他の利害關係人《りがいくわんけいにん》は相當《さうたう》の期間《きかん》を定め其期間内《きかんない》に遺贈の承諾《しやうだく》又は拋棄《はうき》を爲すべき旨《むね》を受遺者に催告《さいこく》することを得るものとす而して此場合《このばあい》に於て受遺者が其期間内《きかんない》に遺贈義務者《ぎむしや》に對して其意思《いし》を表示《へうじ》せざるときは遺贈を承認《しやうにん》したるものと看做《みな》すべきものとす

第千九十條　受遺者カ遺贈ノ承認又ハ抛棄ヲ爲サスシテ死亡シタルトキハ其相續人ハ自己ノ相續權ノ範圍內ニ於テ承認又ハ抛棄ヲ爲スコトヲ得但遺言者カ其遺言ニ別段ノ意思ヲ表示シタルトキハ其意思ニ從フ

問　受遺者が承認《しようにん》又は抛棄《はう》を爲さずして死亡《しばう》したるときは如何

答　受遺者が承認《しようにん》又は抛棄《はうき》を爲さずして死亡《しばう》したるときは其相續人《さうぞくにん》は自己《じこ》の相續權の範圍內《はんゐない》に於て即ち一人にて相續《さうぞく》すべき場合なるときは其全部《ぜんぶ》又は數人《すにん》にて相續すべき場合《ばあい》なるときは自己《じこ》の相續分に付《つい》てのみ承認《しようにん》又は抛棄《はうき》を爲すことを得るものとす但遺言者《ゐげんしや》が其遺言に別段《べつだん》の意思《いし》を表示したるとき例《たと》へば受遺者死亡《しばう》したるときは其相續人《さうぞくにん》に相續《さうぞく》せしめざる意思《いし》又は數人《すうにん》の相續人あるも各自《かくじ》獨立《どくりつ》して承認《しようにん》又は抛棄《はうき》を爲すことを得せしめざる意思《いし》を表示したるときは其意思《いし》に從《したが》はざるべからず

第千九十一條　遺贈ノ承認及ヒ抛棄ハ之ヲ取消スコトヲ得ス
第千二十二條第二項ノ規定ハ遺贈ノ承認及ヒ抛棄ニ之ヲ準用ス

問　遺贈の承認《しようにん》及び抛棄《はうき》は之を取消《とりけ》すことを得《う》るや

答　一旦《いつたん》相續を承認《しようにん》し若《も》くは抛棄《はうき》したるときは之を取消《とりけ》すことを得ざると同《おな》じく一旦遺贈《ゐぞう》を承認し若くは抛棄《はうき》したるときは其《そ》以後《いご》に之を取消《とりけ》すことを得ざるものとす

第《だい》千二十二條第二項《かう》の規定は遺贈の承認《しようにん》及び抛棄《はうき》に之を準用《じゆんよう》するものとす故に第《だい》一編《へん》及び前編《ぜんぺん》の規定《てい》に依りて承認《しやうにん》又は抛棄《はうき》の取消《とりけし》を爲すことを妨《さまた》げざるも其取消權《とりけしけん》は追認《ついにん》を爲すことを得る時より六

箇月間之《これ》を行《おこな》はざるとき又は承認《しようにん》若くは拋棄《はうき》のときより十年を經過《けいくわ》したるときは時效《じかう》によりて消滅《せうめつ》するものとす

第千九十二條　包括受遺者ハ遺產相續人ト同一ノ權利義務ヲ有ス

○包括受遺者《はうくわつじゆゐしや》即ち包括名義《めいぎ》を以て相續《さうぞく》財產の全部《ぜんぶ》又は一部の遺贈《ゐぞう》を受けたる者《もの》は遺產相續人《ゐさんさうぞくにん》と同一の權利義務《けんりぎむ》を有《いう》するものとす

第千九十三條　受遺者ハ遺贈カ辨濟期ニ至ラサル間ハ遺贈義務者ニ對シテ相當ノ擔保ヲ請求スルコトヲ得停止條件附遺贈ニ付キ其條件ノ成否未定ノ間亦同シ

問　受遺者《じゆゐしや》は遺贈義務者《ゐぞうぎむしや》に擔保《たんぽ》の請求《せいきう》を爲すことを得るや

答　受遺者は遺贈か辨濟期《べんさいき》に至らざる間又停止條件附《ていしでうけんつき》遺贈《ぞう》に付ては其條件《でうけん》の成否未定《せいひみてい》の間は遺贈義務《ゐぞうぎむ》者《しや》即ち相續人に對《たい》し相當《さうたう》の擔保を請求《せいきう》することを得るものとす蓋《けだ》し遺贈義務者が其辨濟期《べんさいき》の到來《たうらい》するまでに無資力《むしりよく》と爲《な》ることあるべく又は遺贈《ゐぞう》の目的物《もくてきぶつ》を毀損《きそん》し若くは處分《しよぶん》することあるを保《ほ》せざればなり

第千九十四條　受遺者ハ遺贈ノ履行ヲ請求スルコトヲ得ル時ヨリ果實ヲ取得ス但遺言者カ其遺言ニ別段ノ意思ヲ表示シタルトキハ其意思ニ從フ

問　果實《くわじつ》の受遺者に屬《ぞく》する時如何

答　受遺者《じゆゐしや》は遺言者が其遺言に別段《べつだん》の意思《いし》を表示《へうじ》したるときの外《ほか》遺贈《ゐぞう》の履行《りかう》を請求することを得る時《とき》より果實を取得《しゆとく》するものとす蓋《けだ》し既《すで》に遺贈の目的《もくてき》たる物の所有權《しよいうけん》を有する以上《いじやう》は之に伴《ともな》ふて其物より生《しやう》ずる果實《くわじつ》を取得することを得べきは當然《たうぜん》ありと云ふべし故に例《たと》へば貸屋《かしや》の遺贈を受《う》けたる場合《ばあひ》に於て十五日に其遺贈《ゐぞう》の履行《りかう》を遺贈義務者に請求《せいきう》するの權《けん》を得たるときは十五日以後《いご》の貸家賃《かしやちん》は受遺者《ゐしや》之を取得《しゆとく》することを得べし

第千九十五條　遺贈義務者遺言者ノ死亡後遺贈ノ目的物ニ付キ費用ヲ出タシタルトキハ第二百九十九條ノ規定ヲ準用ス

果實ヲ收取スル爲メニ出タシタル通常ノ必要費ハ果實ノ價格ヲ超エサル限度ニ於テ其償還ヲ請求スルコトヲ得

問　遺贈義務者《ゐぞうぎむしや》が遺贈の目的物に付き費用《ひよう》を出だしたるときは如何《いか》にすべきや

答　遺贈義務者が遺言者《ゐげんしや》の死亡後《しばうご》遺贈の目的物《もくてきぶつ》に付き費用《ひよう》を出だしたるときは第二百九十九條の規定《きてい》を準用《じゆんよう》すべきものとす故に遺贈義務者が遺贈《ゐぞう》の目的物に付き必要費《ひつえうひ》を出したるときは所有者《しよいうしや》即ち受遺者をして其償還《しやうくわん》を爲《な》さしむることを得べく又有益費《いうえきひ》を出したるときは其價格《かかく》の增加《ぞうか》が現存《げんそん》する場合《ばあひ》に限《かぎ》り受遺者の選擇《せんたく》に從ひ其費《ついや》したる金額《きんがく》又は增減格《ぞうげんがく》を償還《しやうくわん》せしむることを得べし但後《たゞしのち》の場合に於ては裁判所《さいばんしよ》は所有者《しよいうしや》の請求に因《よ》り之に相當《さうたう》の期限《きげん》を許與《きよよ》することを得るものとす

又果實を收取する爲《た》めに出したる通常《つうじやう》の必要費《ひつえうひ》は果實の價格《かかく》を超《こ》えざる限度《げんど》に於て其償還《しやうくわん》を請求《せいきう》す

ることを得るものとす

第千九十六條　遺贈ハ遺言者ノ死亡前ニ受遺者カ死亡シタルトキハ其效力ヲ生セス

停止條件附遺贈ニ付テハ受遺者カ其條件ノ成就前ニ死亡シタルトキ亦同シ但遺言者カ其遺言ニ別段ノ意思ヲ表示シタルトキハ其意思ニ從フ

問　遺贈が效力《かうりよく》を生ぜざる場合《ばあひ》如何

答　遺贈《ゐぞう》は遺言者の死亡前《しばうぜん》に受遺者が死亡したるときは其效力《かうりよく》を生ぜざるものとす故に受遺者《じゆゐしや》の相續人は此場合《ばあひ》に於ては其遺贈を受《う》くることを得ず但遺言者《ゐげんしや》が受遺者甲又は其相續人乙に遺贈すべき旨《むね》を遺言したる場合《ばあひ》に於ては乙も亦受遺者《じゆゐしや》なるが故に甲が縱《たと》ひ遺言者の死亡前《しばうぜん》に死亡するも乙が其遺贈を受くることを得べきは勿論《もちろん》なり

停止條件附遺贈《ていしでうけんつきゐぞう》に付ては受遺者《じゆゐしや》が其條件の成就前《じやうじゆぜん》に死亡したるときは遺言者《ゐげんしや》が其遺言に別段《べつだん》の意思《いし》を表示《ひやうじ》したるときの外《ほか》其遺贈は效力《かうりやく》を生《しやう》ぜざるものとす故に停止條件附にて遺贈を受《う》けたる者が遺言者の死亡の際《さい》に生存《せいぞん》するも條件成就前《じやうじゆぜん》に死亡したるときは其相續人は遺贈を受けることを得ず

第千九十七條　遺贈カ其效力ヲ生セサルトキ又ハ拋棄ニ因リ其效力ナキニ至リタルトキハ受遺者カ受クヘカリシモノハ相續人ニ歸屬ス但遺言者カ其遺言ニ別段ノ意思ヲ表示シタルトキハ其意思ニ從フ

問 遺贈《ゐぞう》が效力を生《しやう》ぜざるときは其目的物《もくてきぶつ》は何人に歸屬《きぞく》すべきや

答 遺贈が前條の規定《きてい》により其效力《かうりよく》を生ぜざるとき又は受遺者《じゆゐしや》が之を拋棄《はうき》したる爲《た》め其效力なきに至りたるときは受遺者《じゆゐしや》が受《う》くべかりしものは相續人《さうぞくにん》に歸屬《きぞく》するものとす故に例《たと》へば甲乙二人に包括名義《はうくわつめいぎ》を以て凡ての動產《どうさん》を遺贈したる場合に於て甲が遺言者の死亡前《しばうぜん》に死亡したるとき又は之を拋棄《はうき》したるときは甲の受《う》くべかりし部分《ぶぶん》は乙に屬《ぞく》せずして相續人に歸屬《きぞく》するものとす但遺言者《ゐげんしや》が其遺言により別段《べつだん》の意思《いし》を表示《へうじ》したるとき例《たと》へば右の場合《ばあひ》に於て甲の受くべかりし部分《ぶぶん》は乙に歸屬《きぞく》するものと定め又は孤兒院《こじいん》に寄附《きふ》すべきものと定めたるときの如きは其意思《いし》に從《したが》ふべきこと勿論《もちろん》なり

第千九十八條 遺贈ハ其目的タル權利カ遺言者ノ死亡ノ時ニ於テ相續財產ニ屬セサルトキハ其效力ヲ生セス但其權利カ相續財產ニ屬セサルコトアルニ拘ハラス之ヲ以テ遺贈ノ目的ト爲シタルモノト認ムヘキトキハ此限ニアラス

問 他人《たにん》の權利《けんり》を目的《もくてき》としたる遺贈《ゐぞう》は有效《いうかう》なりや

答 遺贈は其目的《もくてき》たる權利が遺言者《ゐげんしや》の死亡の時に於て相續財產《さうぞくざいさん》に屬せざるとき例へば金時計《きんとけい》一箇を甲に遺贈《ゐぞう》すべしと遺言《ゐげん》したる場合に於て遺言者《ゐげんしや》が金時計を購求《こうきう》せざる前に死亡《しばう》したるが爲め相續財產《さうぞくざいさん》中に金時計あらざるときは其遺贈《ゐぞう》は效力を生《せう》ぜざるものとす然《しか》れとも其權利《けんり》が相續財產に屬《ぞく》せざることあるに拘《かゝ》はらず之を以て遺贈《ゐぞう》の目的と爲《な》したるものと認《みと》むべきとき例《たと》へば遺言者甲《かふ》が受遺者乙に丙の有する家屋《かをく》を遺贈すべしと遺言《ゐげん》したるときの如き又《また》は金時計を購求《こうきう》して之を遺贈《ゐぞう》すべしと遺

言したるときの如《ごと》きは其効《かう》あるものとす

第千九十九條　相續財産ニ屬セサル權利ヲ目的トスル遺贈カ前條但書ノ規定ニ依リテ有效ナルトキハ遺贈義務者ハ其權利ヲ取得シテ之ヲ受遺者ニ移轉スル義務ヲ負フ若シ之ヲ取得スルコト能ハサルカ又ハ之ヲ取得スルニ付キ過分ノ費用ヲ要スルトキハ其價額ヲ辨償スルコトヲ要ス但遺言者カ其遺言ニ別段ノ意思ヲ表示シタルトキハ其意思ニ從フ

問　他人《たにん》の權利を的目《もくてき》としたる遺贈《ゐぞう》が有效なるときは遺贈義務者《ゐぞうぎむしや》は如何にして之を履行《りかう》すべきや

答　相續財産《さうぞくざいさん》に屬《ぞく》せざる權利《けんり》を目的とする遺贈《ゐぞう》が前條但書の規定《きてい》に依りて有效《いうかう》なるときは遺贈義務者は其權利を取得《しゆとく》して即ち前例《ぜんれい》の下に掲《かゝ》げたる後例《こうれい》の場合に於《おい》ては時計又は家屋《かをく》を購求《かうきう》して之を受遺者に移轉《いてん》する義務を負ふべく若《も》し之を取得《しゆとく》すること能《あた》はざるか（家屋《かをく》の所有者が讓渡《じやうと》することを肯《がへん》ぜざるときの如《ごと》き然り）又は取得《しゆとく》するに付き過分《くわぶん》の費用を要するときは其價額《かがく》を辨濟すべきものとす但遺贈者が其遺言に別段《べつだん》の意思を表示《ひやうし》したるとき例《たと》へば其權利《けんり》を取得すること能《あた》はざるも其價額《かがく》を辨償するを要せずと定《さだ》めたるとき又は其價額《かがく》と均しき他《た》の財産を遺贈《ゐぞう》すべしと定《さだ》めたるときの如《ごと》きは其意思《いし》に從ふべきことと當然《たうぜん》なり

第千百條　不特定物ヲ以テ遺贈ノ目的ト爲シタル場合ニ於テ受遺者カ追奪ヲ受ケタルトキハ遺贈義務者ハ之ニ對シテ賣主ト同シク擔保ノ責ニ任ス

前項ノ場合ニ於テ物ニ瑕疵アリタルトキハ遺贈義務者ハ瑕疵ナキモノヲ以テ之ニ代フルコトヲ要ス

問　不特定物《ふとくていぶつ》を目的と爲したる場合に於て遺贈義務者の擔保《たんぽ》の責任如何

答　不特定物《ふとくていぶつ》を以て遺贈の目的と爲したる場合例へは數棟《すうとう》の所有倉庫中其一棟《とう》を遺贈すべしと定《さだ》めたる場合《ばあひ》に於て受遺者の受けたる倉庫《さうこ》が他人より追奪《ついだつ》を受けたるときは遺贈義務者は之《これ》に對して賣主《ばいしゆ》と同じく擔保《たんぽ》の責《せめ》に任ずべきものとす

又前項の場合《ばあひ》に於て物に瑕疵《かし》ありたるとき例《たと》へば數箇の所有《しよいう》金時計中其一箇を遺贈すべしと定《さだ》めたる場合《ばあひ》に於て受遺者の受けたる時計に破損《はそん》の箇所《しよ》ある時の如きは遺贈義務者《うぎむしや》は瑕疵なき他《た》の時計を以て之《これ》に代ふべきものとす

第千百一條　遺言者カ遺贈ノ目的物ノ滅失若クハ變造又ハ其占有ノ喪失ニ因リテ第三者ニ對シ償金ヲ請求スル權利ヲ有スルトキハ其權利ヲ以テ遺贈ノ目的ト爲シタルモノト推定ス

遺贈ノ目的物カ他ノ物ト附合又ハ混和シタル場合ニ於テ遺言者カ第二百四十三條乃至第二百四十五條ノ規定ニ依リ合成物又ハ混和物ノ單獨所有者又ハ共有者ト爲リタルトキハ其全部ノ所有權又ハ共有權ヲ以テ遺贈ノ目的ト爲シタルモノト推定ス

問　遺贈《ゐぞう》の目的物に關《くわん》し遺言者が第三者に對し求償權《きうしやうけん》を有するときは受遺者《じゆゐしや》の權利如何

答　遺言者が遺贈《ゐぞう》の目的物の滅失《めつしつ》若くは變造《へんざう》又は其占有の喪失《さうしつ》に因りて第三者に對して償金《しやうきん》を請求する權利《けんり》を有するときは其權利を以て遺贈《ゐぞう》の目的と爲《な》したるものと推定《すいてい》するものとす故《ゆゑ》に例へば遺言者が火災保險《くわさいほけん》に附《ふ》したる家屋《かをく》を甲に遺贈《ゐぞう》することを遺言《ゐげん》したる場合《ばあひ》に於て其家屋《かをく》が火災の爲《た》めに滅《めつ》失《しつ》したるときは其保險金《ほけんきん》を以て遺贈の目的《もくてき》と爲したるものと推定《すいてい》するが故に甲は遺贈《ゐざう》の效力を生ずるに至《いた》りたる時其保險金《ほけんきん》を保險者又は遺贈義務者に請求《せいきう》することを得《う》べし但條文推定とあるが故に反對《はんたい》の證據あるときは其推定《すいてい》を破ることを得べし

問　目的物《もくてきぶつ》が他の物と附合《ふがふ》又は混和《こんわ》したるときは如何

答　遺贈の目的物《もくてきぶつ》が他の物と附合《ふがふ》又は混和《こんわ》したる場合《ばあひ》に於て遺言者《ゐげんしや》を第二百四十三條乃至第二百四十五條の規定《きてい》に依《い》り合成物《がふせいぶつ》又は混和物の單獨《たんどく》所有者又は共有者と爲《な》りたるときは其全部《ぜんぶ》の所有權又は共有權を以て遺贈《ゐざう》の目的と爲《な》したるものと推定《すいてい》するものとす第二百四十三條乃至第二百四十五條の規定《きてい》は左の如し

第二百四十三條　各別《かくべつ》の所有者に屬《ぞく》する數個《すうこ》の動産が附合《ふがふ》に因り毀損《きそん》するに非《あら》ざれば之を分離《ぶんり》すること能《あた》はざるに至《いた》りたるときは其合成物《がふせいぶつ》の所有權は主《しゆ》たる動産の所有者《しよいうしや》に屬す分離の爲め過《くわ》分《ぶ》の費用《ひよう》を要《えう》するとき亦同じ

第二百四十四條　附合《ふがふ》したる動産《どうさん》に付き主從《しゆじゆう》の區別《くべつ》を爲すこと能《あた》はざるときは各動産《かくどうさん》の所有者《しよいうしや》は

其附合《そのふがふ》の當時《たうじ》に於ける價格《かかく》の割合《わりあい》に應《おう》じて合成物《がふせいぶつ》を共有《きやういう》す

第二百四十五條　前二條《ぜんでう》の規定は各別《かくべつ》の所有者《しよいうしや》に屬《ぞく》する者が混和《こんわ》して識別《しきべつ》すること能《あた》はざるに至りたる場合《ばあい》に之を準用《じゆんよう》す

第千百二條　遺贈ノ目的タル物又ハ權利カ遺言者ノ死亡ノ時ニ於テ第三者ノ權利ノ目的タルトキハ受遺者ハ遺贈義務者ニ對シ其權利ヲ消滅セシムヘキ旨ヲ請求スルコトヲ得ス但遺言者カ其遺言ニ反對ノ意思ヲ表示シタルトキハ此限ニ在ラス

問　遺贈の目的物《もくてきぶつ》が質權《しちけん》又は抵當權等《ていたうけんとう》の目的《もくてき》たる場合に於て受遺者《じゆゐしや》は其權利《けんり》を消滅《せうめつ》せしむることを遺贈義務者《ぎむし》に請求《せいきう》することを得るや

答　遺贈の目的《もくてき》たる物《もの》又は權利《けんり》が遺言者の死亡《しばう》の時に於て第三者の權利《けんり》の目的たるとき例《たと》へは遺贈の目的《もくてき》たる家屋《かをく》に抵當權《ていたうけん》を設定《せつてい》したるときは受遺者は遺言者《ゐげんしや》が其遺言に反對《はんたい》の意思《いし》を表示したるときの外《ほか》遺贈義務者に對《たい》し其權利《けんり》を消滅《せうめつ》せしむべき旨《むね》を請求することを得ざるものとす何となれば遺贈《ゐぞう》を爲す者は通常《つうじやう》其遺贈が効力《かうりよく》を生《せう》ずる時に於ける有樣《ありさま》にて或物《あるもの》又は權利《けんり》を遺贈する意思《いし》を有《いう》するものなればなり

第千百三條　債權ヲ以テ遺贈ノ目的ト爲シタル場合ニ於テ遺言者カ辨濟ヲ受ケ且其受取リタル物カ尚ホ相續財産中ニ存スルトキハ其物ヲ以テ遺贈ノ目的ト

爲シタルモノト推定ス

金錢ヲ目的トスル債權ニ付テハ相續財産中ニ其債權額ニ相當スル金錢ナキトキト雖モ其金額ヲ以テ遺贈ノ目的ト爲シタルモノト推定ス

問　債權を以て遺贈の目的《もくてき》と爲したるときは如何《いかん》

答　債權を以て遺贈の目的《もくてき》と爲したる場合《ばあい》に於て遺言者が辨濟《べんさい》を受《う》け且其受取りたる物《もの》が尙《な》は相續財産中に存《そん》するときは其物を以て遺贈《ゐぞう》の目的と爲《な》したるものと推定《すいてい》するものとす故に例《たと》へば遺言者甲が乙《おつ》より米百石を受くる債權を丙に遺贈《ゐぞう》すべき旨《むね》の遺言《ゐげん》を爲したる後辨濟期《べんさいき》到着《たうちやく》したるを以て甲之を受取りたるときは其債權《さいけん》既に消滅《せうめつ》したるが故に遺贈の目的《もくてき》の存在《そんざい》せざる結果《けつくわ》として遺言の取消《とりけし》を爲《な》したるものと認《みと》むべきが如しと雖も反對《はんたい》の證據《しやうこ》なきときは其債權《さいけん》の目的たる米百石が尙は相續財産中に存在《そんざい》する場合に限《かぎ》り其物《そのもの》を以て遺贈の目的と爲したるものと推定《すいてい》せらるべし

金錢《きんせん》を目的とする債權《さいけん》に付ては相續財産中《さうぞくざいさんちう》に其債權額《そのさいけんがく》に相當する金錢なきとき例へば金三千圓の辨濟を受《う》くる債權《さいけん》を遺贈の目的《もくてき》と爲したる場合《ばあい》に於て遺言者《ゐげんしや》が其辨濟《べんさい》を受け且金三千圓か相續財産中に存在《ざい》せざるときと雖も其金額《きんがく》を以て遺贈の目的《もくてき》と爲したるものと推定《すいてい》するものとす盖《けだ》し金錢は通常他《た》の物《もの》に變《へん》じて相續財産中《さうぞくざいさんちう》に存在《ざい》するを以てなり

第千百四條　負擔附遺贈ヲ受ケタル者ハ遺贈ノ目的ノ價額ヲ超エサル限度ニ於テノミ其負擔シタル義務ヲ履行スル責ニ任ス

受遺者カ遺贈ノ抛棄ヲ爲シタルトキハ負擔ノ利益ヲ受クヘキ者自ラ受遺者ト爲ルコトヲ得但遺言者カ其遺言ニ別段ノ意思ヲ表示シタルトキハ其意思ニ從フ

問 負擔附遺贈《ふたんつきゐぞう》を受けたる者の義務《ぎむ》如何

答 負擔附遺贈《ふにつゐぞう》を受けたる者は遺贈の目的《もくてき》の價額《かがく》を超《こ》ゑざる限度《げんど》に於てのみ其負擔《ふたん》したる義務《ぎむ》を履行《りかう》する責《せめ》に任《にん》ずるものとす故に例《こと》へば遺言者の債務《さいむ》を辨濟《べんい》すべきことを條件《でけん》として三万圓の價額《かがく》ある土地家屋《とちかおく》の遺贈を受《う》けたる時は三万圓を限度《ぜど》として其債務《さいむ》を辨濟《べんさい》するの責《せめ》に任せざるべからず

問 前項《ぜんかう》の場合に於て受遺者《じゆうしや》か遺贈の抛棄《はうき》を爲したるときは其目的物《もくてきぶつ》は何人に歸屬《きぞく》べきや

答 受遺者《じゆゐしや》か遺贈《ゐぞ》の抛棄を爲《な》したるときは遺言者《げんしや》か其遺言に別段《べつだん》の意思《いし》を表示《ひうじ》したる場合の外負擔《ふこん》の利益《りにき》を受くべき旨《むね》自ら受遺者と爲ることを得《う》るものとす故に例《たと》へば遺言者か金三千圓を甲に贈與すべきことを條件《でけん》として乙に山林《さんりん》を遺贈《ゐざう》したる場合に於て乙《おつ》之を抛棄《はうき》したるときは甲《う》は自《みづか》ら其受遺者となることを得べし蓋《けだ》し相續人は相續《さうぞ》に抛棄《うき》することを得《う》るか故に受遺者か負擔附遺贈《ふたつきるぞう》の抛棄を爲したる場合《ばあい》に於て其受《うのつ》くべからざりしものは相續人《さうぞくにん》に歸《き》するものとするときは負擔《ふたし》の利益を受《つ》くべき者は永《なが》く不確定《ふかくてい》の地位《ちい》に在る結果《けつくわ》を生ずるに至るか故なり

第千百五條 負擔附遺贈ノ目的ノ價額カ相續ノ限定承認又ハ遺留分回復ノ訴ニ因リテ減少シタルトキハ受遺者ハ其減少ノ割合ニ應シテ其負擔シタル義務ヲ

免ル但遺言者カ其遺言ニ別段ノ意思ヲ表示シタルトキハ其意思ニ從フ

問　負《ふ》擔附《たんつき》遺贈の目的《もくてき》の價額《かがく》か減少《げんせう》したる時《とき》は如何

答　負擔附遺贈の目的の價額《かがく》が相續の限定承認《げんていしやうにん》又は遺留分回復《ゐりうぶんくわいふく》の訴《うつたへ》に因りて減少《げんせう》したるときは受遺者《じゆゐしや》は其減少《げんせう》の割合《わりあひ》に應《おう》じて其負擔《ふたん》したる義務を免《まぬか》るゝものとす但遺言者か其遺言に別段《べつだん》の意思《いし》を表示したるときは其意思《いし》に從《したが》ふべきこと勿論《もちろん》なり

第四節　遺言ノ執行

○本節凡《すべ》て十八條遺言《ゐげん》の執行《しつかう》に關《くわん》する規則を定めたるものなり

第千百六條　遺言書ノ保管者ハ相續ノ開始ヲ知リタル後遲滯ナク之ヲ裁判所ニ提出シテ其檢認ヲ請求スルコトヲ要ス遺言書ノ保管者ナキ場合ニ於テ相續人カ遺言書ヲ發見シタル後亦同シ

前項ノ規定ハ公正證書ニ依ル遺言ニハ之ヲ適用セス

封印アル遺言書ハ裁判所ニ於テ相續人又ハ其代理人ノ立會ヲ以テスルニ非サレハ之ヲ開封スルコトヲ得ス

問　遺言書《ゐごんしよ》の檢認《けんにん》は何人之を請求《せいきう》すべきや

答　遺言書の保管者《ほくわんしや》は相續《さうぞく》の開始《かいし》を知りたる後又《のちまた》遺言書の保管者《ほくわんしや》なき場合《ばあひ》に於ては相續人が遺言書を發見《はつけん》したる後遲滯《ちたい》なく之を裁判所《さいばんしよ》に提出《ていしゆつ》して其檢認《けんにん》を請求《せいきう》すべきものとす此の如く裁判所に提出し

て檢認《けんにん》を請求《せいきう》すべきことを命ずる所以《ゆゑん》は一は僞造《ぎぞう》を發見するが爲《た》めにして一は遺言書《ゐげんしよ》が秘密證書《ひみつしようしよ》なる場合《ばあひ》に於ては相續人《さうぞくにん》が自由《じゆう》に之を開封《かいふう》することを得るものとせば遺言者《ゐげんしや》が秘密證書《ひみつしようしよ》を作製《さくせい》したる目的《もくてき》に背《そむ》くが故なり然れども公正證書《こうせいしようしよ》に依る遺言即《すなは》ち公證人が遺言書《ゐげんしよ》を作《つく》りたる場合《ばひ》には此規則《きそく》を適用《てきよう》せざるものとす

又封印《ふういん》ある遺言書《ゐげんしよ》は自筆證書《じひつしようしよ》なると秘密證書《ひみつしようしよ》あるとを問はず裁判所《さいばんしよ》に於て相續人《さうぞくにん》又は其代理人《だいりにん》の立《たち》會《あひ》を以てするに非《あら》ざれば開封《かいふう》することを得ざるものとす

第千百七條　前條ノ規定ニ依リテ遺言書ヲ提出スルコトヲ怠リ、其檢認ヲ經スシテ遺言ヲ執行シ又ハ裁判所外ニ於テ其開封ヲ爲シタル者ハ二百圓以下ノ過料ニ處セラル

問　前條の規定《きてい》に違背《ゐはい》したる者の制裁《せいさい》如何

答　前條《ぜんでう》の規定に依りて遺言書《ゐげんしよ》を提出《ていしゆつ》することを怠《おこた》りたる者又は其檢證《けんしやう》を經ずして遺言を執行《しつかう》したる者《もの》又は裁判所外《さいばんしよがい》に於て其開封《かいふう》を爲したる者は二百圓以下の過料《くわりやう》に處《しよ》せらるゝものとす

第千百八條　遺言者ハ遺言ヲ以テ一人又ハ數人ノ遺言執行者ヲ指定シ又ハ其指定ヲ第三者ニ委託スルコトヲ得

遺言執行者指定ノ委託ヲ受ケタル者ハ遲滯ナク其指定ヲ爲シテ之ヲ相續人ニ通知スルコトヲ要ス

遺言執行者指定ノ委託ヲ受ケタル者カ其委託ヲ辭セントスルトキハ遲滯ナク其旨ヲ相續人ニ通知スルコトヲ要ス

問　遺言者《ゐげんしや》は遺言執行者《しつかうしや》を指定《してい》することを得るや

答　遺言者は遺言を以て一人又は數人《すにん》の遺言執行者《ゐげしつかうしや》を指定《してい》することを得べく又其《またその》指定を第三者に委託《ゐたく》し第三者をして遺言執行者《ゐげしついうしや》を指定《してい》せしむることを得るものとす

遺言執行者《ゐげしつかうしや》を指定《してい》する委託《ゐたく》を受けたる者は遲滯《ちたい》なく其指定を爲して之を相續人《さうぞくにん》に通知《つうち》すべく又其委《ゐ》託《たく》を受けたる者が其委託《ゐたく》を辭《じ》せんとするときは遲滯《ちたい》なく其旨《むね》を相續人に通知《つうち》すべきものとす

第千百九條　遺言執行者カ就職ヲ承諾シタルトキハ直チニ其任務ヲ行フコトヲ要ス

○遺言執行者《ゐげしつかうしや》に指定《してい》せられたる者は其任《そのにん》に就《つ》くことを承諾《しやうだく》せざることを得るも之を承諾したるときは直《たゞ》ちに其任務《にんむ》を行《おこな》ふべきものとす

第千百十條　相續人其他ノ利害關係人ハ相當ノ期間ヲ定メ其期間內ニ就職ヲ承諾スルヤ否ヤヲ確答スヘキ旨ヲ遺言執行者ニ催告スルコトヲ得但シ遺言執行者カ其期間內ニ相續人ニ對シテ確答ヲ爲サヽルトキハ就職ヲ承諾シタルモノト看做ス

問　相續人《さうぞくにん》は遺言執行者に承諾《しやうだく》するや否《いな》やを催告《さいこく》することを得るや

相續人其他《そのた》の利害關係人《りがいくわんけいにん》は相當《さうたう》の期間を定めて其期間内《きかんない》に就職《じゆうしよく》を承諾するや否やを確答《かくとう》すべき旨《むね》を遺言執行者《ゐごんしつかうしや》に催告することを得べく而して遺言執行者が其期間内《そのきかんない》に相續人に對《たい》して確答を爲《な》さゞるときは就職《しうしよく》を承諾《しやうだく》したるものと看做《みな》すものとす然《しか》らざれば遺言者死亡の後《のち》あるを以て更《さら》に遺言執行者を指定《してい》すること能《あた》はざるが故に實際《じつさい》に於て甚《はなは》だ不便《ふべん》なればなり

第千百十一條　無能力者及ヒ破産者ハ遺言執行者タルコトヲ得ス

問　遺言執行者たること能《あた》はざる者如何《いかん》

答　無能力者《むのうりよくしや》及び破産者《はさんしや》は遺言執行者たることを得ざるものとす蓋《けだ》し相續人の利益《りえき》は通常遺言《つうじやうゐげん》の執行《しつかう》と相容《あひい》れざるものなるが故に遺言執行者《ゐげんしつかうしや》たる者は相續人《さうぞくにん》の爲めに左右《さいう》せらるゝことなく能《よ》く其職務《しよくむ》を完《まつた》ふすることを得る者《もの》ならざるべからざればなり

第千百十二條　遺言執行者ナキトキ又ハ之ナキニ至リタルトキハ裁判所ハ利害關係人ノ請求ニ因リ之ヲ選任スルコトヲ得

前項ノ規定ニ依リテ選任シタル遺言執行者ハ正當ノ理由アルニ非サレハ就職ヲ拒ムコトヲ得ス

問　遺言執行者《ゐげんしつかうしや》なきときは又は之《これ》なきに至《いた》りたるときは如何にすべきや

答　遺言執行者なきとき又《また》は之なきに至りたるときは裁判所《さいばんしよ》は利害關係人《りがいくわんけいにん》の請求に因《よ》り之を選任《せんにん》することを得るものとす而《しか》して遺言執行者なき場合《ばあひ》は左の如し

一　遺言者《ゐげんしや》が遺言執行者《しつかうしや》を指定《してい》せざりしとき

二　遺言執行者を指定すべき旨《むね》の委託《いたく》を受けたる者が其指定を為《な》さゞるとき

三　遺言執行者《ゐげんしつかうしや》に指定せられたる者が就職《しうしよく》を拒《こば》みたるとき

四　遺言執行者に指定《してい》せられたる者が無能力者《むのりよくしや》又は破産者《はさんしや》なるとき

又遺言執行者《ゐげんしつかうしや》なきに至《いた》りたるときとは遺言執行者《ゐげんしつかうしや》ありしも解任《かいにん》、辭任《じにん》、死亡《しばう》、破産《はさん》等に事由《じいう》によりて之《これ》なきに至りたる場合《ばあひ》を云ふ

本條第一項の規定《きてい》によりて裁判所より選任《せんにん》せられたる遺言執行者《ゐげんしつかうしや》は正當の理由《りゆう》あるに非ざれは就職《じゆしよく》を拒《こば》むことを得ざるものとす

第千百十三條　遺言執行者ハ遲滯ナク相續財産ノ目錄ヲ調製シテ之ヲ相續人ニ交付スルコトヲ要ス

遺言執行者ハ相續人ノ請求アルトキハ其立會ヲ以テ財産目錄ヲ調製シ又ハ公證人ヲシテ調製セシムルコトヲ要ス

問　遺言執行者就職《じゆしよく》したる時は如何なる手續《てつゞき》を為すべきや

答　遺言執行者は遲滯《ちたい》なく相續財産の目錄《もくろく》を調製《てうせい》して之を相續人に交付《かうふ》すべき者とす蓋《けだ》し相續人は相續の承認及び拋棄《はうき》を為すが為め相續財産《さうぞくざいさん》の額を知《し》らんと欲《ほつ》するのみならず遺言《ゐげん》執行者は相續財産を管理《くわんり》し遺言執行《しつかう》の責《せめ》に任ずる者なるが故に幾何《いくばく》の相續財産あるかを明《あきら》かにせざるべからざるが故也

相續財産の目録《もくろく》は遺言執行者之を作《つく》るべきも然《しか》れども相續人の請求《せいきう》あるときは其立會《たちあひ》を以て財産目録を調製《てうせい》し又は公證人《こうしやうにん》をして之を調製《てうせい》せしむべきものとす

第千百十四條　遺言執行者ハ相續財産ノ管理其他遺言ノ執行ニ必要ナル一切ノ行爲ヲ爲ス權利義務ヲ有ス

第六百四十四條乃至第六百四十七條及ヒ第六百五十條ノ規定ハ遺言執行者ニ之ヲ準用ス

問　遺言執行者《ゐげんしつかうしや》の權利義務《けんりぎむ》如何

答　遺言執行者《ゐげんしつかうしや》は相續財産の管理《かんり》其他遺言の執行に必要《ひつえう》なる一切《さい》の行爲を爲す權利《けんり》を有し義務《ぎむ》を負《れ》ふ、ものとす

第六百四十四條乃至《ないし》第六百四十七條及び第六百五十條の規定《きてい》は遺言執行者に之を準用《じゆんよう》するものとす

第六百四十四條以下の規定《きてい》は左の如し

第六百四十四條　受任者は受任《じゆにん》の本旨に從ひ善良《ぜんりやう》なる管理者の注意《ちうい》を以て委任事務《いにんじむ》を處理《しより》する義務を負ふ

第六百四十五條　受任者《じゆにんしや》は委任者《いにんしや》の請求《せいきう》あるときは何時にても委任事務處理《しより》の狀況を報告《はうこく》し又委任終了の後《のち》は遲滯なく其顚末《てんまつ》を報告《はうこく》することを要す

第六百四十六條　受任者《じゆにんしや》は委任事務《いにんじむ》を處理《しより》するに當りて受取りたる金錢《きんせん》其他の物を委任者に引渡《ひきわた》

すことを要す其收取したる果實《かじつ》亦同じ
受任者《じゆにんしや》が委任者の爲めに自己《じこ》の名を以て取得《しふとく》したる權利《けんり》は之を委任者《ゐにんしや》に移轉《いてん》することを要《えう》す

第六百四十七條　受任者が委任者に引渡《ひきわた》すべき金額《きんがく》又は其利益《りえき》の爲めに用ゆべき金額を自己《じこ》の爲めに消費《せうひ》したるときは其《その》消費したる日以後《ひいご》の利息《りそく》を拂《はら》ふことを要す尚ほ損害《そんがい》ありたるときは其賠償《ばいしやう》の責《せめ》に任ず

第六百五十條　受任者《じゆにんしや》が委任事務《ゐにんじむ》を處理《しより》するに必要と認《みと》むべき費用《ひよう》を出だしたるときは委任者に對《たい》して其費用《ひよう》及び支出《しゆつ》の日以後に於ける其利息《そのりそく》の償還《しやうくわん》を請求《せいきう》することを得
受任者が委任事務《ゐにんじむ》を處理《しより》するに必要《ひつえう》と認むべき債務《さいむ》を負擔《ふたん》したるときは委任者をして自己《じこ》に代《かは》はりて其辨濟《べんさい》を爲さしめ又其債務《さいむ》が辨濟期《べんさいき》に在らざるときは相當《さうたう》の擔保《たんぽ》を供《きやう》せしむることを得
受任者《じゆにんしや》が委任事務を處理《しより》する爲め自己《じこ》に過失《かしつ》なくして損害《そんがい》を受《う》けたるときは委任者《ゐにんしや》に對して其賠償《ばいしやう》を請求《せいきう》することを得

第千百十五條　遺言執行者アル場合ニ於テハ相續人ハ相續財産ヲ處分シ其他遺言ノ執行ヲ妨クヘキ行爲ヲ爲スコトヲ得ス

問　相續人《さうぞくにん》は遺言執行者《いげんしつかうしや》ある場合《ばあひ》に於ても相續財産《ざいさん》を處分《しよぶん》することを得るや

答　遺言執行者ある場合に於ては相續人《さうぞくにん》は相續財産を處分し其他《そのた》遺言《ゐげん》の執行《しつかう》を妨《さまた》ぐべき行爲を爲すことを得ざるものとす

第千百十六條　前三條ノ規定ハ遺言カ特定財産ニ關スル場合ニ於テハ其財産ニ付テノミ之ヲ適用ス

○前三條の規定《きてい》は遺言が特定財産例《とくていざいさんたと》へば此の家彼《いへか》の土地と云ふが如く特《とく》に指定《してい》したる財産《ざいさん》に關《くわん》する場合《ばあい》に於ては其財産《そのざいさん》に付てのみ之を適用《てきよう》するものとす

第千百十七條　遺言執行者ハ之ヲ相續人ノ代理人ト看做ス」

問　遺言執行者《ゐげんしつかうしや》の性質《せいしつ》如何

答　遺言執行者は之を相續人《さうぞくにん》の代理人《だいりにん》と看做《みな》すものとす何となれば遺言執行者《ゐげんしつかうしや》は相續人に屬《ぞく》する權利《けんり》を行ふものにして受遺者《じゆゐしや》の權利《けんり》を代理《だいり》するものにあらざればなり

第千百十八條　遺言執行者ハ已ムコトヲ得サル事由アルニ非サレハ第三者ヲシテ其任務ヲ行ハシムルコトヲ得ス但遺言者カ其遺言ニ反對ノ意思ヲ表示シタルトキハ此限ニ在ラス

遺言執行者カ前項但書ノ規定ニ依リ第三者ヲシテ其任務ヲ行ハシムル場合ニ於テハ相續人ニ對シ第百五條ニ定メタル責任ヲ負フ

問　遺言執行者《ゐげんしつかうしや》は復代理人《ふくだいりにん》を選任《せんにん》することを得るや

答　遺言執行者は遺言者《ゐげんしや》が其遺言に反對《はんたい》の意思《いし》を表示したる場合の外已《や》むことを得ざる事由《じいう》あるに非《あら》ざれば第三者をして其任務《そのにんむ》を行はしむることを得《え》ざるものとす而《しか》して疾病《しつぺい》其他已むことを得ざる事《じ》

由《いう》ある爲め復代理人を選任《せんにん》し夫《それ》をして其任務《にんむ》を行はしむる場合《ばあひ》に於ては相續《さうぞく》人に對《たひ》し第百五條に定めたる責任《せきにん》を負はざるべからず第百五條の規定《きてい》は左の如し

代理人《だいりにん》が前條の場合《ばあひ》に於て復代理人を選任《せんにん》したるときは選任及び監督《かんとく》に付き本人に對して其責《そのせめ》に任《にん》ず

代理人が本人の指名《しめい》に從ひて復代理人《またたいりにん》を選任したるときは其不適任《ふてきにん》又は不誠實《ふせいじつ》あることを知りて之を本人に通知《つうち》し又は之を解任《かいにん》することを怠《おこた》りたるに非ざれば其責《せめ》に任ず

第千百十九條　數人ノ遺言執行者アル場合ニ於テハ其任務ノ執行ハ過半數ヲ以テ之ヲ決ス但遺言者カ其遺言ニ別段ノ意思ヲ表示シタルトキハ其意思ニ從フ

各遺言執行者ハ前項ノ規定ニ拘ハラス保存行爲ヲ爲スコトヲ得

問　遺言執行者數人《すうにん》あるときは如何《いか》にして其任務《にんむ》を行ふべきや

答　數人《すうにん》の遺言執行者ある場合《ばあひ》に於ては遺言者が其遺言に別段《べつだん》の意思《いし》を表示したるときの外其任務の執行《しつかう》は過半數《くわはんすう》を以て決《けつ》すべきものとす然《しか》れども所分行爲《しよぶんかうゐ》にあらずして保存行爲《ほぞんかうゐ》に付ては各遺言者獨斷を以て之《これ》を爲すことを得《う》

第千百二十條　遺言執行者ハ遺言ニ報酬ヲ定メタルトキニ限リ之ヲ受クルコトヲ得

裁判所ニ於テ遺言執行者ヲ選任シタルトキハ裁判所ハ事情ニ依リ其報酬ヲ定

ムルコトヲ得

遺言執行者カ報酬ヲ受クヘキ場合ニ於テハ第六百四十八條第二項及ヒ第三項ノ規定ヲ適用ス

問　遺言執行者《ゐげんしつかうしや》は其報酬《はうしう》を受くることを得《う》るや

答　遺言執行者は遺言《ゐげん》に報酬を定《さだ》めたるときに限《かぎ》り之を受くることを得《う》べく又裁判所《さいばんしよ》に於て遺言執行《ゐげんしつかう》者《しや》を選任《せんにん》したるときは裁判所は事情《じやう》に依り其報酬《はうしう》を定むることを得《う》へし

遺言《ゐげん》によると裁判所《さいばんしよ》の定めによるとを問《と》はず遺言執行者が報酬《はうしう》を受くべき場合《ばあひ》に於ては第六百四十八條第二項及び第三項の規定《きてい》を準用《じゆんよう》すべきものとす其規定《きてい》左の如し

受任者《じゆにん》が報酬《はうしう》を受くべき場合《ばあひ》に於ては委任履行《いにんりかう》の後に非ざれば之を請求《せいきう》することを得ず但期間《たゞしきかん》を以て報酬《はうしう》を定めたるときは第六百二十四條第二項の規定《きてい》を準用《じゆんよう》す

委任《いにん》が受任者《じゆにんしや》の責《せめ》に歸《き》すべからざる事由《じいう》に因り其履行《りかう》の半途《はんと》に於て終了《しうりやう》したるときは受任者《じゆにんしや》は其《その》既《すで》に爲したる履行《りかう》の割合《わりあひ》に應《おう》じて報酬《はうしう》を請求《せいきう》することを得

第六百二十四條第二項　期間《きかん》を以て定《さだ》めたる報酬《はうしう》は其期間《きかん》の經過《けいくわ》したる後《のち》之を請求《せいきう》することを得

第千百二十一條　遺言執行者カ其任務ヲ怠リタルトキ其他正當ノ事由アルトキハ利害關係人ハ其解任ヲ裁判所ニ請求スルコトヲ得

遺言執行者ハ正當ノ事由アルトキハ就職ノ後ト雖モ其任務ヲ辭スルコトヲ得

問　遺言《ゐげん》執行者《しつかうしや》を解任《かいにん》し又は遺言執行者が辭任《じにん》することを得べき場合《ばあひ》如何

答　遺言執行者が其任務《そのにんむ》を怠《おこた》りたるとき其他正當《せいたう》の事由《じいう》あるときは利害關係人《りがいかんけいにん》は其解任《かいにん》を裁判所《さいばんしよ》に請《せい》求《きう》することを得べく又遺言執行者《ゐげんしつかうしや》は正當《せいたう》の事由あるときは就職《しうしよく》の後《のち》と雖も其任務《そのにんむ》を辭《じ》することを得るものとす

第千百二十二條　第六百五十四條及ヒ第六百九十五條ノ規定ハ遺言執行者ノ任務カ終了シタル場合ニ之ヲ準用ス

○第六百五十四條及び第六百五十五條の規定《きてい》は遺言執行者《ゐげんしつかうしや》の任務《にんむ》が終了《しうれう》したる場合に之を準用《じゆんよう》するものとす其規定《そのきてい》は左《さ》の如し

第六百五十四條　受任終了《じゆにんしうれう》の場合に於て急迫《きうはく》の事情《じじやう》あるときは受任者《じゆにんしや》、其相續人《さうぞくにん》又は法定代理人《はふていだいりにん》は委任者《いにんしや》、其相續人《さうぞくにん》又は法定代理人《はふていだいりにん》が委任事務《いにんじむ》を所理《しより》することを得るに至《いた》るまで必要《ひつえう》なる處分《しよぶん》を爲すことを要《えう》す

第六百五十五條　委任終了《いにんしうれう》の事由《じいう》は其委任者《そのいにんしや》に出でたると受任者《じゆにんしや》に出でたるとを問《と》はず之を相手方《あひてかた》に通知《つうち》し又は相手方《あひてかた》が之を知りたるときに非《あら》ざれば之を以て其相手方《あひてかた》に對抗《たいかう》することを得

第千百二十三條　遺言ノ執行ニ關スル費用ハ相續財産ノ負擔トス但之ニ因リテ遺留分ヲ減スルコトヲ得ス

問　遺言《ゐげん》の執行《しつかう》に關する費用《ひよう》は何人之を負擔《ふたん》すべきや

答　遺言の執行に關《くわん》する費用は相續財産《さうぞくざいさん》の負擔《ふたん》とすべきものとす但之《たゞしこれ》に因りて遺留分《ゐりうぶん》を減《げん》ずることを能はざるは當然《たうぜん》なり

第五節　遺言ノ取消

○本節凡て六條遺言《ゐげん》の取消《とりけし》に關《くわん》する規則《きそく》を定めたるものなり

第千百二十四條　遺言者ハ何時ニテモ遺言ノ方式ニ從ヒテ其遺言ノ全部又ハ一部ヲ取消スコトヲ得

問　遺言《ゐげん》は之を取消《とりけ》すことを得《う》るや

答　遺言者は何時《なんどき》にても遺言の方式《はうしき》に從ひて其遺言の全部《ぜんぶ》又は一部を取消《とりけ》すことを得《う》るものとす而《しか》して遺言《ゐげん》の方式に從《したが》ふことを要する所以《ゆゑん》は要式行爲《えうしきかうゐ》は少くとも其存立と同一の方法《はうはふ》に依るに非《あら》ざれば其存立《そんりつ》を否認《ひにん》するは不條理《ふでうり》なるを以てなり

本條は明示《めいじ》にて遺言を取消《とりけ》す場合を定《さだ》めたるものにして默示《もくじ》の取消は次條《じでう》以下に規定《きてい》し又他人より取消《とりけ》す場合は本節の末條に規定《きてい》したり

取消《とりけし》の方式は必《かなら》ず前と同一の方式《はうしき》に依らざるべからざるや曰《いは》く否必らずしも前と同一の方式《はうしき》に依るを要せず自筆證書《じひつしようしよ》、秘密《ひみつ》證書又は公正《こうせい》證書に依る遺言《ゐげん》は此方式中《はうしきちう》何れの方式中何《いづ》れの方式を以てするも取消《とりけし》の效あるものとす故《ゆゑ》に自筆證書に依《よ》る遺言を公正《こうせい》證書を以て取消《とりけ》すことを得べく又公正《こうせい》證書に依る遺言《ゐげん》を秘密《ひみつ》證書を以て取消《とりけ》すことを得べし

第千百二十五條　前ノ遺言ト後ノ遺言ト牴觸スルトキハ其牴觸スル部分ニ付テハ後ノ遺言ヲ以テ前ノ遺言ヲ取消シタルモノト看做ス
前項ノ規定ハ遺言ト遺言後ノ生前處分其他ノ法律行爲ト牴觸スル場合ニ之ヲ準用ス

問　前の遺言《ゐげん》と後の遺言と牴觸《ていしよく》するときは其效力如何《かうりよくいかん》

答　前《まへ》の遺言と後の遺言《ゐげん》と牴觸するとき例《たと》へば前の遺言書《ゐげんしよ》には一號の家屋《かをく》を甲に遺贈《ゐぞう》すべしとあり後《のち》の遺言書には其家屋《かをく》を乙に遺贈《ゐぞう》すべしとあるときの如《ごと》きは其牴觸《ていしよく》する部分《ぶぶん》に付ては後の遺言《ゐげん》を以て前の遺言を取消《とりけ》したるものと看做《みな》すものとす故《ゆゑ》に前例の場合《ばあひ》に於ては其家屋《かをく》は乙に遺贈《ゐぞう》したるものと爲さざるべからず
前項の規定《きてい》は遺言と遺言後の生前處分《せいぜんしよぶん》其他の法律《はふりつ》行爲と牴觸《ていしよく》する場合例《たと》へば某所の山林《さんりん》を甲に遺贈《ゐぞう》すべしと遺言《ゐげん》したる後遺言者が某山林《さんりん》を乙に賣却《ばいきやく》したる時の如き場合《ばあひ》に之を準用《じゆんよう》するものとす

第千百二十六條　遺言者カ故意ニ遺言書ヲ毀滅シタルトキハ其毀滅シタル部分ニ付テハ遺言ヲ取消シタルモノト看做ス遺言者カ故意ニ遺贈ノ目的物ヲ毀滅シタルトキ亦同シ

問　遺言者《ゐげんしや》が故意《こい》に遺言書を毀滅《きめつ》したるときは其遺言の効力《かうりよく》如何

答　遺言者が故意に遺言書を毀滅したるときは其毀滅したる部分《ぶぶん》に付ては遺言を取消《とりけ》したるものと見《み》

做《な》すべきものとす蓋《けだ》し遺言と遺言書とは殆《ほと》んど同一にして遺言書《ゐげんしよ》は遺言を證明《しようめい》する唯一《ゆいいつ》の證據《しようこ》なるにも拘《かゝ》はらず故意《こい》を以て之を毀滅《きめつ》するが如きは前の遺言《ゐげん》を取消《とりけ》したるものと見做《みな》すべきは當然《たうぜん》なるのみならず然《しか》らざれば遺言書《ゐげんしよ》なき遺言を認《みと》むるが如き不都合《ふつがふ》を生《せう》ずるが故なり

遺言者《ゐげんしや》が故意《こい》に遺贈《ゐぞう》の目的物《もくてきぶつ》を毀滅《きめつ》したる場合《ばあひ》に於ても亦其遺言《またそのゐげん》を取消《とりけ》したるものと看做《みな》すべきものとす

第千百二十七條　前三條ノ規定ニ依リテ取消サレタル遺言ハ其取消ノ行爲カ取消サレ又ハ効力ヲ生セサルニ至リタルトキト雖モ其效力ヲ回復セス但其行爲カ詐欺又ハ强迫ニ因ル場合ハ此限ニ在ラス

問　一旦取消《たんとりけ》されたる遺言《ゐげん》は其取消を更《さら》に取消すに因《よ》りて其效力《そのこうりよく》を回復《くわいふく》すべきや

答　前三條の規定《きてい》に依りて取消《とりけ》されたる遺言は其行爲《かうゐ》が詐欺《さぎ》又は强迫《きやうはく》に因る場合《ばあひ》の外《ほか》其取消の行爲《かうゐ》が取消《とりけ》され又は效力《かうりよく》を生せざるに至りたるときと雖《いへど》も其效力を回復《くわいふく》せざるものとす故に例《たと》へば公正證《こうせいしよう》書《しよ》によりて遺言《ゐげん》を爲したる者が後秘密證書《のちひみつしようしよ》を以て其全部《ぜんぶ》又は一部を取消したるときは後日更《ごじつさら》に其秘《そのひ》密證書を取消《とりけし》すも前の公正證書に依《よ》る遺言は無效《むかう》なり

第千百二十八條　遺言者ハ其遺言ノ取消權ヲ抛棄スルコトヲ得ス

問　遺言《ゐげん》の取消權《とりけしけん》は之を抛棄《はうき》することを得るや

答　遺言者《ゐげんしや》は其遺言の取消權を抛棄することを得ざるものとす蓋《けだ》し然らざれば人の有《いう》す

部《ぶ》を終身《じゆうしん》拋棄《はうき》せしむるものにして公益《こうえき》に反《はん》するが故なり故に遺言者《ゐげんしや》は既《すで》に爲したる遺言を取消《とりけ》さゞる旨《むね》を遺言したる後《のち》に於ても自由《じゆう》に之を取消《とりけ》すことを得べし

第千百二十九條　負擔附遺贈ヲ受ケタル者カ其負擔シタル義務ヲ履行セサルトキハ相續人ハ相當ノ期間ヲ定メテ其履行ヲ催告シ若シ其期間內ニ履行ナキトキハ遺言ノ取消ヲ裁判所ニ請求スルコトヲ得

問 相續人《さうぞくにん》が遺言の取消《とりけし》を裁判所《さいばんしよ》に請求《せいきう》することを得る場合《ばあひ》如何

答 負擔附遺贈《ふたんつきゐぞう》を受けたる者か其負擔《ふ》したる義務《ぎむ》を履行《りかう》せざるときは相續人《さうぞくにん》は相當《さうたう》の期間《きかん》を定めて其《その》義務《ぎむ》を履行《りかう》すべきことを催告《さいこく》し若し其期間內《きかんない》に履行せざるときは遺言《ゐげん》の取消《とりけし》を裁判所《さいばんしよ》に請求《せいきう》することを得《う》るものとす

第七章　遺留分

〇本章《ほんしやう》凡て十七條遺留分《ゐりうぶん》に關《くわん》する規則《きそく》即ち遺留分として相續財產《さうぞくざいさん》の幾分《いくぶん》を何人に與《あた》ふべきかな又《また》遺留分《ゐりうぶん》は如何にして之を計算《けいさん》すべきか又計算《けいさん》の結果《けつくわ》被相續人《ひさうぞく》の爲したる處分《しよぶん》か遺留分を害《がい》したること明白《めいはく》と爲りたるときは遺留分權利者《ゐりうぶんけんりしや》は何人に對《たい》して其權利《けんり》を行ふべきか等のことを規定《きてい》したるものなり

第千百三十條　法定家督相續人タル直系卑屬ハ遺留分トシテ被相續人ノ財產ノ半額ヲ受ク

此地ノ家督相續人ハ遺留分トシテ被相續人ノ財産ノ三分ノ一ヲ受ク

問　家督相續人《かとくさうぞくにん》の受る遺留分《ゐりうぶん》の割分《わりあひ》如何

答　法定家督相續人《はふていかとくさうぞくにん》たる直系卑屬《ちよくけいひぞく》は男子《だんし》たると女子《ぢよし》たると又嫡出子《ちやくしゆつし》たると庶子《しよし》たると又子《こ》あると孫《まご》なるとを問《と》はず遺留分《ゐりうぶん》として被相續人《ひさうぞくにん》の財産の半額《はんがく》を受け此他《このた》の家督相續人《かとくさうぞくにん》は遺留分《ゐりうぶん》として被相續人の財産《ざいさん》の三分の一を受《う》くるものとす故に被相續人《ひさうぞくにん》は遺言《ゐげん》を以て其財産《ざいさん》を自由《じいう》に處分《しよぶん》することを得るも法定家督相續人《はふていかとくさうぞくにん》たる直系卑屬《ちよくけいひぞく》ある場合に於ては財産《ざいさん》の半額《はんがく》は其《その》相續人の爲めに必《かなら》ず之を遺留《ゐりう》せざるべからざるなり

第千百三十一條　遺産相續人タル直系卑屬ハ遺留分トシテ被相續人ノ財産ノ半額ヲ受ク

遺産相續人タル配偶者又ハ直系卑屬ハ遺留分トシテ被相續人ノ財産ノ三分ノ一ヲ受ク

問　遺産相續人《ゐさんさうぞくにん》の受べき遺留分《ゐりうぶん》の割分《わりあひ》如何

答　遺産相續人たる直系卑屬《ちよくけいひぞく》は遺留分《ゐりうぶん》として被相續人の財産《ざいさん》の半額《はんがく》を受け遺産相續人《ゐさんさうぞくにん》たる配偶者《はいぐうしや》又は直系卑屬《ちよくけいひぞく》は遺留分として被相續人《ひさうぞくにん》の財産《ざいさん》の三分の一を受《う》くるものとす而して本條《ほんでう》に所謂《いはゆる》直系卑屬とは一切《いつさい》の直系卑屬《ちよくけいひぞく》を指《さ》すものあるか故に遺産相續人《ゐさんさうぞくにん》たる直系卑屬三人あるときは被相續人《ひさうぞくにん》の財産《ざいさん》の半額《はんがく》を三分して各自《かくじ》其一分を受《う》くるものなり

第千百三十二條　遺留分ハ被相續人カ相續開始ノ時ニ於テ有セシ財産ノ價額ニ其贈與シタル財産ノ價額ヲ加ヘ其中ヨリ債務ノ全額ヲ控除シテ之ヲ算定ス

條件附權利又ハ存續期間ノ不確定ナル權利ハ裁判所ニ於テ選定シタル鑑定人ノ評價ニ從ヒ其價格ヲ定ム

家督相續ノ特權ニ屬スル權利ハ遺留分ノ算定ニ關シテハ其價額ヲ算入セス

問　遺留分《ゐりうぶん》は如何にして之を算定《さんてい》すへきや

答　遺留分《ゐりうぶん》は被相續人か相續開始《さうぞくかいし》の時に於て有せし財産《ざいさん》の價額《かがく》に其贈與《ぞうよ》したる財産の價格《かかく》を加へ其中より債務《さいむ》の全額《ぜんがく》を控除《かうぢよ》して之を算定《さんてい》するものとす故《ゆゑ》に例へば被相續人《ひさうぞくにん》が死亡の時に有せし財産《ざいさん》の價額が二万圓、贈與《ぞうよ》したる財産《ざいさん》の價格が五千圓にして死亡《しばう》の時に有せし債務《さいむ》が一万圓あるときは二万五千圓の内より一万圓を控除《かうぢよ》して之を算定《さんてい》し前條の規定《きてい》に從ひ家督相續人《かとくさうぞくにん》又は遺《ゐ》産相續人《さうぞくにん》は其半額《はんがく》又は三分の一を受《う》くべきものとす

條件附權利《でうけんつきけんり》又は存續期間《そんぞくきかん》の不確定《ふかくてい》なる權利は裁判所《さいばんしよ》に於て選定《せんてい》したる鑑定人《かんていにん》の評價《ひやうか》に從ひて其價額《かがく》を定むべく又家督相續の特權《とくけん》に屬《ぞく》する權利は遺留分《ゐりうぶん》の算定に關《くわん》しては其價額《かがく》の多少如何に關せず之を算入《さんにう》せざるものとす

第千百三十三條　贈與ハ相續開始前一年間ニ爲シタルモノニ限リ前條ノ規定ニ依リテ其價額ヲ算入ス一年前ニ爲シタルモノト雖モ當事者雙方カ遺留分權利

者ニ損害ヲ加フルコトヲ知リテ之ヲ爲シタルトキ亦同シ

問　贈與《ぞうよ》は之を爲したる時の如何《いかん》に關せず前條《ぜんでう》の價額中に算入《さんにう》すべきや

答　贈與は相續開始《さうぞくかいし》前一年間に爲したるものに限《かぎ》り前條の規定《きてい》に依りて其價額を算入《さんにう》すべく又一年前に爲したるものと雖も當事者雙方《たうじしやさうはう》即ち贈與を爲す被相續人《ひさうぞくにん》も之を受《う》くる者も共に遺留分權利者《ゐりうぶんけんりしや》に損《そん》害《がい》を加ふることを知《し》りて之を爲《な》したるときは又其價額《かがく》を算入すべきものとす

第千百三十四條　遺留分權利者及ヒ其承繼人ハ遺留分ヲ保全スルニ必要ナル限度ニ於テ遺贈及ヒ前條ニ掲ケタル贈與ノ減殺ヲ請求スルコトヲ得

問　贈與《ぞうよ》又は遺贈の目的《もくてき》たる財産の價額《かがく》が被相續人の自由《じゆう》に處分することを得べき範圍《はんゐ》を超過《てうくわ》したるときは如何《いか》にすべきや

答　遺留分權利者《けんりしや》及び其承繼人《しやうけいにん》は遺留分を保全《ほぜん》するに必要なる限度《げんど》に於て遺贈及び前條《ぜんでう》に掲げたる贈與の減殺《げんさつ》を請求《せいきう》することを得るものとす故《ゆゑ》に例へば被相續人《ひさうぞくにん》が金二万圓の價額《かがく》ある財産を相續開始前《ぜん》五ケ月に他人に贈與《ぞうよ》し而して相續開始《さうぞくかいし》の時に有せし財産《ざいさん》の價額が金一万圓なる場合《ばあひ》に於て被相續人の財産《ざいさん》の半額を受くべき相續人《さうぞくにん》あるときは其相續人又は其承繼人《しやうけいにん》は三万圓の半額《はんがく》一万五千圓の不足額五千圓を減殺《げんさつ》すべきことを受贈者《じゆぞうしや》に請求《せいきう》することを得べし

第千百三十五條　條件附權利又ハ存續期間ノ不確定ナル權利ヲ以テ贈與又ハ遺贈ノ目的ト爲シタル場合ニ於テ其贈與又ハ遺贈ノ一部ヲ減殺スヘキトキハ遺

留分權利者ハ第千百三十二條第二項ノ規定ニ依リテ定メタル價格ニ從ヒ直チニ其殘部ノ價額ヲ受贈者又ハ受遺者ニ給付スルコトヲ要ス

問　條件附權利又は存續期《そんぞくき》間《かん》の不確定《ふかくてい》なる權利を以て贈與《ぞうよ》又は遺贈の目的《もくてき》と爲したる場合に於て其贈《そのぞう》與《よ》又は遺贈《ゐぞう》の一部を減殺《げんさつ》すべきときは如何にすべきや

答　條件附權利《でうけんつきけんり》又は存續期《そんぞくき》間《かん》の不確定《ふかくてい》ある權利を以て贈與《ぞうよ》又は遺贈《ゐぞう》の目的《もくてき》と爲したる場合《ばあひ》に於て其贈《ぞう》與《よ》又は遺贈《ゐぞう》の一部《ぶ》を減殺《げんさつ》すべきときは遺留分權利者《ゐりうぶんけんりしや》は第千百三十二條第二項の規定《きてい》に依りて定めたる價格《かかく》に從ひ直《たゞ》ちに其殘部《ざんぶ》の價格を受贈《じゆぞう》者又は受遺者《じゆゐしや》に給付《きうふ》すべきものとす今之を例解《れいかい》すれば左の如《ごと》し

第一例　被相續人《ひさうぞくにん》甲が相續開始前《かいしせん》一年間に今後日本の內閣《ないくわく》に變更《へんかう》を生じたるときは或《あ》る家屋《かをく》を與ふべしとの條件附權利《でうけんつきけんり》を乙に贈與《ぞうよ》したり

右の贈與《ぞうよ》を裁判所《さいばんしよ》に於て選定《せんてい》したる鑑定《かんてい》人が千圓の價額《かかく》あるものと評價《ひやうか》したり

相續開始《さうぞくかいし》の時に於て被相續人の有《いう》せし財產《ざいさん》の價格《かかく》は七百圓なりし

第二例　被相續人《ひさうぞくにん》が終身定期金《しゆうしんていきん》を乙に遺贈《ゐぞう》の目的《もくてき》と爲したる場合《ばあひ》に於て鑑定人《かんていにん》が其《その》終身定期金の價格《かく》を一万圓《まんえん》と評價《ひやうか》したり

相續開始《さうぞくかいし》の時被相續人の有《いう》せし財產《ざいさん》の價格《かぞく》は七千圓なりし

右の場合《ばあひ》に於て被相續人《ひさうぞくにん》の財產《ざいさん》の半額《はんがく》を受くべき相續人即《すなは》ち遺留分權利者《ゐりうぶんけんりしや》あるときは第一例の場合

に於ては百五十圓第二例《れい》の場合に於ては千五百圓を減殺《めつさつ》すべきが故に遺留分《ゐりうぶん》權利者《けんりしや》は其殘額《ざんがく》即ち第一例の場合《ばあひ》に於ては八百五十圓第二例《れい》の場合に於ては八千五百圓を受贈者《じゆぞうしや》又は受遺者《じゆゐしや》に給付《きうふ》すべきものとす

第千百三十六條　贈與ハ遺贈ヲ減殺シタル後ニ非サレハ之ヲ減殺スルコトヲ得ス

問　減殺《げんさつ》すべき場合《ばあひ》に於て贈與《ぞうよ》と遺贈《ゐぞう》とは其何《いづ》れを先《さき》にすべきや

答　贈與《ぞうよ》は遺贈《ゐぞう》を減殺《げんさつ》したる後に非ざれば之を減殺《げんさつ》することを得ざるものとす

第千百三十七條　遺贈ハ其目的ノ價格ノ割合ニ應シテ之ヲ減殺ス但遺言者カ其遺言ニ別段ノ意思ヲ表示シタルトキハ其意思ニ從フ

問　遺贈《ゐぞう》を減《げん》ずる方法《はうはふ》如何

答　遺贈《ゐぞう》は特定名義《とくていめいぎ》の遺贈なると包括名義《はうかつめいぎ》の遺贈なるとを問《と》はず又遺言《ゐげん》を爲したる時の前後《ぜんご》を問はず遺言者《ゐげんしや》が其遺言に別段《べつだん》の意思《いし》を表示《ひやうし》したる時の外其目的《ほかそのもくてき》の價額《かがく》の割合《わりあひ》に應《おう》じて之を減殺《げんさつ》すべきものとす故に例《たと》へば甲は五千圓乙は三千圓丙は千圓の遺贈《ゐぞう》を受けたる場合《ばあひ》に於て遺留分《ゐりうぶん》を保全《ほぜん》するに必《ひつ》要《えう》なる限度《げんど》の超過額《てうくわがく》が九十圓なるときは甲の受遺額《じゆゐがく》より五十圓乙の受遺額《じゆゐがく》より三十圓丙の受遺額より十圓を減殺《げんさつ》すべく決《けつ》して甲又は乙のみより其全額《そのぜんがく》を減殺《げんさつ》することを得《う》ざるものとす

第千百三十八條　贈與ノ減殺ハ後ノ贈與ヨリ始メ順次ニ前ノ贈與ニ及フ

問　贈與《ぞうよ》の減殺方法《げんさつはうはふ》如何

答　贈與の減殺は後《のち》の贈與《ぞうよ》より始め順次《じゆんじ》に前の贈與《ぞうよ》に及ぶべきものとす蓋《けだ》し遺贈《ゐぞう》の場合に於ては遺言《ゐげん》を為したる時の前後《ぜんご》を問はず其效力《かうりよく》は凡《すべ》て被相續人《ひさうぞくにん》の死亡《しばう》の時に生ずるものなるが故に前條《ぜんでう》に規定《きてい》したるが如く其目的《そのもくてき》の價額《かがく》の割合《わりあひ》に應《おう》じて之を減殺《げんさつ》すべきこと當然《たうぜん》なるも贈與《ぞうよ》の場合《ばあひ》に於ては前の贈與《ぞうよ》を為すも未だ遺留分《ゐりうぶん》を害《がい》するに至らざる場合《ばあひ》あるべきが故に後《のち》の贈與《ぞうよ》より始めて順次《じゆんじ》に前の贈與《ぞうよ》に及《およ》ばさゞるべからず例《たと》へば被相續人《ひさうぞくにん》が一萬圓の價額《かがく》ある財產《ざいさん》を限《かぎ》りて處分《しよぶん》する權利《けんり》を有する場合《ばあひ》に於て第一に甲に七千圓を贈與《ぞうよ》し第二に乙に五千圓を贈與《ぞうよ》し次《つぎ》に丙に三千圓を贈與《ぞうよ》したるときは第一に丙より三千圓《ゑん》を減殺《げんさつ》し次に乙より二千圓を減殺《げんさつ》せざるべからず何となれば甲に贈與《ぞうよ》したる時は未《いま》だ遺留分《ゐりうぶん》を害《がい》せざるが故に之を減殺《げんさつ》すること能《あた》はざるも乙に贈與《ぞうよ》したるときは其限度《そのげんど》を超過《てうくわ》すること二千圓《ゑん》なるを以て二千圓丈《だけ》遺留分《ゐりうぶん》を害《がい》したるものなればなり

第千百三十九條　受贈者ハ其返還スヘキ財產ノ外尚ホ減殺ノ請求アリタル日以後ノ果實ヲ返還スルコトヲ要ス

問　受贈者《じゆぞうしや》の返還《へんくわん》すべき財產《ざいさん》より生じたる果實《くわじつ》は如何にすべきや

答　受贈者は其返還《そのへんくわん》すべき財產の外《ほか》尚《な》ほ減殺《げんさつ》の請求《せいきう》ありたる日以後《ひいご》に於て其返還《へんくわん》すべき財產《ざいさん》より生じたる果實《くわじつ》を返還《へんくわん》すべきものとす

第千百四十條　減殺ヲ受クヘキ受贈者ノ無資力ニ因リテ生シタル損失ハ遺留分

權利者ノ負擔ニ歸ス

問　減殺《げんさつ》を受く可き受贈者《じゆぞうしや》が無資力《むしりよく》となりたるときは他の受贈者にして其損失《そんしつ》を負擔《ふたん》せしむることを得るや

答　減殺を受《う》く可《べ》き受贈者が無資力となりたるとき即《すなは》ち受贈《じゆぞう》の目的物《もくてきぶつ》を返還《へんくわん》すること能はず又其價額《かかく》をも償還《しやうくわん》すること能はざるときは之が爲めに生じたる損失《そんしつ》は遺留分權利者《ゐりうぶんけんりしや》の負擔《ふたん》に歸すべきものとす

第千百四十一條　負擔附贈與ハ其目的ノ價額中ヨリ負擔ノ價額ヲ控除シタルモノニ付キ其減殺ヲ請求スルコトヲ得

問　贈與《ぞうよ》の減殺《げんめつ》を爲すべき場合《ばあひ》に於て若《も》し其贈與が負擔附《ふたんつき》あるときは如何にすべきや

答　負擔附贈與《ふたんつきぞうよ》は其目的の價額《かがく》中より負擔《ふたん》の價格《かかく》を控除《こうじよ》したるものに付き其減殺を請求《せいきう》することを得るものとす

第千百四十二條　不相當ノ對價ヲ以テ爲シタル有償行爲ハ當事者雙方カ遺留分權利者ニ損害ヲ加フルコトヲ知リテ爲シタルモノニ限リ之ヲ贈與ト看做ス此場合ニ於テ遺留分權利者カ其減殺ヲ請求スルトキハ其對價ヲ償還スルコトヲ要ス

問　有償行爲《いうしやうかうゐ》は孰《いづ》れの場合に於ても之が減殺《げんさつ》を爲すことを得ざるや

答　不相當《さうたう》の對價《たいか》を以て爲したる有償行爲《いうしやうかうい》例へば一万圓の價値《かちよく》ある家屋《かおく》を千圓にて讓渡《じやうと》したる時の如きは當事者《たうじしや》雙方《さうはう》が遺留分權利者《ゐりうぶんけんりしや》に損害《そんがい》を加ふることを知りて爲したるものに限《かぎ》り之を贈與《ぞうよ》と看做《みな》すものとす但此場合《ばあひ》に於て遺留分權利者が其減殺《げんさつ》を請求《せいきう》するときは其對價《たいか》を償還《しやうくわん》せざるべからず

第千百四十三條　減殺ヲ受クヘキ受贈者ガ贈與ノ目的ヲ他人ニ讓渡シタルトキハ遺留分權利者ニ其價額ヲ辨償スルコトヲ要ス但讓受人カ讓渡ノ當時遺留分權利者ニ損害ヲ加フルコトヲ知リタルトキハ遺留分權利者ハ之ニ對シテモ減殺ヲ請求スルコトヲ得

前項ノ規定ハ受贈者カ贈與ノ目的ノ上ニ權利ヲ設定シタル場合ニ之ヲ準用ス

問　贈與《ぞうよ》の目的《もくてき》を他人に讓渡《じやうと》したるときは如何

答　減殺《げんさつ》を受くべき受贈者《じゆぞうしや》が贈與《ぞうよ》の目的《もくてき》を他人に讓渡《じやうと》したるときは遺留分權利者《ゐりうぶんけんりしや》は其價額《かかく》を辨償《べんしやう》せざるべからず然《しか》れども讓受人《じやうじゆにん》が惡意《あくい》あるとき即ち讓渡《じやうと》の當時《たうじ》遺留分權利者に損害《そんがい》を加ふることを知りたるときは遺留分權利者《ゐりうぶんけんりしや》は之に對《たい》しても減殺《げんさつ》を請求《せいきう》することを得べし

右の規定《きてい》は受贈者が贈與《ぞうよ》の目的の上に地役權《ちえきけん》、地上權《ちじやうけん》、質權《しちけん》、抵當權《ていたうけん》等を設定《せつてい》したる場合に之を準用《じゆんよう》するものとす

第千百四十四條　受贈者及ヒ受贈者ハ減殺ヲ受クヘキ限度ニ於テ贈與又ハ遺贈

「ノ目的ノ價額ヲ遺留分權利者ニ辨償シテ返還ノ義務ヲ免ルルコトヲ得
前項ノ規定ハ前條第一項但書ノ場合ニ之ヲ準用ス

問　受贈者《じゆぞうしや》及び受遺者が如何にせば其目的物《もくてきぶつ》の返還《へんくわん》を免《まぬ》かるゝことを得るや

答　受贈者《じゆぞうしや》及び受遺者は減殺《げんさつ》を受くへき限度《げんど》に於て贈與又は遺贈の目的《もくてき》の價額例《たと》へは一万圓の價額《かがく》ある土地の贈與《ぞうよ》又は遺贈を受《う》けたる場合に於て三千圓を減殺《げんさつ》せらるゝときは其三千圓を遺留分《ゐりうぶん》權利者に辨償《べんしやう》して土地返還の義務《ぎむ》を免《まぬが》るゝことを得るものとす
右の規定《きてい》は前條第一項但書の場合《ばあひ》にも準用《じゆんよう》せらるべし

第千百四十五條　減殺ノ請求權ハ遺留分權利者カ相續ノ開始及ヒ減殺スヘキ贈與又ハ遺贈アリタルコトヲ知リタル時ヨリ一年間之ヲ行ハサルトキハ時效ニ因リテ消滅ス相續開始ノ時ヨリ十年ヲ經過シタルトキ亦同シ

問　減殺請求權《げんさつせいきうけん》の時效期間《じかうきかん》如何

答　減殺の請求權《せいきうけん》は遺留分權利者の相續の開始《かいし》及び減殺すべき贈與《ぞうよ》又は遺贈《ゐぞう》ありたることを知りたる時より一年間之《これ》を行はざるとき又は相續開始《さうぞくかいし》の時より十年を經過《けいか》したるときは時效に因《よ》りて消滅《せうめつ》するものとす

第千百四十六條　第九百九十五條、第千四條、第千五條、第千七條及ヒ第千八條「ノ規定ハ遺留分ニ之ヲ準用ス

○第九百九十五條第千四條第千五條第千七條及び第千八條の規定《きてい》は遺留分に之を準用《じゆんよう》するものとす、

民法問答正解續編終

民法施行法問答正解

法學士 柿崎欽吾
山田正賢 同著

第一章 通則

○本章《ほんしやう》凡て十一條民法施行法《みんぽふしかうはふ》全体《ぜんたい》に通する規則《きそく》を定《さだ》めたるものなり

第一條 民法施行前ニ生シタル事項ニ付テハ本法ニ別段ノ定アル場合ヲ除ク外民法ノ規定ヲ適用セス

問 民法《みんぽふ》は之を既往《きわう》に遡《さかのぼ》らしむへきや

答 民法施行前《しかうぜん》に生じたる事項《じかう》に付ては縦《たと》ひ發布《はつぷ》後に生じたる場合《ばあひ》と雖も此の民法施行法《みんぽふしかうはふ》に別段《べつだん》の定ある場合を除《のぞ》く外民法の規定《きてい》を適用《てきよう》せざるものとす

第二條 民法ニ於テ破産ト稱スルハ民事ニ付テハ家資分散ヲ謂フ

○民法に於て破産《はさん》と稱するは民事《みんじ》に付ては家資分散《かしぶんさん》を謂《い》ふものとす故に例《たと》へば後見人《こうけんにん》たることを得ざるものを列擧《れつきよ》したる民法《みんぽふ》第九百八條に破産者《はさんしや》とあるは商事《しやうじ》に付き破産《はさん》の宣告《せんこく》を受《う》けたる者のみならず民事《みんじ》に付き家資分散《かしぶんさん》の宣告を受けたるものをも包含《はうがん》するものと解《かい》せざるべからず

第三條 身代限ノ處分ヲ受ケタル者ハ其債務ヲ完濟スルマテハ之ヲ破産者ト看

做ス

○身代《しんだい》限《かぎり》の所分《しよぶん》を受《う》けたる者は其債務《そのさいむ》を完濟《くわんさい》して能力《のうりよく》を回復《くわいふく》するまでは之を破産者と見做《みな》すべきものとす

第四條　證書ハ確定日附アルニ非サレハ第三者ニ對シ其作成ノ日ニ付キ完全ナル證據力ヲ有セス

○證書《しようしよ》は確定日附《かくていひづけ》あるに非ざれば第三者に對《たい》し其作成《さくせい》の日に付き完全《くわんぜん》なる證據力《しようこりよく》を有せざるものとす故に證書に記載《きさい》したる事項《じかう》に付き完全《くわんぜん》の證據力《しようこりよく》を有する場合と雖も日附《ひづけ》に付ては確定日附《かくていひづけ》にあらざる限《かぎ》りは之を以て第三者に對抗《たいかう》することを得ず但條文《たゞしでうぶん》第三者とあるが故に當事者《たうじしや》の一方若《もし》くは雙方《さうはう》に對しては確定日附《かくていひづけ》にあらざるも其作成《さくせい》の日に付き完全《くわんぜん》の證據力《しやうこりよく》を有すべきは當然《たうぜん》なり

第五條　證書ハ左ノ場合ニ限リ確定日附アルモノトス

一　公正證書ナルトキハ其日附ヲ以テ確定日附トス

二　登記所又ハ公證人役場ニ於テ私署證書ニ日附アル印章ヲ押捺シタルトキハ其印章ノ日附ヲ以テ確定日附トス

三　私署證書ノ署名者中ニ死亡シタル者アルトキハ其死亡ノ日ヨリ確定日附アルモノトス

四　確定日附アル證書中ニ私署證書ヲ引用シタルトキハ其證書ノ日附ヲ以テ

引用シタル私署證書ノ確定日附トス

五　官廳又ハ公署ニ於テ私署證書ニ或事項ヲ記入シ之ニ日ヲ附記載シタルトキハ其日附ヲ以テ其證書ノ確定日附トス

問　日附《ひづけ》は如何なる場合《ばあひ》に於て確定日附《かくていひづけ》とすべきや

答　證書《しやうしよ》は左の場合《ばあひ》に限り確定日附あるものとす

一　公正證書《こうせいしやうしよ》なるときは其日附《ひづけ》を以て確定日附《かくていひづけ》とす
故に私署證書《ししよしやうしよ》なるときは二號以下《いか》に規定《きてい》したる場合《ばあひ》の外其日附《ひづけ》を以て第三者に對抗《たいかう》することを得ざるも公正證書《こうせいしやうしよ》なるときは其日附《ひづけ》は常に正確《せいかく》にして第三者に對し完全《くわんせん》なる證據力《しやうこりよく》を有するものとす

二　登記所《とうきしよ》又は公證人役場《こうしやうにんやくば》に於て私署證書《ししよしやうしよ》に日附《ひづけ》ある印章《いんしやう》を押捺《おうなつ》したるときは其印章《いんしやう》の日附《ひづけ》を以て確定日附《かくていひづけ》とす
故に私署證書《ししよしようしよ》に登記所又は公證役場《こうしやうやくば》の印章を押捺《おうなつ》するも其印章に日附《ひづけ》なきときは私署證書に日附《ひづけ》あるも確定日附《かくていひづけ》となすことと能はざるは勿論《もちろん》なり

三　私證署書《ししよしやうしよ》の署名者《しよめいしや》中に死亡《しばう》したる者あるときは其死亡《しばう》の日より確定日附《かくていひづけ》あるものとす
故に例へば甲が私署證書に七月一日と記したる後八月一日に死亡《しばう》したるとき又は甲乙丙三人の名を以て私署《ししよ》證書を作り其日附《ひづけ》を七月一日と爲したる後乙が八月一日に死亡《しばう》したるときの如きは八月一日より確定日附《かくていひづけ》あるものとなすべきものとす

四　確定日附《かくていひづけ》ある證書中に私書《ししょ》證書を引用《いんよう》したるときは其證書《しやうしよ》の日附《ひづけ》を以て引用《いんよう》したる私署《ししょ》證書の確定日附《かくていひづけ》とす
故に例へば明治《めいぢ》三十一年十月一日の日附《ひづけ》ある公正《こうせい》證書中に明治《めいじ》三十一年七月十日の賣買契約書《ばいばいけいやくしょ》に依り云々《うんく》と記して其私署《ししょ》證書を引用《いんよう》したるときは十月一日を以て賣買契約書《ばいくけいやくしょ》の確定日附《かくていひづけ》となすべきものとす

五　官廳《くわんちやう》又は公署《こうしょ》に於て私署《しょ》證書に或事項《じかう》を記入《きにふ》し之に日附《ひづけ》を記載《きさい》したるときは其日附《ひづけ》を以て私署《しょ》證書の確定日附《かくていひづけ》とす

第六條　私署證書ニ確定日附ヲ附スルコトヲ登記所又ハ公證人役場ニ請求スル者アルトキハ登記官吏又ハ公證人ハ確定日附簿ニ署名者ノ氏名又ハ其一人ノ氏名ニ外何名ト附記シタルモノ及ヒ件名ヲ記載シ其證書ニ登簿番號ヲ記入シ帳簿及ヒ證書ニ日附アル印章ヲ押捺シ且其印章ヲ以テ帳簿ト證書トニ割印ヲ爲スコトヲ要ス
證書カ數紙ヨリ成レル場合ニ於テハ前項ニ掲ケタル印章ヲ以テ毎紙ニ契印ヲ爲スコトヲ要ス

問　私署證書《しゝよしやうしよ》に確定日附《かくていひづけ》を附するには如何《いか》にすべきや

答　私署證書に確定日附を附《ふ》せんと欲《ほつ》するときは其旨を登記所《とうきしよ》又は公證人役場《こうしやうにんやくば》に請求《せいきう》することを得べ

く此場合に於て登記官吏《とうきかんり》又は公證人は確定日附簿《かくていひづけぼ》に私署證書《ししよしようしよ》の署名者の氏名《しめい》又は其一人の氏名に外《ほか》何名と附記《ふき》したるもの及び件名《けんめい》を記載《きさい》し其證書に登簿番號《とうばばんがう》を記入し帳簿《ちやうぼ》及び證書に日附《ひづけ》ある印章《いんしやう》を押捺《わうなつ》し且其印章を以て確定《かくてい》日附簿と證書とに割印《わりいん》を爲すべく又其證書が數葉《すうえう》の紙《かみ》より成れる場合に於ては同一の印章《いんしやう》を以て毎紙の綴目《つゞりめ》又は繼目《つぎめ》に契印《けいいん》を爲すべきものとす

第七條 確定日附簿ニハ豫メ登簿番號ヲ印刷シ請求順ヲ以テ前條ノ規定ニ從ヒ記入ヲ爲スコトヲ要ス
確定日附簿ニハ地方裁判所長其紙數ヲ表紙ノ裏面ニ記載シ職氏名ヲ署シ職印ノ押捺シ且職印ヲ以テ毎紙ノ綴目又ハ繼目ニ契印ヲ爲スコトヲ要ス

問 確定日附簿調製《てうせい》の方法《はうはふ》如何

答 確定《かくてい》日附簿は登記所《とうきしよ》に備《そな》ふるものと公證人役場《やくば》に備《そな》ふるものとを問はず豫《あらかし》め登記《とうき》番號《ばんがう》を印刷《いんさつ》し請《せい》求順《きうじゆん》を以て前條の規定《きてい》に從ひ記入を爲すべく又其日《ひ》附簿《づけぼ》には地方裁判所長其紙數《かみかず》の何枚《いくまい》あるやを表紙の裏面《りめん》に記載《きさい》し職氏名《しよくしめい》を署《しよ》し職印を押捺《わうなつ》し且職印を以て毎數《まいし》の綴目に契印《けいいん》を爲すべきものとす

第八條 私署證書ニ確定日附ヲ附スルコトヲ登記所又ハ公證人役場ニ請求スル者ハ命令ノ定ムル所ニ依リ手數料ヲ納ムルコトヲ要ス
○私署證書《ししよしようしよ》に確定《かくてい》日附を附することを登記所《とうきしよ》又は公證人役場《やくば》に請求《せうきう》する者は命令《めいれい》の定むる所に依り手數料《すうれう》を納《をさ》むべきものとす

第九條　左ノ法令ハ民法施行ノ日ヨリ之ヲ廢止ス
一　明治五年第二百九十五號布告
二　明治六年第二十一號布告
三　同年第二十八號布告
四　同年第四十號布告
五　同年第百六十二號布告
六　同年第百七十七號布告
七　同年第二百十五號布告代人規則
八　同年第二百五十二號布告
九　同年第三百六號布告動產不動產書入金穀貸借規則
十　同年第三百六十二號布告出訴期限規則
十一　明治七年第二十七號布告
十二　明治八年第六號布告
十三　同年第六十三號布告
十四　同年第百二號布告金穀貸借請人證人辨償規則
十五　同年第百四十八號布告建物書入質規則及ヒ建物賣買讓渡規則

十六　明治九年第七十五號布告
十七　同年第九十九號布告
十八　明治十年第五十號布告
十九　明治十四年第七十三號布告
二十　明治十七年第二十號布告
二十一　明治二十三年法律第九十四號財產委棄法
二十二　同年勅令第二百十七號辨濟提供規則

明治六年第十八號布告地所質入書入規則ハ第十一條ヲ除ク外民法施行ノ日ヨリ之ヲ廢止ス

問　舊民法財產取得編《きうみんはふざいさんしゆとくへん》人事論の外民法施行《はかみんはふしかう》の日より廢《はい》せらるゝ法令如何

答　左の法令《はふれい》は民法施行の日より之を廢止《はいし》するものとす

一　明治五年第二百九十五號布告《ふこく》
此布告は人身賣買《ばいばい》を禁《きん》じ諸奉公人《しよほふこう》年限《ねんげん》を定め藝娼妓《げいしやうぎ》を解放《かいはう》し之に附きての貸借訴訟《たいしやくそしやう》は取上げざる件《けん》なり

二　明治《めいぢ》六年第二十一號布告《ふこく》
此布告に妻《つま》にあらざる婦女分娩《ふぢよぶんべん》の兒子は私生と爲《な》し其婦女の引受《ひきうけ》たらしむる件なり

第一章　通則

三　同年第二十八號布告
此布告は華士族《くわしぞく》家督相續《かとくさうぞく》の件なり

四　同年《どうねん》第四十號布告
此布告《ふこく》は貸金銀利足《かしきんぎんりそく》の制を改《あらた》め雙方示談《さうはうじだん》の上證文《しやうもん》に記載《きさい》せしむる件なり

五　同年第百六十二號布告
此布告は夫婦《ふうふ》の際已《さいや》むを得ざる事故《じこ》ありて其婦離緣《りえん》を請《こ》ふも夫之を肯《がへん》ぜざるときは出訴《しゆつそ》するを許《ゆる》すの件なり

六　同年第百七十七號布告《ふこく》
此布告は脫籍《だつせき》並に行衞《ゆくゑ》知《し》れざる者八十歲《さい》を過《す》ぐれば除籍《ぢよせき》するの件なり

七　同年第二百十五號布告代人規則《だいにんきそく》

八　同年《どうねん》第二百五十二號布告《ふこく》
此布告は負債《ふさい》にて身代限《しんだいかぎり》の者へ貸金穀《かしきんこく》其他義務《ぎむ》を得べき者定約期限《ていやくきげん》未滿內《みまんない》の分所置振《ぶんしよちぶり》の件なり

九　同年第三百六號布告動產不動產《どうさんふどうさん》書入金穀貸借規則《かきいれきんこくたいしやくきそく》

十　同年第三百六十二號布告出訴期限《しゆつそきげん》規則

十一　明治《めいぢ》七年第二十七號布告《ふこく》

此布告《ふこく》は預金穀證書《あづけきんこく》中封印《ふういん》の儘《まゝ》預り或は使用《しよう》せざるの明文《めいぶん》なきものは出訴《しゆつそ》の節貸金同様裁《かしきんどうやうさい》判《ばん》せしむる件なり

十二　明治《めいぢ》八年第八號布告《ふこく》
此布告《ふこく》は民法裁判上負債者失踪後《ふさいしやしつそうご》の訴訟成例《せいれい》改正の件なり

十三　同年《どうねん》第六十三號布告《ふこく》
此布告は金銀《きんぐ》其他借用證書《しやくようしやうしよ》に數名連印《れんいん》中失踪《しつそう》又は死亡し相續《さうぞく》

十四　同年第百二號布告金穀《きんこく》貸借請人證人辨償《べんしやう》規則

十五　同年第百四十八號布告建物書入質《たてものかきいれしち》規則及び建物賣買讓渡《じやうと》規則

十六　明治九年第七十五號布告
此布告は合家を禁止《きんし》し從前合家《がふか》せし分取扱方の件《けん》なり

十七　同年第九十九號布告
此布告は金穀《きんこく》等借用證書讓渡の節書換《かきか》へしむる件なり

十八　明治十年第五十號布告
此布告は諸證書の姓名《せいめい》は自書《じしよ》し實印を押《お》さしむる等の件なり

十九　明治十四年第七十三號布告
此布告は無能力《むのうりよく》者法律《はふりつ》に定めたる代人及民事擔當《たつたう》人の件なり

第二章　總則編ニ關スル規定

二十　明治十七年第二十號布告

此布告は單身《たんしん》戸主死亡又は除籍《ぢよせき》者絶家《ぜつけ》期限の件なり

二十一　明治二十三年法律第九十四號財産委棄《ざいさんゐき》法《はふ》

二十二　同年勅令《ちよくれい》第二百十七號辨濟提供規則《べんさいていきやうきそく》

明治六年第十八號布告地所質入書入規則《ぢしよしちいれかきいれきそく》は第十一條を除く外民法施行《みんぱふしかう》の日より之を廢止《はいし》するものとす其第十一條は左の如し

地所は勿論地券《もちろんちけん》のみたりとも外國人《ぐわいこくじん》へ賣買質入書入等致《いた》し金子請取《うけとり》又は借受《かりうけ》候儀一切《さい》不相成候事

第十條　民法中不動産上ノ權利ニ關スル規定ハ當分ノ内之ヲ沖繩縣ニ適用セス

○民法中不動産上《みんぱふちゆうふどうさんじやう》ノ權利《けんり》に關《くわん》する規定例《たと》へば地役權《ちえきけん》、地上權《ちじやうけん》、質權《しちけん》、抵當權《ていたう》等の規定《きてい》は當分《たうぶん》の内之を沖《おき》繩縣《なはけん》に施行《しかう》せざるものとす

第十一條　本法ハ民法施行ノ日ヨリ之ヲ施行ス

○此民法施行法《みんぱふしかうはふ》は民法施行の日《ひ》より之を施行《しかう》するものとす

第二章　總則編ニ關スル規定

○本章凡《すべ》て二十二條民法總則編《みんぱふそうそくへん》に定めたる規則《きそく》を實施《じつし》するに付て必要《ひつえう》なる法規を定めたるものあり

第十二條　民法施行前ニ民法第七條又ハ第十一條ニ揭ケタル原因ノ爲メニ後見

人ヲ附シタル者ハ其施行ノ日ヨリ禁治產者又ハ準禁治產者ト看做ス

後見人ハ民法施行ノ日ヨリ一ケ月內ニ禁治產又ハ準禁治產ノ請求ヲ爲スコトヲ要ス

問 民法施行《みんぽうしかう》の際《さい》禁治產《きんちさん》又は準禁治產《じゆんきんちさん》の宣告《せんこく》を受《う》けたるも禁治產者《きんちさんしや》又は準禁治產者《じゆんきんちさんしや》と看做《みな》すべきものありや

答 民法施行前《みんぽふしかうぜん》に心神喪失《しん〳〵さうしつ》の常況《じやうきやう》に在るが爲め後見人《かうけんにん》を附《ふ》したる者は其施行《そのしかう》の日より禁治產者《きんちさんしや》と看做《みな》すべく又心神耗弱者《しん〳〵もうじやくしや》、聾者《ろうしや》、啞者《あしや》、盲者《もうしや》又は浪費者《らうひしや》なるが爲め後見人《かうけんにん》を附《ふ》したる者は民法施行《みんぽうしかう》の日より準禁治產者《じゆんきんちさんしや》と看做《みな》すべきものとす而して此場合《ばあい》に於ては其後見人は民法施行《みんぽふしかう》の日より一箇月內に禁治產《きんちさん》又は準禁治產《じゆんきんちさん》者の宣告《せんこく》を請求《せいきう》せざるべからず

第十三條 後見人其他民法第七條ニ揭ケタル者カ民法施行ノ日ヨリ一个月內ニ禁治產又ハ準禁治產ノ請求ヲ爲ササリシトキハ其期間經過ノ後ハ前條第一項ノ規定ヲ適用セス

前項ノ期間內ニ禁治產又ハ準禁治產ノ請求アリタルモ裁判所ニ於テ之ヲ却下シタルトキハ抗告期間經過ノ後、若シ抗告アリタルトキハ最後ノ抗告棄却ノ時ヨリ又訴ニ於テ禁治產又ハ準禁治產ノ宣告ヲ取消シタルトキハ其判決確定ノ日ヨリ前條第一項ノ規定ヲ適用セス

第二章　總則編ニ關スル規定

問　前條の期間内《きかんない》に之を請求《せいきう》せざるとき又は裁判所《さいばんしよ》に於て其請求《せいきう》を却下《きやくか》したるときは其結果《けつくわ》如何

答　後見人《かうけんにん》其他民法《みんぱふ》第七條に掲《かゝけ》たる者即ち本人《ほんにん》、配偶者《はいぐうしや》、四親《ししん》等内の親族《しんぞく》、戸主《こしゆ》又は檢事《けんじ》が民法施行の日より一ヶ月内に禁治産《きんぢさん》又は準禁治産《じゆんきんぢさん》の請求《せいきう》を爲さゞりしときは其期間經過《きかんけいくわ》の後は前條第一項の規定を適用《てきよう》せず又一ヶ月の期間内《きかんない》に其請求《せいきう》ありたるも裁判所《さいばんしよ》に於て禁治産《きんぢさん》又は準禁治産《じゆんきんぢさん》の宣告《せんこく》を爲すべきものにあらずとして之を却下《きやくか》したるときは抗告期間經過《かうこくきかんけいくわ》の後、若《も》し抗告《かうこく》ありたるときは最後《さいご》の抗告棄却《かうこくききやく》の時より又訴《うつたへ》に於て禁治産又は準禁治産の宣告《せんこく》を取消《とりけ》したるときは其判決確定《はんけつかくてい》の日より前條第一項の規定《きてい》を適用《てきよう》せざるものとす

第十四條　刑法第十條第三號、第三十五條、第三十六條、刑法附則第四十一條、陸軍刑法第十八條第四號及ヒ海軍刑法第九條第四號、第二十二條ハ之ヲ削除ス

刑法第五十五條中「行政ノ處分ヲ以テ治産ノ禁ノ幾分ヲ免スルヿヲ得但」ノ二十三字及ヒ陸軍刑第三十二條中「第三十五條第三十六條」ノ十字ハ之ヲ削除ス

○刑法《けいはふ》第十條第三號、第三十五條、第三十六條、刑法附則《ふそく》第四十一條、陸軍刑法第十八條第四號及び海軍刑法第九條第四號、第二十二條は之を削除《せうぢよ》するものとす蓋《けだ》し皆禁治産《きんぢさん》に關する規定《きてい》あればなり又第二項によれは刑法《けいはふ》第五十五條中「行政《ぎやうせい》ノ處分《しよぶん》ヲ以テ治産《ちさん》ノ禁《きん》ノ幾分《いくぶん》ヲ免《めん》スルコトヲ得但」の二十三字及び陸軍刑法《りくぐんけいはふ》第三十二條中「第三十五條第三十六條」の十字は之を削除《せうぢよ》するものとす

第十五條　民法施行ノ日ニ於テ刑事禁治産者タル者ハ其施行ノ日ヨリ能力ヲ回

復ス

問　民法《みんはふ》施《し》行《かう》の日に於て刑事《けいじ》禁治《きんぢ》産者《さんしや》あるときは其能力如何

答　前條に於て刑事上《けいじじやう》の禁治産を廢《はい》したるが故に民法施《し》行法《かうはふ》の施行以後には新たに心神《しん〱》喪失《さうしつ》の常況《じやうきやう》に在るに非ざる禁治《きんじ》産者《さんしや》の生することなきは當然《たうせん》なるも既に刑事上禁治産者たる者あるべきを以て本條を設《まう》け民法《みんぱふ》施《し》行《かう》の日に於て刑事禁治産者たる者は其施《し》行《かう》の日より能力《のうりよく》を回復《くわいふく》するものとしたり故に本法施行以後には精神健全《せいしんけんせん》なる禁治《きんじ》産者あることなきものとす

第十六條　民法施行前ヨリ刑事禁治産者ノ財産ヲ管理スル者ハ刑事禁治産者又ハ刑事禁治産者カ定メタル他ノ管理者カ其財産ヲ管理スルコトヲ得ルマテ管理ヲ繼續スルコトヲ要ス

前項ノ場合ニ於テ管理者ハ民法第百三條ニ定メタル權限ヲ有ス但刑事禁治産者カ別段ノ意思ヲ表示シタルトキハ此限ニ在ラス

問　刑事《けいじ》禁治産者の財産《ざいさん》を管理《くわんり》しつゝある者は直ちに其管理《くわんり》を廢《はい》すべきや

答　民法施《みんぱふし》行前《かうせん》より刑事禁治産者の財産《ざいさん》を管理《くわんり》する者は刑事禁治産者自身《じしん》又は刑事禁治産者が定めたる他の管理者が其財産《そのざいさん》を管理《くわんり》することを得るまで管理を繼續《けいぞく》すべく而して此場合《ばあい》に於て管理者は刑事禁治産者が別段《べつだん》の意思《いし》を表示したるときの外《ほか》民法第百三條に定めたる權限即ち保存《ほぞん》行爲を爲し又代理《だいり》の目的《もくてき》たる物又は權利《けんり》の性質《せいしつ》を變《へん》せざる範圍《はんゐ》内に於て其利用又は改良《かいりやう》を目的とする行爲を爲す

權限《けんげん》を有《いう》するものとす

第十七條　民法第二十五條乃至第二十九條ノ規定ハ民法施行前ニ住所又ハ居所ヲ去リタル者ニ付テモ亦之ヲ適用ス

民法施行前ヨリ不在者ノ財産ヲ管理スル者ハ其施行ノ日ヨリ民法ノ規定ニ從ヒテ其管理ヲ繼續ス

問　民法施行前《みんぱうしかうせん》に住所《ぢゆうしよ》又は居所を去りたる者の管理人《くわんりにん》は如何にすべきや

答　民法第二十五條乃至《ないし》第二十九條に定めたる住所《ぢゆうしよ》又は居所《きよしよ》を去りたる者の管理人《くわんりにん》に關《くわん》する規定《きてい》は民法施行前《しかうせん》に住所又は居所を去《さ》りたる者に付ても之を適用《てきよう》するものとす故に從來《じゆうらい》の住所又は居所《きよしよ》を去りたる者が其財産《ざいさん》の管理人を置《お》かざりしとき又は本人《ほんにん》の不在中《ふざいちう》管理人の權限《けんげん》が消滅《せうめつ》したるときは裁判所は利害關係人《りがいくわんけいにん》又は檢事《けんじ》の請求《せいきう》に因り其財産《ざいさん》の管理に付き必要《ひつえう》なる處分《しよぶん》を命《めい》ずることを得べく又不在者《ふざいしや》が管理人を置《お》きたる場合《ばあひ》に於て其不在者《ふざいしや》の生死《せいし》分明《ぶんめい》ならざるときは裁判所《さいばんしよ》は利害關係人《りがいくわんけいにん》又は檢事《けんじ》の請求《せいきう》に因り管理人を改任《かいにん》することを得べく又裁判所《さいばんしよ》は管理人《くわんりにん》をして財産《ざいさん》の管理及《およ》び返還《へんくわん》に付き相當《さうたう》の擔保《たんぽ》を供《きよう》せしむることを得べし其他詳細《しやうさい》の事は本書問答正解前編《ほんしよもんだふせいかいぜんぺん》に明《あきら》かなるが故に此に略《りやく》す

本條《ほんでう》第二項に依れば民法施行前《みんぱふしかうせん》より不在者《ふざいしや》の財産《ざいさん》を管理《くわんり》する者は其施行の日より民法の規定《きてい》に從ひて其管理を繼續《けいぞく》すべきものとす

第十八條　民法第三十條及ヒ第三十一條ノ規定ハ民法施行前ヨリ生死分明ナラサル者ニモ亦之ヲ適用ス

民法施行前既ニ民法第三十條ノ期間ヲ經過シタル者ニ付テハ直チニ失踪ノ宣告ヲ爲スコトヲ得此場合ニ於テハ失踪者ハ民法ノ施行ト同時ニ死亡シタルモノト看做ス

問　失踪《しつそう》の規定《きてい》は民法施行前に遡《さかのぼ》ることを得るや

答　不在者《ふざいしや》の生死《せいし》が七年間分明《ふんめい》ならざるときは裁判所は利害關係人《りがいくわんけいにん》の請求《せいきう》に因り失踪の宣告《せんこく》を爲すことを得、戰地《せんち》に臨《のぞ》みたる者沈沒《ちんぼつ》したる船舶《せんぱく》中に在りたる者其他《たし》死亡《ばう》の原因《げんいん》たる危難《きなん》に遭遇《さうぐう》したる者の生死《せいし》が戰爭の止《や》みたる後《のち》船舶の沈沒《ちんぼつ》したる後又は其他の危難《きなん》の去りたる後三年間分明《かんふんめい》ならざるとき亦同じと規定《きてい》したる民法第三十條及び失踪《しつそう》の宣告《せんこく》を受けたる者は前條の期間滿了《きかんまんりやう》の時に死亡《しばう》したるものと看做《みな》すと規定したる民法第三十一條の規定は民法施行前《みんぱうしかうぜん》より生死分明ならざる者にも亦之を適用《てきよう》すべく又民法施行前既《すで》に民法第三十條の期間を經過《けいくわ》したる者に付ては直《たゞ》ちに失踪《しつそう》の宣告を爲すことを得べし而して此場合《ばあひ》に於ては失踪者は民法の施行と同時《どうじ》に死亡《しばう》したるものと看做《みな》すべきものとす

第十九條　民法施行前ヨリ獨立ノ財産ヲ有スル社團又ハ財團ニシテ民法第三十四條ニ掲ケタル目的ヲ有スルモノハ之ヲ法人トス

前項ノ法人ノ代表者ハ民法第三十七條又ハ第三十九條ニ揭ケタル事項其他社員又ハ寄附者カ定メタル事項ヲ記載シタル書面ヲ作リ民法施行ノ日ヨリ三个月内ニ之ヲ主務官廳ニ差出タシ其認可ヲ請フコトヲ要ス此場合ニ於テ主務官廳ハ其書面カ民法其他ノ法令ニ反スルトキ又ハ公益ノ爲メ必要ト認ムルトキハ其變更ヲ命スルコトヲ要ス

前項ノ規定ニ從ヒテ認可ヲ得タル書面ハ定款又ハ寄附行爲ト同一ノ效力ヲ有ス

問　民法《みんぱふ》施行《しかう》前の社團《しやだん》又は財團《ざいだん》は法人たることを得るや

答　民法施行前より獨立《どくりつ》の財産《ざいさん》を有する社團又は財團にして民法《みんぱふ》第三十四條に揭《かゝ》けたる目的《もくてき》を有するもの即ち祭祀《さいし》、宗教《しゆうけう》、慈善《じぜん》、學術《がくじゆつ》、技藝《ぎげい》其他公益《かうえき》に關《くわん》する社團又は財團にして營利《えいり》を目的とせざるものは之を法人《はふじん》となすべく而して其代表者《だいひやうしや》は民法第三十七條に揭《かゝ》げたる事項《じかう》(一、目的二、名稱三、事務所《じむしよ》四、資産《しさん》に關《くわん》する規定五、理事《りじ》の任免《にんめん》に關する規定《きてい》六、社員《しやいん》たる資格《しかく》の得喪《とくさう》に關する規定)又は第三十九條に揭《かゝ》げたる事項《じこう》(第三十七條第一號乃至《ないし》第五號に揭げたる事項)其他社員《しやいん》又は寄附者《きふしや》が定めたる事項を記載《きさい》したる書面《しよめん》を作り民法施行《みんぱふしかう》の日より三ケ月内に之を主務官廳《しゆむくわんちやう》に差出《さしい》だし其認可《にんか》を請《こ》ふべきものとす此場合《ばあひ》に於て主務官廳は其書面《しよめん》か民法其他《うのた》の法令に反《はん》するとき又は公益《こうえき》の爲め必要《ひつはう》と認《みと》むるときは其變更《へんかう》を命《めい》せざるべからず

右の規定《きてい》に從ひて認可《にんか》を得たる書面《しよめん》は定款《ていかん》又は寄附行爲《きふかうゐ》と同一の效力《かうりよく》を有するものとす

第二十條　法人ノ代表者カ前條第二項ノ規定ニ從ヒ主務官廳ノ認可ヲ得タルトキハ二週間内ニ各事務所ノ所在地ニ於テ左ノ事項ヲ登記スルコトヲ要ス

一　民法第四十六條第一項第一號乃至第三號及ヒ第五號乃至第八號ニ掲ケタル事項

二　主務官廳ノ認可ノ年月日

前項ノ期間ハ主務官廳ノ認可書ノ到達シタル時ヨリ之ヲ起算ス

第一項ノ規定ニ從ヒテ爲シタル登記ハ民法第四十六條第一項ニ定メタル登記ト同一ノモノト看做ス

問　前條《ぜんでう》の認可《にんか》を得たるときは法人《はふじん》の代表者《だいひやうしや》は如何《いか》なる手續《てつゞき》を爲すべきや

答　法人《はふじん》の代表者《だいひやうしや》が前條《ぜんでう》第二項の規定《きてい》に從ひ主務官廳《しゆむくわんちやう》の認可《にんか》を得たるときは其認可書《にんかしよ》の到達《たうたつ》したる時より起算《きさん》して二週間《しうかん》内に各事務所《じむしよ》の所在地《しよざいち》に於て左の事項《じかう》を登記《とうき》すべく而して之を登記《とうき》したるときは民法《みんぱふ》第四十六條第一項に定めたる登記《とうき》と同一のものと看做《みな》すべきものとす

一　目的《もくてき》

二　名稱《めいしやう》

三　事務所《じむしよ》

第二章　總則編ニ關スル規定

四　存立時期《ぞんりつじき》を定めたるときは其時期《じき》
五　資産《しさん》の總額《そうがく》
六　出資《しゆつし》の方法《はうはふ》を定めたるときは其方法《はうはふ》
七　理事《りじ》の氏名《しめい》、住所《ぢうしよ》
八　主務官廳《しゆむかんちやう》の認可《にんか》の年月日

第二十一條　第十九條第一項ノ法人カ財産目錄又ハ社員名簿ヲ備ヘサルトキハ、民法施行ノ後遲滯ナク之ヲ作ルコトヲ要ス

○第十九條第一項の法人《はふじん》が財産目錄《ざいさんもくろく》又は社員名簿《しやいんめいぼ》を備へざるときは民法施行の後直ちに之を作るべきものとす

第二十二條　法人ノ代表者カ前三條ノ規定ニ反シ認可ヲ受ケ、登記ヲ爲シ又ハ財産目錄若クハ社員名簿ヲ作ルコトヲ怠リタルトキハ五圓以上二百圓以下ノ過料ニ處セラル

問　法人《はふじん》の代表者《だいひやうしや》が前三條の規定《きてい》に違反《ゐはん》したるときは其制裁《せいさい》如何

答　法人の代表者が前三條の規定に反して認可《にんか》を受け、登記《とうき》を爲し又は財産目錄若くは私員名簿を作ることを怠《おこた》りたるときは五圓以上二百圓以下の過料《くわりやう》に處せらるゝものとす

第二十三條　第十九條第一項ノ法人カ其目的以外ノ事業ヲ爲シ又ハ認可ノ條件

ニ違反シ其他公益ヲ害スヘキ行爲ヲ爲シタルトキハ主務官廳ハ其解散ヲ命スルコトヲ得

問 法人《はふじん》が目的以外《もくてきいぐわい》の事業《じげふ》を爲したるときは如何

答 第十九條第一項の法人《はふじん》即ち社團法人《しやだんはふじん》又は財團法人《ざいだんはふじん》が其目的以外《いぐわい》の事業を爲《な》し又は認可《にんか》の條件《でうけん》に違《ゐ》反《はん》し其他公益《こうえき》を害《がい》すべき行爲《かうゐ》を爲したるときは主務官廳《しゆむくわんちやう》は其解散《かいさん》を命《めい》ずることを得るものとす

第二十四條 民法ノ規定ニ依リ法人ニ關シテ登記シタル事項ハ裁判所ニ於テ遲滯ナク之ヲ公告スルコトヲ要ス

○民法《みんぱふ》の規定に依り法人《はふじん》に關して登記《とうき》したる事項《じかう》例へば第二十條の規定《きてい》によりて登記《とうき》したるとき新に事務所《じむしよ》を設けたるが爲め又は移轉《いてん》したるが爲め之を登記《とうき》したるとき理事《りじ》の氏名、住所に變更《へんかう》を生じたるが爲《た》め登記《とうき》したるときの如きは裁判所《さいばんしよ》に於て遲滯《ちたい》なく之を公告《こうこく》すべきものとす

第二十五條 主務官廳カ正當ノ理由ナクシテ法人ノ設立許可ヲ取消シ又ハ其解散ヲ命シタルトキハ其法人ハ行政裁判所ニ出訴スルコトヲ得

問 主務官廳《しゆむくわんちやう》が正當《せいたう》の理由《りゆう》なくして法人の設立許可《せつりつきよか》を取消《とりけし》し又は解散《かいさん》を命じたるときは法人《はふじん》は如何にすべきや

答 主務官廳《しゆむくわんちやう》が正當の理由《りゆう》なくして既《すで》に與《あた》へたる法人の設立許可《せつりつきよか》を取消し又は第二十三條に規定《きてい》したる原由《げんゆう》なくして解散《かいさん》を命《めい》じたるときは其法人《はふじん》は行政裁判所《ぎやうせいさいばんしよ》に出訴《しゆつそ》することを得るものとす

第二章　總則編ニ關スル規定

第二十六條　法人ノ清算人カ民法第七十九條及ヒ第八十一條第一項ノ規定ニ依リ爲スヘキ公告ハ裁判所カ爲スヘキ登記事項ノ公告ト同一ノ方法ヲ以テ之ヲ爲スコトヲ要ス

問　法人の清算人《せいさんにん》は如何なる方法《はうはふ》を以て民法《みんぱふ》に定めたる公告《かうこく》を爲すべきや

答　法人《はふじん》の清算人《せいさんにん》か清算人は其就職《しゆうしよく》の日より二ヶ月内に少くとも三回の公告《かうこく》を以て債權者《さいけんしや》に對《たい》し一定の期間内《きかんない》に其請求《せいきう》の申出を爲すべき旨《むね》を催告《さいこく》することを要す云々《うんく》と定めたる民法第七十九條及ひ清算中に法人《はふじん》の財産が其債務《さいむ》を完濟《くわんさい》するに不足《ふそく》なること分明《ふんめい》なるに至りたるときは清算人《せいさんにん》は直ちに破《は》産宣告《さんせんこく》の請求を爲して其旨《そのむね》を公告《かうこく》することを要《えう》すと定めたる第八十一條第一項の規定《きてい》に依り爲すべき公告は裁判所《さいばんしよ》が爲すべき登記《とうき》事《じ》項《かう》の公告と同一《どういつ》の方法を以て之を爲すべきものとす

第二十七條　剝奪公權者及ヒ停止公權者ハ法人ノ理事、監事又ハ清算人タルコトヲ得ス

○刑法《けいはふ》第三十二條、第三十三條及《およ》ひ第三十四條の規定《きてい》に依り公權《こうけん》を剝奪《はくだつ》せられ又は停止《ていし》せられたる者は法人《はふじん》の理《り》事《じ》、監事《かんじ》又は清算人《せいさんにん》たることを得ざるものとす

第二十八條　民法中法人ニ關スル規定ハ當分ノ內神社、寺院、祠宇及ヒ佛堂ニハ之ヲ適用セス

○民法中法人《みんぱふちうはふじん》に關《くわん》する規定《きてい》は當分《たうぶん》の內神社《じんしや》、寺院《じいん》、祠宇《しう》及ひ佛堂《ぶつだう》には之を適用《てきよう》せざるものとす

第二十九條　民法施行前ニ出訴期限ヲ經過シタル債權ハ時效ニ因リテ消滅シタルモノト看做ス

問　出訴期限《しゆつそきげん》を經過《けいくわ》したる債權《さいけん》の效力《こうりよく》如何

答　民法施行前《みんぽふしかうぜん》に明治六年第三百六十二號布告出訴期限規則《しゆつそきげんきそく》に定めたる出訴期限を經過《けいくわ》したる債權は債務者が既に出訴《しゆつそ》せられたる權利を取得《しゆとく》したるものなるが故に縱《たと》ひ民法に定めたる時效期間《じかうきかん》を經過せざるも時效《じかう》に因りて消滅《せうめつ》したるものと看做《みな》すべきものとす

第三十條　民法施行前ニ出訴期限ヲ經過セサル債權ニ付テハ民法中時效ニ關スル規定ヲ適用ス

問　未だ出訴《しゆつそ》期限を經過《けいくわ》せざる債權《さいけん》は如何

答　民法施行《みんぽふしかう》前未だ出訴期限を經過《けいくわ》せざる債權《さいけん》に付ては債務者《さいむしや》の既得權を害することなきにより民法《みんぽふ》中時效《じかう》に關する規定《きてい》を適用《てきよう》すべきものとす

第三十一條　民法施行前ニ進行ヲ始メタル出訴期限カ民法ニ定メタル時效ノ期間ヨリ長キトキハ舊法ノ規定ニ從フ但其殘期カ民法施行ノ日ヨリ起算シ民法ニ定メタル時效ノ期間ヨリ長キトキハ其日ヨリ起算シテ民法ノ規定ヲ適用ス

問　民法施行《みんぽふしかう》前に進行《しんかう》を始めたる出訴期限《しゆつそきげん》が民法《みんぽふ》に定めたる時效《じかう》の期間《きかん》より長きときは如何

答　民法施行前に進行を始めたる出訴期限が民法に定めたる時效の期間より長きとき例へば民法《みんぽふ》に定

めたる期間《きかん》が三ヶ年《ねん》にして施行《しかう》前の出訴期限《しゆつそきげん》が五ヶ年《ねん》なるときは舊法《きうはふ》の規定《きてい》に從ふべきも其殘期《ざんき》が民法施行《みんぱふしかう》の日より起算《きさん》し民法《みんぱう》に定めたる時效《じかう》の期間《きかん》より長きとき例へば舊法《きうはふ》に定めたる五年の期間《きかん》が民法實施《みんぱふじつし》の日まで一年を經過《けいくわ》し殘期《ざんき》が四ヶ年あるときは民法《みんぱふ》に定めたる三年の期間《きかん》より尚は一ヶ年長きが故に此場合《ばあひ》に於ては民法施行《みんぱふしかう》の日より起算《きさん》して新法《しんぱふ》の規定《きてい》を適用《てきよう》すべきものとす

第三十二條　前條但書ノ規定ハ舊法ニ出訴期限ナキ權利ニ之ヲ準用ス

○前條但書の規定《きてい》は舊法《きうはふ》に出訴期限《しゆつそきげん》なき權利《けんり》に之を準用《じゆんよう》するものとす

第三十三條　前三條ノ場合ニ於テ民法中時效ノ中斷及ヒ停止ニ關スル規定ハ民法施行ノ日ヨリ之ヲ適用ス

○前三條の場合《ばあひ》に於て民法《みんぱふ》百四十七條以下に規定《きてい》したる時效《じかう》の中斷《ちうだん》及び停止《ていし》に關する規定《きてい》は縱ひ舊法《きうはふ》の期間《きかん》に依る場合《あひ》と雖も民法施行《みんぱふしかう》の日より之を適用《てきよう》するものとす

第三十四條　第三十條乃至第三十二條ノ規定ハ時效期間ノ性質ヲ有セサル法定期間ニ之ヲ準用ス

○前第三十條乃至第三十二條の規定《きてい》は時效期間《じかうきかん》の性質《せいしつ》を有せざる法定期間《はふていきかん》に之を準用《じゆんよう》するものとす

第三章　物權編ニ關スル規定

○本章凡て十七條民法物權編《みんぱふぶつけんへん》の實施《じつし》に關する規則《きそく》を定めたるものなり

第三十五條　習慣上物權ト認メタル權利ニシテ民法施行前ニ發生シタルモノト

雖モ其施行ノ後ハ民法其他ノ法律ニ定ムルモノニ非サレハ物權タル效力ヲ有セス

問 慣習《かんしう》上物權《ぶつけん》と認《みと》めたる權利の效力《かうりよく》如何

答 慣習上物權と認めたる權利《けんり》にして民法施行前に發生《はつせい》したるものと雖も其施行《しかう》の後は民法《みんぱう》其他の法《はう》律《りつ》に定むるものに非されは物權《ぶつけん》たる效力を有せざるものとす

第三十六條 民法ニ定メタル物權ハ民法施行前ニ發生シタルモノト雖モ其施行ノ日ヨリ民法ニ定メタル效力ヲ有ス

問 民法《みんぱふ》施行前に發生《はつせい》したる物權《ぶつけん》は如何

答 民法施行《しかう》前に發生したる物權が民法《みんぱう》の規定に依るも物權《ぶつけん》とあるべき其施行《しかう》の日より民法に定《さだ》めたる效力《かうりよく》を有するものとす

第三十七條 民法又ハ不動産登記法ノ規定ニ依リ登記スヘキ權利ハ從來登記ナクシテ第三者ニ對抗スルコトヲ得ヘカリシモノト雖モ民法施行ノ日ヨリ一年内ニ之ヲ登記スルニ非サレハ之ヲ以テ第三者ニ對抗スルコトヲ得ス

問 民法の規定《きてい》により登記《とうき》すべき權利が施行前登記《しかうぜんとうき》を要せざるものあるときは如何

答 民法又は不動産《ふどうさん》登記法(不動産登記法《とうきはう》は今年一院《ゐん》の可決を經たるも議會解散《ぎくわいかいさん》の爲め確定《かくてい》に至らざりし)の規定《きてい》に依り登記すべき權利《けんり》は從來登記《とうき》なくして第三者に對抗《たひかう》することを得べかりしものと

雖も民法《みんぱふ》施行《しかう》の日より一年内に之を登記《とうき》するにあらざれば之を以て第三者に對抗《たいかう》することを得ざるものとす

第三十八條　民法施行前ヨリ占有又ハ準占有ヲ爲ス者ニハ其施行ノ日ヨリ民法ノ規定ヲ適用ス

問　民法施《みんぱふし》行《かう》前より占有又は準占有《じゆんせんいう》を爲す者の權利《けんり》如何

答　民法施行前より自己《じこ》の爲めにする意思《いし》を以て物を所持《しよじ》し又は財産權の行使《かうし》を爲《な》す者には民法施行の日より民法《みんぱう》第二編第二章に定《さだ》めたる規則《きそく》を適用《てきよう》するものとす

第三十九條　民法施行前ヨリ動産ヲ占有スル者カ民法第百九十二條ノ條件ヲ具備スルトキハ民法ノ施行ト同時ニ其動産ノ上ニ行使スル權利ヲ取得ス

問　民法施行前より動産《どうさん》を占有《せんいう》する者の權利《けんり》如何

答　民法施《みんぱうし》行《かう》前より動産を占有する者が民法第百九十二條の條件《でうけん》即ち平穩且公然《へいおんおつこうぜん》に動産の占有を始《はじ》めたること善意《ぜんい》にして且過失《くわしつ》なきことの條件を具備《ぐび》するときは民法の施行《しかう》と同時に其動産の下に行使《かうし》する權利《けんり》を取得《しゆとく》するものとす

第四十條　遺失物ハ明治九年第五十六號布告遺失物取扱規則第二條ニ依リ榜示ヲ爲シタル後一年内ニ其所有者ノ知レサルトキハ民法施行前ニ其榜示ヲ爲シタルトキト雖モ拾得者其所有權ヲ取得ス但漂著物ニ付テハ明治八年第六十六

號布告內國船難破及漂流物取扱規則ノ規定ニ從フ

問　遺失物《ゐしつぶつ》拾得者《しうとくしや》の權利《けんり》如何

答　遺失物は明治九年第五十六號布告《ふこく》遺失物取扱《ゐしつぶつとりあつかひ》規則第二條に依り榜示《ばうし》を爲《な》したる後《のち》一年內に其所有者の知れざるときは民法施行前《みんぽうしかうぜん》に其榜示を爲したる時と雖も拾得者《しうとくしや》其所有權《しよいうけん》を取得するものとす
但漂著物《ひやうちやくぶつ》に付ては明治八年第六十六號布告內國船難破《ないこくせんなんぱ》及漂流物《ひやうりうぶつ》取扱規則の規定《きてい》に從《したが》はざるべからず

第四十一條　埋藏物ニ付テハ特別法ノ施行ニ至ルマデ遺失物ト同一ノ手續ニ依リテ公告ヲ爲スコトヲ要ス

問　埋藏物《まいぞうぶつ》は如何

答　埋藏物に付ては特別法《とくべつぱう》の施行《しかう》に至るまで遺失物《ゐしつぶつ》と同一《どういつ》の手續《てつゞき》に依りて公告《こうこく》を爲すべきものとす

第四十二條　民法施行前ヨリ民法第二百四十二條乃至第二百四十六條ノ規定ニ依レハ所有權ヲ取得スヘカリシ狀況ニ在ル者ハ民法ノ施行ト同時ニ民法ノ規定ニ從ヒテ所有權ヲ取得ス但第三者カ正當ニ取得シタル權利ヲ妨ケス

問　附合物《ふがふぶつ》、混和物《こんわぶつ》及び加工物《かこうぶつ》の所有權《しよいうけん》は如何

答　民法施行前《みんぱふしかうぜん》より民法第二百四十二條乃至《ないし》第二百四十六條の規定《きてい》に依れば附合物《ふがふぶつ》、混和《こんわ》物又は加工《かこう》物の所有權《しよいうけん》を取得《しゆとく》すべかりし狀況《じやうきやう》に在る者は民法の施行《しかう》と同時に民法《みんぽふ》の規定《きてい》に從ひて所有權《しよいうけん》を取得《しゆとく》

するものとす但《たゞし》第三者が正當《せいたう》に取得したる權利《けんり》を妨《さまた》ぐることを得ざるは當然《たうぜん》なり

第四十三條　共有者カ民法施行前ニ於テ五年ヲ超ユル期間内共有物ノ分割ヲ爲サヽル契約ヲ爲シタルトキハ其契約ハ民法施行ノ日ヨリ五年ヲ超エサル範圍内ニ於テ其效力ヲ有ス

問　共有者《きやういうしや》が民法施《みんぱうし》行前《かうせん》に共有物の分割《ぶんかつ》を爲さゞる契約《けいやく》を爲したるときは其效力《かうりよく》如何

答　共有者が民法施《みんぱうし》行前《かうせん》に永久共有物《ゑいきうきやういうぶつ》の分割《ぶんかつ》を爲さゞる契約《けいやく》又は五年を超《こ》ゆる期間内《きかんない》之を爲さゞる契約を爲《な》したる時は其契約《けいやく》は民法施行の日より五年を超《こ》えざる範圍内《はんゐない》に於て其效力《かうりよく》を有するものとす

第四十四條　民法施行ニ設定シタル地上權ニシテ存續期間ノ定ナキモノニ付キ當事者カ民法第二百六十八條第二項ノ請求ヲ爲シタルトキハ裁判所ハ設定ノ時ヨリ二十年以上民法施行ノ日ヨリ五十年以下ノ範圍内ニ於テ其存續期間ヲ定ム

問　民法施行前《みんぱふしかうせん》に設定《せつてい》したる地上權《ちじやうけん》に存續期間《そんぞくきかん》の定《さだめ》なきときは如何にすべきや

答　民法施行前に設定《せつてい》したる地上權《ちじやうけん》にして存續期間《そんぞくきかん》の定なきときは當事者《たうじしや》は民法第二百六十八條第二項に依《よ》りて裁判所《さいばんしよ》に其期間《きかん》を定むべきことを請求《せいきう》することを得べく此場合《ばあい》に於て裁判所《さいばんしよ》は地上權設定の時より二十年以上民法施《みんぱうし》行《かう》の日より五十年以下の範圍内《はんゐない》に於て其存續期間《そんぞくきかん》を定むべきものとす

地上權者《ちじやうけんしや》が民法施行前より有《いう》したる建物《たてもの》又は竹木《ちくぼく》あるときは地上權は其建物《たてもの》の朽廢《きうはい》又は其竹木《ちくぼく》の伐《ばつ》

採期《さいき》に至るまで存續《そんぞく》すべきも地上權者が其建物《たてもの》に修繕《しゆうぜん》又は變更《へんかう》を加へたるときは地上權《ぢやうけん》は原建物の
朽廢《きうはい》すべかりし時に於て消滅《せうめつ》するものとす

第四十五條　外國人又ハ外國法人ノ爲メニ設定シタル地上權ニハ條約又ハ命令ニ別段ノ定ナキ場合ニ限リ民法ノ規定ヲ適用ス

地上權者カ民法施行前ヨリ有シタル建物又ハ竹木アルトキハ地上權ハ其建物ノ朽廢又ハ其竹木ノ伐採期ニ至ルマテ存續ス

地上權者カ前項ノ建物ニ修繕又ハ變更ヲ加ヘタルトキハ地上權ハ原建物ノ朽廢スヘカリシ時ニ於テ消滅ス

○外國人《ぐわいこくじん》又は外國の法人《はふじん》の爲めに設定《せつてい》したる地上權《ちじやうけん》には條約《でうやく》又は命令《めいれい》に別段の定《さだめ》なき場合に於てのみ民法《みんぱふ》の規定を適用《てきよう》するものとす

第四十六條　民法第二百七十五條及ヒ第二百七十六條ノ期間ハ民法施行前ヨリ同條ニ定メタル事實カ始マリタルトキト雖モ其始ヨリ之ヲ起算ス

問　民法《みんぱふ》第二百七十五條及び第二百七十六條に定《ちだめ》めたる期間《きかん》の起算點《きさんてん》如何

答　永小作人が不可抗力《ふかこうりよく》に因り引續《ひきつゞ》き三年以上全《まつた》く收益《しうえき》を得ず又は五年以上小《いじやうこ》作料《さくりやう》より少き收益《しうえき》を得たるときは其權利《このけんり》を抛棄《はうき》することを得と定《さだ》めたる民法《みんぱふ》第二百七十五條及び永小作人《えいこさくにん》が引續《ひきつゞ》き二年以上小作料の支拂《しはらひ》を怠《をこた》り又は破産《はさん》の宣告《せんこく》を受けたるときは地主《ぢぬし》は水小作權《えいこさくけん》の消滅《せうめつ》を請求《せいきう》することを得

と定《さだ》めたる第二百七十六條の期間《きかん》は民法施行前《みんぽふしかうせん》より同條に定《さだ》めたる事實《じじつ》が始まりたるときと雖《いへど》も施行《かう》の日よりにあらずして其始《そのはじめ》より三年、五年又は二年の期間《きかん》を起算《きさん》するものとす

第四十七條　民法施行前ニ設定シタル永小作權ハ其存續期間カ五十年ヨリ長キトキト雖モ其效力ヲ存ス但其期間カ民法施行ノ日ヨリ起算シテ五十年ヲ超ユルトキハ其日ヨリ起算シテ之ヲ五十年ニ短縮ス

民法施行前ニ期間ヲ定メスシテ設定シタル永小作權ノ存續期間ハ慣習ニ依リ五十年ヨリ短キ場合ヲ除ク外民法施行ノ日ヨリ五十年トス

問　民法施行前《みんぽふしかうせん》に設定《せつてい》したる永小作權《ゑいせうさくけん》の期間如何

答　民法施行前に設定《せつてい》したる永小作權は其存續期間《そんぞくきかん》が五十年より長《なが》きときと雖も其効力《かうりよく》を存《そん》すべきも若し民法施行《みんぽふしかう》の日より起算《きさん》して五十年を超《こ》ゆるときは其日《そのひ》より起算《きさん》して之を五十年に短縮《たんしゆく》すべく又民法施行前に期間《きかん》を定めずして設定《せつてい》したるときは其存續期間《そのそんぞくきかん》は慣習《くわんしふ》に依り五十年より短《みじか》き場合を除《のぞ》く外民法施行の日《ひ》より五十年《ねん》となすべきものとす

第四十八條　民法ノ規定ニ從ヘハ民法施行前ヨリ先取特權ヲ有スヘカリシ債權者ハ其施行ノ日ヨリ先取特權ヲ有ス

問　先取特權《せんしゆとくけん》の規則《きそく》は民法施行前の權利《けんり》にも適用《てきよう》すべきや

答　民法第二編第八章の規定《きてい》に從へば民法施行前《みんぽふしかうせん》より先取特權《せんしゆとくけん》を有すべかりし債權者《さいけんしや》は其施行《そのしかう》の日よ

り先取特權《せんしゆとくけん》を有するものとす

第四十九條　民法第三百七十條ノ規定ハ民法施行前ニ抵當權ノ目的タル不動產ニ附加シタル物ニモ亦之ヲ適用ス

問　民法《みんぽふ》第三百七十條の規定《きてい》は民法施行前の抵當權《ていたうけん》にも適用《てきよう》すべきや

答　抵當權《ていたうけん》は抵當地《ていたうち》の上に存する建物《たてもの》を除く外其目的《そのもくてき》たる不動產《ふどうさん》に附加《ふか》して之と一體《たい》を成《な》したる物に及《およ》ふ云々と規定《きてい》したる民法《みんぽふ》第三百七十條の民法施行前に抵當權《ていたうけん》の目的《もくてき》たる不動產《ふどうさん》に附加《ふか》したる物にも亦之を適用《てきよう》するものとす

第五十條　民法第三百七十四條ノ規定ハ民法施行前ニ設定シタル抵當權ニモ亦之ヲ適用ス但民法施行ノ日ヨリ一年内ニ特別ノ登記ヲ爲シタル利息其他ノ定期金ニ付テハ元本ト同一ノ順位ヲ以テ抵當權ヲ行フコトヲ得

問　民法第三百七十四條の規定《きてい》は如何《いかん》

答　抵當權者《ていたうけんしや》が利息其他《りそくそのた》の定期金《ていきゝん》を請求する權利《けんり》を有するときは其滿期《まんき》と爲りたる最後《さいご》の二年分に付てのみ其抵當權《ていたうけん》を行《おこな》ふことを得云々と定《さだ》めたる民法第三百七十四條の規定《きてい》は民法《みんぽふし》施行前《かうぜん》に設定《せってい》したる抵當權《ていたうけん》にも亦之を適用《てきよう》するものとす但《たゞし》民法施行の日より一年内に特別《とくべつ》の登記《とうき》を爲したる利息《りそく》其他の定期金《ていきゝん》に付ては元本《ぐわんぽん》と同一の順位《じゆんゐ》を以て抵當權《ていたうけん》を行《おこな》ふことを得べし

第五十一條　民事訴訟法第六百四十九條第二項及ヒ第三項ヲ改メテ左ノ三項ト

ス

不動産ノ上ニ存スル一切ノ先取特權及ヒ抵當權ハ賣却ニ因リテ消滅ス

留置權カ不動産ノ上ニ存スル場合ニ於テハ競落人ハ其留置權ヲ以テ擔保スル債權ヲ辨濟スル責ニ任ス

質權カ不動産ノ上ニ存スル場合ニ於テハ競落人ハ其質權ヲ以テ擔保スル債權及ヒ質權者ニ對シ優先權ヲ有スル者ノ債權ヲ辨濟スル責ニ任ス

○本條は强制競賣《きやうせいきやうばい》のことを規定《きてい》したる民事訴訟法《みんじそせうはふ》第六百四十九條第二項及び第三項を改正《かいせい》したるものあり

第四章　債權編ニ關スル規定

○本章凡《すべ》て十條民法債權編《みんぱふさいけんへん》の實施《じつし》に關《くわん》する規則《きそく》を定めたるものあり

第五十二條　明治十年第六十六號布告利息制限法第三條ハ之ヲ削除ス

○法律上《はふりつじやう》の利息《りそく》とは人民相互《じんみんさうご》の契約《けいやく》を以て利息の高《たか》を定めざるとき裁判所《さいばんしよ》より言渡《いひわた》す所の者にして元金《げんきん》の多少《たせう》に拘《かゝは》らず百分の六（六分）とすと定《さだ》めたる明治十年第六十六號布告利息制限法《ふこくりそくせいげんはふ》第三條は之を削除《さくぢよ》するものとす

第五十三條　民法施行前ヨリ債務ヲ負擔スル者カ其施行ノ後ニ至リ債務ヲ履行セサルトキハ民法ノ規定ニ從ヒ不履行ノ責ニ任ス

前項ノ規定ハ債權者カ債務ノ履行ヲ受クルコトヲ拒ミ又ハ之ヲ受クルコト能ハサル場合ニ之ヲ準用ス

○民法施行前より債務《さいむ》を負擔《ふたん》する者が其施行《しかう》の後《のち》に至るも債務《さいむ》を履行《りかう》せざるときは民法の規定《きてい》に從ひ不履行《ふりかう》の責《せめ》に任《にん》ずべきものとす
右の規定《きてい》は債權者《さいけんしや》が債務の履行《りかう》を受《う》くることを拒《こば》み又之を受《う》くること能はさる場合《ばあひ》に準用《じゆんよう》するものとす

第五十四條　民事訴訟法第七百三十三條第一項ヲ左ノ如ク改ム
民法第四百十四條第二項及ヒ第三項ノ場合ニ於テハ第一審ノ受訴裁判所ハ申立ニ因リ民法ノ規定ニ從ヒテ決定ヲ爲ス

第五十五條　民事訴訟法第七百三十四條ヲ左ノ如ク改ム
債務ノ性質カ强制履行ヲ許ス場合ニ於テ第一審ノ受訴裁判所ハ申立ニ因リ決定ヲ以テ相當ノ期間ヲ定メ債務者カ其期間內ニ履行ヲ爲サヾルトキハ其遲延ノ期間ニ應シ一定ノ賠償ヲ爲スヘキコト又ハ直チニ損害ノ賠償ヲ爲スヘキコトヲ命スルコトヲ要ス

○右《みぎ》兩條は民事訴訟法《みんじそせうはふ》の條項を改正《かいせい》したるものあり

第五十六條　金錢ヲ目的トスル債務ヲ負擔シタル者カ民法施行前ヨリ其履行ヲ

怠リタルトキハ損害賠償ノ額ハ其施行ノ日以後ハ民法第四百四條ニ定メタル利率ニ依リテ之ヲ定ム但民法第四百十九條第一項但書ノ適用ヲ妨ケス

問　金錢《きんせん》を目的《もくてき》とする債務《さいむ》を負擔《ふたん》したる者が民法施行前《みんぱふしかうせん》より其履行《りかう》を怠《れとた》りたるときは損害賠償《そんがいばいしやう》の額《がく》如何

答　此場合《このばあひ》に於ける損害賠償《そんがいばいしやう》の額《がく》は民法施行の日以後《いご》は民法第四百四條に定《さだ》めたる利率《りつ》即ち年五分と定むべきものとす但約定利率《やくていりりつ》か法利定率《はふていりつ》に超《こ》ゆるときは約定《やくてい》利率に依るべし

第五十七條　指圖劵證、無記名證劵及ヒ民法第四百七十一條ニ揭ケタル證劵ハ公示催告ノ手續ニ依リテ之ヲ無效ト爲スコトヲ得

○指圖證劵《さしづしやうけん》、無記名證劵《むきめいしやうけん》及び民法《みんぱふ》第四百七十一條に揭くる「債權者《さいけんしや》を指名《しめい》したるも其證書《しやうしよ》は所持人《しよぢ》に辨濟《べんさい》すべき旨を附記《ふき》したる證劵《しやうけん》」は公示催告《こうじさいこく》の手續《てつゞき》に依りて之を無效《むかう》と爲すことを得るものとす

第五十八條　民法施行前ニ發生シタル債務ト雖モ相殺ニ因リテ之ヲ免ルルコトヲ得

雙方ノ債務カ民法施行前ヨリ互ニ相殺ヲ爲スニ適シタルトキハ相殺ノ意思表示ハ民法施行ノ日ニ遡リテ其效力ヲ生ス

問　相殺《さうさつ》に關《くわん》する規定《きてい》は民法施行前《みんぱふしかう》の債務《さいむ》にも之を適用《てきよう》することを得るや

答　民法施行前《みんぱふしかう》に發生《はつせい》したる債務《さいむ》と雖も相殺《さうさつ》に因りて之を免《まぬか》るることを得べく又雙方《さうはう》の債務《さいむ》が民法施《みんぱふし》

行前《かう》より互に相殺《さうさつ》を爲すに適したるときは相殺《さうさつ》の意思表示《いしへうし》は民法施行《みんぽふしかう》の日に遡《さかのぼ》りて其效力《かうりよく》を生ずるものとす

第五十九條　民法第六百五條ノ規定ハ民法施行前ニ爲シタル不動産ノ賃貸借ニモ亦之ヲ適用ス

○不動産《ふどうさん》の賃貸借《ちんたいしやく》は之を登記《とうき》したるときは爾後《じご》其不動産《ふどうさん》に付き物權《ぶつけん》を取得《しゆとく》したる者に對しても其效力《かうりよく》を生ずと規定《きてい》したる民法《みんぽふ》第六百五條の規定《きてい》は民法施行《みんぽふしかう》前に爲したる不動産《ふどうさん》の賃貸借《ちんたいしやく》にも亦之を適用《てきよう》するものとす

第六十條　第四十五條ノ規定ハ外國人又外國法人ニ土地ヲ賃貸シタル場合ニ之ヲ準用ス

○外國人《ぐわいこくじん》又は外國法人《ぐわいこくはふじん》に土地《とち》を賃貸《ちんたい》したる場合《ばあい》に於て條約《でうやく》又は命令《めいれい》に別段《べつだん》の定なきときは民法《みんぽふ》の規定《きてい》を適用《てきよう》するものとす

第六十一條　刑法附則第五十四條乃至第六十條ハ之ヲ削除ス

○刑法附則《けいはふふそく》第五十四條乃至第六十條に定めたる賠償處分《ばいしやうしよぶん》に關する規定《きてい》は之を削除《さくぢよ》するものとす

第五章　親族編ニ關スル規定

○本章《ほんしやう》凡て二十二條民法親族編《みんぽふしんぞくへん》の施行《しかう》に關する規則《きそく》を定めたるものなり

第六十二條　民法施行ノ際家族タル者ハ民法ノ規定ニ依レハ家族タルコトヲ得

サル者ト雖モ之ヲ家族トス

家族ハ民法施行ノ日ヨリ民法ノ規定ニ從ヒテ戸主權ニ服ス

○民法施行《みんぱふしかう》の際家族《かぞく》たる者は民法《みんぱふ》の規定《きてい》に依れば家族《かぞく》たることを得ざる者即ち「戸主《こしゆ》の親族《しんぞく》にして其家に在る者及び其配偶者《はいぐうしや》」以外《いぐわい》の者と雖も之を家族《かぞく》とすべく而して家族《かぞく》は民法施行《みんぱふしかう》の日より民法《みんぱふ》の規《き》定《てい》に從ひて戸主權《こしゆけん》に服すべきものとす

第六十三條　民法ノ規定ニ依レハ父又ハ母ノ家ニ入ルヘキ者ト雖モ民法施行ノ際他家ニ在ル者ニハ其規定ヲ適用セス

問　民法《みんぱふ》の規定《きてい》に依れは父又は母の家に入るへくして他家《たけ》にあるものは如何《いか》にすべきや

答　民法の規定に依れは父又は母の家に入るべき者と雖も民法施行《みんぱふしかう》の際他家《たけ》に在る者には其規定《きてい》を適《てき》用《よう》せざるものとす

第六十四條　民法施行前ニ隱居者又ハ家督相續人カ詐欺又ハ强迫ニ因リ隱居ヲ爲シ又ハ相續ヲ承認シタルトキハ民法第七百五十九條ノ規定ニ依リテ之ヲ取消スコトヲ得但第三十二條及ヒ第三十四條ノ適用ヲ妨ケス

民法第七百六十條ノ規定ハ民法施行前ニ家督相續人ノ債權者ト爲リタル者ニモ亦之ヲ適用ス

問　民法施行《みんぱふしかう》前に隱居《いんきよ》者又は家督相續《かとくさうぞく》人が詐欺《さぎ》又は强迫《きやうはく》に因り隱居《いんきよ》を爲し又は相續《さうぞく》を承認《しやうにん》したるとき

は如何《いか》にすへきや

答　此場合《ばあひ》に於ては民法《みんぱふ》第七百五十九條の規定《きてい》に依り隱居者《いんきよしや》又は家督相續人《かとくさうぞくにん》は其詐欺《さぎ》を發見《はつけん》し又は强《きやう》迫《はく》を免れたる時より一年内に之を取消《とりけ》すことを得べし但前第三十二條及び第三十四條の適用《てきよう》を妨げざるものとす

民法《みんぱふ》第七百六十條の規定《きてい》は民法施行《みんぱふしかう》前に家督相續人《かとくさうぞくにん》の債權者《さいけんしや》と爲りたる者にも亦之を適用《てきよう》するものとす

第六十五條　民法施行前ニ爲シタル婚姻又ハ養子緣組カ其當時ノ法律ニ依レハ無效ナルトキト雖モ民法ノ規定ニ依リ有效ナルヘキトキハ民法施行ノ日ヨリ有效トス

○民法施行《みんぱふしかう》前に爲したる婚姻《こんいん》又は養子緣組《やうしえんぐみ》か其當時《たうじ》の法律《はふりつ》に依れは無效《むかう》なるときと雖も民法の規定《きてい》に依れは有效《いうかう》なるへきものなるときは民法《みんぱふ》施行《しかう》の日より之を有效《いうかう》とするなり

第六十六條　民法第七百六十七條第一項ノ期間ハ前婚カ民法施行前ニ解消シ又ハ取消サレタルトキト雖モ其解消又ハ取消ノ時ヨリ之ヲ起算ス

○民法《みんぱふ》第七百六十七條第一項に定めたる六ケ月の期間《きかん》は前婚《ぜんこん》か民法施行《みんぱふしかう》前に解消《かいせう》し又は取消《とりけ》されたるときと雖も其解消《かいせう》又は取消《とりけし》の時より之を記算《きさん》すへきものとす故に例へは民法施行《みんぱふしかう》前に夫死亡《しばう》したるが爲め再婚《さいこん》せんとする場合《ばあひ》に於て民法《みんぱふ》の施行《しかう》ありたるときは夫死亡《しばう》の時より起算《きさん》して六ケ月を經過《けいくわ》する

にあらざれは之を爲すことを得ざるも既に六ヶ月を經過《けいくわ》したる時は民法施行《みんぱふしかう》の日より起算《きさん》して一ヶ月なるときと雖も再婚《さいこん》を爲すことを得へし

第六十七條　民法施行前ニ生シタル事實カ民法ニ依リ婚姻又ハ養子縁組ノ取消ノ原因タルヘキトキハ其婚姻又ハ養子縁組ハ之ヲ取消スコトヲ得但其事實カ既ニ民法ニ定メタル期間ヲ經過シタルモノナルトキハ此限ニアラス

問　民法施行前《みんぱふしかう》に爲したる婚姻《こんいん》又は養子縁組《やうしえんぐみ》にして民法《みんぱふ》に依れば取消《とりけ》すことを得るものなるときは之を取消《とりけ》すことを得るや

答　民法施行前に生したる事實《じつ》が民法《みんぱふ》に依り婚姻《こんいん》又は養子縁組《やうしえんぐみ》の取消《とりけし》の原因《げんいん》たるべきとき例へば詐欺《さぎ》又は强迫《きやうはく》に因りて婚姻《こんいん》又は養子《やうし》縁組《えんぐみ》を爲したるときは之を取消《とりけ》すことを得べし但し其事實《じつ》が既に民《みん》法《ぱふ》に定めたる期間《きかん》を經過《けいくわ》したるものなるとき即ち前例《ぜんれい》の場合《ばあひ》に於て詐欺《さぎ》を發見《はつけん》し若くは强迫《きやうはく》を免かれたるより六ヶ月を經過《けいくわ》したる後なるときは之を取消《とりけ》すことを得ざるは當然《たうぜん》なり

第六十八條　民法施行前ニ爲シタル婚姻又ハ養子縁組ト雖モ其施行ノ日ヨリ民法ニ定メタル效力ヲ生ス

○民法施行前《みんぱふしかうぜん》に爲したる婚姻《こんいん》又は養子縁組《やうしえんぐみ》と雖も其施行《しかう》の日より民法に定めたる效力《かうりよく》を生するものとす

第六十九條　民法施行前ニ婚姻ヲ爲シタル者カ夫婦ノ財産ニ付キ別段ノ契約ヲ

爲サザリシトキハ其財産關係ハ民法施行ノ日ヨリ法定財產制ニ依ル
民法施行前ニ夫婦カ其財産ニ付キ契約ヲ爲シタルトキハ其契約ハ婚姻屆出ノ後ニ爲シタルモノト雖モ其效力ヲ存ス但其契約カ法定財産制ニ異ナルトキハ民法施行ノ日ヨリ六个月內ニ其登記ヲ爲スニ非サレハ之ヲ以テ夫婦ノ承繼人及ヒ第三者ニ對抗スルコトヲ得ス

問　民法施《みんぱふし》行後《かうご》に於ける夫婦《ふうふ》の財產關係如何

答　民法施行前に婚姻《こんいん》を爲したる者が夫婦《ふうふ》の財產《ざいさん》に付き別段《べつだん》の契約《けいやく》を爲さゞりしときは其財產關係《ざいさんくわんけい》は民法施行の日より民法第四編第三章第三節に定《さだ》めたる法《はふ》定財產制《いざいさんせい》に依るべく又其財產に付き契約《けいやく》を爲したるときは其契約《けいやく》は婚姻屆出《こんいんとゞけいで》の後《のち》に爲したるものと雖も其効力《かうりよく》を存するものとす但其契約が法《はふ》定財產制《ていざいさんせい》に異《こと》なるときは民法施行の日より六ケ月內に其登記《とうき》を爲すに非ざれば之を以て夫婦の承繼《しようけい》人《にん》及び第三者に對抗《たいかう》することを得ず

第七十條　民法施行前ニ生シタル事實カ民法ニ依リ離婚又ハ離緣ノ原因タルヘキキトハ夫婦又ハ養子緣組ノ當事者ノ一方ハ離婚又ハ離緣ノ訴ヲ提起スルコトヲ得

第六十七條但書ノ規定ハ前項ノ場合ニ之ヲ準用ス

問　離婚《りこん》又は離緣《りゑん》に關する規定は施行前《しかうぜん》に遡《さかのぼ》ることを得るや

答　民法施行前に生じたる事實《じじつ》が民法第八百十三條及び第八百六十六條の規定《きてい》に依り離婚《りこん》又は離縁《りえん》の原因《げんいん》たるべきときは夫婦《ふうふ》又は養子縁組《やうしえんぐみ》の當事者の一方は離婚《りこん》又は離縁の訴《うつたへ》を提起《ていき》することを得るものとす但其事實《じじつ》が既に民法に定めたる期間《きかん》を經過《けいくわ》したるものなるときは此限に在らず

第七十一條　嫡出ノ推定及ヒ否認ニ關スル民法ノ規定ハ民法施行前ニ懐胎シタル子ニモ亦之ヲ適用ス

○嫡出《ちやくしゆつ》の推定《すゐてい》及び否認《ひにん》に關する民法第八百二十條以下の規定《きてい》は民法施行前に懐胎《くわいたい》したる子にも亦之を適用《てきよう》するものとす

第七十二條　子ハ民法施行ノ日ヨリ民法ノ規定ニ從ヒテ父又ハ母ノ親權ニ服ス

○子《こ》は民法施行の日より民法第八百七十七條以下の規定《きてい》に從《したが》ひて父又は母の親權《しんけん》に服《ふく》するものとす

第七十三條　裁判所ハ民法施行前ニ生シタル事實ニ據リテ親權又ハ管理權ノ喪失ヲ宣告スルコトヲ得

問　親權《しんけん》又は管理權《くわんりけん》の喪失《さうしつ》に關する規定《きてい》は民法施行前に遡《さかのぼ》らしむることを得るや

答　裁判所《さいばんしよ》は民法施行前に生したる事實《じじつ》に據《よ》りて親權《しんけん》又は管理權の喪失《さうしつ》を宣告《せんこく》することを得るものとす故に父又は母が親權《しんけん》を濫用《らんよう》し又は著《いちじる》しく不行跡《ふぎやうせき》なるとき又は親權を行《おこな》ふ父又は母が管理《くわんり》の失當《しつたう》に因りて其子の財產《ざいさん》を危《あやふ》くしたるときは縦《たと》ひ民法施行前に生じたるときと雖も子の親族《しんぞく》又は檢事《けんじ》は親權又

は管理權《くわんりけん》の喪失《そうしつ》を請求することを得べし

第七十四條　民法第九百條第一號ノ場合ニ於テ民法施行ノ際未成年者ノ後見人タル者アルトキハ其後見人ハ民法施行ノ日ヨリ民法ノ規定ニ從ヒテ其任務ヲ行フ

○民法第九百條第一號の場合《ばあひ》即ち未成年者《みせいねんしや》に對して親權《しんけん》を行《おこな》ふ者なきとき又は親權を行ふ者が管理權《くわんりけん》を有せざる場合に於て民法施行の際《さい》未成年者《みせいねんしや》の後見人《こうけんにん》たる者あるときは其後見人は民法施行の日より民法第九百十七條以下の規定《きてい》に從ひて其任務《そのにんむ》を行《おこな》ふべきものとす

第七十五條　民法第九白條第一號ノ場合ニ於テ民法施行ノ際未成年者カ後見人ヲ有セサルトキハ民法ニ定メタル者其後見人ト爲ル

○前條の場合に於て民法施行《みんぱふしかう》の際未成年者《みせいねんしや》が後見人《こうけんにん》を有せざるときは民法第九百一條以下に定めたる者其後見人と爲るべきものとす

第七十六條　民法施行前ニ民法第七條又ハ第十一條ニ掲ケタル原因ノ爲メニ後見人ヲ附シタル者アル場合ニ於テ後見人其他民法第七條ニ掲ケタル者ノ請求ニ因リ禁治産又ハ準禁治産ノ宣告アリタルトキハ後見人ハ其宣告ノ時ヨリ民法ノ規定ニ從ヒテ後見人ノ任務ヲ行ヒ準禁治産ノ宣告アリタルトキハ保佐人ノ任務ヲ行フ

第五章　親族編ニ關スル規定

○民法施行前に民法第七條（心神喪失《しんくさうしつ》の常況《じやうきやう》に在る者）又は第十一條（心神耗弱者《しんくまうじやくしや》、聾者《うしや》、啞者《あしや》、盲者《もうしや》、浪《らう》費者《ひしや》）に掲げたる原因《げんいん》の爲めに後見人《こうけんにん》を附《ふ》したる者ある場合に於て後見人《こうけんにん》其他民法第七條に掲げたる者即ち本人《ほんにん》、配偶者《はいぐうしや》、四親《ししん》等内の親族《しんぞく》、戸主又は檢事《けんじ》の請求《せいきう》に因り禁治《きんぢ》產《さん》の宣告《せんこく》ありたるときは後見人は其宣告《せんこく》の時より民法の規定《きてい》に從ひて後見人の任務《にんむ》を行ひ準禁治產《じゆんきんぢさん》の宣告ありたるときは保佐人《ほさにん》の任務を行ふものとす

第七十七條　民法施行前ニ未成年又ハ民法第七條若クハ第十一條ニ掲ケタル原因ニ非サル事由ノ爲メニ選任シタル後見人ノ任務ハ民法施行ノ日ヨリ終了ス未成年者ノ後見人又ハ民法第七條若クハ第十一條ニ掲ケタル原因ノ爲メニ選任シタル後見人カ民法第九百八條ニ該當スルトキ亦同シ

○民法施《みんぽふし》行前に未成年《みせいねん》又は民法第七條若くは第十一條に掲《けい》げたる原因《げんいん》に非《あら》ざる事由《じいう》の爲めに撰任《せんにん》したる後見人《こうけんにん》の任務《にんむ》又は未成年者の後見人若くは民法第七條第十一條に掲げたる原因《げんいん》の爲めに選任《せんにん》したる後見人が民法第九百八條により後見人《こうけんにん》たることを得《え》さる者なるときは其任務は民法施《みんぽふし》行《かう》の日より終了《しうれう》するものとす

第七十八條　民法第九百三十七條及ヒ第九百四十條乃至第九百四十二條ノ規定ハ前條ノ場合ニ之ヲ準用ス

民法第九百三十八條ノ規定ハ前條第二項ノ場合ニ之ヲ準用ス

〇後見の終了《しうりやう》に關《くわん》する民法第九百三十七條及《およ》び第九百四十條乃至《ないし》第九百四十二條の規定《きてい》は前條《ぜんでう》の場合に民法第九百三十八條の規定は前條《ぜんでう》第二項《かう》の場合に準用《じゆんよう》するものとす

第七十九條　第七十四條又ハ第七十六條ノ規定ニ依リテ後見人ノ任務ヲ行フ者ハ後見監督人ヲ選任セシムル爲メ遲滯ナク親族會ノ招集ヲ裁判所ニ請求スルコトヲ要ス若シ之ニ違反シタルトキハ親族會ハ其後見人ヲ免黜スルコトヲ得

〇前《ぜん》第七十四條又《でうまた》は第七十六條の規定《きてい》に依《よ》りて後見人の任務《にんむ》を行《おこな》ふ者は後見監督《こうけんかんとく》人を選任《せんにん》せしむる爲め遲滯《ちたい》なく親族會《しんぞくくわい》の招集《せうしう》を裁判所《さいばんしよ》に請求すべく若し之に違反《ゐはん》したるときは親族會は其後見人を免黜《めんちゆつ》することを得べし

第八十條　第七十四條又ハ第七十六條ノ規定ニ依リテ後見人ノ任務ヲ行フ者ハ遲滯ナク被後見人ノ財產ヲ調查シ其目錄ヲ調製スルコトヲ要ス

民法第九百十七條第二項、第三項、第九百十八條及ヒ第九百十九條ノ規定ハ前項ノ場合ニ之ヲ準用ス

〇前第《だい》七十四條又は第七十六條の規定《きてい》に依《よ》りて後見人の任務《にんむ》を行《おこな》ふ者は遲滯《ちたい》なく被後見人《ひこうけんにん》の財產《ざいさん》を調查《さ》し其目錄《もくろく》を調製《てうせい》すべく民法第九百十七條第二項、第三項《かう》、第九百十八條及《およ》び第九百十九條の規定《きてい》は此場合《ばあひ》に準用《じゆんよう》するものとす

第八十一條　民法第九百二十四條及ヒ第九百二十七條ノ規定ハ後見人カ第七十

四條又ハ第七十六條ノ規定ニ依リテ其任務ヲ行フ場合ニ之ヲ準用ス

○民法《かんぱふ》第九百二十四條及《およ》び第九百二十七條の規定《きてい》は後見人《こうけんにん》が前第七十四條又は第七十六條の規定《きてい》に依りて其任務《にんむ》を行《おこな》ふ場合《ばあひ》に之を準用《じゆんよう》するものとす

第八十二條　民法第九百三十條ノ規定ハ後見人カ民法施行前ニ被後見人ノ財產又ハ被後見人ニ對スル第三者ノ權利ヲ讓受ケタル場合ニモ亦之ヲ適用ス

○民法第九百三十條の規定は後見人《こうけんにん》が民法施行前《しかうぜん》に被後見人の財產《ざいさん》又は被後見人《ひこうけんにん》に對《たい》する第三者の權《けん》利《り》を讓受《ゆづりう》けたる場合《ばあひ》にても亦之を適《て》用《よう》するものとす

第八十三條　後見人カ民法施行前ヨリ被後見人ノ財產ヲ賃借セルトキハ後見監督人ヲ選任セシムル爲メ招集シタル親族會ノ同意ヲ求ムルコトヲ要ス若シ親族會カ同意ヲ爲サヽリシトキハ賃貸借ハ其效力ヲ失フ

○後見人《かうけんにん》が民法施行前より被後見人《ひかうけんにん》の財產を賃借《ちんしやく》せるときは後見監督人《かうけんかんとくにん》を選任《せんにん》せしむる爲め招集《しようしふ》したる親族會《しんぞくくわい》の同意《どうい》を求《もと》むべく若し親族會《しんぞくくわい》が同意を爲さゞるときは賃貸借《ちんたいしやく》は其效力《かうりよく》を失ふものとす

第六章　相續編ニ關スル規定

○本章凡《すべ》て十二條相續編《さうぞくへん》の實施《じつし》に關《くわん》する規則《きそく》を定めたるものなり

第八十四條　民法施行前ニ民法第九百六十九條及ヒ第九百九十七條ニ掲ケタル

行爲ヲ爲シタル者ト雖モ相續人タルコトヲ得ス

○民法第九百六十九條及び第九百九十七條に掲《かゝ》げたる行爲《かうゐ》を爲したる者は縦《たと》ひ民法《みんぽふ》施行前《かうせん》に之を爲したるときと雖も家督相續人《かとくさうぞくにん》又は遺《ゐ》産相續人《さんさうぞくにん》たること能はざるものとす

第八十五條　民法第九百七十四條及ヒ第九百九十五條ノ規定ハ相續人タルヘキ者カ民法施行前ニ死亡シ又ハ其相續權ヲ失ヒタル場合ニモ亦之ヲ適用ス

○民法第九百七十四條及び第九百九十五條の規定《きてい》は相續人《さうぞくにん》たるへき者が民法施行前《みんぽふしかうせん》に死亡《しばう》し又は其相《さう》續權《ぞくけん》を失《うしな》ひたる場合にも亦之を適用《てきよう》するものとす

第八十六條　相續人廢除ノ原因タル事實カ民法施行前ニ生シタルトキト雖モ廢除ノ請求ヲ爲スコトヲ得

○民法第九百七十五條及び第九百九十八條に掲《かゝ》げたる事實《じじつ》が民法施行前に生《せう》したるときと雖も被相續《ひさうぞく》人《にん》は推定家督相續人《すいていかとくさうぞくにん》又は推定遺産相續人《すいていゐさんさうぞくにん》の廢除《はいぢよ》を裁判所に請求《せいきう》することを得るものとす

第八十七條　相續人廢除ノ取消ニ關スル民法ノ規定ハ其施行前ニ廢除シタル相續人ニモ亦之ヲ適用ス

○相續人廢除《さうぞくにんはいぢよ》の取消《とりけし》に關する民法《みんぽふ》の規定は其施行前《そのしかうせん》に廢除《はいぢよ》したる相續人《さうぞくにん》にも亦之を適用《てきよう》するものとす

第八十八條　家督相續人指定ノ取消ニ關スル民法ノ規定ハ其施行前ニ指定シタル家督相續人ニモ又之ヲ適用ス

第六章　相續編ニ關スル規定

○家督相續人《かとくさうぞくにん》指定《してい》の取消に關《くわん》ずる民法の規定《きてい》は其施行前に指定《してい》したる家督相續人《かとくさうぞくにん》にも亦之を適用《てきよう》するものとす

第八十九條　民法第九百八十九條ノ規定ハ民法施行前ニ前戸主ノ債權者ト爲リタル者ニモ亦之ヲ適用ス

○民法第九百八十九條の規定《きてい》は民法施行前《みんぱふしかうぜん》に前戸主《ぜんこしゆ》の債權者《さいけんしや》と爲りたる者にも亦之を適用《てきよう》するものとす

第九十條　民法第千七條及ヒ第千八條ノ規定ハ民法施行前ニ爲シタル贈與ニモ亦之ヲ適用ス

○民法《みんぱふ》第千七條及び第千八條の規定《きてい》は民法施行前《しかうぜん》に爲《な》したる贈與《ぞうよ》にも亦之を適用《てきよう》するものとす

第九十一條　相續ノ承認、抛棄及ヒ財産ノ分離ニ關スル民法ノ規定ハ其施行前ニ開始シタル相續ニハ之ヲ適用セス

問　相續《さうぞく》の承認《しやうにん》、抛棄《はうき》及び財産の分離《ぶんり》に關《くわん》する規定は如何

答　此規定は其施行前《しかうぜん》に開始《かいし》したる相續には之を適用《てきよう》せざるものとす

第九十二條　相續人曠缺ノ場合ニ關スル民法ノ規定ハ其施行前ニ開始シタル相續ニ付テハ其施行ノ日ヨリ之ヲ適用ス

問　相續人曠缺《さうぞくにんこうけつ》の場合に關する規定《きてい》は如何

答　相續人曠缺の場合《ばあひ》に關する民法第千五十一條以下《いか》の規定は其施行前《しかうぜん》に開始《かいし》したる相續《さうぞく》に付ては其施行《しかう》の日より之を適用《てきよう》するものとす

第九十三條　遺言ノ成立及ヒ取消ニ付テハ其當時ノ法律ヲ適用シ其效力ニ付テハ遺言者ノ死亡ノ時ノ法律ヲ適用ス

○遺言《ゐげん》の成立《せいりつ》及び取消《とりけし》に付ては其常時の法律《はふりつ》を適用し其效力《かうりよく》に付ては遺言者の死亡《しばう》の時の法律を適用《てきよう》するものとす故に民法施行前《みんぱふしかうぜん》に爲《な》したる遺言が民法の規定《きてい》に依《よ》れば無效《むかう》なるも其當時《たうじ》の法律《はふりつ》之を有效とするときは其遺言《ゐげん》は有效《いうかう》なるも民法施行後に之を取消《とりけ》さんとするときは民法の規定《きてい》に依《よ》らざるべからず

第九十四條　民法第千百三十二條乃至第千百四十五條ノ規定ハ民法施行前ニ爲シタル贈與ニモ亦之ヲ適用ス

○民法《みんぱふ》第千百三十二條乃至《ないし》第千百三十六條及び第千百三十八條乃至《ないし》第千百四十五條の規定《きてい》は民法施行《しかう》に爲《な》したる贈與《ぞうよ》にも亦之を適用《てきよう》するものとす

民法施行法問答正解終

明治三十一年六月廿九日印刷
明治三十一年七月二日發行

著作者　柿崎欽吾
著作者　山田正賢
發行者　大坂市南區末吉橋通四丁目八十九番屋敷　中村芳松
發行者　東京市神田區錦町二丁目六番地　福岡元治郎
印刷者　東京市本郷區湯島壹丁目二、三番地　株式會社　篠光社
發賣所　大坂市南區心齋橋北詰八十九番屋敷　鍾美堂本店
東京市神田區錦町二丁目六番地　鍾美堂出張店

改正日本民法問答正解　親族編相續編
附民法施行法問答正解　　　日本立法資料全集　別巻　1221

平成31年３月20日　　復刻版第１刷発行

著　者　柿　嵜　欽　吾
　　　　山　田　正　賢

発行者　今　井　　　貴
　　　　渡　辺　左　近

発行所　信　山　社　出　版
〒113-0033　東京都文京区本郷６-２-９-102
モンテベルデ第２東大正門前
電　話　03（3818）1019
ＦＡＸ　03（3818）0344
郵便振替　00140-2-367777（信山社販売）

Printed in Japan.

制作／(株)信山社，印刷・製本／松澤印刷・日進堂

ISBN 978-4-7972-7338-0 C3332

巻数	書　名	編・著者	ISBN	本体価格
950	実地応用町村制質疑録	野田藤吉郎、國吉拓郎	ISBN978-4-7972-6656-6	22,000 円
951	市町村議員必携	川瀬周次、田中迪三	ISBN978-4-7972-6657-3	40,000 円
952	増補 町村制執務備考 全	増澤鐵、飯島篤雄	ISBN978-4-7972-6658-0	46,000 円
953	郡区町村編制法 府県会規則 地方税規則 三法綱論	小笠原美治	ISBN978-4-7972-6659-7	28,000 円
954	郡区町村編制 府県会規則 地方税規則 新法例纂 追加地方諸要則	柳澤武運三	ISBN978-4-7972-6660-3	21,000 円
955	地方革新講話	西内天行	ISBN978-4-7972-6921-5	40,000 円
956	市町村名辞典	杉野耕三郎	ISBN978-4-7972-6922-2	38,000 円
957	市町村吏員提要〔第三版〕	田邊好一	ISBN978-4-7972-6923-9	60,000 円
958	帝国市町村便覧	大西林五郎	ISBN978-4-7972-6924-6	57,000 円
959	最近検定 市町村名鑑 附 官国幣社 及 諸学校所在地一覧	藤澤衛彦、伊東順彦、増田穆、関惣右衛門	ISBN978-4-7972-6925-3	64,000 円
960	鼇頭対照 市町村制解釈 附 理由書 及 参考諸布達	伊藤寿	ISBN978-4-7972-6926-0	40,000 円
961	市町村制釈義 完　附 市町村制理由	水越成章	ISBN978-4-7972-6927-7	36,000 円
962	府県郡市町村 模範治績　附 耕地整理法 産業組合法 附属法令	荻野千之助	ISBN978-4-7972-6928-4	74,000 円
963	市町村大字読方名彙〔大正十四年度版〕	小川琢治	ISBN978-4-7972-6929-1	60,000 円
964	町村会議員選挙要覧	津田東璋	ISBN978-4-7972-6930-7	34,000 円
965	市制町村制 及 府県制　附 普通選挙法	法律研究会	ISBN978-4-7972-6931-4	30,000 円
966	市制町村制註釈 完　附 市制町村制理由〔明治21年初版〕	角田真平、山田正賢	ISBN978-4-7972-6932-1	46,000 円
967	市町村制詳解 全　附 市町村制理由	元田肇、加藤政之助、日鼻豊作	ISBN978-4-7972-6933-8	47,000 円
968	区町村会議要覧 全	阪田辨之助	ISBN978-4-7972-6934-5	28,000 円
969	実用 町村制市制事務提要	河邨貞山、島村文耕	ISBN978-4-7972-6935-2	46,000 円
970	新旧対照 市制町村制正文〔第三版〕	自治館編輯局	ISBN978-4-7972-6936-9	28,000 円
971	細密調査 市町村便覧（三府 四十三県 北海道 樺太 台湾 朝鮮 関東州） 附 分類官公衙公私学校銀行所在地一覧表	白山榮一郎、森田公美	ISBN978-4-7972-6937-6	88,000 円
972	正文 市制町村制 並 附属法規	法曹閣	ISBN978-4-7972-6938-3	21,000 円
973	台湾朝鮮関東州 全国市町村便覧 各学校所在地〔第一分冊〕	長谷川好太郎	ISBN978-4-7972-6939-0	58,000 円
974	台湾朝鮮関東州 全国市町村便覧 各学校所在地〔第二分冊〕	長谷川好太郎	ISBN978-4-7972-6940-6	58,000 円
975	合巻 佛蘭西邑法・和蘭邑法・皇国郡区町村編成法	箕作麟祥、大井憲太郎、神田孝平	ISBN978-4-7972-6941-3	28,000 円
976	自治之模範	江木翼	ISBN978-4-7972-6942-0	60,000 円
977	地方制度実例総覧〔明治36年初版〕	金田謙	ISBN978-4-7972-6943-7	48,000 円
978	市町村民 自治読本	武藤榮治郎	ISBN978-4-7972-6944-4	22,000 円
979	町村制詳解　附 市制及町村制理由	相澤富蔵	ISBN978-4-7972-6945-1	28,000 円
980	改正 市町村制 並 附属法規	楠綾雄	ISBN978-4-7972-6946-8	28,000 円
981	改正 市制 及 町村制〔訂正10版〕	山野金蔵	ISBN978-4-7972-6947-5	28,000 円

別巻　巻数順一覧【915 ～ 949 巻】

巻数	書　名	編・著者	ISBN	本体価格
915	改正 新旧対照市町村一覧	鍾美堂	ISBN978-4-7972-6621-4	78,000 円
916	東京市会先例彙輯	後藤新平、桐島像一、八田五三	ISBN978-4-7972-6622-1	65,000 円
917	改正 地方制度解説〔第六版〕	狭間茂	ISBN978-4-7972-6623-8	67,000 円
918	改正 地方制度通義	荒川五郎	ISBN978-4-7972-6624-5	75,000 円
919	町村制市制全書 完	中嶋廣蔵	ISBN978-4-7972-6625-2	80,000 円
920	自治新制 市町村会法要談 全	田中重策	ISBN978-4-7972-6626-9	22,000 円
921	郡市町村吏員 収税実務要書	荻野千之助	ISBN978-4-7972-6627-6	21,000 円
922	町村至宝	桂虎次郎	ISBN978-4-7972-6628-3	36,000 円
923	地方制度通 全	上山満之進	ISBN978-4-7972-6629-0	60,000 円
924	帝国議会府県会郡会市町村会議員必携 附関係法規 第1分冊	太田峯三郎、林田亀太郎、小原新三	ISBN978-4-7972-6630-6	46,000 円
925	帝国議会府県会郡会市町村会議員必携 附関係法規 第2分冊	太田峯三郎、林田亀太郎、小原新三	ISBN978-4-7972-6631-3	62,000 円
926	市町村是	野田千太郎	ISBN978-4-7972-6632-0	21,000 円
927	市町村執務要覧 全 第1分冊	大成館編輯局	ISBN978-4-7972-6633-7	60,000 円
928	市町村執務要覧 全 第2分冊	大成館編輯局	ISBN978-4-7972-6634-4	58,000 円
929	府県会規則大全　附 裁定録	朝倉達三、若林友之	ISBN978-4-7972-6635-1	28,000 円
930	地方自治の手引	前田宇治郎	ISBN978-4-7972-6636-8	28,000 円
931	改正 市制町村制と衆議院議員選挙法	服部喜太郎	ISBN978-4-7972-6637-5	28,000 円
932	市町村国税事務取扱手続	広島財務研究会	ISBN978-4-7972-6638-2	34,000 円
933	地方自治制要義 全	末松偕一郎	ISBN978-4-7972-6639-9	57,000 円
934	市町村特別税之栞	三邊長治、水谷平吉	ISBN978-4-7972-6640-5	24,000 円
935	英国地方制度 及 税法	良保両氏、水野遵	ISBN978-4-7972-6641-2	34,000 円
936	英国地方制度 及 税法	髙橋達	ISBN978-4-7972-6642-9	20,000 円
937	日本法典全書 第一編 府県制郡制註釈	上條慎蔵、坪谷善四郎	ISBN978-4-7972-6643-6	58,000 円
938	判例挿入 自治法規全集 全	池田繁太郎	ISBN978-4-7972-6644-3	82,000 円
939	比較研究 自治之精髄	水野錬太郎	ISBN978-4-7972-6645-0	22,000 円
940	傍訓註釈 市制町村制 並ニ 理由書〔第三版〕	筒井時治	ISBN978-4-7972-6646-7	46,000 円
941	以呂波引町村便覧	田山宗堯	ISBN978-4-7972-6647-4	37,000 円
942	町村制執務要録 全	鷹巣清二郎	ISBN978-4-7972-6648-1	46,000 円
943	地方自治 及 振興策	床次竹二郎	ISBN978-4-7972-6649-8	30,000 円
944	地方自治講話	田中四郎左衛門	ISBN978-4-7972-6650-4	36,000 円
945	地方施設改良 訓諭演説集〔第六版〕	鹽川玉江	ISBN978-4-7972-6651-1	40,000 円
946	帝国地方自治団体発達史〔第三版〕	佐藤亀齢	ISBN978-4-7972-6652-8	48,000 円
947	農村自治	小橋一太	ISBN978-4-7972-6653-5	34,000 円
948	国税 地方税 市町村税 滞納処分法問答	竹尾高堅	ISBN978-4-7972-6654-2	28,000 円
949	市町村役場実用 完	福井淳	ISBN978-4-7972-6655-9	40,000 円

別巻　巻数順一覧【878～914巻】

巻数	書　名	編・著者	ISBN	本体価格
878	明治史第六編 政黨史	博文館編輯局	ISBN978-4-7972-7180-5	42,000円
879	日本政黨發達史 全〔第一分冊〕	上野熊藏	ISBN978-4-7972-7181-2	50,000円
880	日本政黨發達史 全〔第二分冊〕	上野熊藏	ISBN978-4-7972-7182-9	50,000円
881	政党論	梶原保人	ISBN978-4-7972-7184-3	30,000円
882	獨逸新民法商法正文	古川五郎、山口弘一	ISBN978-4-7972-7185-0	90,000円
883	日本民法鼇頭對比獨逸民法	荒波正隆	ISBN978-4-7972-7186-7	40,000円
884	泰西立憲國政治攬要	荒井泰治	ISBN978-4-7972-7187-4	30,000円
885	改正衆議院議員選擧法釋義 全	福岡伯、横田左仲	ISBN978-4-7972-7188-1	42,000円
886	改正衆議院議員選擧法釋義 附 改正貴族院令,治安維持法	犀川長作、犀川久平	ISBN978-4-7972-7189-8	33,000円
887	公民必携 選擧法規ト判決例	大浦兼武、平沼騏一郎、木下友三郎、清水澄、三浦數平	ISBN978-4-7972-7190-4	96,000円
888	衆議院議員選擧法輯覽	司法省刑事局	ISBN978-4-7972-7191-1	53,000円
889	行政司法選擧判例總覽―行政救濟と其手續―	澤田竹治郎・川崎秀男	ISBN978-4-7972-7192-8	72,000円
890	日本親族相續法義解 全	髙橋捨六・堀田馬三	ISBN978-4-7972-7193-5	45,000円
891	普通選擧文書集成	山中秀男・岩本溫良	ISBN978-4-7972-7194-2	85,000円
892	普選の勝者 代議士月旦	大石末吉	ISBN978-4-7972-7195-9	60,000円
893	刑法註釋 卷一～卷四(上卷)	村田保	ISBN978-4-7972-7196-6	58,000円
894	刑法註釋 卷五～卷八(下卷)	村田保	ISBN978-4-7972-7197-3	50,000円
895	治罪法註釋 卷一～卷四(上卷)	村田保	ISBN978-4-7972-7198-0	50,000円
896	治罪法註釋 卷五～卷八(下卷)	村田保	ISBN978-4-7972-7198-0	50,000円
897	議會選擧法	カール・ブラウニアス、國政研究科會	ISBN978-4-7972-7201-7	42,000円
901	鼇頭註釈 町村制　附 理由 全	八乙女盛次、片野続	ISBN978-4-7972-6607-8	28,000円
902	改正 市制町村制　附 改正要義	田山宗堯	ISBN978-4-7972-6608-5	28,000円
903	増補訂正 町村制詳解〔第十五版〕	長峰安三郎、三浦通太、野田千太郎	ISBN978-4-7972-6609-2	52,000円
904	市制町村制 並 理由書　附 直接間接税類別及実施手続	高崎修助	ISBN978-4-7972-6610-8	20,000円
905	町村制要義	河野正義	ISBN978-4-7972-6611-5	28,000円
906	改正 市制町村制義解〔帝國地方行政学会〕	川村芳次	ISBN978-4-7972-6612-2	60,000円
907	市制町村制 及 関係法令〔第三版〕	野田千太郎	ISBN978-4-7972-6613-9	35,000円
908	市町村新旧対照一覧	中村芳松	ISBN978-4-7972-6614-6	38,000円
909	改正 府県郡制問答講義	木内英雄	ISBN978-4-7972-6615-3	28,000円
910	地方自治提要 全　附 諸届願書式 日用規則抄録	木村時義、吉武則久	ISBN978-4-7972-6616-0	56,000円
911	訂正増補 市町村制問答詳解　附 理由及追輯	福井淳	ISBN978-4-7972-6617-7	70,000円
912	改正 府県制郡制註釈〔第三版〕	福井淳	ISBN978-4-7972-6618-4	34,000円
913	地方制度実例総覧〔第七版〕	自治館編輯局	ISBN978-4-7972-6619-1	78,000円
914	英国地方政治論	ジョージ・チャールズ・ブロドリック、久米金彌	ISBN978-4-7972-6620-7	30,000円